KB232175

행복한 삶의 지혜를 찾는

생활 속의 사주명리 中

행복한 삶의 지혜를 찾는 생활 속의 사주명리 中

초판 1쇄 인쇄   2014년 06월 23일
초판 1쇄 발행   2014년 06월 30일

지은이   배 창 희
펴낸이   손 형 국
펴낸곳   (주)북랩
편집인   선일영   편집   이소현, 이윤채, 조민수
디자인   이현수, 신혜림, 김루리   제작   박기성, 황동현, 구성우
마케팅   김회란
출판등록   2004. 12. 1(제2012-000051호)
주소   서울시 금천구 가산디지털 1로 168, 우림라이온스밸리 B동 B113, 114호
홈페이지   www.book.co.kr
전화번호   (02)2026-5777   팩스   (02)2026-5747

ISBN   979-11-5585-251-4 14150(종이책)   979-11-5585-252-1 15150(전자책)
            979-11-5585-255-2 14150(SET)

이 도서의 국립중앙도서관 출판예정도서목록(CIP)은 서지정보유통지원시스템 홈페이지(http://seoji.nl.go.kr)와
국가자료공동목록시스템(http://www.nl.go.kr/kolisnet)에서 이용하실 수 있습니다.
(CIP제어번호 : 2014018959)

생활 속의 사주명리 (中)

배 창 희 지음

book Lab

타고난 생명이 시공時空에 따라 변하는 이치, 즉 명리란 무엇일까? 한 마디로 명命과 운運을 관리하고 다스리는 방법이라고 할 수 있다.

즉, 타고난 개개인의 명이 시간의 흐름과 공간의 변화에 따라 다르게 받는 기운을 적절하게 관리하고 다스리는 이치라고 할 수 있다. 그러므로 명리는 살면서 시간과 공간의 변하는 기운을 알고 스스로 적절하게 대처하여 자신의 가치와 존엄성을 유지하고 사람답게 사는 처세술이면서 치세治世의 방안이라고 할 수 있다.

물론 사람은 누구나 변하는 환경과 공간과 시간의 제약을 받고 살아가므로 운명에 대하여 일률적으로 재단裁斷하기는 어렵고 다른 주장이나 견해를 가지는 것은 당연할 수 있다. 하지만 오랜 세월동안 동서양의 철학과 사상의 바탕이 되면서 인간과 우주 대자연이 대립하면서 공존하는 방안과 변화에 따른 조화를 모색하는 방안으로 활용한 음양과 오행의 원리를 중심으로 다른 서적과 개인적인 임상을 통하여 정리하여 보았다.

2권에서는 개개인이 스스로 판단하고 실생활에서 활용할 수 있는 길과 흉에 해당하는 운의 흐름과 십성의 기본적인 작용을 살피고, 사주의 기본적인 격格 또는 격국格局을 파악하는 방법과 십성十星의 구체적인 분석과 운에 의한 작용을 세밀하게 살펴 실생활에 활용할 수 있도록

구성하였고, 개개인에게 필요한 부분만 집중하여 살펴볼 수 있도록 목
차를 세분화하여 각각의 해당하는 경우에 따라 적극적으로 대응할 수
있는 방안을 강구하여 보았다.

여기서는 익히기에 다소 까다롭고 힘들 수 있지만 독학으로 명리를
익히는 분이나 전문성을 지닌 분들이 자신감을 지니고 명리를 이해하
고 판단할 수 있도록 종합적인 판단기준을 만들어보았다.

나아가 사주의 구성에 따른 직업의 선택, 대인관계, 배우자의 선택,
자녀의 적성이나 천성을 파악하여 자녀교육을 위한 방향을 제시하였
다. 역시 시간이 넉넉하지 못할 경우에도 책의 전부를 보지 않고 필요
한 부분만 살펴볼 수 있도록 하였다.

第 6 章 사주四柱와 운運의 상세분석

第 7 章 격格과 용신用神의 상세분석

　　　[기본적인 방책]　•직업의 선택　•대인관계　•배우자의 선택　•자녀교육

第 5 章

용신(用神)과 운(運)의 기본적인 분석

1. 용신用神과 기신忌神

  사주의 천간은 기본적으로 자신의 타고난 성품性品이나 기세氣勢를 나타내고, 지지는 성품이나 기세를 가지고 실질적으로 행동하고 생활하는 방식을 나타낸다.

  일간과 오행의 관계를 살펴서 자신에게 필요하고 유용한 오행과 해당하는 십성을 길신이나 용신이라고 하고, 자신에게 불필요하거나 해로운 작용을 하는 오행과 해당하는 십성을 흉신이나 기신이라고 표현하였다. 용신과 기신에 대하여 자세히 살펴보도록 하자.

1) 용신用神과 기신忌神의 분류방법

  용신用神은 원국의 주체主體인 일간日干이 처한 환경環境과 시간과 공간에 따라 필요하고 도움이 되는 오행의 십성十星을 말한다.

  기신忌神은 일간에게 도움이 되지 않고 해로운 작용을 하는 오행의 십성十星을 말한다. 또한 일간에게 길吉작용을 하여 도움을 주는 오행의 십성을 길신吉神이라고 하고, 일간에게 흉凶작용을 하고 해害를 끼치는 오행의 십성과 다양한 살殺을 기신忌神 또는 흉신凶神이라고 한다. 세부적으로는 일간에게 필요하고 도움이 되는 오행의 십성을 용신用神 희신喜神 구신救神 길신吉神 등으로 표현하고, 일간에게 해害를 끼치거나 길신을 방해하는 오행의 십성을 기신忌神 구신仇神 흉신凶神 등으로 표현할 수 있다. 또한 평상시에는 아무런 작용이나 역할을 하지 않지만 특별한 환경이나 시기가 되면 작용을 하는 것을 한신閑神이라고 한다. 여기서는 용신用神 희신喜神 상신相神 구신救神에 해당하는 오행五行을 모두 용신用神 또는 희喜·용신用神이라고 표현하였다. 왜냐하면 용신用神과 희신喜神 또는 구신救神에 해당하는 오행은 서로 유사한 작용을 하므로 이름이 바뀌어 활용되기도 하기 때문이다. 즉 용신用神이 희신喜神의 작용을 할 수 있고, 희신喜神이나 구신救神이 용신用神의 작용을 할 수 있다. 이러한 기운은 모두 필요하고 도움이 되므로 운에 의해 훼손될 경우에는 그 기간 동안에는 일간이나 해당하는 인·사·물이 불리할 수 있다. 각각의 의미를 살펴보도록 하자.

2) 길흉吉凶의 작용

기본적으로 원국의 희·용신이 강하고 온전할 경우에는 운의 영향을 덜 받고 안정된 삶을 살아갈 수 있다. 더하여 원국이 오행五行을 구비하고 조화調和와 균형均衡을 이루어 기氣가 원활하게 유통流通되면 운에 의한 沖이나 克이 작용하기 어려워 역시 운의 영향을 크게 받지 않는 상급의 사주가 될 수 있다. 또한 희·용신이나 기·구신에 해당하는 운이 왔지만 원국의 다른 오행과 合이나 沖을 하여 길吉하거나 흉凶한 작용이 명확하게 나타나지 않는 경우도 있다. 즉 용신用神이나 기신忌神이 다른 오행과 合이나 沖을 하면 본래의 작용을 하지 못하여 작용력이 미약하거나 나타나지 않을 수 있다.

원국에서 일간의 희·용신에 해당하는 오행이 沖이나 克을 받아 약하면서 유통시켜주거나 도와주는 오행이 없을 경우에는, 대운이나 세운에서 또다시 극이나 충을 하는 오행이 오면 그 기간 동안에는 일간이나 해당하는 육친의 인·사·물이 손상되거나 곤란에 처할 수 있다. 기본적으로 기·구신은 운이나 원국에서 작용하지 않거나 출현하지 않는 것이 유리하고, 희·용신은 원국이나 운에서 강하고 뚜렷할 경우에 더욱 유리하다. 이제 개별적인 의미를 자세히 살펴보도록 하자.

(1) 길신吉神의 작용 : 길신吉神은 말 그대로 원국에서 일간을 도와주거나 힘이 되고 좋은 작용을 하는 십성이나 오행을 의미한다. 길신의 다양한 용어의 의미와 작용을 알아보도록 하자.

① 용신用神 : 용신用神은 일간과 다른 오행의 균형을 잡아 중화中和를 이루게 하거나, 일간에게 필요한 도움을 주고 유용하게 활용할 수 있는 오행의 십성을 말한다.

일간日干과 용신用神의 관계를 간단하게 표현하면, 일간은 사주의 주인主人이고 용신은 주인을 도우면서 자신에게 주어진 일이나 역할을 하는 고용인雇傭人이라고 할 수 있다. 그러므로 용신用神은 세상살이의 길흉화복吉凶禍福을 주관하는 역할을 하며 사주四柱와 운의 흐름을 해석하는 열쇠가 될 수 있다. 또한 사주四柱는 자신의 주체主體가 되는 정신精神과 육체肉體의 타고난 근본적인 그릇을 나타내므로, 사주에 나타난 자신의 정신과 몸의 기세氣勢를 나타내는 체體와 활용할 수 있는 용用의 강약强弱을 파악하여 균형을 잡는 오행五行이 용신用神이라고 할 수 있다.

용신은 日干과 合을 하는 경우에는 금상첨화가 될 수 있지만 다른 간지와 합하는 경우에는 일간을 보살피지 않고 귀한 역할을 하지 않으므로 탐합망귀貪合忘貴가 될 수 있다. 이 경우에는 일간에게 크게 도움이 되지 못하고 비록 용신이지만 제 역할을 하기 어려울 수 있다. 물론 운에서 합을 유통시켜 해소하는 경우에는 그 기간 동안에는 용신의 역할을 할 수 있다.

원국에 자신에게 가장 적합하고 이상적으로 활용할 수 있는 용신用神이 강하고 온전하게 존재하거나, 운에서 올 경우에는 그 기간 동안에는 바람직하고 행복한 삶을 살 수 있다.

원국에서 용신用神을 찾기 어려울 경우에는, 흉작용을 하는 기신忌神에 해당하는 오행을 먼저 찾아보는 것도 용신을 찾는데 도움이 될 수 있다. 즉 너무 힘이 강하거나 너무 힘이 약한 오행을 찾아보면 원국에 필요한 오행을 찾기가 수월할 수 있다. 또한 용신用神을 나타내는 방법으로 격格 국局 격국格局 운원運元 희용신喜用神등의 용어와 혼용하여 사용되기도 하는데 용어에 얽매이지 않아도 무방하다.

② 희신喜神 : 희신喜神은 용신用神을 도와주거나 또는 일간을 도와주는 오행을 말한다. 희신喜神도 용신과 마찬가지로 천간이나 지지에서 合이나 沖이 되어 좋은 역할을 못하는 경우도 있으므로 세밀하게 살펴야 한다. 희신喜神과 용신用神은 종종 서로 혼용되어 사용되며 일간에게 유익하므로 큰 차이가 없을 수 있다.

희喜·용신用神의 운이 대운이나 세운의 천간天干으로 오는 경우에는 그 작용력이 신속하게 나타나면서 외부로 확연하게 드러나지만, 지지地支로 오는 경우에는 작용력이 외부로 노출되지 않고 내부적으로 늦게 나타나고 실질적인 도움으로 나타날 수 있다.

원국에서 희신喜神과 용신用神은 다수가 될 수도 있지만 기본적으로 통근하여 강하고 沖이나 剋을 받지 않을 경우에 상급의 사주가 될 수 있다.

③ 구신救神 : 구신救神은 원국에서 일간에게 해害를 끼치거나 손상을 주는 오행을 약화시키거나 제거하여 일간을 구해주는 오행을 말하며, 역시 희喜·용신用神이라고 할 수 있다. 즉 구신救神은 원국에서 불리한 작용을 하는 오행을 천간이나 지지에서 剋하거나 沖하여 나쁜 작용을 못하게 하거나 또는 合을 하여 흉작용을 할 수 없게 만드는 역할을 한다. 그러므로 원국에서 흉凶작용을 하는 오행을 沖이나 合하는 구신에 해당하는 오행의 십성이 있을 경우에는 상급의 사주가 될 수 있고, 운에서 올 경우에도 그 기간 동안에는 발전하고 번영할 수 있다. 그러므로 구신은 병약용신病藥用神이나

통관용신通關用神의 실질적인 용신에 해당한다.

　기본적으로 대운이나 세운에서 희·용신에 해당하는 구신에 해당하는 오행의 운이 오면 그 기간 동안에는 하는 일이 순조롭게 진행되고 가정이 안정되며, 사회적으로도 인정을 받고 성공적인 활동을 하는 시기가 될 수 있다.

　(2) 흉신凶神의 작용 : 흉신은 말 그대로 원국의 일간에게 불리한 작용을 하거나 손상하는 오행의 십성을 의미한다. 흉신의 다양한 용어와 작용을 알아보도록 하자.

　① **기신忌神** : 기신忌神은 일간日干이나 일간의 희喜·용신用神을 克하거나 또는 沖하므로 일간이나 용신이 가장 기피하거나 꺼리는 오행을 의미한다. 기본적으로 기신忌神이 태왕太旺하여 설기洩氣되지 않을 경우에는 원국의 병이 되므로 병신病神이라고도 한다. 즉 기신忌神은 용신이나 일간을 병들게 하거나 작용을 무력하게 하므로 병病이 되는 오행을 말한다.

　천간으로 기신이나 구신에 해당하는 운이 오면 그 기간 동안에는 일간에게 정신적으로나 기적으로 방황하거나 혼란스런 작용력이 나타날 수 있다. 이 경우에도 원국에서 기신이나 구신을 승하거나 沖 克을 하는 오행의 십성이 있을 경우에는 그 작용력이 없거나 약화될 수 있다. 반대로 기신이나 구신을 돕는 오행의 십성이 있을 경우에는 그 기간 동안에는 흉작용이 나타나 일간이나 해당 오행의 인·사·물에도 피해나 손실을 끼칠 수 있다. 또한 지지地支에 기신이나 구신에 해당하는 운이 오면 실질적이고 물질적인 손상이 발생할 수 있고, 천간보다는 서서히 나타날 수 있다. 역시 지지에 승하거나 沖 克을 하는 오행이 있을 경우에는 그 작용력이 없거나 약화될 수 있다.

　기신이나 구신을 돕는 오행이 원국에 있을 경우에는 일간이나 오행의 십성에 해당하는 인·사·물에 더욱 나쁘게 작용할 수 있다. 특히 그런 운이 오면 그 기간 동안에는 일간이나 오행의 인·사·물에 손상이 뚜렷하게 나타날 수 있다.

지지는 신체나 실질적인 물질에 해당하므로 때로는 일간이 몸에 손상을 당하거나 재물의 손실을 볼 수 있고, 약한 오행이 강한 오행의 克이나 沖을 받아 더욱 약하게 되면 해당하는 오행의 인·사·물도 손상될 수 있다. 반대로 기신이나 구신이 원국의 다른 오행과 합을 하면 탐합망천이 되므로 이 경우에는 기·구신에 의한 손상이 크지 않고 무난할 수 있다. 그러나 대운이나 세운에 의해 合이 손상될 경우에는 그 기간 동안에는 다시 기·구신의 작용을 하므로 일간이 손상될 수 있다.

② 구신仇神 : 구신仇神의 구仇는 원수를 나타낸다. 즉 기신을 생生하거나 희신喜神을 克하여 일간에게 해로운 작용을 하는 오행을 말한다.

대운이나 세운에서 구신이 오더라도 원국의 오행과 合이나 沖이 되는 경우에는 구신의 역할을 못하거나 경감될 수 있고, 반대로 원국의 오행이 구신을 生하여 힘이 강해질 경우에는 피해가 더 커질 수 있다. 주의할 점은 흉작용을 하는 구신仇神과 길작용을 하는 구신救神은 각각 작용이 다르다는 것을 알고 있자.

③ 한신閑神 : 원국의 한신閑神은 평상시에는 아무 역할을 하지 않지만 운에서 合이나 沖 또는 生하는 오행이 와서 동動하게 되면 기신忌神의 작용을 돕기도 하고 희용신의 작용을 돕기도 한다.

기본적으로 한신閑神은 운의 흐름에 따라 일간에게 긍정적인 작용을 하기도 하고, 때로는 기신忌神이나 구신仇神과 작당을 하여 불리한 작용을 할 수 있으므로 한신이 원국에서 어떤 역할을 하는지 유심히 살펴야 한다. 그러나 한신閑神도 원국에서 불리한 작용을 하는 경우가 많다.

(3) 기타 : 이 밖에도 원국에서 병病이 되는 오행이 있을 때 약藥에 해당하는 오행이 있으면 고칠 수 있으므로 병신病神을 제압하거나 고칠 수 있는 오행을 약신藥神이라고도 하고, 구신救神과 약신藥神도 희·용신이나 길신吉神에 해당한다. 참고적으로 4길신四吉神과 4흉신四凶神으로 분류하는 경우의 길신吉神과 흉신凶神은 여기서 말하는 희신 용신 기신 구신 한신을 의미하는 것이 아님을 알고 있자.

4길신四吉神은 식食 재財 관官 인印이라고 표현하는 식신食神 재성財星 정관正官 정인正印을 의미하고, 4흉신四凶神은 상傷 살殺 효梟 인刃이라고 표현하는 상관傷官 편관[특히 七殺] 편인[특히 효신: 梟神 또는 도식: 倒食] 양인[陽刃 또는 劫財]을 의미한다.

4길신四吉神은 일간에게 도움이 되고 길吉하므로 운에서 와도 유리할 수 있다. 원국에 4길신이 있을 경우에는 길신을 생生하는 오행의 십성이 원국에 있거나 운에서 오면 유리할 수 있고, 克하는 오행의 십성이 있거나 운에서 오면 불리하다고 한다.

4흉신四凶神의 경우에는 반대로 원국에 있으면 불리하므로 克하는 오행이 있거나 운에서 오면 유리할 수 있다. 그러므로 원국에 4흉신을 生하는 오행이 있거나 4흉신을 生하는 운이 오면 불리하다고 판단한다. 원국의 단식분석과 간명에는 참조할 수 있으나 근본적으로는 원국과 함께 대운과 세운의 흐름을 살펴 길흉을 판단해야 한다.

3) 용신用神을 찾는 다양한 방법

희·용신을 찾는 기본적인 방법은 원국에 체體에 해당하는 비겁比劫이나 인성印星이 많아서 일간이 강强할 경우에는 용用에 해당하는 식상食傷이나 재성財星 또는 관성官星 중에서 희·용신으로 활용할 수 있다. 이 경우에는 비겁比劫이나 인성印星이 기신이 되는 경우가 많고, 운에서도 식상食傷이나 재성財星 또는 관성官星의 운이 오면 그 기간 동안에는 발복發福할 수 있고, 비겁比劫이나 인성印星의 운이 오면 그 기간 동안에는 불리할 수 있다. 반대로 원국에 용用에 해당하는 식상食傷이나 재성財星 또는 관성官星이 많아서 일간이 약弱할 경우에는 체體를 강하게 할 수 있는 비겁比劫이나 인성印星을 찾아 희·용신으로 활용할 수 있다. 이 경우에는 운에서 비겁比劫이나 인성印星의 운이 오는 경우에는 그 기간 동안에는 발복할 수 있고, 식상食傷이나 재성財星 또는 관성官星의 운이 오면 그 기간 동안에는 일간의 힘이 약화되므로 많은 부분이 정체되고 불리할 수 있다.

용신을 찾는 다양한 방법에는 일간의 힘이 강하면 일간의 힘을 빼는 기운인 식상食傷이나 재성財星 또는 관성官星에 해당하는 오행을 선택하여 용신으로 활용하고, 일간의 힘이 약할 경우에는 일간의 힘을 증가시켜주는 인성印星이나 비겁比劫을 용신으로 삼아 활용하는 억부용신抑扶用神의 방법이 있다. 또한 월지의 계절이 巳 午 未의 여름이면서 원국이 열조熱燥하면, 水의 한습寒濕한 오행을 찾아 용신으로 활용하고, 亥 子 丑의 겨울이면서 원국이 한습寒濕하면 火의 열조熱燥한 오행을 찾아 용신으로 활용하는 조후용신調候用神의 방법이 있다.

기타 원국의 유통이 원활하지 못하면 통관通關시켜 주는 오행을 용신으로 삼아 활용하는 통관용신通關用神이 있고, 일간의 병病이 있으면 치료하는 약藥에 해당하는 오행을 활용하는 병약용신病藥用神 등의 다양한 방법이 있다. 궁극적으로는 다양한 방법을 활용하여 최적의 용신을 찾는 것이 필요하다.

희·용신이 간지干支에 나타나지 않을 경우에는 지장간支藏干이나 대운大運 또는 세운歲運에서도 희·용신을 찾을 수 있다.

지장간에 희·용신이 있는 경우에도 대운이나 세운에서 희·용신에 해당하는 오행의 운이 오면 발복할 수 있다. 그러나 원국의 희·용신이 강하고 온전할 때 일간에게 희·용신에 해당하는 오행의 운이 오는 것보다 좋을 수는 없다.

원국의 희·용신을 찾기 어렵거나 모호할 경우와 시주時柱를 알 수 없을 경우에는 내담자의 살아온 과정을 물어본 후에 어떤 운에서 좋았는지 파악하고 용신을 살피는 것도 좋은 상담 방법이 될 수 있고, 기신이나 구신이 무엇인가를 먼저 살피는 것도 원국의 분석에 도움이 될 수 있다. 용신을 찾는 방법을 자세히 살펴보도록 하자.

(1) 억부용신抑扶用神 : 억부抑扶의 한자의 의미를 살펴보면 억抑은 힘으로 제압하거나 억누르는 것을 말하며, 부扶는 붙어서 부축하거나 부양하여 힘을 더하여 주는 것을 의미한다. 그러므로 억부용신抑扶用神은 기본적으로 원국에 비겁比劫이나 인성印星이 많아서 일간의 힘이 편강偏强하면 강한 비겁比劫이나 인성印星을 억제하거나 힘을 빼주는 오행을 희·용신으로 삼고, 일간의 힘이 편약偏弱하면 약한 일간에게 힘이 되는 오행이나 도와주는 오행인 비겁比劫이나 인성印星을 용신으로 삼는 것을 의미한다. 또한 일간이 편강偏强한 사주이면서 월지月支의 지장간이 천간에 투출하고 투출한 오행이 식상이나 재성 또는 관성이면서 격格을 이룰 경우에는 해당 십성을 그대로 용신으로 활용할 수 있고, 나아가 용신이 월지와 통근通根하여 강하고 힘이 있으면 더욱 유력有力하고 자신의 역할을 다할 수 있으므로 상급의 사주가 될 수 있다. 그러나 용신이 일간日干과 合하는 경우에는 더욱 좋지만, 일간외의 다른 십성과 合이나 沖이 되면 제 역할을 온전하게 하기 어려울 수 있다. 이 경우에도 대운이나 세운에서 희·용신과 合이나 沖을 하는 오행의 십성을 유통하거나 合할 경우에는 그 기간 동안에는 자신이 원하는

일이나 목표를 과감하게 추진하여 원하는 소기의 성과를 달성할 수 있다.

일간이 편약偏弱한 사주일 경우에는 일간에게 힘이 되고 도움을 줄 수 있는 비겁比劫이나 인성印星에 해당하는 오행을 원국에서 찾아 희·용신으로 삼고, 일간의 힘을 빼는 식상食傷이나 재성財星 또는 관성官星을 기·구신으로 판단할 수 있다.

억부용신법抑扶用神法은 일간의 강약을 판단하여 희·용신과 기·구신을 찾는 가장 일반적인 방법이며 가장 많이 활용된다. 그러므로 항상 원국에서 일간日干과 주변 오행의 강약과 중화의 정도를 정밀하게 분석하는 능력을 배양하는 것이 필요하다. 특히 종격從格이나 별격別格이 아닌 편강偏强하거나 편약偏弱한 사주일 경우에는 억부용신법抑扶用神法으로 용신을 찾을 수 있으므로 활용도가 대단히 높다. 원국으로 살펴보도록 하자.

시 일 월 년
壬 <u>戊</u> 癸 戊
戌 戌 亥 戌

- 비견 土가 득지 득세하여 일간이 편왕한 사주이며 재성이 강하면서 재성격을 이루고 있다.

  억부용신법으로 용신은 재성 水가 되고, 희신은 식상 金이 되며, 한신은 관성 木이 될 수 있다. 특히 간지로 식상 金운이 오는 경우에는 더욱 발복할 수 있고, 간지로 관성 木이 와도 무난할 수 있다. 기신은 비겁 土가 되고, 구신은 인성 火가 될 수 있다. 이 경우에 조후로는 인성 火가 용신이 될 수 있지만 반길반흉半吉半凶이 될 수 있다. 젊은 시절부터 재성을 강하게 추구하는 사주이며 재성격을 이루면서 재성 용신이 뚜렷하다. 식상의 金운이 올 때 발복할 수 있다.

시 일 월 년
戊 **甲** 庚 甲
辰 戌 午 子

- 재성 土가 강하여 일간이 편약 또는 태약한 사주이며 격이 온전하지는 않지만 편재가 강하므로 편재격이라고 할 수 있다. 근본적으로 월주와 연주의 간지가 庚 甲 충과 午 子 충을 하므로 윗사람의 인덕이 적을 수 있고, 더욱이 희·용신에 해당하는 천간과 지지의 비겁 木과 인성 水가 충을 하고 있다. 그러므로 희·용신이 무력하다. 기신은 관성 金이 되고 구신은 재성 土가 되며 한신은 식상 火가 되지만 한신은 실질적인 기신의 작용을 한다.

이 원국의 경우에는 희신과 용신이 충이 되어 무력하고 약하므로 몹시 힘든 형상을 하고 있다. 원국에 충이 많으므로 일간은 변화와 변동이 심하고 운의 영향을 강하게 받을 수 있다. 운조차 따라주지 않을 경우에는 삶이 곤고할 수 있다.

丙 **乙** 癸 戊
戌 卯 亥 戌

- 일간 乙의 비겁과 인성에 해당하는 水와 비견 木이 일지와 월지에 자리한 편왕(편강)한 사주이므로 용신 : 火(식상), 희신 :戊土(재성), 기신 : 水(인성), 구신 : 木(비겁), 한신 : 金(관성).

식상과 재성의 희·용신이 유력하다. 한신 金의 경우에는 천간으로 辛金운이 오면 丙 辛 합을 하면서 일간을 冲하므로 도움이 되지 못하고 불리할 수 있지만 유통되므로 무난할 수 있고, 지지로 酉金 운이 오면 卯 酉 冲을 하므로 다소 어려움을 격을 수 있지만 亥水로 유통되므로 무난할 수 있다.

천간의 한신인 庚金운도 희용신의 힘을 빼므로 도움이 못되지만 丙 乙 癸 庚 戌로 유통되므로 무난할 수 있다.

(2) **조후용신**調候用神 : 조후용신調候用神은 월지月支의 한寒 난暖 조燥 습濕을 살펴 필요한 오행의 십성을 용신으로 찾는 방법을 말한다.

인류발전의 원동력이라고 할 수 있는 물과 불은 조화를 이루어야 발전할 수 있다. 그러므로 원국의 水와 火도 한난寒暖과 조습燥濕이 조화를 이루어야 온전하게 발전할 수 있다.

조후調候의 조調는 고르거나 균형을 맞춘다는 의미를 지니고 있으며, 후候는 묻거나 시중드는 의미와 기다리는 의미가 있으면서 절후와 계절을 나타낸다. 이 경우에도 천간이나 다른 지지에 조후에 해당하는 오행의 뿌리가 있거나 조후를 돕는 오행이 있을 때는 조후의 역할을 다할 수 있고, 운의 영향을 덜 받는 좋은 사주가 될 수 있다. 살펴보도록 하자.

한寒은 차가운 겨울을 의미하므로 월지月支가 亥 子 丑월이 되거나 지지地支가 월지를 포함하여 申 子 辰 水의 삼합국三合局을 이룰 경우에는 따뜻한 기운이 필요하므로 이 경우에는 木 火의 오행이 용신이 될 수 있고, 木이나 火운이 오면 일간에게 유리할 수 있다.

난暖은 더운 여름을 의미하므로 월지月支가 巳 午 未월이 되거나 지지地支가 월지를 포함하여 寅 午 戌 火의 삼합국三合局을 이룰 경우에는 열기를 식혀줄 수 있는 차가운 기운이 필요하므로 이 경우에는 金 水의 오행이 용신이 될 수 있고, 金이나 水운이 오면 일간에게 유리할 수 있다. 나머지 오행은 한신의 작용을 할 수 있다.

辰土와 丑土는 습토濕土이며 이 중에서 辰土는 얼지 않고 습기를 머금은 흙이므로 곡식이나 나무를 성장하게 하는 土에 해당하고, 丑土는 얼어붙은 땅의 습기가 있는 흙이므로 곡식이나 나무가 성장하는 땅이 아니라 씨앗을 썩지 않게 저장하는 흙이다.

未土와 戌土는 메마른 조토燥土에 해당하지만 未土는 열기가 강하고 열매나 곡식을 익게 하는 마른 흙이고, 戌土는 열매나 곡식을 거둬들인 후의 마른 흙이다. 특히 지지의 辰土와 丑土는 습토濕土에 해당하므로 金을 보존하고 생성生成할 수 있지만, 未土와 戌土는 조토燥土에 해당하므로 金을 보존할 수는 있지만 생성하기는 곤란할 수 있다. 또한 辰土는 습토이면서 따뜻한 봄의 흙이므로 곡식이나 만물을 성장시킬 수 있고, 丑土는 습토이면서 차가운 겨울의 얼어붙은 한토寒土이므로 동식물을 성장시키기는 어렵고 단지 씨앗을 썩지 않게 저장할 수 있다. 이것도 역시 넓은 의미에서는 음양陰陽의 이치와 일맥상통一脈相通하는 자연의 이치라고 할 수 있다.

조후용신調候用神을 중용重用하는 경우도 있지만 기본적으로는 억부용신抑扶用神을 보조하는 취용법取用法으로 활용하면 무난할 수 있다. 또한 조후調候로 용신을 찾을 경우에도 먼저 억부용신으로 용신을 찾고, 다음에 계절에 따른 조후를 살펴서 용신을 찾는 것이 도움이 될 수 있다. 억부법抑扶法과 조후법調候法의 용신이 일치하면 금상첨화錦上添花가 될 수 있다.

복잡複雜한 원국분석은 좀 더 실력을 연마하면서 접근하도록 하고, 조후용신의 예를 보도록 하자.

戊 <u>庚</u> 丙 甲
寅 辰 子 申

- 월지가 子월이며 申 子 辰 水局이 되어 일간이 한寒하다. 편약한 사주이며 상관격을 이루고 있다. 조후로 丙火 용신. 寅木 희신.

일간은 오행을 겸비하고 조후가 되므로 평탄한 사주라고 할 수 있다. 그러나 간지가 모두 陽으로 이루어지고, 일간의 뿌리가 되는 金 土가 합을 하여 일간을 도와주지 못하므로 대업을 이루기는 어려울 수 있으며 운의 영향을 많이 받을 수 있다. 이 경우에는 조토에 해당하는 未土나 戌土의 인성운도 무난할 수 있다. 일간 庚金은 젊은 시절에 활발하게 활동하여 큰 재물을 추구하려고 한다.

壬 **丙** 丙 丁
辰 午 午 丑

- 火가 왕한 태강太强한 사주이며 양인격을 이루고 있다. 조후로 水 용신, 金 희신이 되고 지지의 식상 丑土나 辰土는 무난할 수 있다. 이 경우에는 월지가 午火이므로 조후를 우선하여 볼 수 있다. 그러나 용신에 해당하는 水가 丙이나 戌의 운이 오면 그 기간 동안에는 천간으로는 충이 되고 지지에서는 합과 충이 되어 불리할 수 있고, 운에 의해 성정이 포악해지거나 자기만을 내세울 수도 있는 독불장군이 될 수 있다. 기본적으로 水나 金운이 올 경우에는 발복할 수 있고, 火나 木의 운이 올 경우에는 불리하다.

丙 **庚** 辛 丙
子 辰 丑 辰

- 월지 丑土가 한습寒濕하고 일간의 인성 土가 강한 사주이며 격이 온전하지 못하다. 조후로는 丙火 용신.

일간 庚金은 火의 기운을 도울 수 있는 木이 필요한 사주라고 할 수 있다. 辰土의 지장간 여기에 있는 木의 도움이 필요하지만 일지가 시지와 子辰 합을 하여 火를 도울 의사가 없고 火의 뿌리가 없으므로 용신이 약하다. 또한 연간과 월간이 丙 辛 합을 하여 水의 기운이 강하므로 木의 도움이 절실하다.

(3) 통관용신通關用神 : 통관용신通關用神은 원국의 일간이나 희·용신을 克하거나 沖하여 본래의 역할을 하기 어려울 경우에 중간에서 상생相生으로 유통流通시키는 오행의 십성을 용신으로 삼는 것을 말한다. 사실상 통관용신도 뒤에서 언급하는 병약용신病藥用神과 유사할 수 있다. 왜냐하면 일간을 중심으로 중간에서 희·용신을 무력하게 하는 불필요한 오행의 힘을 제압하거나 유통시키는 작용을 하기 때문이다. 궁극적으로는 억부법抑扶法과 조후법調候法의 큰 틀 안에서 부족한 부분을 보완하여 희·용신을 찾는 방법이라고 할 수 있다.

통관은 일간에게 불리한 작용을 하는 관살官殺이 원국에 있을 때, 인성印星이 일간의 옆에서 관살을 통관시켜주면 오히려 도움이 되는 것과 같은 경우를 말한다. 또한 일간에게 필요한 오행의 십성을 克이나 沖하는 경우에도 두 오행의 중간에 있는 오행의 십성이 유통시켜 克이나 沖을 방지하는 경우를 생각할 수 있다. 즉 일간에게 불리한 기·구신이 일간을 도와주는 희·용신을 沖이나 合을 하여 방해가 될 경우에 중간에서 두 오행의 십성을 서로 유통시켜 화해시키거나 원만하게 만드는 오행을 의미한다. 이때 유통시키는 역할을 하는 오행의 십성을 통관용신通關用神이라고 한다.

예를 들면 일간의 희·용신에 해당하는 인성印星이 있는데 재성財星으로부터 손상을 당하면 관성官星으로 통관시킬 수 있고, 희·용신에 해당하는 재성이 비겁과 合이나 沖이 될 경우에 비겁과 재성의 사이에 관성官星이 있으면 통관할 수 있다. 그러므로 상극相剋이나 상합相合하여 역할을 할 수 없게 되는 것을 유통流通시켜 화해시키는 것을 통관이라고 할 수 있고, 그 역할을 하는 오행을 통관용신으로 삼을 수 있다. 통관용신의 예를 보도록 하자.

$$
\begin{array}{cccc}
乙 & 丁 & 甲 & 癸 \\
巳 & 卯 & 子 & 酉
\end{array}
$$

- 일간 丁火가 중화에 가까운 편약한 사주이면서 편관격을 이루고 있다. 천간이 丁 癸 충이 될 수 있지만 통관하는 甲木이 있어 충을 방지하고 일간을 도와주므로 용신으로 삼을 수 있다. 조후로는 火가 용신. 기신이 보이지 않는 좋은 사주. 지지가 巳 生 卯 生 子 生 酉로 유통되어 기氣의 흐름이 막힘이 없고 원국이 조화를 이루었다.

子월에 태어난 일간 丁火가 월간에 인성 甲木을 두어 살인상생殺印相生하여 통관이 되었다. 통관용신은 정인 甲木이 된다. 또한 지지의 편재 酉金과 편관 子水가 일간을 극하거나 힘을 빼는 대신에 월간의 인성 甲木과 일지의 인성 卯木을 生하면서 유통되므로 오히려 일간을 도와주고 힘이 되었다.

일간과 연간이 서로 떨어져서 丁 癸 冲을 하여 癸水나 丁火의 운이 오면 충이 될 수 있지만 水 生 木, 木 生 火로 유통되므로 일주는 운의 영향을 크게 받지 않는다. 물론 천간의 癸水와 子水를 함께 冲하는 대운과 세운이 오면 불리하지만 대운에서 오지 않는다.

인성印星의 학문이나 지식을 활용하여 관직이나 직장에서 활동하는 것이 격대로 살아갈 수 있고 원만한 삶을 살 수 있다.

$$
\begin{array}{cccc}
辛 & 丁 & 癸 & 戊 \\
亥 & 未 & 亥 & 寅
\end{array}
$$

- 월주를 중심으로 정관격 또는 칠살격을 이루고 일간의 힘이 되는 비겁과 인성이 약해 편약하다.

조후調候로는 지지의 未土 식신이나 寅중 丙火 비겁이 용신이 될 수 있고, 억부抑扶로는 火가 용신이 될 수 있다. 연간의 상관 戊土가 戊 癸 합하여 편관을 합거合去하므로 어린 시절에는 충의 작용이 나타나지 않는다. 통관용신은 未土가 되어 水의 기운과 조후도 조절할 수 있다. 그러므로 기본적으로 木 火가 희용신이 될 수 있는 좋은 사주라고 할 수 있다. 이 경우에는 일간 丁火의 편관偏官 癸水가 戊土와 합을 하여 일간을 극하지 않고 오히려 일간의 힘이 되었으며, 월지의 정관正官 亥水도 역시 일간의 힘을 뺄 수 있지만 寅 亥 합을 하여 도움을 줄 수 있다. 또한 시지의 정관正官 亥水도 열기가 많은 未土와 어울려 土가 윤택하게 되어 막히고 힘든 일들이 무난하게 통관되어 큰 벼슬을 하였다고 한다.

일간 丁火는 지지의 식신 未土를 生하고 식신 未土는 시간의 편재 辛金을 生하며, 편재 辛金은 지지의 정관 亥水를 生하여 유통이 원활하다.

원국에 합이 많으므로 일간은 성격이 온후하고 대인관계가 원만하며, 일간과 월간이 충을 하지만 연간과 합을 하느라고 충의 작용이 나타나지 않을 수 있다. 또한 상관傷官 戊土가 편관偏官 癸水를 합살合殺하여 정관이 역할을 다할 수 있도록 합살유관合殺留官하였고, 칠살격으로 볼 경우에는 상관傷官 戊土가 칠살 癸水를 제압하는 상관제살傷官制殺이 되어 나이가 들어서도 부富와 관직官職을 누릴 수 있는 귀격貴格이 되었다고 할 수 있다. 역시 관성격을 이루고 있으면서 오행을 구비하고 있다. 적천수의 명식을 인용하여 보았다.

(4) 병약용신病藥用神 : 병약용신病藥用神은 원국의 일간이나 일간에게 필요한 오행을 克이나 沖을 하여 제 역할을 할 수 없게 하는 오행의 십성을 병病으로 판단하고 병을 치료할 수 있는 약藥에 해당하는 오행의 십성을 용신으로 삼는 것을 말한다. 그러므로 병病은 일간의 기신忌神이나 흉신凶神에 해당하고 약藥은 희·용신에 해당한다. 즉 원국의 병에 해당하는 오행의 십성을 극하거나 합을 하는 오행의 십성을 용신으로 삼고, 이 때 용신이 온전하고 강할 경우에는 부귀富貴를 이룰 수 있다고 한다.

약에 해당하는 오행이 원국에 있으면서 다시 운에서 오면 일간의 병을 치유할 수 있으므로 그 기간 동안에는 발복할 수 있다. 병약용신病藥用神도 통관용신과 유사하며, 억부抑扶나 조후調候를 보조하여 함께 활용하면 희·용신을 찾는데 도움이 될 수 있다.

기본적인 원국의 희·용신은 먼저 억부抑扶로 판단하고 운을 파악하되 해결이 어려울 경우에는 다양한 용신취용법用神取用法을 활용하여 세밀하게 분석 할 수 있다.

(5) 순역용신順逆用神 : 순역용신順逆用神은 순리順理에 역행逆行하는 오행은 기·구신으로 판단하고, 순리에 순응順應하는 오행은 희·용신으로 판단하는 것을 말한다. 즉 원국에 지나치게 강强한 오행이 있을 경우에는 일간이 강한 오행을 극克하거나 충沖하는 오행으로 용신을 삼기보다는 오히려 강한 오행에 순응하여 생生하는 오행과 강한 오행을 희·용신으로 삼고, 극克하거나 충沖하는 오행을 기·구신으로 삼는 것을 말한다. 살펴보도록 하자.

순역용신順逆用神은 원국의 일간이 식상食傷이나 재성財星 또는 관성官星이 많고 강하면서 인성印星이나 비겁比劫이 없거나 무력할 경우에, 강强한 식상食傷이나 재성財星 또는 관성官星 중에서 용신으로 삼고, 강한 오행의 십성을 거역하고 약한 일간을 도와주는 인성印星이나 비겁比劫의 오행을 기신으로 삼는 것을 의미한다. 반대로 원국의 일간이 인성印星이나 비겁比劫으로 구성되어 식상食傷이나 재성財星 또는 관성官星이 없거나 무력할 경우에는, 원국에서 가장 강한 인성印星이나 비겁比劫을 희·용신으로 삼고, 인성이나 비겁을 극克하는 재성財星이나 관성官星을 기신으로 판단하는 것을 말한다. 그러므로 순역용신은 다음에 배울 종격從格이나 전왕격專旺格과 같이 일간의 강약이 일방적으로 치우쳐 편고偏枯한 원국에서 강한 오행이나 약한 오행을 용신으로 삼는 것과 유사할 수 있다.

기본적으로 극왕極旺한 일간은 극剋하면 오히려 해로울 수 있고, 반대로 극약極弱한 일간도 도와주는 것이 오히려 해害가 될 수 있다.

순역용신은 억부용신으로 용신을 찾기 어려울 때 활용할 수 있으며, 별격 용신을 찾을 때 활용할 수 있다. 순역順逆이나 병약용신病藥用神과 같은 용어는 참고적으로 알아 두고 원리를 알면 유효하게 활용할 수 있다.

희·용신을 세밀하고 정확하게 파악하기 위해서는 많은 연구와 노력이 필요하지만 상담을 할 경우에도 상담자에게 질문을 하고 질문에 대한 설명을 참고하여 희·용신을 유추하는 것이 도움이 될 수 있고 신뢰도나 정확도를 높일 수 있다. 순역용신의 예를 대운을 기록하여 살펴보도록 하자.

庚 <u>庚</u> 庚 庚
辰 辰 辰 辰

• 건명乾命(대운)

7	6	5	4	3	2	1	
丁	丙	乙	甲	癸	壬	辛	• 용신用神 : 辰土, • 기신忌神 : 木.
亥	戌	酉	申	未	午	巳	• 희신喜神 : 庚金, • 구신仇神 : 火.
							• 한신閑神 : 식상食傷 水.

　건명乾命이면서 일간의 연간이 陽이므로 대운은 순행한다. 천간과 지지가 비견 庚金과 편인 辰土로 구성된 종강격從强格 또는 2개의 기운으로 구성된 양기성상격兩氣成象格이라고 할 수 있다. 이 경우에는 억부의 방법으로 용신을 찾을 수 없다. 이런 경우에는 강한 오행에 순응하는 오행을 용신으로 삼아야 하므로 다음에 배울 종왕격이나 양기성상격의 용신과 같은 土나 金이 희·용신이 된다. 분석을 해보자.

　한신과 구신에 해당하는 壬午 2대운에서는 식상 壬水가 정관 午火를 극하여 힘을 약하게 하는 개두蓋頭가 되어 간지가 모두 힘이 강하지는 않다.

　천간의 식신 壬水는 한신이지만 원국의 庚金과 金 生 水로 유통되고, 지지의 정관 午火는 구신이지만 원국의 辰土와 火 生 土로 유통되고 있다. 그러므로 일간은 청소년기에는 예절과 신의를 중시하면서 열심히 한 분야의 공부에 전념할 수 있다.

　한신과 용신에 해당하는 癸未 3대운에서는 지지의 정인 未土가 癸水 천간을 극하여 절각截脚되므로 癸水의 힘이 약하다. 하지만 癸水가 강한 庚

金의 기운을 자연스럽게 설洩하고, 未土도 강한 기운을 거역하지 않으므로 역시 무난할 수 있었다.

기신과 희신에 해당하는 甲申 4대운에서는 천간의 甲木이 절각되어 무력하고 천간에서 甲 庚 충이 되어 정신적인 갈등을 겪으면서 재물의 손상이 있었으나 지지의 辰土에 甲木이 뿌리를 내리고 원국의 지지가 거역하지 않으므로 넘어갈 수 있었다.

기신과 희신에 해당하는 乙酉 5대운에서는 乙 庚 합을 하고 지지가 거역하지 않으므로 본인은 무난할 수 있었다. 그러나 천간이 구신이고 지지가 비록 희신인 丙戌 6대운의 丙의 기간 중에 사망하였다고 한다. 庚金의 특성으로 볼 때 군인으로 군대에서 사망하였다고 기록하고 있다. 이 경우에도 강한 기운을 거역하지 않고 순용順用하였으나 丙戌 6대운에서는 천간으로는 丙火가 4개의 강한 庚金과 충극을 하고 지지의 戌土는 4개의 辰과 辰 戌 충을 하므로 사망하였다고 할 수 있다.

(6) **중화사주**中和四柱**의 용신**用神 : 일간의 기운이 강하거나 약하지 않으면서 원국의 오행과 균형과 조화를 이루고 있는 중화된 사주일 경우에는 대운大運의 영향으로 일간이 강해지거나 약해질 수는 있다. 그러나 운의 영향을 크게 받지 않고 순탄한 삶을 살 수 있다. 이 경우에도 30년 단위로 변하는 접목운接木運이나 10년 단위로 변하는 접입운接入運의 연도年度에는 다른 사주와 마찬가지로 불리한 일이 발생할 수 있으므로 이 시기에는 건강이나 재물 또는 일에 대하여 신중하고 조심스럽게 운신하여 그 시기를 보내는 것이 필요하다. 역시 대부분의 경우 일간 자신에게는 살면서 크게 어려운 일을 당하지 않고 살아갈 수 있다.

적천수에서 원국이 참된 중화中和를 이룰 경우에는, 일간의 성품은 아첨하거나 오만하지 않고 원하는 일이나 계획이 순조롭게 이루어지며, 대인관게나 가정생활에서 신의와 배려하는 따뜻한 마음을 지니고 있으므로 다른 사람들의 신뢰와 사랑을 받을 수 있다고 하였다. 더하여 장수長壽하고 부귀富貴와 복福을 한 몸에 누릴 수 있다고 하였다. 이러한 중화사주의 경우에도 일간의 강약을 살펴 필요한 오행을 용신으로 삼기 때문에 억부抑扶의 방법으로 희·용신과 기·구신을 찾을 수 있다.

중화사주中和四柱는 원국의 일간이 억부抑扶와 조후調候와 통관通關이 모두 이루어진 사주라고 해도 무방할 듯하다. 이런 사주는 극소수에 불과하다.

(7) 격국용신格局用神 : 격국格局은 격格과 국局을 합친 용어로 생각하면 된다. 즉 격格이 월지를 중심으로 십성의 이름을 붙인 용어라면, 격국格局은 격이 원국에서 방합국方合局이나 삼합국三合局을 동시에 이룬 경우를 지칭하므로 격보다는 격국이 넓고 큰 의미를 지닌다고 할 수 있다. 그러나 격과 격국의 의미는 동일하게 혼용하여 사용하는 경우가 많다.

좁은 의미의 격국용신格局用神은 기본적으로 월지月支의 오행을 중심으로 월지 지장간의 본기本氣가 월간月干에 투출하였을 경우에 투출한 십성을 격格으로 정하고, 투출한 격格을 용신으로 삼고 용신을 돕는 오행을 희신으로 삼는 것을 말한다. 이 경우의 용신은 억부용신에서 말하는 일간에게 도움이 되고 필요한 오행의 십성을 용신으로 삼는 경우와는 차이가 있다. 즉 체體보다는 용用을 중심으로 원국을 분석하는 자평子平의 원리가 강하다고 할 수 있다. 물론 일간이 강할 경우에는 격이 용신이 될 수 있다.

넓은 의미의 격국용신格局用神은 ① 월지의 지장간 본기本氣뿐만 아니라 여기餘氣나 중기中氣가 천간에 투출한 경우나, ② 방합국이나 삼합국을 이루고 천간에 합국의 오행이 투출한 경우와, ③ 월지가 子 午 卯 酉의 계절의 왕지가 있을 경우로 나누어 정할 수 있다. 여기서는 기본적인 개념을 살펴보도록 하자.

격국格局은 기본적으로 월지의 지장간이 천간에 투간透干했을 때 투간한 오행을 격으로 정한 식신격, 상관격, 정재격, 편재격, 정관격, 편관격 또는 칠살격, 정인격, 편인격, 건록격 또는 비견격, 겁재격 또는 양인격의 십격十格과 별도로 특별한 격으로 만든 별격雜格과 잡격雜格으로 분류할 수 있다. 역시 격국에 억매일 필요는 없다. 전체를 알기위한 부분으로 생각하고 알아두면 도움이 될 수 있다. 잡격에 대해서 여기서는 언급하지 않기로 한다.

격국용신格局用神을 정하는 방법은 월지를 중심으로 4길신四吉神에 해당하는 ① 식신격 ② 재성격 ③ 정관격 ④ 정인격의 경우에는 격을 生하는 인성印星에 해당하는 오행이나 또는 설기하는 식상食傷에 해당하는 오행 중에서 용신과 희신으로 삼아 순용順用하고,

4흉신四凶神에 해당하는 ① 양인격 ② 칠살격 ③ 상관격 ④ 편인격의 경우에는 격을 克하는 오행을 용신으로 삼아 역용逆用해야 한다.

이 경우에도 기본적으로 일간의 강약을 살펴 용신을 정해야 하며, 유통을 살펴서 용신을 잡는 것이 합당하다.

잡격雜格의 경우에는 정해진 용신을 활용해야하고, 격국용신의 경우에도 비견격比肩格과 양인격陽刃格 또는 겁재격劫財格을 별도의 격으로 분리하기도 한다. 자세한 내용은 용신 상론에서 자세히 살펴보도록 하자.

4) 용신用神의 역량力量 분석

　원국의 용신用神이 강하고 온전하여 제 역할을 다할 경우에는, 기본적으로 운의 영향을 덜 받고 직장이나 가정생활과 자신이 하는 일에 만족을 느끼며, 직업이나 직장의 변동이나 이동이 적고 하는 일이 순조롭다고 하였다. 또한 자신의 일이나 직장생활을 억지로 하는 것이 아니라 즐기면서 할 수 있고, 명예나 부富와 권위를 향유할 수 있으므로 대개 삶의 굴곡이 심하지 않고 개개인이 타고난 명대로 즉 자연의 순리順理대로 무난한 삶을 영위할 수 있다. 물론 자신의 진로나 목표를 설정하고 그 분야에서 성실하게 지속적인 노력과 실천이 뒷받침될 때 이루어 질 수 있다. 단지 사주가 좋아서 저절로 이루어지지는 않는다. 왜냐하면 사주는 공간과 시간의 영향과 주변 환경의 영향을 받기 때문이며, 그 때와 시기에 맞게 주어진 일이나 책임을 한눈팔지 않고 충실히 실행할 때 좋은 운이 올 때 자신이 목표한 일이나 학문 또는 재능을 화려하게 꽃피울 수 있다. 용신의 역량을 분석하는 방법을 자세하게 살펴보도록 하자.

　(1) 원국에서 일간에게 힘이 되고 필요로 하는 오행의 십성이 온전하게 용신用神이 되고, 그 용신이 日干과 합을 하는 경우에는 상급의 사주가 될 수 있고 용신의 역량도 클 수 있다. 또한 용신이 자신의 역할을 다할 수 있도록 지지나 천간에서 용신을 도와주는 희신喜神이 가까이 있으면 더욱 좋고, 이 경우에는 용신의 역량이 더욱 크고 좋은 사주라고 할 수 있다. 가까이 있다는 것은 일간을 중심으로 월지月支나 월간月干 또는 일지日支나 시간時干에 용신이 있는 것을 의미한다.

　(2) 用神이 일간외의 다른 오행과 합이나 沖이 되어 본래의 역할을 할 수

없거나 무력할 경우에는, 원국에서 합이나 충을 하는 오행을 克하거나 통
관通關하는 오행이 있을 경우에는 무난할 수 있고, 역시 대운이나 세운에서
용신을 合하거나 沖하는 오행을 극하거나 合하는 운이 오면 그 기간 동안
에는 용신이 역할을 할 수 있다. 이런 경우에는 운의 영향을 많이 받을 수
있으므로 용신이 강하고 역량이 크다고 할 수는 없다.

(3) 用神은 일간과 가까이 있으면서 월지 계절의 조후調候와 일치하면 더
큰 역량을 발휘할 수 있다. 반대로 기신忌神이 일간 가까이에 있고 조후가
맞지 않을 경우에는 더욱 불리할 수 있다. 물론 운의 흐름이 좋을 경우에는
그 기간 동안에는 무난할 수 있다. 그러나 크게 좋을 수는 없다.

(4) 用神이 천간에 있을 경우에는 지지에 통근通根하고 강하면서 유력有
力하면서 유정有情할 경우에 역량이 크고, 또한 정편正偏이 혼잡混雜하지 않
을 경우에 더 큰 역량을 발휘할 수 있다.

유정有情하다는 것은 천복지재天覆地載가 되어 干支가 서로 生하거나 힘
이 되어 감싸주는 것을 의미하고, 희신喜神도 통근하여 용신을 生하거나 힘
이 되어줄 경우에는 용신이 더욱 유력有力하고 유정하여 역량이 클 수 있다.
특히 희喜·용신用神에 해당하는 오행의 십성이 강할 경우에는 큰일을 감당
할 수 있으므로 국가나 사회의 지도자가 되거나 고위직도 감당할 수 있다.
그러나 희·용신이 合이나 沖이 되는 경우에는 역량이 반감半減될 수 있다.

(5) 반대로 기·구신은 혼잡混雜하고 강할 경우에는 더욱 불리할 수 있고
合이나 沖이 되는 경우에는 반대로 역량이 약해질 수 있다. 여기서 말하는
혼잡은 기·구신에 해당하는 정正과 편偏의 십성이 함께 있어 정편교집正偏
交集이 되는 것을 말한다.

예를 들면 기·구신에 해당하는 식신食神과 상관傷官이 월간月干과 연간年干 또는 월간月干과 시간時干에 섞여있거나 일지日支나 월지月支 등에 섞여 식상혼잡食傷混雜이 되거나, 정관正官과 편관偏官이 원국의 천간이나 지지에 함께 있거나, 비겁比劫이 함께 섞여 비겁혼잡比劫混雜이 되는 것을 의미한다. 물론 희용신일 경우에는 도움이 될 수 있다.

혼잡이 이루어질 경우에는 직업이나 직장의 변화나 변동이 빈번하게 발생할 수 있고, 해당 오행의 인·사·물에 변동이나 변화가 자주 발생할 수 있다.

(6) 用神이 천간에 투출하지 않고 지지에 있으면서 지장간의 정기正氣가 옆에 있는 다른 지장간의 정기正氣와 암합暗合을 하는 경우에도 용신의 역량이 약해질 수 있다. 그러므로 용신이 지지에만 있을 경우에는 암합暗合을 하여 본분을 망각하지 않아야 좋은 원국이 될 수 있다. 이 경우에도 대운이나 세운에서 용신에 해당하는 오행이 천간이나 지지로 올 경우에는 그 기간 동안에는 발복할 수 있다.

지지의 용신이 암합하는 예를 보면 子水가 용신일 경우에 옆에 戌土가 있으면 子水 지장간의 정기正氣 癸水가 戌土 지장간의 정기 戊와 戊 癸 合을 하여 용신의 역할을 망각하는 것을 말하고, 寅木이 용신일 경우에 지장간의 정기 甲木이 未土나 丑土의 지장간의 정기 己土와 甲 己 合을 하여 용신의 역할을 망각하는 것을 말한다. 때로는 약한 용신이 合이나 沖이 되면 용신이 무력하게 되므로 용신으로 활용할 수 없을 수도 있다.

(7) 用神이 정궁정성正宮正星에 있을 경우에는 용신에 해당하는 인·사·물과 더욱 유력有力하고 유정有情하여 역량이 강할 수 있다. 즉 식상食傷이나 재성財星이 용신일 경우에는 일간이 직접 生하고 克하는 관계이면서 나

의 부하나 아랫사람에 해당하므로 자녀궁子女宮과 부하궁인 시주時柱나 배우자궁配偶者宮인 일지日支에 있을 때 자신의 자리인 정궁正宮 또는 본궁本宮에 있으므로 자녀나 배우자와 더욱 유정하고 유력할 수 있다. 특히 시주時柱는 자신의 노년기에 해당하므로 더욱 노년이 아름다울 수 있으므로 상급의 명命이 될 수 있다. 또한 인성印星이나 관성官星이 용신일 경우에는 타인이 나를 生하거나 克하는 관계이면서 윗사람이나 부모에 해당하므로 부모궁父母宮이나 윗사람의 궁인 월주月柱나 연주年柱에 있을 경우에는 부모나 윗사람이 정궁正宮 또는 본궁本宮에 있으므로 서로 유정하고 유력하다고 할 수 있다. 이 경우에는 일간의 청년기나 유년기에 해당하므로 청년기나 유년기가 윤택하고 여유로울 수 있고 부모나 윗사람의 도움으로 학문이나 자신의 일을 원만하게 할 수 있다. 비겁比劫이 용신일 경우에는 나의 동료나 형제가 되므로 일지日支나 월주月柱에 있을 때 유정할 수 있고 서로 의지하고 힘이 될 수 있다.

(8) 원국이 오행을 구비하고 억부용신과 조후용신이 일치하고, 오행이 유통되면서 격국이 온전할 경우에는 운의 영향을 거의 받지 않는 길명吉命이라고 할 수 있다. 역시 이 경우에도 노력하고 준비하지 않는 경우에는 비록 타고난 명命대로 스스로는 만족할 수 있을지 모르지만, 동일한 명운命運을 가진 다른 사람보다 부족하거나 낮은 지위地位의 권력權力이나 부귀富貴를 향유할 뿐이다.

(9) 원국이 오행을 구비하고 沖 克이 없으면서 개별오행이 서로 生하면서 힘이 있고 안정적으로 자신의 역할을 다하는 중화中和를 이룰 경우에도 용신이나 기신 또는 운의 영향을 크게 받지 않으므로 일생을 안정적으로 살아가면서 여유와 멋을 향유할 수 있다. 특히 해당하는 희·용신이 온전할 경

우에는 더욱 유력하고 사회나 조직에서 큰 역할을 담당할 수 있는 상급의 사주가 될 수 있다. 물론 이러한 사주가 운의 흐름까지 좋을 경우에는 정계나 관계 또는 재계 등의 다양한 분야에서 큰 공功을 세울 수 있다.

⑽ 원국의 희·용신이 약하고 무력하더라도 대운의 흐름이 좋을 경우에는 역시 그 기간 동안에는 일간이 원하는 일이나 목표를 성취할 수 있다. 흔히 사주 좋은 사람이 운 좋은 사람을 이길 수 없다고 하는 말과 같다. 이와 같은 다양한 방법으로 용신의 역량을 판단할 수 있으며 용신이 유력有力하면서 대운이나 세운이 희·용신 운으로 흐를 경우에는 그 기간 동안에는 부귀와 명예를 겸비할 수 있다. 이러한 경우는 통계적으로 전체 인구의 0.1% 도 안되며, 대부분의 성공적인 삶을 영위하는 사람들의 경우에 스스로 부족한 부분을 알고 지속적인 노력과 성실한 생활을 통하여 보완하면서 한 분야의 일에 전념하여 성공적인 삶을 살아간다. 물론 자신이 생각하는 목표나 계획을 달성하기 위해 다른 가족이나 육친관계 또는 가정의 행복을 희생하면서 살아가는 경우도 있다. 이러한 부분을 알고 명리를 터득하여 고단하고 힘든 인생의 여정旅程을 더욱 윤택하고 지혜롭게 대처하여 행복을 추구할 수 있는 방안을 강구하여 보자.

2. 운運의 분석과 적용

대부분의 경우에 명命이라고 할 수 있는 사주팔자四柱八字와 흘러가면서 변하는 운명運命 또는 명운命運을 동일하게 생각하는 경우가 많다. 또한 사람들은 자신의 의지나 생각과 무관하게 태어나서 우주만물의 조화에 의해 지구상에 존재하는 다양한 물질처럼 하나의 생명체로서 필연적인 운명으로 살아가는 것으로 생각할 수도 있다. 즉 자신의 운명은 이미 태어날 때부터 결정되어 있으므로 발버둥을 쳐도 바뀔 수 없다고 생각한다. 이러한 생각은 오랜 세월동안 우리민족과 국가의 사상과 정신의 근간根幹이 되고 개개인의 정신적精神的인 지주支柱이면서 육체적肉體的인 활동과 생활의 나침반이 되었던 동양사상과 철학의 진수眞髓인 음양과 오행의 원리와 개념이 최근에 더욱 위축되고 온전하게 활용되지 못하여 나타난 오해일 뿐이다. 왜냐하면, 명命은 고정되어 있지만, 운運은 태어나서부터 죽을 때까지 개개인에게 주변사람과 환경 그리고 시간과 공간의 흐름에 따라 각기 다른 기운으로 작용하기 때문이다. 즉 운은 개개인의 정신과 육체가 후천적으로 변하는 오행의 기운을 받는 것을 의미한다.

결론적으로 개인이 받는 운기는 동일한 오행의 기운일지라도 개개인의 사주구성과 시공時空에 따라 다르게 나타날 수 있고, 동일한 주변사람의 영향력도 다르게 나타날 수 있다. 이러한 타고난 四柱八字와 개개인에 따라 다르게 흘러가면서 작용하는 運을 합쳐 명운命運 또는 운명運命이라고 한다.

명운命運 또는 운명運命은 항구를 떠나 바다를 항해하는 배가 시시각각으로 비바람이나 풍랑의 영향을 받으면서 목적지를 향해 나아가는 것처럼 개개인이 미래를 향해 온갖 풍파를 헤치고 나아가는 인생항로人生航路라고 할 수 있다. 그러므로 명운命運은 자신의 의지와 상관없이 부모로부터 선천적으로 받은 정신과 몸으로 불확실한 미래를 향해 개개인이 후천적으로 받는 오행의 기운에 따라 세상의 모든 현상들에 도전挑戰하고 투쟁鬪爭하며 나아가는 것을 말한다.

흔히 타고난 사주四柱를 배에 비유한다면 운運은 배의 항로航路라고 할 수 있고, 사주를 자동차라고 한다면 운은 자동차가 달리는 길이라고 할 수 있다. 그러므로 사주가 아무리 좋아도 운로運路가 너무 험하고 위험하다면, 즉 자동차가 아무리 비싸고 고급이라도 비포장도로를 달리면 보통의 일반

자동차와 특별히 다른 안락감이나 차이를 느끼기 어려울 수 있다. 반대로 사주가 나쁘더라도 운로運路가 탄탄대로라면 즉 일반 자동차일지라도 포장이 잘된 고속도로를 달리면 고급승용차가 비포장도로를 달리는 것보다 훨씬 안락하고 편안하게 목적지를 향해 여유롭게 달릴 수 있다. 이러한 이치를 알고 누구나 타고난 그릇과 주어진 환경을 지혜롭게 활용하여 자신만의 가치와 보람을 느끼면서 행복하게 살아가는 방법을 찾아야 한다. 좀 더 사주얘기를 하자면 개개인의 四柱는 그릇의 크기라고 할 수 있으므로 큰 그릇은 많은 물을 담아도 쉽게 넘치지 않고 작은 그릇은 소량의 물을 담아도 넘치는 차이가 있다. 만약 당신의 그릇이 간장종지라면 그 크기보다 많이 담으면 넘쳐 밖으로 쏟아질 것이고, 저수지라면 많이 담아도 쉽게 차지 않을 것이다. 체구가 작은데 큰 옷을 입으면 아무리 좋은 옷도 가치가 없을 것이고, 체구가 큰 사람이 어린아이의 옷을 입으면 역시 어울리지 않을 것이다. 밥상에 필요한 간장을 담기위해서는 아름답고 적당한 간장 종지가 필요하고, 농사를 짓기 위해서는 저수지처럼 담아도 넘치지 않는 큰 그릇이 필요하다. 간장을 저수지에 담을 수 없고, 저수지의 물을 간장 종지에 저장할 수는 없다. 이처럼 사람의 경우에도 개개인은 모두가 적재적소適材適所에 필요한 용도用度와 가치價値를 지니고 존재한다. 그러므로 큰 그릇이 좋고 작은 그릇은 나쁘고 못한 것이라고 말할 수 없다. 이제 운에 대하여 자세히 알아보도록 하자.

1) 사주팔자와 운運

　타고난 명命이 받는 운運에는 10년 동안 일간日干에게 지속적으로 영향력을 행사하는 공간적인 개념이 강한 대운大運과, 1년 동안 日干에게 작용하는 시간적인 개념이 강한 세운歲運으로 크게 나눌 수 있다. 또한 일 년 중에서 한 달 동안만 영향력을 행사하는 월운月運과 한 달 중의 하루만 영향력을 행사하는 일운日運으로 나눌 수 있다. 물론 하루 중의 2시간마다 달리 작용하는 시운時運도 생각할 수 있다.

일운日運은 일진日辰이라고 표현하기도 하고, 세운歲運은 유년운流年運 또는 태세太歲라고도 한다. 흔히 태세太歲는 당생태세當生太歲와 유년태세流年太歲로 분리하여 판단하기도 한다.

당생태세는 태어난 해의 연주年柱를 의미하므로 일간의 근본根本과 뿌리가 되는 年柱를 통하여 포괄적으로 일생 동안 일간에게 끼치는 영향을 판단할 때 활용하고, 유년태세流年太歲는 해마다 변하는 한해의 干支를 말하므로 한해의 영향을 판단할 때 활용하며 일반적으로 말하는 세운歲運을 나타낸다. 참고적으로 알아두자.

사주원국 즉 명은 자신이 타고난 그릇의 성분과 크기를 포괄적으로 나타내고, 운은 그 그릇이 사용되어지는 시기와 공간을 나타낸다. 그러므로 명운命運을 함께 분석하여 부귀빈천富貴貧賤과 흥망성쇠興亡盛衰의 크기와 시기를 판단할 수 있고, 굴곡과 변화를 분석할 수 있다. 나아가 일간의 질병과 수명, 결혼과 자녀관계, 부모나 형제와의 인연因緣과 덕德 등의 다양한 부분을 예측할 수 있다. 이러한 예측이나 분석을 통하여 자신의 운명을 알고 자신의 부족한 부분을 보완할 수 있는 배우자를 선택하거나, 자신에게 적합한 학문이나 기술 또는 직업을 선택할 수 있고, 세상을 살아가면서 경험할 수 있는 필요하고 적합한 인간관계의 판단기준을 제공받을 수 있다. 이제 운에 대한 전반적인 개념과 작용을 자세히 살펴보도록 하자.

2) 대운大運

(1) 대운大運의 의미 : 대운大運은 일간이 10년 동안 받는 공간적인 기운을 말하고, 10년 단위로 간지干支가 변한다. 많은 사람들이 10년 대운大運이 들었다고 하면 무조건 좋은 것으로 생각하는 잘못을 저지르는 경우가 많은데, 대운이 바뀌면 10년 동안 좋을 수도 있고 나쁠 수도 있다.

이러한 길흉吉凶의 판단기준은 大運의 干支가 일간의 기·구신일 경우에는 10년 동안 대부분의 일이 원만하게 이루어지지 못하고 고통을 받을 수도 있고, 희·용신일 경우에는 10년 동안 하는 일이나 가정이 화목하고 자신이 발전할 수 있는 좋은 시기라고 할 수 있다.

기본적으로 대운은 10년이라는 긴 기간을 나타내어 공간적인 개념이 작용하므로 일간이 직접적으로 길흉을 느끼기 어려울 수 있고, 세운歲運은 직접적으로 작용력을 느낄 수 있다. 그러나 세운은 대운大運의 공간적인 영향을 받으면서 작용하므로 대운이 좋을 경우에는 세운이 설사 나쁘더라도 크게 나쁘지 않은 경우가 많다.

(2) 대운大運의 **작성방법** : 대운大運의 작성기준은 계절을 나타내고 일간의 부모궁이면서 사회성이 형성되는 월주月柱가 된다. 또한 대운大運의 전개는 월주月柱를 기준으로 시작하지만 남녀男女와 태어난 연간年干의 음양陰陽에 따라 순행順行과 역행逆行으로 나누어진다. 또한 1대운이 시작되기 전까지는 일간은 月柱의 기운, 즉 부모궁에 해당하고 부모의 도움으로 살아가는 월주의 기운을 받는 것으로 판단한다. 왜냐하면 月柱는 일간日干의 성장환경이면서 부모의 영향을 가장 많이 받는 공간이고, 학문이나 기술을 익히는 청년기이며 성격이나 습관이 완성되는 중요한 공간이며, 격格을 정하는 기준이 되므로 대운의 시작도 월주를 중심으로 한다고 볼 수 있다. 대운

을 작성하는 방법에 대하여 알아보도록 하자.

① 연간이 양남음녀陽男陰女이면 순행順行한다 : 남자의 경우에는 태어난 연간年干이 양간陽干인 경우와, 여자의 경우에는 태어난 연간年干이 음간陰干인 경우 즉 연간年干이 양남음녀陽男陰女의 경우에는 월주月柱를 기준으로 육십갑자의 순서대로 대운을 작성한다.

구체적으로 남명男命의 태어난 연간年干이 甲 丙 戊 庚 壬의 양간陽干이거나, 여명女命의 태어난 연간年干이 乙 丁 己 辛 癸의 음간陰干일 경우에는 월주를 기준으로 육십갑자의 순서대로 대운을 작성하면 된다. 예를 보도록 하자.

□ 丙 丙 壬
辰 □ 午 辰

- 남명乾命 : 연간이 양간인 壬水이므로 대운은 순행한다. 월주 丙午를 기준으로 1대운 丁未, 2대운 戊申, 3대운 己酉, 4대운 庚戌, 5대운 辛亥, 6대운 壬子, 7대운 癸丑, 8대운 甲寅으로 이루어진다.

□ 壬 辛 辛
卯 □ 丑 丑

- 여명坤命 : 연간이 음간인 辛金이므로 대운은 순행한다. 대운은 월주 辛丑을 기준으로 1대운 壬寅, 2대운 癸卯, 3대운 甲辰, 4대운 乙巳, 5대운 丙午, 6대운 丁未, 7대운 戊申, 8대운 己酉로 이루어진다.

② 연간이 음남양녀陰男陽女이면 역행逆行한다 : 남자의 경우에는 태어난 연간年干이 음간陰干인 경우와 여자의 경우에는 태어난 연간이 양간陽干인

경우, 즉 음남양녀陰男陽女의 경우에는 대운의 흐름이 월주를 기준으로 육십갑자의 순서와 반대방향으로 역행逆行하여 작성한다. 아마도 남자는 양에 해당하고 여자는 음에 해당하므로 음양의 이치에 합당하여 순행하지만 반대일 경우에는 음양의 특성에 따라 대운도 역행한다고 할 수 있다. 즉 남명男命의 태어난 연간年干이 乙 丁 己 辛 癸의 음간陰干이거나 여명女命의 태어난 연간年干이 甲 丙 戊 庚 壬의 양간陽干이면 월주를 기준으로 육십갑자의 반대 방향으로 역행하여 작성하면 된다. 예를 보도록 하자.

```
□ 丁 庚 辛
申 □ 子 丑
```

- 남명乾命 : 연간이 음간인 辛金이므로 대운은 역행한다. 대운은 월주 庚子를 기준으로 1대운 己亥, 2대운 戊戌, 3대운 丁酉, 4대운 丙申, 5대운 乙未, 6대운 甲午, 7대운 癸巳, 8대운 壬辰으로 흘러간다.

```
壬 戊 壬 庚
□ □ 午 子
```

- 여명坤命 : 여자이면서 연간이 양간인 庚金이므로 역행한다. 대운은 월주 壬午를 기준으로 1대운 辛巳, 2대운 庚辰, 3대운 己卯, 4대운 戊寅, 5대운 丁丑, 6대운 丙子, 7대운 乙亥, 8대운 甲戌로 흘러간다.

(3) 대운수大運數의 계산과 시작연월일 계산법 : 대운수大運數와 대운의 시작연월일을 계산할 때도 양남음녀陽男陰女와 음남양녀陰男陽女의 경우가 다르므로 각각으로 살펴보도록 하자. 물론 만세력에 기록된 대운의 수數를 그대로 적용해도 무방하다. 공부를 위해 대운수를 정하는 방법을 알아보도록 하자.

- 대운수를 정할 때는 태어난 월·일·시간과 접일일시를 판단하여 남은 일이 3일이면 1년으로 계산하여 이 때 대운수는 1이 된다. 남은 일자가 6일이면 2년으로 계산하여 대운수는 2가 되고, 9일이면 3년으로 계산하여 대운수는 3이 된다. 이와 같은 방식으로 계산하여 29일 이상이 될 경우에는 10대운까지 될 수 있고, 반대로 3일 이하일 경우에는 1대운이 될 수 있다.

- 3일은 1년(360일)에 해당하므로 3일을 월로 나타내면 12개월이 되고, 1일은 4개월이 되고 2일은 8개월이 된다. 이 경우에 2일은 8개월이 되므로 6개월 이상이 되어 이 경우에는 실질적인 대운수를 반올림해서 대운의 수가 1년이 늘어날 수 있다.

- 1일은 대운의 4개월이므로 1일을 시간으로 환산하면 24시간이 된다. 하루(1일)는 4개월을 나타내므로 날짜로는 120일이 된다. 120일을 24시간으로 나누면 1시간에 해당하는 날의 수를 알 수 있다. 즉 120일을 24시간으로 나누면 1시간은 5일이 된다. 하루를 12시진(子時부터 亥時까지)으로 나누면 1시진時辰은 10일이 된다.

- 1시간은 5일이 되고 60분을 나타내므로 60분을 5일로 나누면 12분이 하루(1일)가 된다. 이러한 방식으로 계산하여 대운이 시작되는 시기를 정확하게 알 수 있다. 이 경우에도 양남음녀陽男陰女는 순행하여 계산하고, 음남양녀陰男陽女는 역행하여 대운수를 계산한다. 세분하여 알아보도록 하자.

① 연간年干이 양남음녀陽男陰女이고 순행順行할 때 : 이 경우에는 태어난 달을 포함하여 날과 시간을 다가오는 다음 달의 초기初期 절입일시節入日時에서 뺀 나머지 기간의 일자와 시간을 3으로 나누어 대운수로 정하고, 나머지가 1일 12시간 이상이면 반올림하여 1년을 더하여 대운수를 정하며, 1일 12시간 미만일 때는 무시하므로 대운수에는 변화가 없다. 세분하여 계산하면 대운이 시작되는 날을 정확하게 계산할 수 있다.

② 연간年干이 음남양녀陰男陽女이고 역행逆行할 때 : 이 경우에는 태어난 달을 포함하여 일자와 시간에서 태어난 그 달의 초기初期 절입일시節入日

時를 뺀 나머지 기간의 일자와 시간을 3으로 나누어 대운 수로 정하고, 역시 나머지가 1일 12시간 이상이면 반올림하여 1년을 올려서 대운수를 정해야 하며, 1일 12시간 미만이면 무시한다. 역시 세분하여 계산하면 대운이 시작되는 날을 정확하게 계산할 수 있다.

이러한 방식으로 대운이 작용하는 연월일시의 정확한 날짜와 시간을 계산할 수 있다. 복잡하게 알지 않아도 되지만 계산하는 방법은 참고적으로 알아야 한다.

최근의 만세력에는 남녀에 대한 대운수가 적혀있으므로 만세력에 따라 대운을 정하면 무난하다. 대운이 작용하는 연월일을 정확하게 알려면 직접 계산을 해볼 수도 있다. 여기서 예를 하나 보도록 하자.

③ 대운수大運數의 실제 계산 : 음력 1956년 4월 11일 18시 출생한 여자의 경우에 대한 대운수를 알아보자.

<table>
<tr><td>己</td><td>丁</td><td>癸</td><td>丙</td></tr>
<tr><td>酉</td><td>亥</td><td>巳</td><td>申</td></tr>
</table>

• 여명, 음력 1956년 4월 11일 18시 출생. 5대운.
  여자이면서 연간이 丙의 양陽이므로 역행逆行한다. 그러므로 태어난 날에서 태어난 달의 초기 절입일시를 빼면 대운 수를 알 수 있다. 절기는 양력과 음력으로 표시할 수 있으므로 음력 1956년 4월 11일 18시는 양력으로는 1956년 5월 20일 18시로 바꿀 수 있다. 태어난 4월의 초기절기인 입하立夏가 음력으로는 3월 25일 22시 10분이고 양력으로는 5월 5일 22시 10분이므로 양력 5월 20일 18시 - 양력 5월 5일 22시 10분을 하면 약 14일 19시간 50분이 된다.
  14일을 3으로 나누면 4와 나머지가 2일 20시간이 되어 1일 12시간이 넘어 대운수를 반올림하여 5가 된다. 그러므로 대운이 시작되는 년도는 태어난 丙申년부터 시작하여 계산을 하면 丁酉, 戊戌, 己亥, 庚子, 辛丑에서 5년째 해인 辛丑년이 된다.

다음에는 비록 5대운으로 5년 후에 대운이 시작되지만 반올림을 하였으므로 정확하게 대운이 시작되는 월과 일을 파악해보도록하자.

나머지가 약 2일 20시간이므로 2일 × 4개월 = 8개월과 20시간 × 5일 = 100일이 되므로 약 4년 11개월 10일 정도마다 대운이 변하는 것을 알 수 있다. 그러므로 이 사람은 처음으로 대운이 바뀌는 시기는 양력 1956년 5월 20일 18시 + 4년 11개월 10일을 하면 실질적으로는 양력 1961년 4월 30일 정도에 거의 대운이 바뀐다고 판단할 수 있다. 즉 辛丑년 양력 5월부터 새로운 대운이 적용된다. 위의 원국으로 대운과 관련된 나이와 연도를 종합적으로 표시해보자.

- 56년 丙申년 癸巳월 丁亥일 己酉시 출생 여명女命, 대운수 : 5. 여명女命이면서 일간이 양간이므로 역행逆行한다.

대 운	8	7	6	5	4	3	2	1
대운접입 (나이)	75세	65세	55세	45세	35세	25세	15세	5세
대운 간지	乙酉	丙戌	丁亥	戊子	己丑	庚寅	辛卯	壬辰
대운 접입년	2030	2020	2010	2000	1990	1980	1970	1960
접입년 해당간지	庚戌	庚子	庚寅	庚辰	庚午	庚申	庚戌	庚子
대운 작용시기	辛亥	辛丑	辛卯	辛巳	辛未	辛酉	辛亥	辛丑

④ 대운大運의 접입운接入運일 때 주의할 사항 : 10년 단위로 변하는 대운의 시기를 접입운接入運이라고 하고, 특히 계절이 변하는 시기이면서 30년 단위로 변하는 접입운을 접목운接木運이라고 한다. 이 사주의 접목운은 己丑대운과 庚寅대운 사이인 1989년 己巳년과 1990년 庚午년과, 丙戌대운과 丁亥대운의 사이인 2019년 己亥년과 2020년 庚子년이 해당한다. 이 시기는 특히 건강이나 모든 일에서 조심해야 한다.

대운의 접입 나이는 대운수가 적용되는 4년이 지나고 5년이 되는 시기가 되므로 우리 나이로는 5세가 되고 壬辰 대운으로 접입接入하는 시기는 1960년의 庚子년에서 1961년 辛丑년이 되고, 바뀐 대운이 작용하는 시점은 약 5년이 지난 후인 辛丑년 5월이 된다. 여기서 庚子년과 辛丑년은 접입운이 되어 접목운보다는 덜하지만 변화가 발생하는 시기라고 할 수 있다. 역시 이 시기에도 정신적으로나 육체적으로 급격한 변화가 나타날 수 있으므로 희·용신일 경우에도 조심해야 하고, 나머지 대운의 경우에도 접입운이 될 경우에는 역시 그 시기에는 건강이나 일을 할 때 조심해야 한다. 특히 대운 지지의 계절이 변하는 庚寅 3대운의 마지막 해에서 丑己 4대운으로 진입하는 첫 해에는 더욱 조심해야 한다.

계절이 변하지 않으면서 10년 단위로 대운이 바뀌는 시기를 접입운接入運이라고 하고, 대운의 계절이 바뀌는 시기를 접목운接木運이라고 표현하였다. 기본적으로 이 시기에는 급격한 변화나 변동이 발생할 수 있으므로 건강이나 가족관계 또는 사업이나 직장에서 발생하는 일에 대해 유심히 살펴서 조심스럽게 임해야 하고, 큰 변화나 변동이 없이 지나가는 것이 도움이 될 수 있다. 특히 계절이 바뀌는 접목운接木運은 나무를 뽑아서 옮겨 심는 경우와 유사하므로 이 시기에는 더욱 건강이나 하는 일에 조심하고 가급적이면 변화나 변동을 삼가고 새로운 일이나 사업은 이 시기를 넘기고 다음으로 미루는 것이 필요하다. 이러한 접입운이나 접목운의 시기를 잘 넘기면 10년 동안 건강하게 지내거나 크게 노화老化가 진행되지 않을 수 있지만, 반대로 이 시기에 병치레를 하거나 기력이 쇠하면 10년을 고생하거나 병약할 수도 있다.

(4) 대운大運의 길흉吉凶작용 분석 : 대운이나 세운을 해석하고 분석하기 위해서는 먼저 사주원국의 음양오행陰陽五行의 배합配合과 조화調和, 체體와 용用의 균형均衡과 편고偏枯 등을 분석해야 한다.

다음에는 원국의 구성이 운의 영향을 많이 받는 사주인지 적게 받는 사주인지 분석을 하고, 원국에 길흉의 영향을 끼치는 대운의 오행이 무엇인가를 찾아야 한다. 대운大運의 간지干支가 원국에 작용하는 영향력과 기간에는 몇 가지의 의견이 있다. 참고로 알아보자.

우선 대운의 천간天干과 지지地支를 각각 5년으로 나누어서 각각의 기운이 원국에 작용한다는 이론과, 대운의 天干이 3년 地支가 7년으로 地支를 중시하는 이론과, 대운의 地支가 10년 동안 강하게 원국에 작용한다는 이론과, 天干과 地支가 10년 동안 함께 원국에 작용력을 행사하지만 지지의 역량을 중시하는 이론이 있다. 여기서는 기본적으로 天干과 地支의 기운이 10년 동안 일간과 원국에 함께 작용하지만 지지의 기운을 중시한다. 즉 대운의 천간과 지지의 생生 극克 비比의 관계를 살펴서 대운 간지의 강약을 판단하고 대운을 원국과 비교하여 길흉의 정도程度를 분석한다. 이것이 일반적인 방법으로 많이 활용되고, 또한 임상의 결과도 대운의 天干과 地支의 오행을 모두 참조하여 원국과의 관계를 파악하는 것이 분석의 신뢰도와 정확도도 높았다. 좀 힘들고 어렵지만 대운을 제대로 대입하는 방법을 배워 허튼소리를 한다는 말은 듣지 않도록 하자. 또한 지난 일은 잘 맞는데 미래의 일은 맞지 않는다면 공부의 의미가 없기 때문이다.

종합적인 운運을 판단하는 방법은, 원국의 일간이나 오행의 희·용신이나 기·구신을 파악한 후에 먼저 대운의 간지를 살펴 공간적인 의미의 길흉을 판단하고, 한 해의 세운과 대운의 합合이나 생生 극克 비比로 인한 오행의 희·용신이나 기·구신의 작용력을 판단할 수 있다. 이러한 방법으로 일간이나 육친과 대조하여 현재의 흐름을 예측할 수 있다.

타고난 명命과 변하는 운運을 분석하여 과거뿐만 아니라 미래未來의 다가오는 개개인의 인간사人間事를 예측하는 것이며, 이러한 예측을 통하여 지혜롭게 미래를 대비하고 개척할 수 있다. 대운의 작용을 살펴보도록 하자.

① 길흉吉凶의 기본적인 판단 : 대운의 길흉을 판단하는 기본적인 방법을 살펴보자.

• 대운의 천간과 지지가 모두 희喜·용신用神일 경우에는, 기본적으로 해당하는 10년 동안에는 재물이 늘어나고 건강할 수 있으며, 가정이 화목하고 직장에서는 승진을 할 수 있으며, 결혼을 하지 않은 남녀는 결혼을 하는 시기가 되고 사업을 하는 사람은 수익을 창출할 수 있다. 즉 이 시기에는 많은 분야에서 좋은 성과를 낼 수 있다. 이 경우에도 세운이 나쁠 경우에는 그 한 해 동안에는 길吉함이 나타나지 않을 수 있지만 크게 흉凶하지는 않고 단지 작은 손실이나 논쟁이 발생할 수 있다. 기본적으로 대운의 간지가 모두 희·용신일 경우에는, 자신의 장기적인 계획이나 목표를 설정하고 지속적으로 추진하면 원하는 결과를 창출할 수 있다. 또한 이런 시기는 일생에 자주 오지 않으므로 그 시기를 놓치지 말아야 한다. 물론 세운이 불리할 경우에는 그 기간 동안에는 다소 불리한 일이 발생할 수 있지만 큰 어려움에 봉착하지는 않는다.

• 대운의 천간과 지지가 모두 기·구신일 경우에는 해당하는 10년 동안에는 재물의 손실이나 가정이 불안정할 수 있고, 직장에서는 이직이나 실직 또는 수모를 당할 수 있으며, 건강이 악화되거나 하는 일이 막히고 곤란을 겪을 수 있다. 또한 해당 육친으로 인한 고통도 받을 수 있다. 이 경우에도 세운이 길운일 경우에는 그 한 해 동안에는 성과가 나타날 수 있지만 지속되기 어렵고 그 시기가 지나면 다시 어려움에 봉착할 수 있다. 기본적으로 대운의 간지가 모두 일간에게 기·구신일 경우에는, 사업이나 목표를 세워 추진하더라도 소기의 성과나 결과를 창출하기 어려울 수 있다. 그러므로 이 시기에 부득이하게 새로운 투자나 계획을 추진해야 한다면 소규모로 하거나 자신의 재산이나 능력의 범위 내에서 감당할 수 있을 정도로 하고, 손실이 나더라도 경험으로 판단할 정도로 가볍게 임하는 것이 필요하다. 때로는 이런 시기에 사업이나 계획을 추진하여 패가망신敗家亡身할 수도 있다.

② 원국에 의한 대운大運의 역량변화 : 원국의 간지와 대운의 干支를 천간은 천간끼리, 지지는 지지끼리 비교하여 어떤 변화가 이루어지는가를 파악하여 대운의 작용력을 분석할 수 있다. 즉 대운의 천간과 원국의 천간끼리 서로 합슴 생生 극克 비比가 발생하면 대운의 작용력에 변화가 생길 수 있고, 또한 대운의 지지와 원국의 지지가 서로 합슴 충沖 형刑 파破 해害가 발생해도 대운의 길흉吉凶작용력에 변화가 생길 수 있다. 특히 대운의 간지가 원국의 용신用神과 슴이나 沖이 되는 경우에는 길吉작용이 현저하게 줄어들 수 있다. 기본개념을 살펴보도록 하자.

• 천간의 합슴과 충沖 : 대운 천간의 오행이 희·용신일 경우에도 원국의 일간을 제외한 다른 천간과 슴하거나 슴하여 다른 오행으로 변할 경우에는 좋은 작용이 반감되거나 평범할 수 있다. 단 일간이 대운의 천간 희·용신과 슴하는 경우에는 더욱 유리할 수 있고, 기·구신과 합하는 경우에는 희·용신을 돌보지 않으므로 불리할 수도 있다. 대부분의 경우에 원국의 일간은 운에 의해 합이 되어도 다른 오행으로 변하지 않는다. 왜냐하면 원국의 주체이기 때문이며, 단지 운의 영향을 받을 뿐이다. 또한 대운 천간이 기·구신이더라도 일간을 제외한 원국의 다른 천간과 슴하거나 沖을 하는 경우에는 일간 자신에게는 작용력이 나타나지 않거나 경감될 수 있다. 물론 이 경우에도 기본적으

로 용신이나 일간을 沖하거나 克하는 경우에는 불리하고, 기·구신을 沖하거나 克하는 경우에는 오히려 흉함이 감소할 수 있다. 대운과 원국의 천간이 沖이나 克이 되는 경우에는 세운歲運과 대운의 관계를 살펴 길흉의 정도를 판단할 수 있다.

- 지지의 합과 충沖 : 대운 지지의 오행이 희·용신일 경우에도 원국의 지지와 合하거나 合을 하여 다른 오행으로 변할 경우에는 희·용신의 역량이 경감되거나 유리한 작용이 명확하게 나타나지 않을 수 있다. 이 경우에는 세운歲運이 중요한 역할을 할 수 있으므로 세운을 살펴야 한다. 역시 대운 지지의 오행이 기·구신이더라도 원국의 지지와 合하거나 合을 하여 다른 오행으로 변할 경우에는 불리한 작용이 덜할 수 있다. 또한 대운의 지지가 원국의 지지와 충沖이나 형刑을 하는 경우에도 운의 작용력은 반감되거나 무력할 수 있다. 이 경우에는 역시 세운歲運의 영향을 강하게 받을 수 있고, 세운에 중심을 두고 길흉의 정도를 판단해야 한다.

- 원국의 월주와 沖과 克을 하는 6대운 : 참고적으로 대부분의 사주는 6대운에서 월주月柱의 천간과 지지가 克이나 沖이 되는데 이 경우의 극이나 충은 일반적인 충이나 극으로 보지 않아도 무방하다. 왜냐하면 이 시기에는 대부분의 경우에 부모가 사망하거나 사망할 시기이면서 일간이 한 갑자를 지낸 후가 되고 운한도 월주를 지났기 때문이다. 그러나 대운大運과 함께 세운歲運이나 월운月運도 월주나 일주와 충이나 극이 되어 원국의 용신이나 일간을 무력하게 할 경우에는 일간이나 해당하는 오행의 육친과 인·사·물에 흉한 일이 발생할 수 있다. 물론 이 경우에도 원국 오행의 유통을 살펴서 판단해야 한다.

③ 대운의 접목운椄木運과 접입운椄入運 : 대운에서 말하는 접목운椄木運은 대운에서 계절이 변화되는 시기를 의미하고, 이 시기에는 해당하는 2년에 걸친 세운歲運을 조심스럽게 넘겨야 한다. 위에서도 설명하였듯이 접목운의 시기는 나무를 한 장소에서 다른 장소로 옮겨 심는 것과 같고 계절이 변하는 환절기와 같은 시기로 생각하면 된다. 즉 봄의 寅 卯 辰 대운에서 여름의 巳 午 未 대운으로, 여름의 巳 午 未 대운에서 가을의 申 酉 戌 대운으로, 가을의 申 酉 戌 대운에서 겨울의 亥 子 丑 대운으로, 겨울의 亥

子 丑 대운에서 봄의 寅 卯 辰 대운으로 넘어가는 시기에 해당하는 2년에 걸친 세운을 말한다.

접목운接木運은 기본적으로는 30년을 단위로 바뀌지만 개개인은 대운의 흐름에 따라 계절이 바뀌므로 30년이 아닐 수도 있다. 계절이 바뀌는 환절기에는 날씨의 변화에 적응하지 못하여 질병에 걸리거나 때로는 힘들게 지내는 경우가 있듯이 접목운의 세운에서도 질병이 발생하거나 또는 많은 변화와 예상치 못한 일이 일어나는 경우가 많으므로 접목년接木年의 시기에 해당하는 1~2년은 특히 주의를 기울이는 것이 좋다. 또한 접목운의 시기에는 정신적인 변화와 육체적인 변화가 한꺼번에 나타날 수 있다. 그러므로 이 기간 동안에는 하는 사업이나 직장의 변동이나 변화는 오히려 곤란함을 초래할 수 있으므로 안정을 중시해야 하며, 가족관계나 자신의 건강에도 각별한 주의를 기울이는 것이 필요하다.

접입운은 계절의 변화와 상관없이 10년 단위로 바뀌는 대운의 시기에 해당하는 2년의 세운을 말하며, 역시 접입년에 해당하는 1~2년 정도는 안정을 유지하거나 자연스러운 적응의 시기로 생각하고 생활에 임하는 것이 정신적으로나 육체적으로도 도움이 될 수 있다. 이러한 세운의 시기에는 급격한 변화나 새로운 일의 추진은 무리가 따르거나 정신적으로나 육체적으로 강한 스트레스나 고통을 당할 수 있다.

접입을 하는 세운의 시기에는 계절이 바뀌는 접목을 하는 세운의 시기보다는 덜할 수 있지만 역시 건강이나 재물 또는 가정이나 직장에서 매사에 신중하게 처신해야 하고 대인관계도 유화적宥和的으로 하는 것이 필요하다. 특히 접목대운의 간지와 세운의 간지가 동일하면서 기·구신일 경우에는 더욱 조심해야 한다. 물론 10년 대운의 간지와 세운의 간지가 동일한 기·구신일 경우에도 그 기간 동안에는 접목운接木運보다는 덜하지만 매사 신중하고 조심하는 것이 필요하다.

접입운이나 접목운은 전통적으로 전해져오는 삼재三災의 개념과 유사하다고 할 수 있으며, 한 편으로는 일반인들이 말하는 아홉수를 조심하는 것과 유사할 수 있다.

3) 세운歲運 월운月運 일운日運의 작용과 분석

(1) 세운歲運의 작용 : 세운은 한해의 운을 말하며 연운年運 또는 해운이라고도 하고, 때로는 태세太歲나 유운流運으로 표현하기도 한다. 기본적으로 한해의 운이 일간에게 길운吉運일 경우에는 그 해에는 좋은 일들이 생기고, 흉운凶運일 경우에는 불리한 일들이 생길 수 있다. 세운도 역시 대운과 마찬가지로 간지干支를 모두 살펴서 분석하되 天干은 天干끼리 地支는 地支끼리 대응하여 살펴야 한다. 특히 대운은 음陰의 속성이 강하므로 지지를 중시하고, 세운은 양陽의 속성으로 판단하여 천간을 중시하여 판단하기도 한다.

세운은 대운의 공간적인 영향을 받으면서 한 해 동안에 일간과 원국에 영향력을 강하게 끼치고 대운에도 영향을 끼치며, 월운의 영향을 받는다. 흔히 대운보다도 한 해의 운을 중시하는 이유는 짧은 기간에 길흉이 명확하게 드러나기 때문이기도 하다. 세운의 특성에 대하여 알아보도록 하자.

① 흔히 세운을 임금이라고 하면 대운은 신하라고 표현하기도 한다. 이유는 대운은 장기간에 걸쳐 진행되므로 공간적인 의미가 강하고 명확한 시기에 뚜렷하게 나타나지 않는 음의 특성을 지니고 있으므로 그 영향력을 짧은 기간에 쉽게 판단하기가 어렵지만 세운은 1년이라는 정해진 기간에 작용력이 나타나기 때문에 세운을 중요하게 생각할 수 있다. 그렇지만 대운이 흉할 경우에는 세운이 좋아도 그 해에는 어느 정도의 성과를 낼 수 있지만

지속적으로 큰 성과를 내기 어려울 수 있다. 그러나 대운이 희·용신이면서 세운도 희·용신일 경우에는 최고의 한 해가 될 수 있으므로 이러한 시기에는 적극적인 활동과 노력을 하면 원하는 결과를 얻을 수 있고 그 동안 추진하던 일이나 계획을 성공적으로 마무리할 수 있다. 또한 대운은 기·구신이지만 세운이 희·용신일 경우에는 모든 일이 길하지는 않지만 그래도 그 해에는 작은 부분에서 원하는 결과를 성취할 수 있다.

② 세운의 판단과 분석도 대운의 분석방법과 동일하며, 단지 해당하는 그 해에만 한정하여 적용되고 해가 바뀌면 세운도 변한다. 세운은 1년 단위로 변하므로 사람들이 해가 바뀔 때마다 직접적으로 느끼는 길흉의 체감도體感度가 클 수 있으며, 흔히 한 해의 운수를 볼 때 월운과 함께 세운을 활용할 수 있다.

- 대응방안 : 기본적으로 한해의 운이 희·용신일 경우에는 그 해에는 가정이나 사업, 직장이나 건강 등 모든 부분에서 좋은 결과가 나타날 수 있고, 기·구신일 경우에는 새로운 일을 시작하여도 결과가 나오지 않거나 진행하는 일도 장애나 어려움이 발생할 수 있으므로 이때에는 현상유지에 심혈을 기울여야 하고 각별히 조심하여 손실이나 피해를 최소화하는 노력을 해야 한다. 장기적인 계획을 세우는 것은 대운을 판단하고 해야 한다.
  세운이 기·구신일 경우에는, 기·구신을 유통시킬 수 있는 오행의 십성에 해당하는 육친이나 인·사·물을 활용하거나 생활환경을 변화시켜 보완하는 것이 도움이 될 수 있다. 예를 들면 木의 기운이 필요하면 실내에 화분을 두거나 남색이나 하늘색 계통의 색상으로 커튼을 만들거나 벽지를 바를 수도 있고, 어진사람을 만나거나 산에 오르는 것도 도움이 될 수 있다.
  비견比肩이 필요할 경우에는 주변에 친구를 만나서 상의하는 것도 좋은 해결방안이 될 수 있고, 식상食傷이 필요한 경우에는 새로운 활동이나 운동을 하거나 봉사활동을 통하여 정신적 또는 육체적인 어려움을 극복할 수 있다. 이런 방식으로 각각에 해당하는 오행이나 십성의 인·사·물을 활용하면 도움이 될 수 있다.

(2) 월운月運과 일운日運 : 월운은 대운과 세운의 영향을 받으면서 해당하는 한 달 동안에 일간과 세운에 영향을 끼치며, 일운의 영향을 받는다. 월운과 일운의 역량과 작용을 판단하는 방법을 알아보도록 하자.

① 월운月運 : 월운은 해당하는 달의 길흉을 판단할 경우에 활용되며, 세운과의 관계를 살펴서 영향력의 정도를 판단할 수 있다.

- 기본적으로 월운에 해당하는 간지가 일간의 희·용신일 경우에는, 그 달에는 하는 일이나 계획이 순조롭게 진행될 수 있고 수입도 발생할 수 있다. 역시 세운이 희·용신이면서 해당 월의 간지가 희·용신일 경우에는 그 달에는 하는 일의 성과나 결과가 더욱 좋을 수 있고, 그 달에 승진이나 계약을 하는 일이라면 성사될 수 있다. 물론 혼인도 이루어질 수 있고 그 달의 기간 중에 혼인이나 개업을 해도 좋은 달이 될 수 있다.

- 그러나 월운이 일간의 기·구신일 경우에는, 그 달에는 추진하는 일이나 계획한 일이 무산되거나 장해障害가 생겨 결과를 얻기 어려울 수 있다. 더군다나 세운도 기·구신에 해당할 경우에는, 그 달에는 일의 성사나 결과를 기대하기 어렵고 승진이나 계약은 곤란할 수 있다. 그러므로 세운과 월운이 모두 나쁠 경우에는 계약이나 일의 추진을 다음으로 미루는 것이 도움이 되고, 부득이하게 해야 할 일이나 계획은 최소한의 비용으로 진행을 하거나 신중하게 임해야만 손실을 줄일 수 있다. 또한 월운의 干支가 희·용신이지만 세운이 기·구신일 경우에는, 역시 일의 성사를 보장하기 어렵고 단지 그 달은 나쁜 한 해 가운데 비교적 무난하게 지나갈 수 있다. 이 경우에도 일간과 沖이나 克이 될 경우에는 일간이 갈등하면서 혼란을 겪을 수 있다.

② 일운日運 : 일운日運은 하루의 길흉을 말하고 흔히 일진日辰이라고 부르며, 월운과 비교하여 판단하는 것이 도움이 될 수 있다. 일운은 하루의 干支를 日柱와 비교하여 희·용신의 날과 기·구신의 날로 분리하여 당일의 길흉작용을 판단할 수 있다. 희·용신의 날일 경우에는 대인관계나 중요한 일을 적극적으로 실행하여 목표나 성과를 얻어내는데 활용할 수 있다. 때로

는 단순하게 재물과 관련된 일에는 정재正財일이 좋고, 직장과 관련된 일에는 정관正官일이 좋으며, 일과 관련된 일에는 식신食神일이 좋고, 친구와 관련된 일에는 비견比肩일에 만나는 것이 유리하며, 학문이나 도움과 관련된 일에는 정인正印일이 좋을 수 있다. 4길신과 4흉신의 경우를 참고할 수 있다.

• 기본적으로 하루의 운을 판단하는 방법은 일운日運이 일간日干에게 필요한 희·용신에 해당하는 간지가 오는 경우에는 그 날은 생각과 행동이 원활하고 대인관계나 하는 일이 막힘이 없이 순탄하게 이루어질 수 있다. 자신의 일주를 기준으로 한 번 유심히 관찰하는 것도 공부에 도움이 될 수 있다. 이 경우에도 월운이 희·용신이면서 해당 날이 희·용신일 경우에는, 달 중에서 일간에게 가장 좋은 날이라고 할 수 있다. 역시 다른 사람에게 도움을 청하거나 필요한 부탁을 하는 경우에도 희·용신에 해당하는 날이나 정인正印의 날을 선택하는 것이 유리할 수 있다. 물론 일간이 강할 경우에는 정재正財의 날도 무난할 수 있다.

• 그러나 일운日運이 일간日干의 기·구신에 해당하는 오행이면서 월운도 기·구신일 경우에는 그 날은 매사가 혼란스럽거나 불안정할 수 있다. 또한 일운日運이 일주日柱나 용신用神과 간충지충干沖支沖이 되는 경우에는, 그 날은 생각대로 일이나 계획을 진행하지 못하고 혼란스러울 수 있고 직장이나 대인관계에서도 갈등이나 오해가 생길 수 있으며 계획이나 약속이 어긋날 수 있다. 日運이 불리할 경우에는, 대인관계에서도 자신의 행동과 언행을 함부로 하지 말아야 하고 가급적 중요한 결정이나 약속은 다음 날이나 좋은 날로 미루는 것이 유리할 수 있으며 특히 다른 사람과 언쟁이나 시비를 하지 말아야 한다. 특히 사람을 만나서 문제를 해결하려고 하면 서로 충돌하거나 오해를 할 수 있으므로 자신에게 희·용신에 해당하는 다른 날을 택하는 것이 유리할 수 있다. 이런 방식으로 명리를 활용할 경우에는 괘卦를 활용하여 하루의 운세를 판단할 수 있는 주역周易이나 토정비결과 유사할 수 있다. 이 경우에는 주역의 점법占法으로 대체하여 활용할 수도 있다.

③ 시운時運 : 시운時運은 하루 중에서 日干에게 도움이 되는 희·용신에 해당하는 시간에 중요한 업무나 일을 진행하여 성과를 내는 데 활용할 수

있고, 일간의 컨디션이 가장 좋은 시간을 판단하는데 활용할 수 있다. 자신에게 희용신이 되는 시간은 능률이 향상되고 마음과 몸이 편안할 수 있고, 기구신이 되는 시간은 육체적으로나 정신적으로 피로를 느끼거나 업무의 능률이 오르지 않을 수 있다. 물론 평범한 시간도 있다. 그러나 시운은 자신에게 크게 영향을 끼치지는 못한다.

4) 운運의 영향력 분석방법

운의 작용력을 100의 수치로 환산한다면 대체로 대운大運의 작용력을 50정도로 판단하고 세운歲運의 작용력은 30정도로 판단하며, 월운月運의 작용력은 15정도로 보고, 일운日運의 작용력은 5정도로 파악하기도 한다. 그러나 근본적인 판단 방법은 모든 운과 원국 전체의 관계를 살펴서 길흉의 정도를 파악해야 한다. 즉 대운 세운 월운 일운을 종합하고 원국과 일주의 관계를 비교하여 판단하면 더욱 명확할 수 있다. 기본적으로 일간日干 자신과 운의 관계를 살피는 것이 가장 중요하다. 즉 일간에게 작용하는 대운이나 세운의 길흉관계를 살핀 후에, 일간과 원국의 개별 오행의 십성十星과 궁宮에 대입하여 구체적으로 오행의 십성十星에 해당하는 인·사·물에 어떤 길흉작용이 나타나는가를 살펴야 한다. 물론 대운과 세운의 길흉을 논하기 전에 먼저 원국에서 오행의 구비여부와 오행의 강약과 유통관계, 해당 궁이나 성의 승이나 沖의 관계, 희·용신과 기·구신 등을 온전하게 파악한 후에 대운과 세운의 간지를 원국에 대입하여 길흉의 정도를 판단해야 종합적인 신뢰도가 높을 수 있다. 여기서는 원국과 운의 관계를 분석하는 기본적인 방법을 알아보도록 하자.

(1) 운의 기본적인 영향력 분석 방법 : 다양한 자연속의 동물과 식물은 서로의 생태계와 생존의 방식은 다르지만 서로 조화와 균형을 이루면서 각자의 아름다움과 자기만의 특별한 존재감과 소중함을 지니고 있다. 마찬가지로 사람의 경우에도 근본적으로 개개인의 존재 가치와 유일함과 고귀함을 지니고 있으면서, 시기에 따라 화려하게 꽃을 피우거나 시들 수 있다. 이것이 자연의 순리이며 한 사람의 인생여정人生旅程이라고 할 수 있다.

나무나 식물에 비유하면 소나무나 전나무 또는 사철나무처럼 4계절의 영향을 크게 받지 않고 똑같은 형상을 하고 생존하는 경우와, 덩굴이나 잡초 또는 과일나무처럼 계절의 영향에 강하게 받으면서 색상과 형상을 바꾸고 존재할 수 있다. 수많은 생명체들이 모진 겨울의 추위와 눈보라를 극복하고 생명력을 지니고 생존할 때, 봄이 오면 다시 싹을 내밀고 눈망울을 터뜨리듯이 사람도 운의 변화에 따라 다시 새로운 모습으로 외모나 행동이 나타날 수 있다.

모진 고통을 감내하면서 소멸되지 않고 생존한 생명체나 나무는 계절이 변하면 언제나 새로운 싹이 돋아나고 꽃을 피우듯이, 개개인의 삶도 고난과 아픔 속에서도 좌절하지 않고 희망과 꿈을 지니고 살아가면 반드시 때를 만나 나이와 상관없이 다시 한 번 자신의 생각과 꿈을 실현하면서 즐겁고 행복한 삶을 살아갈 수 있는 것이 명운命運이다. 살펴보도록 하자.

① 운의 영향을 적게 받는 사주 : 기본적으로 일간은 원국이 오행을 구비하고 음양의 조화를 이루면서 습이나 冲이 적절하고 희·용신이 온전한 경우에는 운의 영향을 덜 받는다. 또한 원국의 오행이 연주年柱에서부터 시주時柱까지 또는 시주에서 연주까지 천간과 지지가 서로 生의 관계를 이루고 유통流通되면서 조후調候가 맞을 경우에도 운의 영향을 받지 않는 상급의 사주라고 할 수 있다.

② 운의 영향을 많이 받는 사주 : 기본적으로 일간日干은 원국의 지장간을 포함하여 오행을 구비하지 못하고 음양의 조화를 이루지 못하면서 2~3개의 오행으로 편중될 경우에는 운의 영향을 많이 받을 수 있다. 또한 원국의 간지에 충극沖克이 많고 오행이 유통되지 못하면서 일간에게 필요한 희·용신이 合이나 沖으로 미약하거나 힘이 없을 경우에는 운의 영향을 많이 받을 수 있고 변화가 심한 다양한 삶을 살 수 있다.

(2) 운運과 원국의 십성관계 : 먼저 운이 원국의 어떤 五行의 십성에 영향력을 끼치는가를 살펴보자.

① 희喜·용신用神에 해당하는 오행의 십성이 운에서 오는 경우에도 원국의 약한 오행에 해당하는 십성을 克하거나 沖하여 합거合去하거나 충거沖去하여 무력하게 할 경우에는, 합거되거나 충거되는 십성의 육친이나 인·사·물은 손상될 수 있다. 즉 일간에게는 유리하고 도움이 될 수 있지만 손상을 받는 다른 해당 오행의 십성은 불리할 수 있다.

예를 들면 재성운이 희·용신일 경우에 세운과 대운에서 재성이 강하게 오면 그 기간 동안에 자신은 재물을 획득하고 경제적인 여유가 생길 수 있지만, 재성財星의 克을 받는 인성印星이 뿌리와 함께 완전히 제거除去될 경우에는 재물을 추구하기 위하여 학문이나 새로운 지식과 정보를 얻는데 소홀할 수 있고, 때로는 여유로운 마음을 상실하거나 모친이 무력해질 수 있다.

남자의 경우에는 부인으로 인하여 인성印星에 해당하는 육친인 모친이 곤란을 당하거나 무시당할 수 있고, 확장하여 해석하면 결혼한 딸을 두고 있는 모친의 경우에는 재물관계로 인하여 인성에 해당하는 사위에게 서운하게 대하거나 소원한 관계가 될 수도 있다. 다른 십성의 경우에도 위와 같은 방법으로 판단할 수 있다. 그러므로 원국과 운의 흐름을 전체적으로 살펴서 지나치게 약해지는 오행의 십성에 해당하는 인·사·물을 잘 관리하고 대처하는 지혜가 필요하다. 이러한 방법을 터득하므로 재물도 풍부하게 획득하고 대인관계도 더욱 돈독하게 하여 즐겁고 행복한 삶을 누릴 수 있다.

② 천간과 지지에 어떤 오행의 십성운이 오면 원국의 해당 육친이나 인·사·물에게 도움이나 손상이 발생할 수 있고, 克이나 沖 또는 合이 되면 어떤 육친이나 인·사·물이 유리하거나 불리한가를 살펴야 한다. 이런 분석을 통하여 손상되는 십성을 면밀히 살펴서 그 부분의 부족함을 보완하기 위한 방안을 모색할 수 있다. 특히 운에 의해 해당하는 궁과 성이 동시에 沖이 되거나 合하여 합거되어 무력하게 되는 경우에는 해당하는 십성+星의 인·사·물이 손상되거나 불리할 수 있다. 또한 일간의 용신을 沖하거나 克하여 완전히 파괴하는 경우에는, 일간 자신도 신체나 재물의 손상이 발생하거나 위험할 수 있고 동시에 용신에 해당하는 인·사·물의 손상이 클 수 있다. 이러한 시기에는 항상 대인관계를 할 때나 직장이나 가정생활을 할 때에 급격한 변화나 변동을 삼가고, 치밀하게 업무나 일을 처리하고 언쟁이나 다툼을 피해야 하며, 불미스러운 일을 사전에 방지하기 위해 다소 손실이 나더라도 너그럽게 양보하는 아량을 베풀어야 한다.

(3) 대운과 세운의 관계 : 대운과 세운의 간지를 일주日柱와 비교하여 길흉의 정도를 파악할 수 있다.

① 대운과 세운의 간지干支가 모두 희·용신일 경우 : 10년 동안의 길운吉運 중에서도 희·용신에 해당하는 한 해는 더욱 좋은 시기가 되므로 만사가 순조롭게 진행될 수 있고, 계획이나 생각한 일들이 순조롭게 진행되어 신바람 나는 최고의 한 해가 될 수 있다. 그러므로 자신과 가정이나 가족이 화

목하고, 직업이나 직장이 안정되고 승진의 시기일 경우에는 승진을 할 수 있으며, 사업을 할 경우에는 재물이 풍성할 수 있다. 또한 공부를 하는 경우에는 학업성적이 향상되거나 원하는 시험에 합격할 수 있고, 질병을 앓고 있을 경우에는 건강도 회복되어 좋은 일이 많이 생길 수 있다.

② 대운의 干支는 희·용신이고 세운의 干支는 기·구신일 경우 : 10년 동안의 길운吉運 중에서 기·구신에 해당하는 한 해는 생각이나 계획한 목표를 달성하기 어렵고 추진하는 일이 성사되기 어려울 수 있다. 그러나 대운이 좋기 때문에 비록 그 해에는 불리할 수 있지만 지속적으로 노력하면 무난할 수 있다. 왜냐하면 대운의 영향력이 세운에 작용하기 때문이며 그 시기를 지나면 다시 좋은 세운이 올 수 있기 때문이다. 이러한 경우에는 월중의 좋은 달을 택하여 일을 진행할 수도 있다. 그러나 일을 새로 시작하거나 확장을 할 경우에는 손실이 발생할 수 있으므로 그 기간 동안에는 지나친 모험이나 욕심은 삼가야 한다.

③ 대운의 干支는 기·구신이고 세운의 干支는 희·용신일 경우 : 10년 동안은 좋지 않은 운이지만 해당하는 세운의 기간 동안에는 비교적 무난하므로 이 시기에는 계획이나 생각한 일들이 무난하게 이루어질 수 있다. 그렇지만 장기적으로 계획한 일이나 목표는 달성하기 어려울 수 있다. 왜냐하면 해당하는 세운이 지나고 불리한 해가 올 경우에는 도움이 되지 않고 손상이 발생할 수 있기 때문이다. 이러한 시기에는 한 해는 이익을 볼 수 있지만 해가 바뀌면 손실을 보는 등 변동이 심할 수 있으므로 적어도 2~3년의 흐름을 보고 판단하고, 가급적 대운의 흐름이 좋을 때까지 장기적인 계획이나 투자는 피하고 단기적인 관리를 철저히 하는 것이 유리할 수 있다. 역시 세운은 대운의 영향을 받기 때문이다. 이러한 대운의 시기에는 무리

하게 투자를 하거나 5년 이상의 장기적인 계획을 세울 경우에는 손실과 희생이 따를 수 있으므로 대운의 흐름을 살펴 자중自重하는 것이 필요하다.

④ 대운의 干支가 기·구신인데 세운의 干支도 기·구신일 경우 : 이런 시기에는 하는 일이나 계획이 본인이 의도한 대로 진행되지 않고 오히려 타인이나 가족으로부터 오해를 사거나 구설口舌에 휘말릴 수 있고, 노력한 결과나 보람이 나타나지 않고 오히려 손실이나 피해가 증가할 수 있다. 이 시기에는 새로운 일을 시작하거나 투자를 할 경우에는 큰 손실이 발생할 수 있다. 그러므로 새로운 사업이나 새로운 변화를 시도하기보다는 안정과 현상유지를 위해 노력하고, 손실이 발생하더라도 더 이상의 투자나 무리를 하지 않는 것이 도움이 된다. 손실된 돈을 벌기위해 다시 투자를 하면 더 큰 손실이 발생할 수 있다. 대신에 이러한 시기에는 오히려 자신을 돌아보고 부족한 부분을 보완하고 개선하는 학습의 시간이나 수양修養의 시간을 가지는 것이 필요하다. 때로는 10개의 손실이 발생할 수 있지만 1개를 미리 주어서 9개의 손실을 방지하는 것도 방안이 될 수 있고, 타인을 위해 베푸는 일도 어려운 시기를 극복하는데 큰 도움이 될 수 있다.

⑤ 대운과 세운의 干支가 동일한 오행일 경우 : 대운과 세운의 간지가 모두 동일한 오행일 경우에는, 그 기간 동안에는 운에 의해 해당하는 오행이 지나치게 강하게 되므로 원국에서 극尅을 받는 약한 오행은 손상될 수 있고 동시에 원국의 강한 오행과 상전相戰할 수 있다.

이 경우에도 일간의 희·용신이면서 원국에서 유통되면 최고의 길운이 될 수 있다. 그러나 일간에게는 길운이지만 원국의 약한 오행을 尅하거나 沖할 경우에는 강한 오행으로 인해 약한 오행은 손상될 수 있으므로 손상되는 오행의 십성에 해당하는 인·사·물은 피해가 발생할 수 있다.

반대로 대운과 세운의 간지가 모두 동일한 오행이면서 기·구신일 경우에는, 일간도 큰 손상을 당하거나 피해를 볼 수 있고, 동시에 克을 받는 해당 오행의 십성도 큰 어려움이나 위험에 봉착할 수 있다. 물론 원국의 다른 오행으로 유통되면 피해나 손실이 덜할 수 있다. 이 경우에는 해당오행을 유통할 수 있는 생활환경과 습관을 만들거나 도움이 될 수 있는 사람을 만나는 것이 피해를 줄일 수 있다. 예를 들면 재성財星에 해당하는 金의 인·사·물로 유통할 수 있으면 재성에 해당하는 육친인 부인이나 아버지의 조언이나 도움을 활용하여 어려움을 극복할 수 있는 방안을 찾을 수 있고, 자연적으로는 바위나 돌이 많은 산을 택하여 등산을 하면서 마음을 다스릴 수도 있으며, 집의 벽이나 가구 또는 커튼을 흰색으로 만들어 분위기를 바꾸는 것도 도움이 될 수 있다. 해당하는 오행이나 십성 각각의 경우에도 이런 방법으로 환경이나 자신의 마음을 다스릴 수 있다.

5) 운運의 작용력 변화 – 간지干支의 관계분석

여기서는 복음伏吟이나 반음反吟 개두蓋頭나 절각截脚 등의 용어가 다소 어렵지만 참고적으로 알고 활용하는 방법을 알아보자.

(1) 복음伏吟 : 복음伏吟은 배를 땅에 대고 엎드려 신음하는 고통스러운 상태를 나타낸다. 즉 대운이나 세운의 천간과 지지가 일주日柱와 서로 동일한 간여지동干與支同의 현상이 나타나는 것을 의미한다.

예를 들면 일주가 丙子일 때 대운이나 세운이 丙子가 되거나, 일주가 甲寅일 때 대운이나 세운이 甲寅이 되거나 때로는 대운과 세운이 모두 동일한 기운이 되는 경우를 나타낸다. 살펴보도록 하자.

① 대운과 세운의 복음伏吟 : 대운이나 세운의 천간과 지지가 일주와 동일할 경우를 흔히 운에 의한 복음伏吟이라고 한다. 이 경우에는 대운과 세운에 의해 천간이나 지지가 모두 강해질 수 있고 동시에 해당하는 인·사·물이 동일한 생각과 행동을 할 수 있으므로 일간 자신과 서로 협력하고 도움을 주기보다는 각자의 주장을 내세우거나 동일한 인·사·물을 추구하므로 오히려 방해나 장애가 되고, 일간의 입장에서는 일을 하기가 쉽지 않고 답답할 수 있다. 그러나 이 경우에도 복음伏吟이 되어 무조건 나쁘다고 할 수 없다. 일간의 희·용신이 될 경우에는 서로 협력하여 정당하게 나눌 수 있으면 도움이 될 수 있고, 기·구신일 경우에만 고통스러운 복음이 될 수 있다.

일간의 힘이 되는 비겁比劫이 대운과 세운에서 복음이 되면서 희·용신일 경우에는, 그 기간 동안에는 다른 동료들과 서로 협력하여 일을 하면 동일하게 수익을 분배分配할 수 있지만 기·구신일 경우에는 하는 일마다 동료와 일간이 부딪쳐 방해하는 존재가 되어 결과를 얻을 수 없게 된다.

기·구신일 경우에는, 예를 들면 자신이 한식 음식점을 개업하면 바로 옆에서 다른 사람이 똑같은 한식점을 개업하여 장사를 방해하거나 손님을 뺏어가는 경우를 생각할 수 있다. 특히 비겁이나 편관이 복음이 되면서 기·구신일 경우에는 일간은 해당하는 그 해에는 곤란을 당하거나 손실이 크게 발생할 수 있으므로 더욱 조심해야 한다.

② 원국과 운의 복음伏吟 : 복음은 원국에서도 월주와 일주의 干支가 동일하거나 日柱와 시주의 干支가 동일한 경우에도 해당할 수 있고, 원국과 동일한 간지가 대운이나 세운에서 올 경우에도 그 기간 동안에는 나타날 수 있다. 이런 경우에는 해당하는 운한이나 운의 기간 동안에 해당 육친이 일주와 동일한 생각과 행동을 하는 경우가 되어 희·용신과 기·구신에 따라 작용이 뚜렷하게 나타날 수 있다.

복음이 일간의 기·구신일 경우에는, 해당 궁의 육친이나 인·사·물과 일간이 서로 하고자 하는 일이나 방향이 동일하므로 도움을 주지 못하고 오히려 경쟁하거나 장애가 될 수 있다. 물론 희용신일 경우에는 서로 협동하여 일이나 계획을 달성할 수 있다.

(2) 반음反吟 : 반음反吟은 일주와 해당하는 두 간지가 서로 만나서 충이나 극을 하여 고통을 받고 신음하는 것을 의미한다. 특히 세운과 대운의 간지가 일주와 천극지충天克支沖 또는 천충지충天沖支沖이 되는 경우와 원국의 일주를 중심으로 월주나 시주가 천극지충 또는 천충지충이 되는 경우를 말한다. 또한 대운과 세운이 천극지충을 하는 경우에도 일주에게 도움이 되지 못할 수 있다. 살펴보도록 하자.

① 대운과 세운의 반음反吟 : 이 경우에는 대운과 세운의 천간과 지지가 서로 克과 沖을 하여 본래의 작용력을 상실하게 된다. 예를 들면 대운이 甲子일 경우에 세운이 庚午가 되거나 대운이 乙亥일 경우에 세운이 辛巳가 되는 것을 말한다.

대운과 세운의 간지가 천극지충天克支沖하여 반음反吟이 되는 경우에는, 그 기간 동안에는 비록 희·용신에 해당하더라도 일간에게 도움이 되지 않고 오히려 서로 간에 다툼이 발생하여 피해나 손상이 나타날 수 있다. 기본적으로 반음이 되는 경우에는, 일간이 온전하게 판단하고 일을 하기에는 대단히 불리하고 결과를 이루기 어려운 시기라고 할 수 있다.

② 원국과 운의 반음反吟 : 원국에서 일주와 월주가 천극지충하면 그 운한의 시기에는 반음이 될 수도 있고, 일주와 시주가 반음이 될 수도 있다. 이러한 경우에는 해당 육친과는 서로 의견이나 뜻이 맞지 않으므로 행동과 생

각이 강하게 부딪쳐 사사건건 충돌하고 많은 곤란함이 따를 수 있다. 또한 일주와 대운이나 세운이 천극지충하면 그 기간 동안에도 일간은 고통과 어려움을 많이 당할 수 있다. 이 경우에는 희·용신이더라도 큰 의미가 없고, 기·구신일 경우에는 더 큰 고통이나 어려움이 따를 수 있으므로 건강이나 직업 또는 재물의 관리에 특히 유의해야 한다. 또한 가급적이면 沖이 되는 육친이나 인·사·물은 피하거나 멀리하는 것이 유리할 수 있다.

(3) 간지干支의 개두蓋頭와 절각截脚 : 개두蓋頭와 절각截脚을 간단하게 설명하면 간지가 서로 生하거나 비겁比劫의 관계가 아니라 힘을 빼거나 克하는 관계를 말한다. 간지의 생生과 극克의 관계이므로 용어에 얽매일 필요는 없고 단지 작용력의 정도를 파악하는데 유익하게 활용하면 된다.

① 간지의 개두蓋頭 : 개두蓋頭는 머리에 해당하는 천간이 지지의 작용력을 약화시키거나 극克하는 경우를 말하며, 이 경우에는 지지의 작용력이 본래보다 약하게 된다. 기본적으로 천간이 지지의 희·용신을 克하면 지지의 역량은 감소되어 본래의 좋은 작용을 완전하게 발휘할 수 없고, 반대로 천간이 지지의 기·구신을 克하면 지지의 역량이 반감되어 비록 불리하지만 힘이 빠지므로 불리한 작용은 되레 반감될 수 있다. 또한 천간이 희·용신일 경우에는 지지를 克하므로 천간의 작용은 반감될 수 있다.

예를 들면, 간지가 庚寅이면서 지지의 寅木이 희·용신일 때 천간의 庚金이 지지 寅木을 金 克 木하여 개두蓋頭가 되므로 비록 寅木이 희·용신이더라도 좋은 정도가 반감半減될 수 있고, 원국의 지지 寅木이 기·구신일 경우에는 불리한 작용이 크게 나타나지 않을 수 있다. 물론 운의 경우에도 마찬가지로 판단할 수 있다. 또한 원국의 지지 申金이 흉凶작용을 하는 기·구신일 때 丙申 대운이 오면, 천간의 丙火가 지지의 申金을 火 克 金하여 개두가 되므로 비록 申金이 불리하지만 흉한 정도가 반감될 수 있다. 물론 이 경우에도 원국에서 합이나 충을 할 경우에는 작용력이 변할 수 있다.

원국과 대운이나 세운의 간지가 甲戌, 乙未, 丙申, 丁酉, 戊子, 庚寅, 辛卯, 壬午, 癸巳 등의 경우에 지지가 희·용신이나 기·구신이더라도 천간이 지지의 힘을 빼거나 극을 하는 개두가 되어 지지의 작용력이 약해질 수 있다.

② 간지의 절각截脚 : 절각截脚은 간지의 지지가 천간을 극尅하는 경우를 말한다. 즉 지지가 천간을 尅하므로 천간오행의 작용력이 약해지는 것을 의미한다. 기본적으로 대운이나 세운의 지지가 원국 천간의 희·용신을 극하면 천간의 길놈작용이 반감될 수 있고, 반대로 대운이나 세운의 지지가 원국 천간의 기·구신을 극하면 천간의 흉한 작용이 반감되어 비록 흉하지만 덜 흉할 수 있다. 동시에 대운의 지지가 희·용신이거나 기·구신일 경우에도 천간을 극하므로 지지의 힘이 약해져서 길과 흉의 작용도 경감될 수 있다.

예를 들면 원국 천간의 乙木이 희·용신일 경우에 乙酉 대운이 오면 지지가 천간을 金 尅 木을 하여 비록 천간의 乙木이 길운이지만 길한 작용은 반감될 수 있고, 원국 천간의 乙木이 기·구신일 경우에도 乙酉의 대운이 오면 金 尅 木을 하여 흉운이지만 역시 역량이 반감될 수 있다. 다른 경우에도 마찬가지로 판단할 수 있다.

천간이 희·용신이거나 기·구신일 경우에 甲申, 乙酉, 戊寅, 己卯, 庚午, 壬戌, 癸未 등과 같이 지지가 천간의 힘을 빼거나 극을 하는 경우에는 절각되어 천간의 작용력이 약해질 수 있다.

③ 개두절각법蓋頭截脚法 종합 : 개두나 절각이 되면 비록 천간이나 지지로 희·용신이나 기·구신에 해당하는 오행이 오더라도 본래의 길흉작용이

온전하게 나타나지 않는다. 즉 개두나 절각이 되면 剋을 받는 쪽의 힘이 많이 빠지지만 剋을 하는 쪽도 힘이 소모된다. 그러므로 길흉의 정도가 반감되는데 이것을 개두절각법蓋頭截脚法이라고 한다.

희·용신에 해당하는 대운大運이 천간이나 지지에서 개두나 절각이 되는 경우에는 세운이 중요한 역할을 할 수 있다. 즉 대운에서 희·용신을 개두나 절각할 때 세운에서 剋하거나 合하여 작용을 억제할 경우에는 그 해에는 좋은 결과를 얻을 수 있고, 희·용신을 개두나 절각하는 오행을 세운에서 생하거나 합하여 더욱 강하게 할 경우에는 희용신이 더욱 약해지므로 그 해에는 좋은 결과를 얻기 어렵거나 평범할 수 있다. 결론적으로 기·구신에 해당하는 대운이 천간이나 지지에서 개두나 절각이 되는 경우에는 10년 동안 크게 흉하지는 않을 수 있고, 이 경우에도 세운에 의해 길흉의 정도가 바뀔 수 있다. 그러므로 세운歲運의 작용을 유심히 살펴야 하고, 이러한 경우에는 10년 동안 좋은 해와 나쁜 해가 반복될 수 있다. 역시 참고하면 도움이 될 수 있다.

(4) 원국과 운의 생生 극剋 합合 충沖 : 대운과 세운의 천간과 지지에서 이루어지는 생生 극剋 합合 충沖과 합화合化 등의 관계를 살펴서 일간이나 원국과 비교하여 길흉의 정도程度를 파악할 수 있다고 하였다. 물론 이러한 관계는 일간이나 원국의 관계뿐만 아니라 일간과 대운이나 세운의 관계에서도 나타날 수 있다. 살펴보도록 하자.

① 생生하는 경우 : 기본적으로 원국과 대운이나 세운 상호간에 기·구신에 해당하는 오행이 희·용신에 해당하는 오행을 생生하면 불리한 작용은 감소되고 오히려 도움이 될 수 있으며, 희·용신에 해당하는 오행이 기·구신에 해당하는 오행을 生하면 불리한 작용은 증가할 수 있고 길작용은 감소할 수 있다. 또한 희·용신에 해당하는 오행이 서로 生하면 길작용은 더욱

증가할 수 있고, 기·구신에 해당하는 오행끼리 서로 生하면 불리한 작용은 더욱 가중될 수 있다.

- 천간天干이 지지地支를 생生하는 경우 : 이 경우에는 지지의 힘이 더욱 강해진다. 기본적으로 대운의 지지가 희·용신일 경우에는 천간의 오행이 지지의 오행을 生하므로 지지의 대운 기간 동안에는 더욱 길하여 계획이나 목표를 달성하고 결실을 할 수 있는 좋은 기회가 된다. 또한 대운 천간의 오행이 비록 기·구신일지라도 지지를 生하여 힘이 빠지면 천간의 흉작용이 덜할 수 있다. 그러나 지지가 기·구신일 경우에는 천간 오행의 生을 받으므로 지지는 더욱 강해져서 지지의 대운기간 동안에는 더욱 불리할 수 있으므로 이러한 시기에는 매사에 각별히 조심해야 한다. 반대로 대운 천간의 오행이 희·용신일 경우에도 지지의 기·구신을 생하면 비록 희·용신이지만 흉신을 生하여 힘이 빠지므로 길한 작용이 약화되고 반대로 지지의 흉작용은 증가할 수 있다. 예를 들면 甲午 대운에서 午火가 길운일 경우에 甲木이 午火를 生하여 주므로 길운의 역량은 더욱 강하게 나타나고, 午火가 희용신일 경우에는 그 기간 동안에는 대길大吉할 수 있다. 또한 丙辰 대운의 辰土가 기·구신일 때 丙火가 生하면 더욱 흉한 기운이 증폭되어 뒤로 넘어져도 코가 깨질 정도로 많은 시련과 고통을 당할 수 있다. 역시 丙辰 대운의 丙火가 희·용신이지만 지지의 辰土가 기·구신일 경우에도 흉한 辰土를 생하므로 힘이 약화되어 丙火의 좋은 작용이 감소되어 평범할 수 있다.

- 지지地支가 천간天干을 生하는 경우 : 이 경우에는 천간의 힘이 더욱 강해진다. 기본적으로 천간이 희·용신일 경우에는 지지의 生을 받아 더욱 좋은 작용을 할 수 있고, 천간이 기·구신일 경우에는 불리한 작용이 더욱 강하게 나타날 수 있다. 또한 천간이 희·용신이지만 지지가 기·구신일 경우에는 지지가 천간의 오행을 生하므로 천간의 희·용신의 작용은 강해지지만, 지지의 기·구신은 힘이 빠지므로 흉작용이 덜할 수 있다. 반대로 천간이 기·구신이고 지지가 희·용신일 경우에는 지지의 生을 받는 천간의 기·구신의 작용은 강해지고, 지지의 희·용신의 작용은 경감될 수 있다.
대운이나 세운의 천간과 지지가 모두 기·구신에 해당하는 경우에는, 그 대운에 해당하는 기간 동안에는 불리한 작용이 더욱 강화되어 많은 고통이나 악재를 만날 수 있으므로 직장이나 가정 또는 자신의 사업장에서의 처신과 대인관계를 신중하게 하여야 어려움을 극복할 수 있고 손실이나 피해를 줄일 수 있다. 예를 들면 甲子대운과 乙亥대운의 경우에 甲木과 乙木이 희·용신일 경우에 子水가 甲木을 生하여주고 亥

水가 乙木을 생하여주므로 길흉한 작용이 더욱 크게 나타날 수 있고, 반대로 甲木과 乙木이 기·구신일 경우에는 子水와 亥水의 生을 받아 그 기간 동안에는 더욱 불리한 작용이 나타날 수 있다.

② 극克이나 충沖을 하는 경우 : 沖의 관계도 마찬가지다. 원국과 대운이나 세운 간지의 희·용신이나 기·구신이 克이나 沖을 당하면 그 기간 동안에는 길흉의 작용이 덜하거나 나타나지 않을 수 있고, 특히 대운과 세운이 희·용신에 해당하는 원국의 오행을 沖하면 그 기간 동안에는 일간에게 불리하다. 그러나 원국의 기·구신에 해당하는 오행을 운에서 극하거나 충하면 불리한 작용이 덜할 수 있다.

③ 합合을 하는 경우 : 대운과 세운의 간지가 각각 合을 하거나 원국과 운이 합을 하는 경우에는, 합을 하여 일간에게 희·용신의 작용을 하는지 한신이나 기·구신의 작용을 하는지 살펴야한다.

대운이나 세운에서 기·구신이나 희·용신의 작용을 하는 오행이 천간이나 지지에서 서로 合을 하거나 원국의 오행과 合을 하는 경우에는, 그 기간 동안에는 일간에게 작용력이 약해지거나 작용력이 나타나지 않을 수 있다. 또한 길작용을 하는 대운이나 세운의 간지가 흉작용을 하는 대운이나 세운의 간지와 合하거나 원국의 오행과 合을 하는 경우에도 그 기간 동안에는 길흉의 작용이 반감되거나 나타나지 않을 수 있다.

이런 경우에는 용신운이지만 길한 일이 덜하거나 나타나지 않을 수 있고, 기신운이지만 흉한 일이 덜하거나 나타나지 않을 수 있다. 즉 평범한 시기가 될 수 있으며 이런 경우에는 월운의 영향을 살피는 것이 필요하다.

④ 기반羈絆 또는 합주合住나 합거合去하는 경우 : 합거合去나 합주合住 기

반羈絆등의 용어는 천간에서 합하여 작용의 변화가 이루어지는 것을 말한다. 이것은 원국과 운의 천간 상호간의 관계를 집중적으로 파악하여 분석하는 방법의 하나에 해당한다. 용어에 얽매일 필요는 없다.

합을 하여 합주하거나 또는 서로 얽매여서 기반이 되는 경우에는 역시 길흉의 작용력이 감소되거나 나타나기 어려울 수 있다. 특히 대운이나 세운에서 원국 일간의 용신을 합거하여 사라지게 하거나 합주하여 일간을 돌보지 않고 안주하는 경우와, 기반이 되어 얽매여 있으면 용신의 역량이 감소하여 비록 희·용신이거나 기·구신이더라도 좋은 작용이 감소하거나 나타나지 않을 수 있다. 반대로 일간의 기·구신을 합화하거나 합거 또는 합주나 기반이 될 경우에는 기·구신이더라도 불리한 작용이 덜하거나 나타나지 않고 평범할 수 있다.

기본적으로 원국의 용신이 간지의 도움을 받지 못하고 천간에서 약할 경우에는 대운이나 세운의 천간과 슴이 되어 사라지는 합거가 되면 일간에게 불리하며, 동시에 해당 궁의 육친에게도 손상이 나타날 수 있다. 반대로 흉신凶神을 합거하면 일간에게 도움이 될 수 있고 병病을 제거하는 효과도 나타날 수 있다. 그러나 뿌리가 없는 오행의 십성이 천간에서 합거되어 사라지면 해당 십성의 인·사·물에는 큰 손상이나 변화가 올 수 있다.

⑤ 합화合化하는 경우 : 원국과 운 또는 대운과 세운의 천간이 서로 슴하여 변한 오행이 희·용신이 될 경우에는 좋은 작용을 할 수 있고, 기·구신이 될 경우에는 불리한 작용을 할 수 있다. 예를 들면 월간이나 연간에 乙이나 庚이 있을 경우에 운의 천간으로 乙이나 庚이 와서 합하여 金으로 변할 경우에도 金이 용신일 경우에는 좋은 작용을 할 수 있고, 乙이 용신일 경우에는 피해나 손실이 발생할 수 있다. 이러한 경우에도 각각의 오행이 강할 경우에는 합화가 되지 않고 큰 피해나 손실은 발생하지 않을 수 있으므로 원

국과 운의 관계를 세밀하게 살펴야 한다.

3. 명운命運의 활용

1) 이理와 기氣의 활용 : 명리命理, 즉 사람이 살아가는 이치理致 또는 주어진 삶을 다스리고 관리하는 방법에 관심이 많은 이유는 잘난 사람이나 못난 사람, 사주가 좋은 사람이나 나쁜 사람, 운이 좋은 사람이나 나쁜 사람, 학식이 많은 사람이나 적은 사람, 부자나 가난한 사람, 행복한 사람이나 불행한 사람 등등 모든 사람들이 자신의 처지와 상황을 알고 부족한 부분을 보완하여 시간과 공간에 따라 가장 적합한 자신만의 소중하고 행복한 삶의 방법을 찾는 지혜를 구하는데 있다.

나를 알고 나를 잘 다스릴 수 있다면, 그것이 바로 중용中庸의 도道를 실현하는 방안이 될 수 있고, 개개인이 삶의 가치와 보람을 찾아 지혜롭게 사는 방안이 될 수 있다. 나아가 누구나 각자의 분야에서 경지에 도달한 도인이나 달인도 될 수 있다.

옛사람들은 주역周易의 철학적인 원리와 점의 원리를 활용하여 자신의 앞날을 예상하고 사전에 지혜롭게 대비하고 처신하여 자신의 일과 인생의 목표를 성공적으로 달성하는 방법을 찾았다. 시대의 흐름에 따라 이理와 기氣의 원리를 한층 발전시키고 체계화한 것이 바로 명命과 운運을 살피는 명리命理라고 할 수 있다.

사실 누구나 자신의 정신과 육체를 온전하게 다스리면서 성실하게 하루하루를 살아갈 수 있다면 자연스레 가정이나 사회 또는 주변사람들과 함께 아름답고 소중한 가치를 공유하면서 행복할 수 있고, 개개인은 균형 잡힌 자신의 생활을 할 수 있다.

명리의 지혜를 익히고 활용하여 때와 장소와 개개인에게 적합한 행동과 일을 하면서 하늘의 명命이 다하는 마지막 순간까지 겸허하게 받아들이고,

스스로를 사랑하고 존중하면서 동시에 자연自然과 주변사람에게 감사하고 사랑하면서 긍정적이고 발전적인 삶을 만들어보자.

현실생활에서는 이理와 기氣의 흐름을 파악하는 명리命理를 터득하여 돈을 추구할 사람은 때와 공간을 살펴 성실하게 돈을 벌어야 한다. 게으르거나 나태하면 때와 시기를 놓칠 수 있다. 왜냐하면 아무 때나 돈을 벌 수 있는 것이 아니기 때문이다. 돈을 벌 수 있는 시기, 즉 돈을 벌 수 있는 운이 왔을 때를 실기失機하지 말아야 한다. 그 시기가 지나가고 나서 후회해도 소용이 없다.

학문을 추구할 사람은 열심히 학문에 증진해야 하고, 정치를 할 사람은 항상 많은 사람들을 만나면서 애환哀歡을 함께하고 봉사해야 한다. 공직이나 기업에서 맡은 직책을 수행할 사람은 그 직책에 적합한 업무를 선택하여 성실히 임하면서 능통하기 위해 노력해야 한다. 이러한 과정에서 기다려야 하는 시기에는 열심히 공부하고 준비하면서 기다려야 하고, 다시 자신에게 때와 기회機會가 오면 용맹하게 전진하여 그 기회와 시기를 잡아야 한다.

분명한 것은 오랫동안 인내와 노력으로 중단하지 않고 고통을 참고 자신의 일이나 목표를 향해 나아가면 기회는 누구에게나 반드시 온다는 것이다. 바로 그 때를 알고 준비하면서 좌절하지 않고 기다리는 끈기와 인내가 미래의 행복을 가져다주는 비결이 될 수 있다.

자라나는 청소년에게는 열심히 공부해야 할 시기가 있다. 공부할 시기를 놓치면 그 기회가 좀처럼 다시 오지 않는다. 그러나 모두 열심히 공부하여 고시에 합격하거나 부지런히 일해서 부자가 되어야만 행복한 것은 아니다. 오히려 개개인의 타고난 선천적先天的인 적성適性이나 재능才能을 살려 좋아하면서 즐길 수 있는 각자의 일을 하면 더욱 행복할 수 있고 만족한 삶을 살 수 있다.

좋은 운기가 도래하면 그 시기에는 더욱 번창할 수 있고, 불리한 운기가 도래하면 그 시기에는 쇠퇴할 수 있다. 물론 살아가는 과정에서 많은 굴곡은 있겠지만 기본적으로 누구나 타고난 적성이나 재능을 살려 직업이나 생활에 임하고 끊임없이 성실하게 노력한다면 때와 장소에 상관없이 소부小富를 이룰 수 있고 인생의 보람과 가치價値를 느낄 수 있는 행복한 삶을 살 수 있다.

명리를 익혀 누구나 일생을 살아가면서 기회가 오면 그 때와 기회를 놓치지 말고 잘 활용하여 본인이 원하는 목표나 꿈을 이루어야 한다. 때가 도래하지 않았을 경우에는 자신의 실력과 능력을 배양하고 경험을 쌓는 노력과 함께 때를 기다리는 인내심이 필요하다. 특히 주어진 환경과 여건에서 최선을 다하는 마음과 정성이 필요하다. 성실하게 준비한 시간과 노력에 따라 기회가 오면 즉 운이 따라주면, 비로소 그 시기에 노력하고 준비한 만큼의 성공이라는 열매의 크기가 결정되는 것이다.

그 다음에는 성공의 열매를 잘 관리해야 한다. 자신이 생각한 목표나 꿈을 달성하면, 때로는 계속해서 성공하고 더 크게 이룰 수 있을 것이라고 생각하여 자만自慢하거나 또는 지나친 욕심에 빠져 결실을 하루아침에 모두 잃어버릴 수도 있다. 또한 원하는 일이나 소기의 목표가 이루어지는 시기가 바로 인생의 가장 큰 위기가 다가오고 있다고 생각하여 항상 정도正道를 행하고 성실한 삶의 자세를 유지하는 것을 잊어서는 안 된다.

로또복권의 1등 당첨자들이 종종 3~5년을 넘기지 못하고 자신의 삶이 황폐화되는 경우를 뉴스나 인터넷을 통하여 자주 접할 수 있는 것처럼 사람의 운명은 변한다는 것을 알면 자신이 성공한 이후의 지혜로운 처신의 방법을 간접경험을 통하여 알 수 있을 것이다.

다가올 기회나 운을 살리기 위해서는 개개인의 타고난 그릇의 크기를 알고 적성適性에 맞는 일을 찾아 그 분야에서 전력투구全力投球해야 한다.

자신의 적성이나 능력 또는 취미에 맞지 않는 일을 붙잡고 엄청난 고생을 하는 어리석은 짓을 하지 않는다면 인생의 절반은 성공이라고 할 수 있다. 조금 시기가 늦어지더라도!

2) 실생활 속의 활용 : 명운을 파악하여 일상생활에 다양하게 활용할 수 있는 분야를 간략하게 알아보도록 하자.

(1) **작명**作名 : 명命은 타고난 선천적인 기운이라고 할 수 있고, 이름은 후천적으로 받는 기운이라고 할 수 있다. 선천적으로 타고난 오행의 기운을 후천적으로 조화와 균형을 이루게 하여 생활을 윤택하게 하고 자신이 원하는 삶을 살 수 있게 도움을 줄 수 있는 것이 작명作名이라고 할 수 있다.

작명에는 신생아의 작명作名과 살면서 이름을 바꾸는 개명改名으로 나눌 수 있다. 또한 상호商號나 기업체의 이름을 지을 때도 한문이나 영어 또는 한글로 다양하게 조화를 이루게 하여 지을 수 있다. 때로는 개인이 아호雅號를 지어 선천적인 운을 보완하여 쓰기도 한다.

음양陰陽과 오행五行의 원리와 81수數의 원리를 활용하여 자신에게 필요한 오행을 보완하면서 희·용신으로 작명을 할 수 있다.

(2) **궁합**宮合 : 서로 간에 조화를 이루는 배우자를 선택할 때 활용할 수 있다. 즉 궁합을 볼 경우에는 특히 당사자의 일주日柱와 월주月柱가 상대방의 일주와 월주를 서로 극克하거나 충沖하는 경우는 피해야 한다. 남명의 일주를 여명의 일주나 월주가 충극을 하는 경우에는, 서로 다른 생각이나 행동으로 인하여 사사건건 다툼이나 방해를 받을 수 있고, 함께하더라도 도움이 되지 못할 수 있다. 이러한 경우에는 결국 서로 결별할 수도 있으므로 사전에 미리 피하거나, 함께 살려면 한사람이 희생하고 양보하면서 살아야 한

다. 특히 일간이 약할 경우에는 더욱 어려움이 가중될 수 있고, 때로는 질병이나 어려움이 생길 경우에는 살 사람도 죽을 수 있다.

궁합은 당사자의 일주와 월주가 서로 생生하거나 합合을 하는 경우가 무난하며, 극克을 하거나 충冲을 하는 경우는 피해야 한다.

(3) 택일 : 일상생활을 하면서 다양한 분야에서 변화를 주거나 이동을 해야 할 경우에 불안하거나 걱정을 하는 경우가 많은데, 명리의 분석방법을 활용하여 좋은 시기를 선택하여 불안이나 걱정을 떨쳐버리고 스스로 만족스럽게 필요한 일을 처리할 수 있다. 이러한 방법을 간략하게 알아보도록 하자.

① 택년擇年, 택월擇月, 택일擇日, 택시擇時에 활용 : 운의 흐름을 보고 자신에게 유익하고 도움이 되는 시기나 때를 결정하거나 파악할 때 활용할 수 있다. 즉 이사移徙나 혼인婚姻을 할 경우에도 본인의 운의 흐름을 보고 자신에게 유리하고 도움이 되는 연年이나 달 또는 날짜와 시간을 선택할 수 있다. 때로는 자녀의 출산을 위하여 부득이하게 제왕절개帝王切開를 할 경우에도 그 시기를 정할 때 활용할 수 있다. 이사를 하는 경우에 흔히 이삿짐 업체들이 나름대로 공망일空亡日 또는 손損없는 날이라고 정하여 매월 9일이나 10일 또는 19일이나 20일, 29일이나 30일에는 특별히 비용을 추가로 받기도 하고 토요일과 일요일에도 휴무일에 일을 하기 때문에 마찬가지로 비용을 추가로 청구하기도 한다. 이러한 택일擇日은 영업의 이익을 창출하는 하나의 방법으로 활용되기도 한다.

흔히 택일은 택일과 관련된 다양한 신살神殺을 활용하여 길함이 많고 흉함이 적은 날을 선택하여 날을 정하기도 한다. 예를 들면 음력을 기준으로 월중에 정해진 황도일黃道日이나 천을귀인天乙貴人, 생기生氣나 복덕福德 등의 날은 길하고 흑도일黑道日이나 절명絶命이 되는 날은 불길하므로 피하는 것과 같은 것을 말한다. 택일과 관련된 서적도 서점에 많이 있으므로 관심이 있으면 참고로 보서도 무방하다. 여기서는 명리의 입장에서 설명을 하도록 하자.

- 택일의 방법 : 택일을 하는 경우에는 보통 월과 일을 선택하는 경우가 많다. 기본적으로 본인에게 이로운 날을 선택하는 방법은 우선 해당하는 연월일시年月日時의 간지干支가 자신의 일주日柱 간지와 서로 충극沖克하지 않는 달이나 날을 선택하면 무난할 수 있다. 특히 혼인의 경우 년이나 월 또는 날짜를 잡기 어려울 때 남명의 경우에는 일간의 정재正財와 정관正官에 해당하는 시기를 잡고, 여명의 경우에는 정관正官과 정인正印의 연이나 월 또는 날을 잡으면 무난할 수 있다. 이 경우에도 배우자와 중요한 가족의 일주가 충극沖克하지 않는 날을 선택하면 더욱 좋다.
부득이하게 거주지를 이동하거나 분묘墳墓를 이장移葬할 경우에도, 자신과 가족의 희·용신에 해당하는 길흉한 날을 선택하는 것이 무난할 수 있다. 이 경우에도 자신이나 배우자궁에 해당하는 일주가 沖이 되는 경우와 재성이 충이 되는 시기는 피하는 것이 무난하고, 자녀와 함께하는 경우에는 자녀궁에 해당하는 시주가 沖이 되는 시기를 피하고, 부모와 함께하는 경우에는 부모궁에 해당하는 월주가 沖이 되는 시기를 피하는 것이 좋다. 예를 들면 해당하는 궁이 甲午일 경우에는 沖克을 하는 庚子의 시기를 피하고, 生을 하는 壬寅이나, 土가 용신일 경우에는 己未의 시기가 무난할 수 있다. 흔히 이장은 연지年支가 충이 되는 시기에 하는 경우가 많은데, 이때 연주가 자신에게 희·용신일 경우는 이장을 하는 것이 오히려 불리할 수 있다.

- 사무실이나 공장의 개업開業이나 이전移轉 등의 택일 : 사무실이나 공장 또는 자신의 사업장이나 기업체의 본사나 지점을 이전하는 날을 택할 경우에는, 일반적으로 자신의 용신用神에 해당하는 오행의 연年을 택할 수 있으며, 月이나 日도 마찬가지로 자신의 용신에 해당하는 시기를 택하면 무난할 수 있다. 이 경우에도 기본적으로 일주日柱의 간지干支가 沖이 되는 시기와 정재正財가 沖이 되는 시기는 피해야 하고, 日柱를 生하거나 힘이 되는 비견比肩의 시기는 무난할 수 있다.
원국의 일주가 편약偏弱하여 인성印星이나 비겁比劫이 용신일 경우에는 인성에 해당하는 시기 중에서도 특히 간지가 정인正印에 해당하는 시기를 선택하는 것이 좋다. 즉 개업이나 이전을 하는 연年을 정할 경우에도 정인正印의 해를 선택하고, 月이나 日을 정할 경우에도 마찬가지로 정인의 시기를 선택하는 것이 유리하다. 특히 月의 경우에는 지지가 正印인 시기를 선택하는 것이 도움이 되고, 日의 경우에는 天干이 正印이고 지지가 천간을 生하는 시기가 길할 수 있다.

시기가 급박急迫하고 기다릴 수 없을 경우에는, 일간의 강약을 떠나서 보통 자신의 일간을 기준으로 하여 正印이나 正財의 시기를 선택하여 개업이나 이전을 할 수 있다.

• 재물의 회수 : 때로는 미수금이나 빌려준 돈 또는 물건을 회수하려고 하는 경우에도, 일주가 편약하면 正印에 해당하는 시기에 요구하면 확률적으로 받을 수 있는 가능성이 높을 수 있다.

원국의 일주가 편강偏强하고 식상食傷이 용신用神일 경우에는, 재성財星 중에서도 정재正財의 시기를 선택하는 것이 도움이 될 수 있고, 재성이 용신일 경우에는 식신食神의 시기를 선택하는 것도 도움이 될 수 있다. 이 경우에도 干支가 正財와 食神이 함께 오는 날이 더욱 유리할 수 있다. 또한 관성官星이 용신일 경우에도 正財의 시기를 선택하는 것이 유리할 수 있다. 역시 미수금이나 돈을 회수하는 시기로도 正財의 시기를 활용하면 회수할 수 있는 확률이 높을 수 있다. 이러한 이전이나 개업시기를 정하는 방법을 알지 못하고 결정하는 경우에는, 심리적으로 불안하거나 때로는 자신감이 결여될 수도 있으므로 참조하는 것이 많은 도움이 될 수 있다. 물론 일간의 용신이 되는 시기를 선택하는 것도 무난하다.

② 일의 성패와 진퇴의 시기 : 일이나 사업의 성패와 직장생활이나 공직의 진퇴進退와 승진昇進의 시기를 파악할 수 있다. 기본적으로 일주의 간지가 모두 간충干沖과 지충支沖이 되는 시기나, 일주의 간지가 모두 기·구신과 간합干合과 지합支合을 하는 시기에는, 하는 일이나 직장에서 변화가 발생할 수 있고 때로는 일이나 직장을 그만 두거나 해직解職을 당할 수도 있다. 이러한 시기에는 합이나 충을 유통시켜 원활하게 하는 방안을 찾아야 한다. 즉 유통할 수 있는 오행의 인·사·물을 활용하여 손실이나 어려움을 어느 정도 해소할 수 있다.

희·용신의 운이 올 경우에는 자신의 일이나 목표를 성공적으로 달성할 수 있고, 기·구신의 운이 올 경우에는 일이 성사되기 어렵고 하는 일도 불리하거나 중단될 수 있다.

운의 흐름이 불리한 시기에는 가급적이면 자신의 생각대로 일처리를 하거나 결정하기보다는 주변의 믿을만한 사람이나 존경할 만한 윗사람의 조언을 듣고 판단을 하는 것이 도움이 될 수 있고, 근본적으로 확장이나 변동을 하지 않는 것이 유리할 수 있다. 왜냐하면 변화나 변동이 새로운 어려움과 손실을 만들 수 있기 때문이다.

앞으로 나아가고 발전하는 시기는 희·용신의 운이 오고 원국의 다른 오행과 충沖이나 합合을 하지 않고 온전할 경우이며, 그 시기에는 기회를 살리기 위하여 하는 일이나 직장에서 더욱 적극적으로 최선을 다해 주어진 일을 실행하므로 원하는 결과를 창출할 수 있다.

(4) 기타 : 혼인이나 출산의 시기와 가족이나 동료와의 화합和合과 불화不和의 시기와 때를 판단할 수 있다. 이밖에도 다양한 부분에서 적절한 시기와 장소를 결정하는데 유용하게 활용할 수 있다.

① 방위 : 자신에게 필요한 오행의 기운에 적합한 지역이나 방위를 선택하여 유용하게 활용할 수 있다.

② 건강과 질병 : 오행과 음양에 해당하는 신체와 오장육부에서 조심해야 할 질병이나 건강관리의 방법을 파악할 수 있다.

③ 적성과 재능의 파악 : 타고난 오행의 음양에 해당하는 십성과 운을 파악하여 선천적성과 후천적성을 분석하여 진로를 결정하는데 도움을 줄 수 있다.

④ 직업이나 진로의 선택 : 오행과 십성으로 분석한 일간의 적성과 재능에 따라 진로를 선택하고 직업이나 일을 선택하는데 효율적인 방법이나 대

안을 제시할 수 있다.

⑤ 배우자나 동업자의 선택 : 자신과 함께 서로 협력하고 보완할 수 있는 배우자나 동업자를 판단하고 선택할 수 있는 방안을 제시할 수 있다.

⑥ 실내장식에 활용 : 원국의 오행을 보고 자신에게 필요한 오행에 해당하는 가정의 가구나 물품을 선택할 수 있고, 도움이 되는 색상이나 인테리어를 하는 방안을 제시하여 가족 개개인에게 편안하고 적합하게 실내장식을 할 때 활용할 수 있다.

⑦ 자녀교육 : 자녀와 부모와의 관계를 파악하여 자녀에게 적합한 교육의 방법을 찾을 수 있다. 또한 자녀의 적성이나 재능을 일찍 발견하여 전문적인 교육이나 조기교육을 통하여 능력을 확대할 수 있다.

⑧ 기타 : 우주대자연의 기운과 자신과의 관계를 정립하여 자신만의 방식으로 지혜롭고 행복하게 사는 방안을 찾을 수 있다. 또한 동양사상이나 철학과 친숙하게 될 수 있고, 한자공부에도 도움이 될 수 있다. 나아가 오상五常에 해당하는 인仁 의義 예禮 지智 신信의 의미와 뜻을 자신의 특성으로 파악하여 실생활에 활용하여 적절한 행동과 처신을 할 수 있고, 대인관계의 부족한 부분을 보완하는데 활용하여 개개인의 인격수양에도 큰 도움이 될 수 있다.

第 6 章

사주(四柱)와
운(運)의 상세분석

1. 십성十星

십성十星은 오행五行의 음양陰陽을 통변을 위하여 표현한 용어라고 하였다. 원국을 분석할 때 십성의 개별 특성을 음양오행과 함께 온전하게 분석할 수 있으면 실질적인 원국분석의 준비는 되었다고 할 수 있다. 기본적인 십성의 특성과 상호관계를 다시 한 번 포괄적으로 살펴보자.

1) 오성五星의 함의含意

(1) 비겁比劫 : 비겁比劫은 비아자比我者라고 하여 나와 같은 오행을 말하며 비견比肩과 겁재劫財를 합쳐서 비겁比劫이라고 표현한다고 하였다. 비겁의 표상表象은 기본적으로 힘이나 주체성, 추진력, 경쟁, 의지, 자신의 신체 등을 대표할 수 있다.

육친관계는 기본적으로 형제자매나 동료 또는 친구를 나타내고, 사회적으로는 힘으로 재성財星을 극하여 물질이나 재물을 추구하는 것을 좋아한다. 한편 비겁은 관성官星의 통제와 제압을 받을 수 있다. 지장간에 있는 비겁도 역시 비겁의 작용을 할 수 있다. 비겁의 특성을 간지에 넣어 통변을 해보자.

甲	乙
寅	卯

乙	甲
卯	寅

- 甲木의 비견 : 寅, 甲
- 甲木의 겁재 : 乙, 卯
- 甲·乙木의 비겁 : 乙, 卯, 甲, 寅

- 乙木의 비견 : 卯, 乙
- 乙木의 겁재 : 甲, 寅
- 甲木의 겁재 : 卯, 乙

일간을 甲木이나 乙木이라고 하면 주변에 비겁이 많으므로 형제가 많을 수 있다. 또한 천간의 비겁은 자존심이나 고집을 나타내고, 지지의 비겁은 추진력이나 자신의 신체를 나타내므로 육체적인 활동을 선호할 수 있다.

(2) **식상**食傷 : 식상은 아생자我生者라고 하여 자신이 스스로 생生하여 주는 오행을 말하며 식신食神과 상관傷官을 합쳐서 식상食傷이라고 하였다. 식상의 표상表象은 기본적으로 재능이나 기술, 수완, 생산, 투자, 출산, 소화나 배설, 활동, 의사표현 등을 대표하며 얽매이는 것을 싫어한다.

식상은 관성官星을 극하고 인성印星의 극을 받는다. 그러므로 통제나 간섭 또는 예속隷屬되는 것을 싫어할 수 있다. 결혼한 여성의 경우에는 자녀를 나타낸다. 상호 관계를 살펴보도록 하자.

시주	일간	월주
戊	丙	己
	午	巳

- 丙火 일간의 겁재 : 午, 丁.
- 丙火 일간의 식신 : 戊, 辰, 戌.
- 丙火 일간의 비견 : 巳, 丙.
- 丙火 일간의 상관 : 己, 未, 丑
- 丙·丁火의 식상 : 己, 未, 丑, 戊, 辰, 戌.

일간 丙火는 월간에 상관과 시간에 식신을 두고 있으므로 생각하고 판단하는 재주가 비상하고 변화와 변동이 심할 수 있다. 또한 지지에는 양인과 비견을 두고 있으므로 체력이 강하고 추진력과 실행력이 뛰어나면서 경쟁에서 물러서지 않는 특성을 지닐 수 있다.

(3) **재성**財星 : 재성은 아극자我剋者라고 하여 일간인 내가 스스로 극剋하는 오행을 말하며 일간과 음양이 같은 편재偏財와 일간과 음양이 다른 정재正財를 합쳐서 재성財星이라고 하였다.

재성의 표상은 기본적으로 재물, 재화財貨, 결과물, 신체의 일부, 수확, 부동산 등을 대표한다. 재성은 인성印星을 극剋할 수 있고, 비겁比劫의 극을 받을 수 있다.

여명女命의 육친관계는 아버지나 시어머니를 의미하고, 남명男命의 경우에는 부인이나 외부의 여자를 나타낸다. 기본적으로 재성은 일간의 힘이 강하거나 운에 의해 자신의 힘이 강해질 때 취하기가 쉽고, 때로는 재물을 획득하기위하여 인간성을 무시할 수 있다.

<table>
<tr><td>시주</td><td>일간</td><td>월주</td></tr>
<tr><td>戊</td><td>甲</td><td>己</td></tr>
<tr><td></td><td>午</td><td>巳</td></tr>
</table>

- 甲木 일간의 편재 : 戊, 辰, 戌. ● 甲木 일간의 정재 : 己, 未, 丑.
- 甲木 일간의 식신 : 巳, 丙. ● 甲木 일간의 상관 : 午, 丁.
- 甲乙木 일간의 재성 : 己, 未, 丑, 戊, 辰, 戌.

일간 甲木은 신약하므로 비록 실질적인 힘은 없지만 기적氣的으로는 재물을 대단히 중요시하고 실제 행동을 할 때도 대단히 활발하고 열정적으로 다양한 일을 하려고 한다. 이 경우에는 직장생활보다는 자영업이나 자신의 일을 하기를 선호할 수 있다. 그러나 일간이 신약하여 노력한 만큼의 결과를 얻기가 어렵고 몸이 쉽게 피로할 수 있다.

(4) 관성官星 : 관성은 극아자剋我者라고 하여 일간이 스스로 극剋하는 것이 아니라 극을 강제로 받는 오행을 말하며 일간과 음양이 같은 편관偏官과 일간과 음양이 다른 정관正官을 합쳐서 관성官星이라고 하였다. 관성의 표상은 기본적으로 공직이나 대기업 등의 관이나 직장 또는 직업을 의미하고, 명령이나 통제를 의미하는 법이나 규범을 대표한다. 또한 관청이나 가정, 상사나 윗사람을 나타낸다.

관성은 여명女命의 육친으로는 남자나 배우자가 되고 사회적으로는 가정과 일을 나타내고, 남명男命의 경우에는 자녀나 가정 또는 직업을 나타낸다.

관성은 비겁比劫을 극하므로 일간의 자존심이나 체면을 손상하거나 건강에 영향을 줄 수 있고, 식상食傷의 극을 받아 통제될 수 있다.

관성은 일간이 강할 경우에는 극을 감당할 수 있는 힘이 있으므로 공직이나 관의 일을 소신껏 감당하고 처리하는 소신파가 될 수 있고 높은 지위에도 올라갈 수 있다.

시주	일간	월주
壬	庚	丙
	午	寅

- 庚金의 편관 : 丙, 巳.
- 庚金의 정관 : 午, 丁.
- 庚辛金의 관성 : 午, 丁, 丙, 巳.
- 壬水의 입장 : 편인 庚, 정재 午, 편재 丙, 식신 寅.
- 寅木의 입장 : 식신 丙, 상관 午, 편인 壬, 편관 庚.
- 庚金의 식신 : 壬, 亥.
- 庚金의 편재 : 寅, 甲.

일간 庚金은 재성과 관성이 강하여 자영업을 하기 보다는 직장생활을 선호할 수 있고, 사회규범이나 도덕을 중시하고 타인의 지시나 명령에 순응하면서 관성의 마음으로 살아가기를 원한다.

(5) 인성印星 : 인성은 생아자生我者라고 하여 나를 생生하는 오행을 말하며 일간과 음양이 같은 편인偏印과 일간과 음양이 다른 정인正印을 합쳐서 인성印星이라고 하였다. 때로는 인수印綬와 효신梟神으로 분류하기도 한다. 특히 편인偏印은 원국의 용신을 극克하는 흉凶작용을 하는 경우에는 도식倒食 또는 효신梟神이라고 표현하기도 한다. 인성의 표상은 학문, 박학다식博學多識, 문서나 도장, 의식주衣食住, 스폰서(Sponsor), 스승이나 후견인, 서적, 식품 등을 대표한다.

인성印星은 기본적으로 재물보다는 인간성을 중시하고 여유로운 성정을 나타내고, 식상食傷에 해당하는 인·사·물을 극하며, 재성의 극을 받는다.

육친으로는 모친이 되며 결혼한 남자의 경우에는 장인丈人이 될 수 있고 결혼한 여명의 경우에는 사위가 해당할 수 있다. 인성의 대표적인 육친은 일간인 나를 낳아준 어머니가 된다.

시주	일간	월주
壬	甲	丙
	子	寅

- 甲木 일간의 편인 : 壬, 亥.
- 甲木 일간의 정인 : 子, 癸.
- 甲木 乙木의 인성 : 壬, 亥, 子, 癸.
- 壬水의 입장 : 식신 甲 寅, 겁재 子, 편재 丙.
- 丙火의 입장 : 편인甲 寅, 정관 子, 편관 壬.
- 甲木 일간의 식신 : 丙, 巳.
- 甲木 일간의 비견 : 寅, 甲.

일간 甲木은 천간의 식신과 편인의 성향을 지니고 있으므로 정신적으로는 항상 부지런하고 한 가지 일에 몰두하기를 원한다. 지지에 정인과 비견이 있으므로 행동을 할 때는 도움을 받기 원하지만 자신의 학문을 바탕으로 당당하고 유연할 수 있다.

※ 오성五星의 기본적인 함의含意를 숙지하는 의미로 다시 한 번 살펴보도록 하자.

- 비겁比劫은 나와 함께하는 의미가 있으므로 사회적으로는 동료나 친구 형제자매가 되고, 주체성이나 힘과 추진력을 나타낸다.
- 식상食傷은 자신이 배려하고 생生하는 의미를 지니고 있으므로 사회적으로는 부하나 아랫사람이 되고 재능을 의미하며, 일복이나 식복食福을 의미하고, 여명의 경우에는 자녀에 해당한다.
- 재성財星은 스스로 극할 수 있거나 쟁취하는 대상이므로 역시 아랫사람이나 부하직원이 될 수 있고, 재물이나 물질을 대표하며, 남명의 경우에는 배우자나 부친을 대표한다.

- 관성官星은 나를 극하고 통제하고 제압하는 의미를 지니고 있으므로 상관이나 윗사람이 되고, 벼슬이나 관직을 의미하며, 여명의 경우에는 배우자나 남자를 대표한다.
- 인성印星은 나를 도와주고 배려해주는 사람을 의미하므로 윗사람이나 어른이 되지만, 관성처럼 억압하고 통제·간섭하는 윗사람이 아니고 나에게 힘과 도움이 되는 윗사람이나 스승이 될 수 있으며, 학문과 문서를 의미하고, 모친을 대표한다.
- 사회적인 관계를 논할 때 비겁比劫은 나의 동료나 친구가 되고, 식상食傷과 재성財星은 나보다 나이가 어린 아랫사람이 되며, 관성官星과 인성印星은 자신보다 연장자나 윗사람이 된다.

기본적으로 관성이나 인성은 월주月柱나 연주年柱에 있을 경우에 유리할 수 있고, 식상과 재성은 일지日支나 시주時柱에 있을 때 자신의 역할을 온전하게 할 수 있다. 오성五星을 음양으로 나누어서 세분화하면 십성十星이 된다.

2) 십성十星의 함의含意

십성은 기본적으로 원국의 일간을 중심으로 분류하고 분석하지만, 각각의 다른 천간이나 지지의 오행에 대한 힘의 강약관계를 파악할 때도 활용할 수 있다. 즉 해당하는 십성을 중심으로 주변관계를 파악하여 인·사·물의 유무有無와 강약도 파악할 수 있다. 예를 들면, 원국에서 일간의 부친에 해당하는 재성이 있을 때 재성을 중심으로 원국의 십성을 판단하여 힘의 정도나 작용력을 분석할 수 있다. 또한 개별 십성을 분석하여 원국의 다른 육친이 추구하는 인·사·물을 파악할 수 있고 지나치게 강하거나 약한 십성을 파악할 수 있다. 이런 방법으로 개별십성의 강약을 파악하여 일간이나 육친에게 필요한 기운을 알 수 있고 보완하는 방법을 찾을 수 있다.

세밀하게는 개개인의 적성이나 재능에 맞는 직업의 선택이나 학과 선택, 자신의 단점을 보완할 수 있는 배우자의 선택, 향후 인생의 목표와 방향을 설정하여 궁극적으로는 성공적인 인생을 만드는 방법을 찾아 자신의 인생을 풍요롭게 할 수 있다. 물론 원국의 십성을 분석하여 우호적인 인간관계나 비우호적인 인간관계도 알아볼 수 있다.

십성은 원국을 분석하고 해석하는 가장 중요한 단서이며, 특히 본인과 연결된 인·사·물의 성패에 대하여 비교적 높은 신뢰도와 확률을 가지고 예측할 수 있다.

궁극적으로 원국에 내재된 다양한 비밀을 풀어내는 핵심이 되므로 십성을 잘 이해하고 파악하여 자신의 생활에 유용하게 활용할 수 있도록 하는 것이 중요하다. 자유자재로 원국의 십성을 파악하고 분석할 수 있도록 해보자.

개별 십성은 다른 십성과 연계하여 다양한 작용을 하지만 여기서는 다른 변수나 운의 영향을 무시하고 일간을 중심으로 기본적인 십성의 작용에 대해서 살펴보도록 하다. 물론 일간이나 개별 십성도 간지의 합이나 충 또는 극의 영향에 따라 힘의 강도나 작용력이 변할 수 있다. 더욱 자세한 내용은 십성론에서 살펴보도록 하자.

(1) 비견比肩 : 일간인 나와 오행이 같고 음양이 같으면 비견比肩이라고 하였다. 비견의 육친은 음양이 동일한 형제나 자매에 해당하고, 일간의 힘이 되는 인·사·물을 의미한다고 하였다.

천간天干에 비견이 있을 경우에는, 기적氣的·정신적精神的인 의미가 강하므로 일간은 자존심과 명예나 체면을 중시하고, 본인 중심적인 생각과 고집이 나타나고 주체성이 강할 수 있다.

지지에 비견이 있을 경우에는, 자신과 동일한 힘을 나타내므로 강한 추진력과 활동력을 지닐 수 있으며, 사교적인 면은 다소 부족할 수 있다. 사회

적으로는 한마음인 순수한 친구나 동료가 되어 나의 힘이 되는 의미가 있
다. 예를 보도록 하자.

일주	월주
乙	乙
卯	卯

- 일간이 乙木이면서 일지의 비견 卯木과 월주의 비견 乙卯를 가지고 있으므로 주체성
  이나 고집이 강하고 일간의 추진력이 강할 수 있다. 또한 강한 힘으로 재물에 대한 욕
  심이 클 수 있다.
  일주와 월주가 동일하므로 이 경우에는 자신의 생각과 추구하는 대상이 다른 비견
  에 해당하는 사람과 동일할 수 있고, 젊은 시절에는 자신의 재물을 만들기가 쉽지 않
  을 수 있다. 물론 사주의 구성에 따라 중년 이후에 재물을 강하게 추구하여 획득할
  수 있다.
  원국이 이와 같을 경우에는 비견이 많아서 겁재의 작용을 할 수 있으므로 동업이나 다
  른 사람과 함께 하는 일은 불리할 수 있다.

(2) 겁재劫財 : 일간인 나와 오행이 같고 음양이 다를 경우에는 겁재劫財가
된다. 겁재는 남명의 경우에는 누이동생이나 이성의 친구가 되고, 여명의 경
우에는 역시 오빠나 남동생이 되거나 이성의 친구가 된다. 때로는 배다른
이복형제가 될 수도 있고, 결혼한 여성의 경우에는 시아버지가 될 수 있다.
역시 비견과 마찬가지로 힘과 주체성을 나타내고 강한 추진력을 의미하므
로 정신적으로도 비견과 유사하다.

단지 일간과 음양이 다르므로 다른 사람의 눈치를 보거나 조심성이 강하
고, 재물을 차지하려는 지나친 경쟁심이나 투쟁심을 나타낼 수 있는 점이
비견과 다르다. 또한 음양이 다르므로 일간은 두 가지 마음을 가질 수 있
고, 역시 강한 추진력을 지니고 있으며, 특히 재성에 해당하는 오행의 인·

사·물을 획득하려는 욕심이 강하고 계산적일 수 있다.

일주	월주
乙	甲
卯	寅

- 일간이 乙木이면서 일지에 비견 卯木과 월주에 겁재 甲寅을 가지고 있으므로 자신의 힘이 대단히 강하다. 이 경우에는 강압적인 방법이나 타인을 이용하여 재물을 획득하려고 할 수 있고, 일간은 대단한 끈기와 고집을 가지고 있다. 역시 학문이나 교육에는 관심이 덜할 수 있고, 육체적인 활동을 통하여 자신의 목표를 추구하기를 원할 수 있으며 부모의 도움을 받기보다는 자수성가를 원하는 경우가 많다. 원국이 이와 같을 경우에는 비겁이 많아서 겁재의 불리한 작용을 할 수 있다.

(3) 식신食神 : 일간인 자신이 생生하는 음양이 같은 오행이면 식신食神이 된다. 결혼한 여명의 경우에는 할머니가 되거나 자녀를 나타내고, 자녀 중에서도 여아가 될 수 있으며, 결혼한 남명의 경우에는 자녀의 남편인 사위가 될 수 있다. 기본적으로 어머니가 자식을 아끼고 사랑하는 것처럼 타인을 배려하고 이해하는 마음이 강하고, 활동과 재주를 나타내므로 식복이 있으며, 한마음으로 일이나 학문에 열중하고 결과보다는 과정을 중시하는 면이 강할 수 있다. 또한 스스로 생각하고 활동하며, 새로운 일을 창조하는 힘과 지구력이 강할 수 있다.

일주	월주
癸	乙
卯	亥

• 일간이 癸水이면서 일지에 식신 卯木과 월간의 식신 乙木을 가지고 있으므로 한결같
  은 마음으로 타인을 배려하고 이해하는 마음이 강하고, 일의 과정을 중시하며 재능이
  많은 사람이라고 할 수 있다. 이 경우에는 한 분야에 몰두하면서도 활발하고 활동적
  이며 또한 지혜롭고 조심성이 많을 수 있다.
  亥 卯 반합을 하여 다시 木의 기운으로 변하므로 성품이 어질고 착하며 사교적일 수 있
  다. 또한 식신은 편관偏官을 극하므로 편관의 작용을 무력하게 할 수 있다. 원국이 이
  와 같을 경우에는 乙木 식신에 해당하는 인·사·물의 작용이 강하게 나타날 수 있다.

⑷ 상관傷官 : 일간인 내가 생生하는 음양이 다른 오행이면 상관傷官이 된다.

육친관계는 남명의 경우에는 할머니나 사위가 될 수 있고, 식신과 마찬가
지로 결혼한 여명의 경우에는 자녀가 되며 음양이 다르므로 남자로 구분하
기도 하지만 신뢰성은 크게 높지 않다.

정관正官을 극剋하므로 얽매인 생활이나 틀 안에서 하는 일이나 직업보다
는 스스로 활동하고 자신을 드러내는 자유업종이나 대외활동적인 일과 직
업이 무난할 수 있다. 즉 다재다능한 자신의 재능이나 능력을 발휘할 수 있
는 직업이나 업종이 적성에 맞을 수 있다.

상관傷官은 정관正官에 해당하는 인·사·물을 손상시키는 의미가 있으므
로, 여성의 경우에 상관이 강하고 흉신이면 외부활동이나 일에는 적극적이
지만 때로는 남자를 극할 수 있고 가정생활에 소홀할 수 있다.

일주	월주
甲	丁
午	巳

• 일간이 甲木이면서 일지에 상관 午火와 월주에 상관과 식신인 丁 巳가 있으므로 대단
  한 활동가이면서 자유분방한 생활을 할 수 있고, 자신의 재주나 능력을 드러내고 싶
  은 마음과 행동이 강할 수 있다. 또한 어질고 예의는 바르지만 타인의 구속이나 관습

에 얽매이는 것을 싫어할 수 있다. 특히 상관의 경우에는 억압이나 구속을 거부하고 하극상下剋上의 기질이 있으므로, 결혼한 여자의 경우에는 남편을 무시하고 가정보다는 외부활동을 중시하여 가정이 불안정할 수 있다.

남자의 경우에는 자신의 재능이나 능력만 믿고 직장의 상사나 윗사람을 무시하거나 하극상을 보일 수 있으며, 일을 잘 시작하지만 결과나 마무리가 약할 수 있다. 종종 말이 많고 행동이나 말이 직선적일 수 있으며, 때로는 남의 말을 함부로 할 수 있다. 원국이 이와 같을 경우에는 상관이 많아서 활발하고 활동적이지만 상관의 부작용이 나타날 수 있고, 水의 도움을 받지 못하면 일간 甲木이 자신의 역할을 하기 어려울 수 있다.

(5) 편재偏財 : 일간인 내가 스스로 극하는 일간과 음양이 동일한 오행을 편재偏財라고 하였다.

편재는 남녀 모두에게 자신의 힘으로 스스로 획득하는 인·사·물이며, 육친관계에서 남명의 경우에는 기본적으로 아버지가 되고, 일지에 있을 경우에는 배우자나 다른 여자가 될 수 있고, 여자의 경우에는 기본적으로 시어머니가 해당할 수 있고, 정이 없는 아버지가 될 수 있다.

편재는 재물에 대한 성취욕이 강하며, 특히 힘과 능력이 있으면 누구나 획득할 수 있는 유동적流動的인 재財에 대한 애착이 강하고 작은 재물보다는 큰 재물에 대한 욕망이 클 수 있다. 그러므로 복권이나 경마나 도박 등을 즐길 수도 있다.

재물에 대한 강한 욕망은 안정된 가정생활이나 계획적인 생활과는 다소 거리가 멀 수가 있고 기분에 따라 낭비를 할 수도 있다. 기본적으로 큰 재물을 추구하기 위해서는 일간 자신의 힘이 강하고 순발력이나 재주가 뛰어나고 민첩해야만 가능하다. 그러므로 행동을 할 때도 비교적 시원시원한 기분파가 될 수 있고, 통 큰 일을 자주 벌이기도 한다.

일주	월주
乙	己
未	亥

- 일간이 乙木이면서 일지에 편재 未土와 월간에 편재 己土를 가지고 있으면서 정인 亥水의 도움을 받고 있다. 위의 일간 乙木은 배운 학문이나 재능을 바탕으로 인내와 노력으로 끈질기게 큰 재물을 추구하며, 일의 과정보다는 결과를 더욱 중시하는 사람일 수 있다. 이러한 일주와 월주를 가진 남자의 경우에는 유연하고 사교성이 많아서 연애를 잘하고 돈을 절제하지 못하는 기분파가 될 수도 있다. 또한 도박이나 경마 복권과 같은 투기성이 있는 일을 즐길 수 있다.

(6) 정재正財 : 일간 자신이 스스로 극하는 일간과 음양이 다른 오행을 정재正財라고 하였다.

육친관계는 편재와 거의 유사하지만, 남명의 경우에는 기본적으로 정이 많고 안정적인 배우자를 의미하고, 때로는 다정한 아버지가 될 수 있으며, 여명의 경우에는 다정한 아버지나 시어머니가 될 수 있다.

편재가 치우친 재물이나 유동流動의 재물이라면, 정재는 일한 만큼의 일정한 수입을 얻을 수 있는 고정적이고 안정적인 재물을 의미한다.

정재는 안정적이고 합리적인 사고나 행동을 하고, 남녀관계나 대인관계에서도 약속을 잘 지키며, 실질적이고 계획적인 행동과 생활을 하며, 안정적인 가정이나 직업을 원하고 알뜰하고 절약하는 소비생활을 한다. 또한 자신의 몸치장이나 화장을 잘하는 경우가 많다. 반면에 편재는 경쟁적이고 비계획적이며, 즉흥적인 면이 강할 수 있다.

<table>
<tr><td>일주</td><td>월주</td></tr>
<tr><td>壬</td><td>庚</td></tr>
<tr><td>午</td><td>寅</td></tr>
</table>

- 일간이 壬水이면서 일지에 정재 午火를 가지고 있으므로 성실하고 정직한 마음으로 일한 만큼의 수익을 창출하면서 알뜰하고 근검절약하면서 재물을 모으며 정확하게 예상한 결과가 나오는 것을 좋아할 수 있다.
  60갑자 중에서 일지가 정재인 경우는 4가지가 있으므로 남자의 경우에는 배우자와 인연과 정이 많으면서 현숙하고 예의가 바른 배우자를 얻을 수 있다.
  원국이 이와 같을 경우에는 지지가 寅 午 합을 하여 火의 기운이 강하므로 일간은 월간 편인의 지식으로 재물을 강하게 추구하려고 한다. 그러나 일간 壬水가 통근하지 못하여 힘이 부족하므로 金이나 水의 도움이 절실하다.

(7) 편관偏官 : 일간인 나를 극하는 오행이 일간과 음양이 같은 경우를 편관偏官이라고 하였다. 편관은 기본적으로 일간과 음양의 조화를 이루지 못하여 편협하거나 치우칠 수 있고, 생각이나 행동이 일방적이거나 조급할 수 있다. 또한 편관은 나를 일방적으로 억압하거나 간섭하고 통제하는 의미와 엄격한 법이나 규범과 같은 원리원칙을 중시하는 의미를 지니고 있다. 사회적으로는 융통성이나 유연성보다는 책임감과 사명감이 엄격한 직장이나 임시직이나 임명직의 관직을 의미하고, 일방적으로 명령하거나 지시하는 상사나 윗사람에 해당할 수 있다. 육친관계는 여명의 경우에는 엄격한 가정과 정情이 없는 남자나 시누이가 될 수 있고, 결혼한 남명의 경우에는 자녀에 해당하고 자녀 중에서도 남아로 판단할 수 있다. 남아나 여아를 분별하는 부분은 확률이 떨어진다. 물질적으로는 화약, 총기, 흉기, 무기, 폭발물 등의 살상용 무기나 기구를 의미할 수 있고 흔히 사명감이나 책임감, 인내와 끈기, 질병이나 폭력 등의 의미를 지니고 있다. 기본적으로 일간이 편관을 감당할 수 있는 능력이 없는 경우에는 신경질적이거나 몸이 허약하고 아플 수도 있다.

일주	월주
壬	戊
申	辰

- 일간이 壬水이면서 월주에 편관 戊辰을 두고 일지에 편인 申金의 도움을 받고 있으므로 법이나 원칙을 중시하고, 자신에게 주어진 책임과 임무에 대한 사명감이나 의무감이 강할 수 있다.

일간은 엄격한 규율을 지키는 공직이나 건축이나 토목공사의 감리監理와 같이 책임감이 강하게 요구되는 직업이나 직장생활에 적합할 수 있고, 직장생활을 할 경우에는 정이 없고 성격이 급하거나 엄격한 상사나 윗사람을 만날 수도 있다.

원국이 이와 같을 경우에 일간 壬水는 가정보다는 조직이나 맡은 일을 중시하고, 무뚝뚝하지만 살인상생殺印相生하여 신뢰할만한 사람이라고 할 수 있다.

여명의 경우에는 공직과 인연이 많을 수 있고, 결혼을 하면 권위와 엄격한 성품을 지닌 배우자와 인연이 있으며, 정이 없는 무뚝뚝한 남편이지만 남편을 믿고 의지하면서 살아갈 수 있다.

(8) 정관正官 : 일간인 나를 극하는 음양이 다른 오행을 정관正官이라고 하였다.

편관은 엄격한 조직이나 틀에 묶어 원리원칙을 중시하고 통제와 명령의 관계라고 한다면, 정관은 음양이 다르기 때문에 법이나 틀 속에서도 서로 간의 마음을 이해하고 배려하는 정이 많은 상하관계라고 할 수 있다. 인간관계에서도 사회성이 밝고 정도正道를 행하며, 생각이나 행동은 합리적이고 안정적이면서 계획적일 수 있다. 특히 사회성과 윤리성을 중시하는 특성을 지니고 있다.

여명의 경우에는 안정적인 자신의 가정이나 정규직의 직장을 의미하고, 역시 자신을 자상하게 보살펴주는 직장의 상사나 윗사람이 된다. 남명의 경우에도 역시 자신의 가정이나 직장이 되고, 자신을 보살펴주는 정이 있는 상사나 윗사람을 의미한다. 정관正官이 온전한 경우에는 가정이나 직업 또는 자신의 일을 안정적으로 관리하고 유지할 수 있다.

육친관계는 여명의 경우에는 정이 많고 믿고 의지할 수 있는 안정적인 남자나 배우자가 되고, 남명의 경우에는 도와주고 싶고 정이 많이 가는 자녀가 될 수 있다. 정관은 상관傷官의 극을 받으면 쉽게 손상될 수 있다.

일주	월주
甲	辛
寅	酉

- 일간이 甲木이면서 일지에 비견 寅木과 통근하고 월주에 정관 辛酉가 있으므로 어질고 선한 마음을 가지고 있으면서도 자존심이나 고집이 강할 수 있다. 월주에 정관 辛酉를 두고 있으므로 陰金의 성정을 나타내면서도 합리적이고 안정적인 공직이나 직장을 선호한다. 또한 법규나 예의에 어긋나는 행동을 하지 않으며, 자신에게 주어진 책임과 임무를 다하고 正道를 행한다. 특히 신의信義를 중시하고 사회성이 뛰어나며 안정과 명예를 중시한다. 여명의 경우에는 안정적이고 건강한 배우자를 만나 믿고 의지하면서 살 수 있는 형상이다.

(9) 편인偏印 : 일간인 나를 생生하는 일간과 음양이 같은 오행을 편인偏印이라고 하였다.

인성은 기본적으로 타인이 나를 도와주는 인덕人德과 문서나 학문을 의미하지만, 그중에서도 편인은 한 방면으로 치우친 의미가 있으므로 특수한 학문이나 조건이 따르는 계약이나 문서에 해당할 수 있다. 그러므로 편인은 일반적인 학문이나 지식보다는 전문적이고 특수한 분야의 학문이나 지식에 관심이 많고, 일간 중심적인 사고나 행동을 할 수 있다.

편인은 통찰력이나 직관력이 뛰어나지만 재물보다는 특별하거나 남들이 하지 않는 학문이나 지식에 관심이 많고 특히 외국어나 통역 등의 어학계통이나 외교관 등의 직업에 재능을 발휘할 수 있다.

육친관계는 남녀 모두에게 정情이나 인연이 약한 모친 또는 계모나 양모가 될 수 있고, 조부祖父가 될 수도 있다. 결혼한 남명의 경우에는 장인이 될 수 있다.

일주	월주
庚	戊
辰	午

- 일간이 庚金이면서 일지에 편인 辰土와 월간에 편인 戊土를 두고 월지에 정관 午火가 자리하고 있다. 일간이 庚金이므로 순수하고 무뚝뚝하면서 고집이 강할 수 있으나 예의바르고 정도正道를 추구한다. 일지에 편인 辰土와 월간에 편인 戊土를 두고 있으므로 외골수적인 성격을 지니고 있으면서 편인의 학문에 해당하는 외국어계통이나 고고학 등의 특수한 학문에 관심이 많고, 한 가지 분야에 몰두하여 전문가가 될 수 있다. 한편으로는 자신의 순수한 고집과 아집으로 타인과의 신의信義는 두터우나 외로울 수 있고, 자신의 직관에 의한 판단이 빠를 수 있다.
  원국이 이와 같을 경우에는 일간은 관인상생이 되어 자신의 역할을 다할 수 있다.

(10) 정인正印 : 정인正印은 음양이 다른 오행이 나를 생生하는 것을 의미한다.

일간과 음양이 다르므로 정이 있는 합리적이고 안정적인 관계를 의미하고, 편인과 마찬가지로 학문이나 재능을 나타내지만 특수한 학문이나 능력보다는 일반적이고 보편적인 학문을 선호하고, 사물에 대한 인지력認知力이 뛰어날 수 있다. 역시 재물에 대한 욕심보다는 안정적인 의식주를 선호하고, 학문을 중시하면서도 명예와 인간성을 중시한다. 그러므로 정인正印을 확실한 스승이나 정해진 문서라고 하거나 또는 인감도장이라고도 한다. 육친관계는 편인과 동일하지만, 남녀공통으로 인정이 많고 조건 없이 일방적인 도움을 주는 모친에 해당한다. 확장하면 여명女命에서는 정이 많고 도움이 되는 사위나 할아버지가 될 수 있다. 물론 남명의 경우에도 정이 많은 할아버지가 될 수 있다. 기본적으로 정인은 인정이 많고 도움에 대한 대가代價를 바라지 않는 모성애적인 사랑을 의미한다.

일주	월주
丁	甲
亥	寅

- 일간 丁火는 월주가 정인 甲木과 寅木이면서 일지에 정관 亥水를 두고 있다. 그러므로 일간은 성격이 밝고 따뜻하면서 예의가 바르고, 일지에 정관 亥水를 두고 있으므로 正道를 행하면서도 유연하고 지혜로울 수 있다. 또한 부모궁이면서 사회궁인 月柱에 정인 甲寅을 두고 있으므로 모친의 영향력을 강하게 받을 수 있고, 청년기에도 마음의 여유가 있고 안정적이며 학문에 열중할 수 있다.
일간은 정인의 학문을 바탕으로 의식주를 해결할 수 있으며, 안정적인 생활을 할 수 있는 교육계통이나 공무원 등과 같은 직업에 관심이 많고, 지나치게 경쟁적인 직업이나 업종은 적합하지 않을 수 있다. 왜냐하면 밝고 예의바른 사람이 어떻게 치열하게 경쟁하고 싸울 수 있겠는가? 싸우고 경쟁하려면 비겁比劫이라도 있어야한다. 이제는 원국 전체를 보고 십성의 이름을 붙이면서 원국을 분석해보자.

丙 庚 辛 甲
戌 午 未 子

- 庚金 일간 기준 : 연간 甲木 ⇨ 편재, 연지 子水 ⇨ 상관, 월간 辛金 ⇨ 겁재, 월지 未土 ⇨ 정인, 일지 午火 ⇨ 정관, 시간 丙火 ⇨ 편관, 시지 戌土 ⇨ 편인,
- 합충 관계 : 일지와 시지 ⇨ 午 戌 합, 월지와 일지 ⇨ 午 未 合, 일간과 연간 ⇨ 庚 甲 冲, 시간과 일간 ⇨ 丙 克 庚, 시간과 월간 ⇨ 丙 辛의 극하는 合, 연지와 일지 ⇨ 子 午 극하는 冲 등등으로 다양하게 십성과 궁의 관계를 파악해볼 수 있다.

일간 庚金은 관성에 해당하는 火의 기운이 지지에서 합을 하여 강하므로 관성의 행동을 하고, 비록 금이지만 대인관계도 사교적이고 원만할 수 있다. 일간 庚金은 관직이나 직장에서 자신의 맡은 역할을 책임감이나 사명감을 가지고 성실히 수행할 수 있다.

※ 일반적으로 편재偏財 편관偏官 편인偏印은 일간과 동일한 음양이기 때문에 정재正財 정관正官 정인正印처럼 상호 협력적이거나 유정有情하기보다는 일방적이며 독단적인 의미가 강할 수 있고, 성격도 역시 솔직率直하고 담백淡白하지만 성급性急할 수 있다. 또한 일이나 목표를 수행할 때에도 적극적이고 감정에 치우칠 수 있으며, 일방적이고 민첩한 행동을 한다. 이러한 특성으로 인하여 사업을 크게 성장시키거나 최고위직에 오르는 사람들의 경우에는 일간과 음양이 다른 정正의 오행보다 일간과 음양이 같은 편偏의 오행으로 온전하게 구성되어 있는 경우가 많이 나타나기도 한다.

정재正財 정관正官 정인正印은 일간과 음양이 다른 오행이므로 근본적으로 안정적이고 합리적인 성품을 지니고 있으며, 인간적인 면과 성실誠實하고 부드러운 성정을 지닐 수 있다. 또한 주변을 의식하는 조심성과 이성적理性的인 행동과 사고를 하며, 친화력과 검소한 생활을 하는 경우가 많다. 이러한 장단점을 살펴서 사회생활이나 조직생활에서 활용하면 자신의 삶에 많은 도움이 될 수 있다. 그러나 타고난 사주가 좋기 때문에 성공하거나 큰 인물이 될 수는 없다.

성장환경과 부모님의 영향력도 중요하지만 무엇보다도 중요한 것은 타고난 개개인의 적성適性이나 천성天性에 맞는 일이나 직업을 선택하여 주어진 시기와 기회를 놓치지 않고 꾸준하게 노력하여 결과나 결실을 맺는 것이 중요하다.

 행복한 삶의 지혜를 찾는 생활 속의 사주명리 ❸

2. 사주四柱의 함의含意 분석

태어난 연월일시年月日時를 가지고 만든 사주의 여덟 글자는 당사자에 대한 근원적인 비밀을 알아볼 수 있는 신비의 소우주小宇宙와 같다고 하였다.

지구가 음양陰陽에 해당하는 달과 해의 자기장의 영향을 받으면서 오행五行의 음양에 해당하는 오대양과 육대주로 이루어져 있듯이, 사람도 역시 음양에 해당하는 달과 해의 영향을 받으면서 오행의 음양에 해당하는 오장五臟과 육부六腑로 이루어져 생명을 유지하고 있다.

선천 명에 해당하는 사주四柱도 음양과 오행으로 이루어지고 오장육부와 인체의 다양한 기관과 생生 노老 병病 사死에 대한 암시와 자신의 타고난 천성이나 재능을 비롯하여 부모형제나 배우자와 자녀에 대한 암시를 주기도 한다. 또한 주변 사람과의 관계 즉 인연因緣과 정情을 암시하고 자신의 미래의 진로를 암시하며, 나아가 도움을 받거나 힘을 얻게 되는 인연과 베풀거나 손실을 당하는 인연도 암시하고 있다. 이밖에는 덕이 있는 사람인가 천박淺薄한 사람인가도 파악할 수 있다. 여기서는 타고난 명命에 해당하는 사주四柱가 암시하는 내용을 자세히 살펴보도록 하자.

1) 연주年柱

(1) 연年의 기준 : 일반적으로는 한해의 시작은 양력 1월 1일을 기준으로 하거나 또는 음력 1월 1일을 기준으로 한다. 그러나 四柱를 구성할 때는 음력 1월 1일이나 양력 1월 1일이 한해의 시작이 되는 기준이 아니라 매년 양력 2월 4일에서 2월 8일 사이에 들어있는 입춘立春 절입일시節入日時를 한해의 시작으로 하고, 입춘을 새로운 해를 시작하는 寅월로 한다. 즉 입춘

立春이 시작되는 날의 시간이 한해의 시작이고, 한 해의 첫 달이 시작되는 寅월이다.

한 해의 시작이나 월이 시작되는 절기를 대다수의 만세력에서 회색으로 표시를 해놓았으므로 만세력을 참조하면 쉽게 찾을 수 있다.

(2) 연주年柱에 내포된 기본적인 의미와 작용 : 일간의 입장에서 연주年柱는 자신의 뿌리인 조상이나 조부모 또는 부모를 의미하므로 나의 가문이 되고, 자신의 타고난 근본적인 배경과 천성을 나타낸다. 사회적으로는 자신의 윗사람에 해당하고, 조직에서는 사장이나 최고위층을 나타내며, 국가기관이나 국가가 해당할 수 있다. 또한 자신의 근본 바탕이 되는 뿌리根를 나타내고, 일간의 유·소년기에 해당하며, 시기로는 1~15세 또는 1~18세 정도까지 해당한다고 할 수 있고, 유소년기의 성장환경과 건강을 유추할 수 있는 공간이다. 또한 1세에서 18세까지의 초년의 운을 주관하는 운한運限에 해당하고, 한 사람이 새롭게 태어나서 인생을 시작하는 의미처럼 사계절로 본다면 봄에 해당하며, 하루의 새벽에 해당할 수 있다.

신체로 본다면 머리에 해당하고, 풍수風水로 볼 때는 월주와 함께 우측에 해당하고 거리로 본다면 먼 곳이 될 수 있다. 한 편으로 연주는 월주에 해당하는 육친의 부모나 형제가 되고 월주의 성장환경이 된다. 즉 일간의 부모 입장에서는 年柱는 자신의 성장배경과 생활환경이 될 수 있고 직접적으로 정신적인 영향과 물질적인 도움을 받은 곳이다.

① 연간年干 : 연간은 조부궁祖父宮이며 조부가 없을 경우에는 부친궁父親宮이 될 수 있고, 사회적으로는 상관이나 윗사람을 나타내며 조직에서는 회장이나 사장에 해당한다. 신체상으로는 머리 부위가 되고, 천간은 양陽이

며 외부로 드러나므로 머리의 바깥 부위를 나타낸다. 지리적으로는 먼 곳의 위上를 나타낼 수 있다.

② 연지年支 : 연지는 조모궁祖母宮이며 조모가 없을 경우에는 모친궁母親宮이 될 수 있고, 사회적으로는 역시 상관이나 윗사람을 나타내며 국가기관이나 조직을 나타낸다. 단지 외부로 드러나지 않는 성향이 강할 수 있다. 신체상으로는 머리부위가 되지만 머리의 안쪽 부위를 나타내고, 지리적으로는 먼 곳의 우측 아래下를 나타낼 수 있다.

(3) 오행五行과 십성十星의 작용 : 연주에 해당하는 오행의 십성이 있을 경우에는, 해당 십성의 특성이 일간의 운한기간 동안에는 나타날 수 있고, 연주궁의 십성으로 해당하는 조상이나 부모의 특성을 판단할 수 있다. 기본적으로 나타나는 특성을 살펴보도록 하자.

① 비겁比劫이 있을 경우 : 일간은 유년시절에 비겁에 해당하는 오행의 특성을 나타내므로 근본적으로 자존심과 주관이 뚜렷한 사람이라고 할 수 있고, 유년시절에 몸이 건강하고 활동성과 경쟁심이 강할 수 있다.

② 식상食傷이 있을 경우 : 일간은 유년시절에 식상에 해당하는 오행의 특성을 드러내므로 활발하고 활동적이며 다양한 재능과 재주를 보일 수 있다.

③ 재성財星이 있을 경우 : 일간은 유년시절에 재성에 해당하는 오행의 특성을 드러내므로 행동이 적극적이고 활동적이며, 학문보다는 재물에 대한 관심이 많고 이재理財에 밝을 수 있다.

④ 관성官星이 있을 경우 : 일간은 유년시절에 관성에 해당하는 오행의 특성을 드러내므로 윗사람을 존경하고 예의나 사리事理에 어긋나지 않는 올바른 행동을 할 수 있다.

⑤ 인성印星이 있을 경우 : 일간은 유년시절에 인성에 해당하는 오행의 특성을 드러내므로 학문이나 배움에 대한 관심이 많고 부모에 의지하는 성향이 강할 수 있다.

(4) 연주年柱의 길흉吉凶작용 : 기본적으로 연주에 일간에게 길吉작용을 하는 희·용신이 있을 경우에는, 조상이나 부모의 도움을 받을 수 있으므로 유산이나 가업을 물려받을 수 있고, 조상이나 부모가 안정적인 생활을 하였다고 유추할 수 있다. 동시에 일간 자신은 어린 시절에 유복한 가정에서 성장하고 근본 바탕이 훌륭하다고 추론할 수 있다.

반면에 연주에 흉凶작용을 하는 기·구신이 있을 경우에는, 조상이나 부모의 온전한 도움을 받기 어려울 수 있고, 유산이나 가업을 이어받기 어려우며, 때로는 어린 시절에 좌절을 맛보거나 곤란한 일을 많이 겪을 수 있다. 물론 운의 흐름이 좋을 경우에는 그 기간 동안에는 그렇지 않을 수 있다.

기본적으로 연주는 인성印星이나 관성官星의 자리이므로 일간은 부모나 윗사람의 영향을 많이 받는 시기라고 할 수 있다. 연주年柱를 천간과 지지로 나누어 십성과의 관계를 살펴보자.

① 연간年干과 월간月干의 합습과 극충克沖 : 연간이 월간과 합을 하는 경우에는 기본적으로 조부모와 부모의 관계가 서로 원만하고 상호간에 정과 인연이 많은 사이라고 할 수 있고, 조부모가 없을 경우에는 부모의 형제가 서로 정이 많고 원만한 관계가 될 수 있다.

일간의 경우에는 청년기와 유년기에 성격이 원만하고 대인관계가 좋을 수 있다. 그러나 일간의 희·용신이 연간과 월간에서 합을 하는 경우에는, 일간은 본연의 일을 하는데 소홀할 수 있다.

예를 들면, 공부를 할 시기에 공부에 열중하지 못하고 공상에 빠지거나 정신적인 집중을 하지 못할 수 있고, 반대로 일간의 기·구신이 합을 하여 불리한 작용을 못할 경우에는 무난할 수 있다.

충沖을 하는 경우에는 먼저 조부모와 부모의 관계가 정신적으로나 심리적으로 서로 갈등하거나 방황할 수 있고 변화가 심할 수 있다.

일간의 경우에는 청년기와 유년기에 정신적·심리적인 갈등과 방황으로 불안정할 수 있고, 학문과 재능을 익힐 시기에 부모의 온전한 도움을 받기 어려울 수 있다. 특히 일간의 희용신이 충이 될 경우에는 용신의 역할을 하지 못하여 불리할 수 있고, 기·구신이 충이 될 경우에는 불리한 작용을 하지 못하게 되어 오히려 무난할 수 있다.

② 연지年支와 월지月支의 합合과 충극沖克 : 연지와 월지가 합을 하는 경우에는 모친과 조모가 실질적인 생활방식이나 행동이 서로 융화되어 좋은 관계가 유지될 수 있다.

일간의 경우에는 청년기와 유년기에 사교적이고 친화적인 행동을 하므로 대인관계가 좋아 주변에 친구가 많을 수 있다. 그러나 일간의 희·용신이 합을 하는 경우에는 일간 본연의 필요한 학문이나 재능을 키우는데 집중하지 못하고 다른 일에 시간과 정렬을 낭비할 수 있으므로 불리하고, 기·구신이 합을 하는 경우에는 오히려 도움이 될 수 있다.

연지과 월지가 충沖을 하는 경우에는 모친과 조모의 관계나 또는 모친과 모친의 형제가 실질적인 생활방식이나 행동이 서로 달라 마찰이나 충돌이 자주 발생할 수 있고, 이로 인하여 서로 실질적인 도움을 받기 어려울 수 있으며 일간도 행동이나 생활이 불안정할 수 있다.

　沖을 강하게 받을 경우에는 해당하는 인·사·물이 손상될 수 있고, 일간은 어린 시절에 머리부위나 가슴부위에 상처를 입거나 손상을 받을 수도 있다.

　③ 연주年柱와 월주月柱의 합습과 충극沖克 : 年柱와 月柱의 간지오행이 서로 합습을 하는 경우에는 기본적으로 해당 육친은 서로 마음과 뜻이 맞아 원만할 수 있고, 일간은 해당하는 십성의 영향을 덜 받거나 불리할 수도 있다. 그러나 일간은 소년기에서 청년기까지 마음이 여유롭고 서로 협력하는 사교적인 성품을 지닐 수 있다. 또한 年柱와 月柱의 천간과 지지가 모두 沖을 하는 경우에는 일간은 정신적으로나 실제 행동을 할 때 갈등하고 불안정할 수 있고 생활환경이 어렵고 힘들 수 있으며, 필시 부모의 이혼이나 별거로 인하여 편모偏母나 편부偏夫와 함께하거나 배다른 형제와 함께 할 수도 있다. 또한 젊은 시절에 고생을 하면서 자신의 길을 찾아 스스로 자수성가를 하는 경우가 나타날 수 있다.

2) 월주月柱

　(1) 월月의 기준 : 한해를 시작하는 寅월은 음력으로는 음력 1월 1일이 설날이면서 寅월이 시작되지만, 명리에서는 새로운 한해와 寅월의 시작은 입춘立春 초기절기 일시를 기점으로 시작되고, 새로운 한해도 시작된다.

　참고적으로 절기節氣는 양력을 기준으로 판단하면 수월할 수 있다. 즉 양력으로 매월 4일에서 8일 사이에 초기절기의 절입일시節入日時가 있고, 중간절기中間節氣는 초입절기일로부터 15일 이후임을 알면 만세력에서 24절기를 찾는데 도움이 될 수 있다.다. 역시 만세력을 보면 절입일節入日과 시간을 적어 놓았다. 만세력에서는 월주를 월건月建으로 표현하기도 한다.

음력으로 사주를 작성하는 경우에는 월이 바뀌는 초기절기의 절입일시節入日時를 살핀 후에 월주를 찾는 것이 실수를 피하는데 도움이 된다. 왜냐하면 간혹 월주月柱의 간지를 틀리게 찾는 경우를 자주 보기 때문이다.

> ※ 만세력에서 월의 간지干支를 찾을 때 초기절입일에 태어난 사람일 경우에는, 초기절기의 절입일시節入日時의 전前에는 앞 달의 간지를 쓰고 초기절기의 절입일시節入日時가 지나면 그 달의 간지를 쓴다. 또한 이 경우에는 만세력에 대운수가 적혀있지 않는 경우도 있다. 왜냐하면 남녀와 연간의 음양에 따라 대운수가 다르기 때문이며, 이 경우에는 기본적으로 대운수가 10이나 1이 된다.

월의 간지를 정하는 예를 들면 양력 1983년 4월 5일생이고 음력으로는 1983년 2월 22일 태어난 사람이 월의 간지를 정하려면 태어난 시간을 초기절입 일시에 시간을 대조하여 결정해야 한다. 즉 양력 4월 5일의 초기절기인 청명淸明이 시작되는 17시 44분이 지나기 전인 17시 30분에 태어났다면 월주 또는 월건은 앞 달의 乙卯가 되고, 17시 44분이 지난 17시 50분에 태어났다면 당월의 월주 또는 월건은 丙辰이 된다. 일주는 만세력의 당일의 간지를 사용하고, 시주도 따로 만세력에서 찾을 수 있다. 또한 단순하게 월의 예를 들자면 생월이 양력 4월이라면 청명의 절입일시를 지나지 않은 날이면 卯月이 되고, 청명의 절입일시를 지났으면 다음 절기인 입하立夏가 되기 전까지는 辰月이 된다. 음력일 경우에도 초기절기의 일日과 시간을 기준으로 만세력의 월주 또는 월건을 찾아야 한다. 물론 이 경우에도 태어난 지역의 경도를 파악하여 시간을 가감하면 더욱 정확할 수 있다.

(2) 월주月柱에 내포된 기본적인 의미와 작용 : 월주는 연주의 뿌리根에서 싹이 나와 성장하는 과정을 의미하고, 일간이 스스로 일을 하기 전에 부모님의 도움을 받아 정신적·육체적인 성장을 하면서 사회생활을 준비하는 시기를 나타낸다.

월주는 벼를 논에 옮겨심기 전의 묘판苗이라고 생각할 수 있고, 육성하여 논에 온전하게 이앙移秧이 되면 스스로 활발하게 꽃花을 피울 수 있다. 만약 월주의 환경이 좋지 않을 때는 꽃을 피워 열매를 맺기가 힘들고 열매를 맺어도 부실하거나 알차지 못할 수 있다. 이것은 사람이나 곡식도 성장환경의 영향이 중요하기는 마찬가지라고 할 수 있다.

근본적으로 월주는 일간 자신의 성장환경이므로, 이 시기에 일간은 정신적인 도움과 물질적인 도움을 받아 전인적全人的인 인격을 형성할 수 있으므로 일생을 통하여 가장 큰 영향을 받는 공간이며 가장 중요한 시기에 해당한다. 즉 부모님으로부터 실질적인 도움을 받고 학업에 전념하는 시기이면서 사회에 나가서 뜻을 펼치기 위한 발판을 만드는 중요한 공간이 된다. 그러므로 이 시기에 부모님으로부터 경제적인 도움과 정신적인 도움을 받으면서 학문에 전념하여 전문지식이나 기술을 익혀 미래의 직업이나 목적하는 일을 성취하기 위한 완벽한 준비를 완료해야 한다.

월주에 해당하는 신체부위는 가슴과 어깨부분이고, 풍수風水로 볼 때는 연주와 함께 우측에 해당하고 거리로 본다면 멀지 않은 곳이 될 수 있다.

月柱는 ① 일간이 어떤 오행에 해당하는 십성十星의 인·사·물의 영향을 많이 받는가를 살필 수 있다. 예를 들면, 아버지의 영향을 많이 받는지 또는 어머니나 형제의 영향력이 강한지를 파악할 수 있다. ② 대운을 결정하는 근원이 되고 첫 대운이 시작되기 전까지의 운運을 담당한다. ③ 원국의 격格을 결정하는 기준이 된다.

　월주月柱는 부모궁父母宮이며, 부모가 없을 경우에는 형제자매궁兄弟姉妹宮이 된다. 그러므로 부모나 윗사람 또는 형제의 영향력이 가장 크게 작용하는 공간과 시기가 되고, 자신의 사회성社會性이 형성되는 청년기에 해당하며, 해당하는 나이는 16~29세 또는 19~36세 정도로 추정할 수 있고, 운한運限도 16~36세의 기간으로 생각할 수 있다.

　사회적으로는 윗사람이나 스승에 해당할 수 있고, 국가기관으로는 상급 기관에 해당할 수 있으며, 조직에서는 부장이나 과장 등에 해당할 수 있다.

　최근에 전반적인 운한의 기간을 길게 잡는 이유는, 부모와 함께 생활하는 기간이나 학습과 재능을 완성하는 기간이 길어진 원인도 있고, 수명이 길어진 원인도 있다. 그러나 15세를 기준으로 60갑자가 지나면 다시 연주로 돌아간다고 판단하는 경우도 있으므로 참조하는 것도 필요하다. 이 부분은 더 많은 검증이 필요할 수 있다.

　① 월간月干 : 월간은 부친궁父親宮으로 아버지를 나타내고, 부친이 없을 경우에는 손위의 형이나 윗사람의 궁이 될 수 있다. 아버지나 윗사람은 일간인 나를 간섭하기도 하고 내가 의지하는 곳이기도 하며, 동시에 정신적인 영향을 많이 받는 곳이며, 온전한 격格이나 격국格局을 결정할 때 중요한 역할을 한다. 신체상으로는 가슴부분이나 어깨부위가 되고, 천간은 양陽이고 외부로 드러나므로 가슴이나 어깨의 바깥부위를 나타낸다. 지리적으로는 일간과 가까운 곳의 위上를 나타낼 수 있다.

　② 월지月支 : 월지는 모친궁母親宮으로 어머니를 나타내고, 모친이 없을 경우에는 누나나 언니가 될 수 있다. 월지는 일간인 나에게 어머니처럼 현실적이며 실질적인 영향을 끼치는 공간이며, 일간의 실질적인 행동이나 생

활의 습관이 형성되는 공간이며 시기에 해당한다. 또한 기후나 계절을 나타내므로 조후調候를 판단하는 월에 해당한다.

사회적으로는 역시 상관이나 윗사람을 나타내지만 크게 외부로 나타나지 않는 음의 성향을 지닌 상관이나 윗사람이 될 수 있고 일반적인 상급기관이 되며, 신체상으로는 가슴이나 어깨부분의 내부를 나타내고, 지리적으로는 일간과 가까운 곳의 아래를 나타낼 수 있다. 특히 月支는 일간의 태어난 월과 계절을 의미하므로 일간이 살아가면서 봄寅卯辰, 여름巳午未, 가을申酉戌, 겨울亥子丑 사계절의 특성 중에서 어떤 계절의 영향을 강하게 받고 성장하는가를 알 수 있는 공간이다. 더하여 같은 계절이더라도 月마다 기운이 다르고, 또한 동일한 월중에도 日마다 기운이 다를 수 있는 부분을 파악하는 것이 월의 지장간支藏干에 있는 여기餘氣나 중기中氣 또는 정기正氣가 될 수 있다. 즉 어느 기간에 사령司令하고 있는가를 보고 더욱 정밀하게 판단할 수 있다. 예를 들면 겨울 중에도 비교적 온화한 달과 날이 있고 한파가 몰아치는 추운 달과 추운 날이 있으며 추운 하루 중에도 따뜻한 시간이 있을 수 있다.

또한 월지의 음양과 십성에 해당하는 오행에 따라서 봄의 특성처럼 새로운 시작이나 전개를 잘하고 긍정적인 행동의 특성을 지닐 수도 있고, 여름의 뜨겁게 내리쬐는 태양처럼 열정적이고 강렬한 행동의 특성을 지닐 수도 있으며, 가을의 특성처럼 정리나 결실을 중시하는 행동의 특성을 나타낼 수도 있고, 겨울의 특성처럼 차갑고 냉철하면서도 어울리기를 좋아하는 행동을 할 수도 있다. 특히 辰 戌 丑 未의 사계에 해당하면 신중하면서도 수용하고 포용하는 특성이 명확하게 나타날 수 있다. 즉 사람마다 각기 다른 자연의 기운을 느끼면서 다양한 특성을 지니고 살아가는데 가장 큰 영향력을 행사하는 것이 바로 月支라고 할 수 있다.

(3) **오행**五行**과 십성**十星**의 작용** : 월주에 오행에 해당하는 십성이 있을 경우에는, 해당십성의 특성이 운한의 기간 동안에는 공간적으로 나타날 수 있다. 월주에 해당하는 십성이 있을 경우에 나타나는 기본적인 특성을 살펴보도록 하자.

① 비겁比劫이 있을 경우 : 일간은 청년기에 비겁에 해당하는 오행의 특성을 드러내므로 근본적으로 자존심과 주관이 뚜렷할 수 있고, 몸이 건강하고 추진력과 활동성이 강하며, 대인관계의 범위가 넓을 수 있다. 또한 일간은 청년기에 비겁에 해당하는 인·사·물의 영향을 강하게 받을 수 있다.

② 식상食傷이 있을 경우 : 일간은 청년기에 식상에 해당하는 오행의 특성을 드러내므로 타인을 배려하는 마음과 자신의 다양한 재능과 능력을 발휘할 수 있다. 식상은 탐구심과 재능을 나타내므로 다양한 분야에서 능력과 순발력을 발휘할 수 있다. 또한 일간은 청년기에 식상에 해당하는 인·사·물의 영향을 강하게 받을 수 있다.

③ 재성財星이 있을 경우 : 일간은 청년기에 재성에 해당하는 오행의 특성을 드러내므로 아버지의 영향을 많이 받을 수 있고, 재물에 대한 관심이 강하여 이재理財에 밝은 행동을 할 수 있다. 특히 남명의 경우에는 청년기에 이성을 강하게 밝힐 수도 있다.

궁극적으로 일간은 청년기에 재성에 해당하는 인·사·물의 영향을 강하게 받을 수 있고, 자신이 남의 구속이나 간섭을 받지 않고 스스로 자유롭게 행동하고 활동하기를 원한다.

④ 관성官星이 있을 경우 : 일간은 청년기에 관성에 해당하는 오행의 특성

을 드러내므로 윗사람을 존경하고 예의나 사리에 어긋나지 않는 올바른 행
동을 하며, 사회규범을 준수하는 모범적인 행동을 할 수 있다. 즉 청년기에
관성에 해당하는 인·사·물의 영향을 강하게 받을 수 있다.

　⑤ 인성印星의 오행이 있을 경우 : 일간은 청년기에 인성에 해당하는 오행
의 특성을 드러내므로 학문이나 배움에 대한 관심이 많고, 학문에 열중할
수 있으며 때로는 특별한 재능을 발휘할 수 있다. 또한 일간은 청년기에 인
성에 해당하는 인·사·물에 관심이 많을 수 있다.
　인성의 대표적인 작용은 학문이나 의식주와 관련된 분야에 큰 관심을 나
타내는 것이다.

　⑷ 월주月柱의 길흉吉凶작용 : 기본적으로 월주에 길작용을 하는 희·용
신이 있을 경우에는, 일간은 부모나 형제 또는 윗사람의 도움을 받을 수 있
고, 부모의 유산이나 가업을 물려받을 수 있다. 또한 부모가 안정적인 경제
활동이나 가정생활을 하므로 자신의 청년기가 유복하고 학문이나 재능을
안정적으로 개발하고 연마할 수 있으므로 본인이 하고자 하는 일에 전력
을 다해 매진할 수 있다. 물론 운의 흐름이나 전체의 관계를 살펴야 신뢰도
가 더욱 높아질 수 있다.
　월주에 흉작용을 하는 기·구신이 있을 경우에는, 부모나 형제의 도움을
받기 어려울 수 있고, 자신의 성장기가 평범하거나 부모의 유산이나 가업을
이어받기가 어려울 수 있으며, 부모의 여건이 불안정하여 일간의 생활환경
이 곤란하거나 불리할 수 있다. 이러한 경우에는 스스로 자수성가하는 마
음으로 더욱 강하게 자신을 다스리고 매진해야 한다. 합과 충을 하는 경우
를 월간과 월지로 나누어서 살펴보도록 하자.

① 월간月干과 일간日干의 합合과 극충克沖 : 월간과 일간이 서로 生하거나 合을 하는 경우에는, 자신과 아버지의 관계 또는 윗사람과의 관계에서 생각이나 정신적인 면이 일치하여 서로 친밀하거나 인연이 많을 수 있고, 때로는 서로 지나치게 간섭하거나 집착할 수도 있다. 또한 일간은 해당하는 십성의 인·사·물에 집착할 수 있으므로 용신일 경우에는 크게 도움이 될 수 있지만, 기신일 경우에는 본연의 업무나 일에서 벗어난 일에 관심과 집착이 강하여 불리할 수 있다.

월간과 일간이 서로 극충克沖을 하는 경우에는, 자신과 아버지나 윗사람과의 생각이나 의견이 충돌하여 서로 갈등하거나 인연과 정이 약할 수 있고, 사회적으로도 스승이나 윗사람과 의견충돌이나 갈등이 많을 수 있다. 한편으로 일간은 한 분야에 집중하지 못하고 정신적인 방황과 갈등을 할 수 있다.

여성의 경우에는 월간궁을 남편으로 볼 수도 있으므로 남편과 서로 정신적으로 위로나 도움을 받지 못하고 갈등하거나 불화할 수도 있다.

② 월지月支와 일지日支의 합合과 충극沖克 : 월지月支와 일지日支가 서로 生하거나 合을 하는 경우에는, 자신의 배우자와 모친의 관계가 서로 친밀하고 협력적이며, 때로는 처신이나 행동에 대하여 서로 지나치게 간섭하거나 집착할 수 있다. 이 경우에도 일간의 용신이 합을 하여 용신이 더욱 강해질 경우에는 도움이 될 수 있지만 다른 오행으로 변할 경우에는 불리할 수 있고, 기신이 합을 하여 불리한 작용을 하지 못할 경우에는 오히려 도움이 될 수 있다. 즉 합하여 원국의 희·용신이 되는 경우에는 일간과 해당하는 육친은 서로 관계가 원만하여 상호 협력하고 도움이 될 수 있다. 남명의 경우에는 배우자에게 자녀가 생기면 시어머니가 예쁘다고 돌봐주고 시어머니가 며느리에게 몰래 용돈도 줄 수 있다.

기본적으로 합하여 일간의 용신이 될 경우에는 행동을 할 때도 여유롭고 안정적일 수 있고, 가정과 대인관계가 원만하고 여유로운 삶을 청년기부터 장년기까지 살아갈 수 있다.

- 충沖하는 경우 : 월지와 일지가 서로 충을 하는 경우에는, 자신의 배우자와 모친이 서로의 처신이나 행동에 대하여 못마땅하게 여기고 험담을 하거나 무시하여 함께 생활하기가 어려울 수 있다. 특히 월지의 길작용을 하는 용신用神이 沖이 될 경우에는 일반적으로 일간 본인에게 불리한 일이 발생할 수 있고, 재성과 인성이 沖을 하면 일간을 포함하여 배우자와 모친이 서로 사사건건 시비나 분쟁을 일으킬 수 있다. 이런 경우에는 결혼을 하면 시어머니나 모친과 떨어져 생활하는 것이 불화나 마찰을 방지할 수 있다. 왜냐하면 서로 만나면 험담하고 잡아먹고 싶은 마음이 들기 때문이다. 또한 일간은 청년기부터 장년기까지 가정이나 직업 등의 변동이나 변화가 많거나 주거나 직업의 이동이 많을 수 있다. 물론 대운이나 세운이 좋을 경우에는 그 기간 동안에는 좋은 결과를 얻을 수 있다.

③ 월주月柱와 일주日柱의 합슴과 충극沖克 : 기본적으로 월수와 일수의 천간이나 지지가 슴을 하는 경우에는, 해당 육친이나 인·사·물과 인연과 정이 많고 서로간의 관계가 친밀하거나 상호 의지할 수 있는 사이가 될 수 있다. 역시 서로가 지나치게 간섭하거나 집착할 수도 있고, 일간의 경우에는 사고가 유연하고 대인관계가 원만하며 사교적일 수 있다. 그러나 천간과 지지가 서로 간합지합干슴支슴을 하면, 일간은 그 운한運限의 기간 동안에는 자신의 주관이나 자존심이 없거나 나약할 수 있고, 뚜렷한 목표나 계획을 가지고 지속적으로 추진하기가 어려울 수 있으므로 불리할 수 있다. 물론 운의 도움이 있을 경우에는 무난할 수 있다.

- 월주月柱의 충沖 형刑 : 월주와 일주의 간지가 충을 하면서 지지가 형刑이 되는 경우에는, 해당 육친과의 관계가 서로 반목하고 갈등하거나 배척할 수 있고, 沖을 하는 해당 오행이 강하면서 서로 형刑이 되는 경우에는 충과 형을 받는 약한 오행의 육친이나

인·사·물은 손상되거나 파손될 수 있다.

이러한 경우에는 일간은 성장기에 부모의 도움을 받기 어려울 수 있고, 자신의 생활 환경이 항상 불안정하고 변화와 변동이 심할 수 있다. 때로는 부모나 형제로 인하여 억압이나 어려움을 당할 수도 있고, 자신이 감금이나 상처를 입거나 수술을 할 수도 있다. 자세히 살펴보도록 하자.

월주와 일주의 천간과 지지가 동시에 간충지충干沖支沖이 되면서 지지가 형刑이 되는 경우에는, 해당하는 육친관계나 부부관계도 불안정할 수 있고, 때로는 서로 폭언이나 폭력을 사용할 수 있으므로 항상 자신의 마음가짐과 행동을 조심하고 올바르게 해야 한다. 이럴 경우에는 돈독한 신앙생활을 하는 것이 큰 도움이 될 수 있다. 또한 운의 흐름에 의해 월주와 일주의 간지가 충극沖克이 되고 서로 형刑이 되는 경우에는, 그 기간 동안에는 사소한 행동도 조심하고 신중해야 하며, 특히 폭력적인 행동이나 폭언을 삼가야 한다. 특히 부부간에는 서로가 직장생활을 하거나 자신의 일을 하면서 떨어져 생활하는 주말부부나 월말부부로 지내거나 중간에 자녀를 일찍 두는 것도 도움이 될 수 있다. 또한 종교나 미신을 맹신盲信하여 일이나 직업 또는 가정을 망각하거나 잃지 않도록 노력해야 한다.

• 대응방안 : 월주와 일주의 간지가 충沖과 형刑을 하면서 대운이나 세운에서 다시 충이나 형을 하는 오행이 오면, 그 기간 동안에는 가정이나 직장에서 다른 사람과 말다툼을 하거나 폭력을 행사하는 행동을 하면 반드시 법의 구속을 받거나 또는 몸에 상해傷害를 입거나 혹은 상해傷害를 입히는 경우가 발생하여 큰 손실을 당할 수 있다. 이러한 시기에는 다툼의 원인을 절대 만들지 말아야 하고, 항상 인내심과 참을성을 가지고 성실하게 사회나 가정에 임하거나 사회적으로 검증된 올바른 종교생활을 하는 것이 도움이 될 수 있다. 또한 직업이나 가정의 변동이나 변화는 그 기간 동안에는 불리할 수 있고, 오직 선善한 마음으로 아량을 베풀면서 타인이나 가족과의 분쟁이나 갈등을 피해야 하며, 항상 자신의 마음수양을 하는 인내심이 필요하다.

자동차 운전을 할 경우에도 과속이나 난폭운전은 대형사고의 원인이 될 수 있고, 특히 沖과 刑이 되는 운한運限의 시기와 운運의 기간 동안에는 조심하고 또 조심해야 하며, 안전운전과 방어운전을 해야 한다.

3) 일주日柱

(1) 일의 기준 : 우리나라는 1961년 8월 10일 이후로 현재까지 하루를 시작하는 시간의 기준은 동경 135도이며 0시를 자정으로 하고 있다. 주의할 점은 일주日柱를 작성할 때 子時는 당일 저녁 11시 30분부터 다음날 새벽 1시 30분까지의 이틀에 걸쳐 있으므로 이 경우에는 당일 밤 11시 30분부터 다음날 0시 29분까지는 당일의 일진日辰을 잡아 야자시夜子時를 사용하고, 0시 30분부터 01시 30분까지는 다음날의 일진을 잡아 조자시朝子時를 사용한다. 또한 서머타임(Summer Time)을 실시한 기간이나 표준시를 동경127.5도로 사용한 시기인지를 파악하여 시주나 일주를 결정하는 노련함이 필요하다.

쥐子의 앞발톱은 4개이고 뒤의 발톱은 5개라고 합니다. 그래서 이틀에 걸쳐 양다리를 걸치고 있는 모양이다.

(2) 일주日柱에 내포된 기본적인 의미와 작용 : 일주는 월주月柱의 환경과 배경 속에서 성숙하고 성장하여 자신의 힘과 능력으로 스스로 꽃을 활짝 피우는 시기이므로, 초목의 경우에는 온실의 묘목이나 묘판에서 잘 가꾸어져서 이제는 외부환경에 노출되어 스스로 꽃을 활짝 피우는 화花에 해당한다.

일주는 일생을 통하여 가장 왕성하게 사회활동을 하고 자아실현을 하는 장년기에 해당하며, 나이는 31~45세 또는 37~54세 정도로 추정할 수 있고, 운한運限도 31~54세 정도의 기간으로 유추할 수 있다.

신체에서는 허리와 복부에 해당하고, 풍수로는 중심부분을 의미하면서 자신과 가장 가까운 거리를 나타낸다.

- 일주日柱의 작용 : 일주日柱는 가정을 이루고 자녀에게 정신적인 도움과 실질적인 도움을 주는 공간이며, 자신이 스스로 왕성하게 활동하는 공간이다. 그러므로 자신의 지식이나 기술 또는 경험 등을 최대한 발휘하여 목표나 뜻을 이루는 일생의 황금기이면서 최고의 활동을 하는 전성기에 해당한다. 또한 일주는 일간의 주체궁日干宮이면서 배우자궁日支宮이므로 자신과 배우자가 함께하는 공간이며 소가정小家庭이라고 할 수 있고, 사회적인 관계에서는 친구나 동료가 될 수 있으며, 일간의 실질적인 성격과 행동방식을 나타내고 동시에 생활환경을 암시하고 있다.
  사주는 일간 본인을 중심으로 길흉화복吉凶禍福과 부귀빈천富貴貧賤을 파악하는 것이므로, 일주를 정밀하게 분석하는 것은 곧 사주 전체를 정확하게 분석하는데 중요한 역할을 할 수 있다. 특히 단식간명을 하는 경우에는 일주의 천간과 지지의 합合과 충沖 형刑 파破 등의 관계를 중심으로 지장간을 파악하여 분석하기도 한다.

① 일간日干 : 일간은 본인궁 또는 주체궁主體宮이라고 하고, 일간의 오행五行과 음양陰陽에 따라 자신의 성품이나 심리적인 욕구가 다르게 나타날 수 있다.

신체에서는 허리와 복부에 해당하고, 천간은 양이므로 허리와 복부의 표면으로 나타나는 상태를 나타낸다. 풍수로는 중심부분을 의미하면서 자신과 가장 가까운 거리의 위上를 나타낼 수 있다.

② 일지日支 : 일지는 배우자궁配偶者宮으로서 자신과 배우자의 인연이나 덕德과 정情의 정도를 암시하고, 배우자의 생각과 행동을 읽을 수 있는 공간이다. 또한 일지는 나의 생활환경이면서 활동공간이므로 현실적 추구 대상이나 행동방식을 파악할 수 있다.

신체에서는 역시 허리와 복부에 해당하고, 지지는 음이므로 허리와 복부의 내면의 상태를 나타낸다. 풍수로는 중심부분이면서 자신과 가장 가까운 거리의 아래를 나타낼 수 있다.

(3) 오행五行과 십성十星의 작용 : 일지에 해당하는 오행에 해당하는 십성이 있을 경우에는 그 십성의 특성이 살아가는 동안에 지속적으로 나타날 수 있다.

일주에 해당하는 오행과 십성이 있을 경우에 나타나는 기본적인 특성을 살펴보도록 하자.

일간에 해당하는 10천간의 특성이 자신의 사고와 심리적인 부분에서 항상 나타나므로 천간의 개별특성을 참조하면 도움이 된다. 일지日支의 오성五星에 의한 판단방법을 간략하게 살펴보도록 하자.

① 비겁比劫이 있을 경우 : 일간은 기본적으로 비겁에 해당하는 오행의 특성을 나타내므로 역시 자존심과 주관이 뚜렷할 수 있고, 배우자를 동료나 친구처럼 생각하며, 동료나 친구와 함께 활동하고 경쟁하는 것을 좋아할 수 있다. 그러므로 일간은 항상 비겁에 해당하는 인·사·물에 관심이 많고 추구하기를 좋아한다.

② 식상食傷이 있을 경우 : 일간은 기본적으로 식상에 해당하는 오행의 특성을 드러내므로 활발하고 활동적이며 다양한 재능과 재주를 보일 수 있고, 배우자도 재능이 많고 활동적일 수 있다. 그러므로 일간은 살면서 항상 식상에 해당하는 인·사·물에 관심이 많고 추구하기를 좋아한다.

③ 재성財星이 있을 경우 : 일간은 기본적으로 재성에 해당하는 오행의 특성을 드러내므로, 재물을 중시하고 이재理財에 밝을 수 있으며, 남명의 경우

에는 배우자가 온전하고 자신의 역할을 다하는 도움이 되는 사람을 얻을 수 있다. 즉 배우자를 통하여 돈복도 생길 수 있다. 역시 일간은 살면서 항상 재성에 해당하는 인·사·물에 대한 관심이 많고 추구하기를 가장 좋아한다.

④ 관성官星이 있을 경우 : 일간은 기본적으로 관성에 해당하는 오행의 특성을 드러내므로 윗사람을 존경하고 예의나 사리에 어긋나지 않는 올바른 행동을 하며, 원리원칙을 강조할 수 있다.

여명의 경우에는 온전한 배우자를 얻을 수 있고, 배우자가 자신의 친구나 동료처럼 편안할 수 있다. 역시 일간은 살면서 항상 관성에 해당하는 인·사·물에 관심이 많고 관성의 행동을 할 수 있다.

⑤ 인성印星이 있을 경우 : 일간은 기본적으로 인성에 해당하는 오행의 특성을 드러내므로 학문이나 배움에 대한 관심이 많고, 배우는 일이나 문서와 관련된 부분에 관심이 많을 수 있다. 또한 실제 행동을 할 때 다른 사람의 도움을 바라는 경우가 많을 수 있고, 배우자가 자신을 도와주기를 원할 수 있다. 그러므로 일간은 살면서 항상 인성에 해당하는 인·사·물을 좋아하고 추구할 수 있다.

(4) 일주日柱의 길흉吉凶작용 : 기본적으로 일지 배우자궁에 길작용을 하는 희·용신이 있을 경우에는, 배우자의 도움과 사랑을 받을 수 있고 서로 협력할 수 있으며, 기본적인 생활이 여유롭고 안정적일 수 있다. 반면에 흉작용을 하는 기·구신이 있을 경우에는, 생활이 고달프거나 분주하고, 배우자의 도움을 받기보다는 간섭을 받거나 힘이 빠질 수 있다. 이 경우에는 도움을 원하기보다는 스스로 이해하고 화합하려고 노력해야 한다. 간지로 세분하여 보도록 하자.

① 일간日干과 시간時干의 합슴과 극충克沖 : 일간日干과 시간時干이 슴을 하는 경우에는, 기본적으로 자녀나 아랫사람과 서로 생각이나 의견이 일치하고 서로 정신적인 도움이나 위로를 주고받을 수 있으며, 때로는 지나치게 간섭하거나 집착할 수 있다. 특히 日干이 時干의 용신用神과 슴을 하는 경우에는 노년이 평화롭고 다복할 수 있고, 운의 도움이 있으면 무병장수할 수 있다.

기·구신과 슴을 하는 경우에는 자신의 도리道理나 본분에 맞지 않는 생각이나 일에 집착할 수 있으므로 불리하다. 이 경우에도 운의 도움이 있을 경우에는 무난할 수 있다.

- 극충克沖의 경우 : 반대로 일간日干과 시간時干이 극충克沖이 되는 경우에는, 기본적으로 일간은 자녀나 아랫사람과 생각과 추구하는 방향이 달라 함께하기가 어렵고 덕德이나 인연이 약할 수 있다. 이러한 경우에는 노년에 자녀와 함께하면 서로 충돌하거나 정신적인 손상을 당할 수 있으므로 가급적 서로 간섭하거나 집착하지 않는 것이 도움이 되고, 대화를 하더라도 덕담德談이나 칭찬을 하는 정도로 그쳐야 한다. 꼭 필요한 결정이나 지시를 하는 경우에도 명확하고 짧게 하는 것이 필요하며, 감정적인 대화는 충돌을 일으킬 수 있으므로 피하는 것이 상책일 수 있다. 또한 자신의 노년이 정서적으로나 심리적으로 불안정할 수 있고 정신적인 갈등으로 인하여 초조한 마음으로 생활할 수도 있으므로, 종교나 취미활동을 하는 것이 큰 도움이 될 수 있다.

② 일지日支와 시지時支의 합슴과 충극沖克 : 일지日支와 시지時支가 슴을 하는 경우에는, 배우자와 자녀의 관계가 서로 돈독하고 서로 힘을 합쳐 협력할 수 있으며, 때로는 서로간의 행동이나 처신에 대하여 지나치게 참견하고 간섭할 수도 있다. 기본적으로 일간은 노년에 자녀나 아랫사람과 관계가 좋아 함께 어울리고 활발하게 활동할 수 있다. 그러나 배우자가 자녀에게 지나치게 집착하거나 간섭하는 것은 피해야 한다. 이 경우에도 희·용신과 슴을 할 경우에는 일간은 용신에 해당하는 일에 몰두할 수 있고, 기·구

신과 합을 할 경우에는 일간은 본연의 일을 하지 않고 다른 일에 집착하므로 불리할 수 있다.

- 충沖의 경우 : 반대로 일지와 시지가 서로 충극을 하는 경우에는, 기본적으로 배우자와 일간이 자녀나 아랫사람과 생활방식과 행동방식이 달라 서로 반목하거나 친밀한 관계가 되기 어려울 수 있고, 일간은 노년에 자녀나 배우자와 함께 생활하기가 어려울 수 있다. 때로는 노년에 자녀로 인하여 가정불화가 생기거나, 배우자와 서로 별거別居나 이별離別을 할 수 있으므로 늘 중용中庸의 마음으로 자녀와 배우자를 대하고, 항상 양보하고 베푸는 지혜로운 행동을 해야 한다. 특히 언행을 조심하고 다른 사람의 말을 경청하는 자세를 가져야 하며, 몸에 병이 생기지 않도록 화禍를 잘 다스려야 한다. 물론 스스로 경제적인 노후대비를 해놓아야 편할 수 있다. 역시 운의 흐름이 좋을 경우에는 그 시기에는 무난하고 함께 할 수 있다.

③ 일주日柱와 다른 주柱의 합合과 충극沖克 : 일주를 중심으로 다시 한 번 다른 주柱와의 관계를 간략하게 살펴보도록 하자.

- 일간日干과 월간月干이 서로 生하거나 合하는 경우에는, 기본적으로 자신과 아버지나 윗사람과 정신적인 면과 심리적心理的인 관계에서 서로 상통할 수 있고 때로는 정신적으로 의지하거나 집착할 수도 있다. 또한 일간은 성장기에 정서적으로 안정되고 사교적인 성격으로 아버지나 윗사람과 관계가 돈독하고 정신적인 영향을 많이 받을 수 있다.
일간과 월간이 서로 克하거나 沖하는 경우에는, 기본적으로 자신과 아버지나 윗사람 또는 형제와 정신적인 면이나 생각이 달라 서로 갈등하거나 충돌할 수 있으므로 서로 불편할 수 있다.
여성의 경우에는 부모나 윗사람 또는 남편으로부터 정신적인 위로나 도움을 받지 못하고 서로 갈등하거나 충돌할 수도 있다. 기본적으로 일간은 청년기에 정신적으로 불안정할 수 있고 부친과의 불편한 관계로 인하여 방황하거나 갈등할 수 있다.

- 일간과 연간이 合하거나 生하는 경우에는, 부모 또는 조상과 인연과 정이 많고 부모나 조상을 위하고 생각하는 마음이 강할 수 있다. 일간과 연간이 충극이 되는 경우에는, 부모 또는 조상과 인연이 박할 수 있고, 부모나 조상 또는 윗사람과 상호 불신하거나 무시할 수 있으므로 항상 부모나 조상에 관련된 말을 조심하는 것이 필요하다. 그래야만 부모나 조상을 무시하는 못된 놈이라고 남의 욕을 먹지 않을 수 있다.

- 일지와 월지가 서로 合하는 경우에는, 자신의 배우자와 모친의 관계가 서로 친밀하고 협력적일 수 있고, 때로는 관심이 지나쳐 처신이나 행동에 대하여 서로 간섭하거나 집착할 수도 있다. 일지와 월지가 서로 충극을 하는 경우에는, 자신의 배우자와 모친의 관계가 나쁠 수 있고, 일간 자신의 생활환경도 변동과 변화가 심하고 불안정할 수 있다. 또한 자신에게 힘이 되고 도움을 주는 모친이나 누이가 배우자와 불화不和하여 도움을 받기 어려울 수 있고, 부모나 형제가 배우자로 인하여 소원해질 수도 있으므로 일간은 행동이나 말을 항상 조심하여 관계의 중심을 잡아주는 것이 필요하다. 특히 월지의 길작용을 하는 용신이 일지와 沖이 되는 경우에는, 활발한 활동을 하는 시기에 불리한 일이 발생할 수 있고, 이 때 대운이나 세운에서 다시 궁宮과 성星에 해당하는 육친이 함께 沖을 받을 경우에는 그 기간 동안에는 서로간의 실질적인 손상이 발생할 수 있다. 이 경우에는 배우자와 부모나 형제는 서로 간섭이나 참견을 하지 말고 떨어져 생활하는 것이 유리하다. 또한 沖하는 궁이나 성의 힘이 서로 강할 경우에는 서로 다투고 싸우되 서로 양보하기 어려워 더욱 함께하기가 어려울 수 있다.

- 일지日支가 연지年支를 合하거나 生하는 경우에는, 배우자나 일간이 조상이나 모친을 실질적인 행동으로 보살피고 돌보기를 잘하고 조상을 섬기는 마음이 돈독하여 제사나 산소를 잘 챙기는 사람일 수 있다.
  일간은 할머니나 모친과의 관계가 서로 원만할 수 있고, 특히 연지궁年地宮이 일간의 용신일 경우에는 할머니나 모친의 물질적인 도움을 받거나 가업을 물려받을 수 있다.
  일지와 연지가 충극이 되는 경우에는, 일간은 조상 또는 부모와 인연이 박하여 유산이나 가업을 물려받기 어려울 수 있고, 부모나 조상 또는 윗사람과 충돌하거나 무시하여 서로 외면하는 관계가 될 수 있다. 때로는 조상이나 부모의 제사도 무시하거나 지내지 않을 수 있고, 자신은 조상이나 부모로부터 도움도 받지 못하고 살았으므로 관심이 없다고 할 수 있다. 이러한 경우에는 특히 가족이나 형제간에는 서로가 이해하고 양보하는 마음으로 상처를 주는 말은 가급적 피해야 한다.

4) 시주時柱

(1) 시時의 기준 : 하루는 24시간 이지만 12지지十二地支에 배속하면 12시진十二時辰이 되며, 1시진一時辰은 각각 2시간이 된다. 참고로 표준시의 변화를 살펴보자.

우리나라의 표준시는 1954년 3월 21일부터 1961년 8월 9일 24시까지는 동경127.5도를 표준시標準時의 기준점基準點으로 활용하였으므로 이 시기에 태어난 사람의 경우에는 0시 30분이 0시이므로 0시를 기준으로 시주時柱와 일주日柱를 결정해야 하고, 1912년 1월 1일부터 1954년 3월 21일까지의 시기와 1961년 8월 10일 이후로 현재까지는 동경135도를 표준시로 선택하였으므로 기준시간에 30분을 더하여 결정하는 것이 합당하다. 이것은 실제 동경127.5도보다 30분의 시차가 나기 때문이다. 즉 1908년 4월 29일 ~ 1911년 12월 31일까지는 동경 127.5도를 기준으로 하였으므로 원래의 태어난 시간을 시주時柱로 활용하고, 1912년 1월 1일 ~ 1954년 3월 20일까지는 동경 135도를 활용하였으므로 원래의 시간보다 30분을 더하여 시주時柱로 사용해야 하며, 1954년 3월 21일 ~ 1961년 8월 9일 0시 30분까지는 다시 동경 127.5도를 표준시로 사용하였으므로 원래의 태어난 시간을 시주時柱로 활용해야 한다. 다시 1961년 8월 10일부터 현재까지는 동경 135도를 활용하므로 시주의 시간에 30분을 더하여 활용해야 한다. 또한 서머타임(summer time)이 실시되어 1시간의 차이가 나는 시기는 만세력에 표시된 경우를 참조하거나 인터넷을 통하여 확인하여 정확한 시를 파악하는 것이 필요하다.

여기서 다시 한 번 양일에 걸쳐있는 조자시朝子時와 야자시夜子時에 대하여 자세히 알아보도록 하자. 기본적으로 조朝는 이른 시간이나 아침을 뜻하므로 산통을 한 날보다는 태어난 당일의 간지와 태어난 날의 새벽시간의 간지를 쓰고, 야夜는 저녁이나 밤을 뜻하니 산통을 시작한 당일의 간지와 당일의 저녁 시간의 간지를 사용하면 된다. 즉 산통을 시작하여 출산한 날의 시간이 자시子時에 해당하는 밤 11시 30분(23시 30분)부터 다음날 1시 29분까지의 시간일 경우에, 0시를 기준으로 0시 29분까지는 산통을 시작한 날의 일주日柱와 야자시의 子時를 시주時柱로 쓰고, 똑같은 저녁 자시子時이지만 산통을 시작한 날에서 0시 30분 이후부터 01시 29분의 시간에 출산하면 다음날 일주를 사용하고 다음날의 첫 시간에 해당하는 子時를 時柱로 쓴다. 이 때 새벽의 조자시가 된다. 그러므로 같은 자시子時이지만 산통을 시작하여 0시를 기준으로 다음날에 해당하는 0시 29분까지 출산할 경우에는 산통을 시작한 당일의 일주와 당일의 야자시를 시주로 쓰고, 전날 산통을 시작하여 다음날인 0시 30분에서 01시 29분 사이의 子時에 출산할 경우에는 다음날의 일주를 쓰고 조자시의 시주를 쓴다. 때로는 0시를 기준으로 날을 달리하여 사주를 작성하는 경우도 있다.

이 부분은 만세력에 조자시朝子時와 야자시夜子時로 분리해놓았기 때문에 만세력을 참조하여 위의 원리에 따르면 된다. 동일한 子時 이지만 태어난 날이 바뀌는 부분은 꼭 알고 있어야 바르게 사주를 뽑을 수 있다.

서머타임(summer time) 실시 시기와 표준시의 기준(컴퓨터 만세력 참조)

년도	기간과 시간변동 내용	표준시
1948	5월 31일 23시를 24시 ~ 9월 12일 24시를 23시로 조정	동경 135도
1949	4월 02일 23시를 24시 ~ 9월 10일 24시를 23시로 조정	동경 135도
1950	3월 31일 23시를 24시 ~ 9월 09일 24시를 23시로 조정	동경 135도
1951	5월 06일 23시를 24시 ~ 9월 08일 24시를 23시로 조정	동경 135도
1955	5월 05일 00시를 01시 ~ 9월 09일 01시를 00시로 조정	동경 127.5도
1956	5월 20일 00시를 01시 ~ 9월 30일 01시를 00시로 조정	동경 127.5도
1957	5월 05일 00시를 01시 ~ 9월 22일 01시를 00시로 조정	동경 127.5도
1958	5월 04일 00시를 01시 ~ 9월 21일 01시를 00시로 조정	동경 127.5도
1959	5월 03일 00시를 01시 ~ 9월 20일 01시를 00시로 조정	동경 127.5도
1960	5월 01일 00시를 01시 ~ 9월 18일 01시를 00시로 조정	동경 127.5도
1987	5월 10일 02시를 03시 ~ 10월 11일 03시를 02시로 조정	동경 135도
1988	5월 08일 02시를 03시 ~ 10월 09일 03시를 02시로 조정	동경 135도

12時辰	일상의 시간	135도 기준 시간
子時	당일 23시 ~ 다음날 01시	당일 23시 30분 ~ 다음날 01시 29분
丑時	01시 ~ 03시	01시 30분 ~ 03시 29분
寅時	03시 ~ 05시	03시 30분 ~ 05시 29분
卯時	05시 ~ 07시	05시 30분 ~ 07시 29분
辰時	07시 ~ 09시	07시 30분 ~ 09시 29분
巳時	09시 ~ 11시	09시 30분 ~ 11시 29분
午時	11시 ~ 13시(오후 1시)	11시 30분 ~ 13시(오후 1시) 29분
未時	13시 ~ 15시 (오후 1시 ~ 오후 3시)	13시 30분 ~ 15시 29분 (오후 1시 30분 ~ 오후 3시 29분)
申時	15시 ~ 17시 (오후 3시 ~ 오후 5시)	15시 30분 ~ 17시 29분 (오후 3시 ~ 오후 5시 29분)
酉時	17시 ~ 19시 (오후 5시 ~ 오후 7시)	17시 30분 ~ 19시 29분 (오후 5시 30분 ~ 오후 7시 29분)
戌時	19시 ~ 21시 (오후 7시 ~ 오후 9시)	19시 30분 ~ 21시 29분 (오후 7시 30분 ~ 오후 9시 29분)
亥時	21시 ~ 23시 (오후 9시 ~ 오후 11시)	21시 30분 ~ 23시 29분 (오후 9시 30분 ~ 오후 11시 29분)

(2) 시주時柱에 내포된 기본적인 의미와 작용 : 시주時柱는 초목의 경우에 연주根의 뿌리에서 싹이 나와 월주苗에서 성장하여 일주花에서 왕성한 활동을 하여 꽃을 피웠으므로 마지막으로 수확의 결실과 마무리를 하는 실實의 시기를 의미한다.

사람의 경우에는 동식물이 다음세대를 준비하기 위해 씨를 응축하고 저장하는 것처럼 자신과 배우자나 자녀와 관련된 제반사諸般事를 정리하고 유종有終의 미美를 거둘 준비를 하는 시기에 해당한다. 즉 시주時柱는 결실과 마무리를 의미하므로 사람의 경우에는 노년기老年期에 해당하고 운한運限으로는 46세 이후 또는 55세 이후에 해당할 수 있다.

시주궁時柱宮은 아랫사람이나 자녀의 宮이면서 자신의 노년기가 되고, 천간의 시간궁時干宮과 지지의 시지궁時支宮으로 나눌 수 있다.

신체부위는 복부의 아랫부분인 다리에 해당할 수 있고, 풍수로는 가까운 곳의 좌측을 나타낼 수 있다. 학자에 따라 좌우측의 판단은 종종 차이가 날 수 있으므로 단지 참고적으로 알아두면 된다.

- 시주時柱의 작용 : 시주時柱는 자신이 부모로부터 정신적인 유산이나 물질적인 유산을 받아서 살아온 것처럼 이제는 자신이 자녀나 아랫사람을 위해 정신적인 유산이나 물질적인 유산을 물려주는 시기에 해당한다.
  육친관계에서는 자녀궁子女宮이나 아랫사람의 궁이므로 자녀나 자식의 배우자인 며느리나 사위의 자리가 된다.
  일간의 경우에는 자신이 자녀나 아랫사람에게 정신적·실질적인 도움을 주거나 받는 공간이며, 일간 자신의 노년에 대한 암시가 내포되어 있는 시기와 공간이다. 또한 노년기의 종교나 취미를 나타내고, 사회적으로는 아랫사람이나 부하직원의 인덕人德을 암시하는 공간이다.

① 시간時干 : 시간은 일간의 자녀궁이면서 아랫사람의 궁이며, 정신적인 면을 나타낸다. 그러므로 시간時干은 일주日柱의 아들이나 장자나 손자 또는 아랫사람의 정신적인 생각과 마음을 나타내고, 일간의 만년의 정신적인 사고와 희망이나 종교관을 나타낸다. 신체에서는 다리부분이지만 천간이므로 다리의 외부를 나타내고, 자신의 좌측의 가까운 위를 의미할 수 있다.

② 시지時支 : 시지도 일간의 자녀나 아랫사람의 궁을 나타내면서 노년의 실질적인 생활환경과 물질적인 부분을 암시한다. 시지時支도 물론 일주日柱의 자녀에 해당하지만 육친으로는 특히 딸이나 여아나 손녀를 나타

내고, 사회적으로는 아랫사람이나 부하의 물질적이고 실질적인 인연因緣이나 덕德을 나타낸다. 또한 일간의 취미나 기호를 나타내면서 만년의 성취욕이나 생활관, 일 또는 명예와 성性의 능력을 나타낸다. 역시 몸에서는 지지에 해당하므로 다리부분의 내부를 나타내고, 풍수로는 좌측의 가까운 아래를 의미할 수 있다.

(3) 오행五行과 십성十星의 작용 : 시주時柱에 해당하는 오행의 십성이 있을 경우에는, 그 십성의 특성이 운한의 기간 동안에는 뚜렷하게 나타날 수 있다. 기본적인 특성을 살펴보도록 하자.

① 비겁比劫이 있을 경우 : 일간은 기본적으로 비겁에 해당하는 오행의 특성을 나타내므로, 노년에도 자존심과 체면을 중시하고, 자녀나 아랫사람과 동등하게 생각하고 행동하기를 원할 수 있다. 또한 노년에도 건강한 경우가 많아서 어린 동료나 친구들과 어울리기를 좋아하고 때로는 함께 활동하고 경쟁하기를 원할 수 있다. 역시 일간은 노년에도 비겁에 해당하는 인·사·물에 대한 관심이 많고, 생각과 행동을 할 수 있다.

② 식상食傷이 있을 경우 : 일간은 기본적으로 식상에 해당하는 오행의 특성을 드러내므로, 노년에도 다양한 재능을 발휘하여 일과 활동을 지속적으로 할 수 있고 식복과 일복이 많을 수 있다. 또한 일간의 자녀가 현명하고 활동적이므로 성공적인 삶을 살아갈 수 있다. 역시 일간은 노년에도 식상에 해당하는 인·사·물에 관심이 많고 식상의 행동과 생각을 할 수 있다.

③ 재성財星이 있을 경우 : 일간은 기본적으로 재성에 해당하는 오행의 특성을 드러내므로, 노년에도 재물을 강하게 탐하거나 지나치게 이재理財를

따질 수 있다. 남명의 경우에는 노년에도 배우자나 여자를 좋아할 수 있고, 재성이 온전할 경우에는 기본적인 재물을 간직할 수 있다. 역시 일간은 노년에도 재성과 관련된 인·사·물에 관심이 많고 추구할 수 있다.

④ 관성官星이 있을 경우 : 일간은 기본적으로 관성에 해당하는 오행의 특성을 드러내므로, 노년에도 예의나 원리원칙을 강조하고 노년까지도 직장생활을 지속하거나 자녀와 함께할 수 있다.

여명의 경우에는 노년에도 직업을 지니고 살거나 배우자나 남자와 인연이 많을 수 있다. 역시 일간은 노년에도 항상 관성에 해당하는 인·사·물에 관심이 많고 관성의 행동을 할 수 있다.

⑤ 인성印星이 있을 경우 : 일간은 기본적으로 인성에 해당하는 오행의 특성을 드러내므로, 노년에 학문이나 종교 또는 철학 등에 관심이 많고 직관이나 판단력이 뛰어날 수 있다. 또한 아랫사람이나 자녀가 도움이나 힘이 되어주기를 바랄 수 있다. 역시 일간은 노년에 더욱 인성에 해당하는 인·사·물에 관심이 많고 인성의 생각과 행동을 추구할 수 있다.

(4) 시주時柱의 길흉吉凶작용

① 시주時柱의 길흉吉凶작용 : 기본적으로 시주에 길작용을 하는 희·용신이 있을 경우에는, 자녀나 아랫사람과 인연과 정이 많고 자신의 노후생활이 여유롭고 안정적일 수 있다. 또한 자녀가 제 역할을 다하여 도움을 받거나 함께 생활할 수 있고, 동시에 자신이 자녀나 아랫사람에게 도움을 줄 수 있다. 역시 해당하는 십성의 인·사·물을 추구하면서 도움을 받을 수 있으므로 노년이 행복할 수 있다.

반면에 흉작용을 하는 기·구신이 있을 경우에는, 자녀와의 인연이 약해 자녀와 함께 생활하는 것이 어려울 수 있고, 또한 자녀의 도움을 받거나 주기가 어려워 노후생활이 외롭거나 고달플 수 있다.

사회적으로는 아랫사람이나 부하직원과 인연과 정이 없어 도움을 받기 어려울 수 있고, 해당하는 십성의 인·사·물에도 불리할 수 있다. 특히 시주가 기·구신일 경우에는, 55세 이후에는 가급적 사업을 확장하지 말아야 하고, 운영하고 있는 사업의 경우에는 아랫사람이나 직원에게 책임이나 권한을 지나치게 위임하거나 맡기지 말아야 한다. 대신에 자신이 운영하고 관리할 수 있는 적정규모로 축소하여 여유로운 마음으로 꾸려나가는 것이 도움이 될 수 있다. 또한 시주가 기·구신일 경우에는, 특히 젊었을 때 노후를 위하여 안정적인 현금을 장기적으로 저축하거나 부동산의 정기적인 임대수입을 추구할 수 있는 방안을 마련해두는 것이 중요하다. 특히 젊었을 때 노년에 연금이나 정기이자가 나올 수 있는 주식이나 보험 또는 연금을 가입하여 유용하게 활용하는 것이 필요하다. 물론 젊었을 때 여유가 있을 경우에는, 자산의 포트폴리오(Portfolio)를 짜서 노후생활자금을 미리 확보하여 장기적으로 유지하는 것이 사업이나 다른 부분에 투자하는 것보다 유리할 수 있다.

② 시주時柱와 다른 주柱의 합습과 충극沖克의 종합 : 여기서는 간단하게 다시 한 번 살펴보도록 하자.

- 합습을 하는 경우 : 일간과 합을 하는 궁과 성이 길작용을 하는 경우에는, 일간은 해당하는 십성의 육친이나 인·사·물에 더욱 관심과 집착을 보일 수 있고 큰 힘을 얻을 수 있다.
  반대로 일간과 합을 하는 궁과 성이 흉작용을 하는 경우에는, 취하기 어려운 부분에 집착하거나 몰두하여 오히려 일간에게는 불리不利할 수 있다. 예를 들면 일지에 정재가 있는데 다시 운에서 간지로 재성이 와서 일간과 합할 경우에는 그 기간 동안에는 늙어서 취하지도 못할 부인외의 다른 여자나 재물에 집착하여 오히려 집토끼도 산토끼도 놓치고 재물과 건강도 잃을 수 있으므로 조심해야 한다.

시지時支와 일지日支가 습을 하는 경우에는, 배우자와 자녀가 서로 화합和合하고 생활방식이나 행동이 서로 일치할 수 있으며 해당하는 십성의 육친이나 인·사·물과도 서로 밀접한 관계를 유지할 수 있다. 때로는 함께 활동할 수 있고 서로에게 간섭하고 집착할 수도 있다. 물론 습하는 오행이 서로 길작용을 하는 경우에는, 해당하는 육친은 서로 도움이 되고 돈독한 관계가 될 수 있으며, 일간은 노년에도 함께 활동하면서 서로 간에 실리를 추구할 수 있다.

- 극剋이나 충沖하는 경우 : 시간時干이 일간日干을 剋할 경우에도 일간의 희·용신일 경우에는, 해당하는 십성의 인·사·물이 일간에게 도움이 될 수 있고, 일간의 기·구신일 경우에는 자신의 노년이 정신적으로 불안정하고 갈등하거나 방황할 수 있다. 특히 時干이 일간의 기·구신일 경우에는, 부모와 자녀가 노년기에 함께하기가 어려워 장남이라 하더라도 떨어져 사는 것이 무난할 수 있다. 또한 시간과 일간이 서로 沖을 하면서 흉작용을 할 경우에는, 아버지와 아들 또는 일간과 아랫사람이 서로 불화하고 적대시敵對視할 수 있고 해당하는 십성의 육친이나 인·사·물과는 서로 무관심하거나 정신적으로 갈등할 수 있다.

시지와 일지가 沖하면서 흉작용을 하는 경우에는, 기본적으로 자녀와 부모 간에 물질적인 문제로 서로 불화하고 갈등할 수 있고, 해당하는 십성의 육친이나 인·사·물과 상호 분쟁이나 손상이 발생할 수 있다. 물론 길작용을 하는 시지의 희·용신을 운에서 다시 沖하는 경우에도, 그 기간 동안에는 일간의 노년이 경제적으로 불안정하거나 건강이 손상될 수 있고 하던 일에서 손실이나 피해를 볼 수 있다. 이러한 시기에는 가정이 불안정해지거나 자녀와 배우자가 재물로 인한 충돌이나 원망이 발생할 수도 있다. 그러므로 沖을 하는 그 기간 동안에는 더욱 가정과 하는 일에 대해 신중하고 침착하게 임하는 것이 필요하고 욕심을 내지 말아야 하며, 상호 마찰이나 다툼이 발생하는 경우에는 그 자리나 순간을 참고 피하는 것이 최선의 방법이 될 수 있다.

시주가 연주나 월주와 충극이 되는 경우에는, 일간이 노후老後에는 조상이나 부모 또는 윗사람에 대하여 무관심할 수 있고, 한편으로는 일간의 자녀가 제사나 집안의 모임 등에 참석하지 않을 수도 있다. 일주의 설명을 참조하면 도움이 될 수 있다.

- 천극지충天克支沖 또는 천충지충天沖支沖의 경우 : 역시 천간과 천간이 충극沖克하고 지지와 지지가 충극沖克하면서 형刑이나 파破가 동시에 이루어질 경우에는, 즉 일주日柱가 시주時柱나 월주月柱와 천충天沖과 지충支沖이 되면서 동시에 지지가 형刑이나 파破가 될 때, 운에서 다시 沖과 함께 형刑이 오면 일간은 그 기간 동안에는 충과 형을 당하는 십성에 해당하는 인·사·물이 손상될 수 있다. 이 경우에는 일간이나 해당 십성은 신체의 수술 또는 구설이나 소송 등의 곤란함을 당할 수 있고, 심할 경우에는 서로 이별離別 또는 사별死別할 수도 있다. 그러므로 그 기간 동안에는 해당하는 육친과 서로 떨어져 생활하는 것이 상호 무난할 수 있고, 서로 충돌하거나 언쟁을 하는 것은 절대적으로 삼가고 자숙自肅하는 마음으로 생활하고 행동해야 한다. 또한 해당하는 궁과 십성의 인·사·물에 대한 욕심이나 이익을 추구하는 대신에 자신의 소유물을 버리는 마음으로 베풀고 봉사하면서 지내야 한다. 특히 사업을 하는 경우에는, 그 기간 동안에는 생명과 재물의 상호 전쟁이 될 수도 있으므로 살고자하면 재물을 놓는 것이 자신과 가족을 살리는 방법이 될 수 있음을 상기想起해야 한다. 물론 해당하는 궁의 육친이나 해당하는 성星의 인·사·물이 다른 오행이나 주변사람과 환경의 도움을 받을 경우에는 손상의 정도가 덜할 수 있지만 그 기간 동안에는 항상 언행과 행동을 조심하고 신중해야 한다. 또한 조금의 여유가 있어 보람과 가치가 있는 일을 하고지 할 경우에는 기부활동이나 봉사활동을 하여 沖과 刑으로 인한 고통이니 어려움을 극복할 수 있다. 동시에 비록 힘들고 어려운 시기이지만 슬기롭게 넘기면 새로운 시기가 도래하면서 전화위복轉禍爲福이 되어 다시 사회구성원의 존경도 받을 수 있다.

3. 일간日干의 강약强弱 상세분석

사주四柱의 개별 오행의 강약을 분석하는 중요한 이유 중의 하나는 바로 사주의 주체인 일간이 중요하게 활용할 수 있는 오행의 십성을 찾는 것이며, 또한 부족하거나 필요한 기운은 더해주고 넘치거나 불필요한 기운은 덜어주어 중화中和나 중정中正을 이루는 사고와 행동을 할 수 있는 방법을 찾는 것이라고 할 수 있다.

사주의 일간이나 개별오행에 해당하는 십성의 역할과 강약을 구별하지 못하면 사실상 원국을 온전하게 파악하기가 어렵고, 동시에 대운이나 세운의 희喜·용신用神과 기忌·구신仇神에 해당하는 오행의 십성을 파악하기가 어려울 수 있다. 그러나 일간이나 개별오행의 강약과 십성의 역할과 작용을 정확하게 분석할 수 있으면, 사주 공부의 절반 이상을 마스터한 것과 다름 없다. 강약의 원리를 차근차근 살펴보도록 하자.

일간의 강약을 판단할 때, 앞에서 간략하게 설명한 것처럼 신강身强한 사주와 신약身弱한 사주로 분류하거나 또는 일간이 신왕身旺한 사주와 신쇠身衰한 사주의 2단계로 분류하는 경우가 많다. 그러나 좀 더 세분화할 필요가 있다. 분류단계를 세분화하는 것은 좀 더 정밀하게 일간의 강약 관계를 파악하여 희·용신과 기·구신을 명확하게 구별하여 간명에 활용하기위한 것이다. 물론 개인적으로 수치를 계량화하여 일간과 오행의 강약을 판별하기도 한다.

일간이나 오행의 강약을 세밀하게 분석할 수 있으면, 대운이나 세운의 간지에서 본인에게 도움이 되는 십성과 불필요한 십성을 파악할 수 있고 동일한 오행이지만 도움이 되는 경우와 도움이 안 되는 경우 등을 판단할 수 있다.

먼저 일간의 강약에 따라 세분하여 살펴보도록 하자.

1) 일간이 강强한 사주

(1) 극왕極旺 또는 최강最强 : 극왕極旺 또는 최강最强사주는 기본적으로 원국原局의 천간과 지지가 월주를 포함하여 거의 일간의 비겁比劫으로 구성되고 1~2개의 인성印星만 존재하는 사주를 말하며, 때로는 일간의 비겁이나

인성외의 다른 오행이 천간이나 지지에 1개 정도가 존재하더라도 일간과 멀리 떨어져 있으면서 극克이나 충冲 또는 합슴이 되어 본래의 역할을 할 수 없는 경우를 말한다. 또한 일간의 비겁이나 인성외의 다른 오행이 지지에 존재하더라도 삼합三슴이나 방합方슴 또는 합화슴化하여 일간의 기운이 되거나 슴하여 본래 오행의 작용을 못할 경우에도 일간이 극왕極旺 또는 최강最强의 사주가 될 수 있다. 그러므로 극왕極旺 또는 최강最强사주는 일간이 득령得令, 득지得支, 득세得勢하여 8글자가 일간의 기운으로 구성된 사주라고 할 수 있다. 이러한 사주를 달리 전왕격全旺格 또는 종왕격從旺格사주라고도 할 수 있다. 물론 이러한 사주는 실제로는 드물다. 그래도 살펴보도록 하자. 참고로 극왕이나 최강은 극강極强이라는 용어와 동일하게 사용할 수 있다.

일간이 극왕極旺 또는 최강의 사주가 될 경우에는 강한 힘을 거역하지 않고 그 기운에 순응順應하여 살아가는 것이 유리할 수 있다.

강한 오행의 기운을 극克하거나 충冲하는 경우에는, 오히려 강한 오행이 반발하여 되레 난폭하게 되어 일간을 손상시키거나 또는 충이나 극을 하는 오행을 파괴할 수 있다.

여기서는 대운도 기록하여 극왕 또는 최강사주의 예를 보면서 살펴보도록 하자. 다른 경우에도 대운을 기록하면서 살피는 것이 명리를 좀 더 자세히 파악하는데 도움이 될 수 있다.

시 일 월 년
己 戊 丁 己
未 戌 丑 未

- 건명乾命 : 전왕격全旺格, 극왕極旺,
- 합충 분석 : 丑 戌 未 형刑, 丑 未 충. 일간 戊土는 원국의 간지가 모두 火와 土로 구성되어 있으므로 극왕하다.

(6대운) 76   66   56   46   36   26   16   6
        己   庚   辛   壬   癸   甲   乙   丙
        巳   午   未   申   酉   戌   亥   子

이러한 원국의 경우에는 지나치게 강한 土의 오행을 극克하는 2대운의 乙亥대운이 오면 반극反克현상이 나타나 강한 土가 반발하여 화禍를 불러오고 동시에 약한 오행은 극克으로 손상될 수 있다. 즉 일간 戊土와 일간을 극하는 乙木의 십성에 해당하는 인·사·물의 피해가 발생할 수 있고, 戊土와 乙木에 해당하는 신체 부위에 질병이 생기거나 손상이 나타날 수 있다. 물론 이 경우에도 반극을 당하는 乙木과 亥水 오행의 손상이 더 크지만 일간도 손상될 수 있다. 특히 일주의 간지를 동시에 충극하거나 합合하는 경우에는 일간이 손상되므로 그 시기에는 건강이나 재물 또는 가정에 대하여 대단히 조심스럽게 행동하고 어느 시기보다도 관리를 잘해야 한다.

또한 甲戌 3대운이 오면 丑 戌 未 형刑도 강하게 작용할 수 있다. 대운과 세운에서 극왕한 일간을 극하는 관성 木이나 일간이 극하는 재성 水의 2대운의 기간 중에 부친이 사망하였다.

甲戌 3대운 2010년 庚寅년에는 대운과 세운이 천충지극天沖支克을 하고, 세운 지지의 寅이 丑 戌 未 형刑을 극하면서 강한 土의 기운이 반극하여 寅木과 水의 기운을 고갈시킨다.

이 해에 水에 해당하는 비뇨기계통의 질병으로 수술을 하였고, 간肝이 나빠지고 신경계통도 약해져서 고생을 많이 하였다. 水에 해당하는 신체부위는 음부나 고환, 자궁, 신장이나 방광에 해당한다.

흔히 형살까지 있으면서 극할 경우에는 수술까지 하는 상황이 종종 나타날 수 있다. 또한 甲戌 대운 중 2011년 辛卯년에는 배우자궁이 합을 하여 여자를 만날 수 있다.

甲戌 대운의 壬辰년에는 대운과 세운의 지지가 辰 戌 충을 하고, 배우자 궁에 해당하는 일지와 세운이 辰 戌 충을 한다. 또한 월지와 세운이 丑 辰 파破가 되고, 원국이 형을 하고 있는데 다시 대운에 의해 丑 戌 未 형刑을 하므로 재성이 완전히 소멸할 수 있다. 또한 천간은 세운과 丁 壬 합을 하여 비록 재성이 왔지만 역할을 할 수 없게 되고 합거合去되어 사라질 수 있다. 실제로 그런 현상이 나타났다. 즉 원국의 천간과 지지와 지장간에 있는 재성에 해당하는 오행이 완전히 손상될 때는 오행에 해당하는 십성의 육친과 인·사·물의 피해가 발생할 수 있다고 간명하였다. 자세한 내용은 용신과 격국을 공부할 때 살펴보도록 하자. 기본적으로 극왕極旺한 사주일 경우에는, 강한 오행을 극하기보다는 순응하면서 기운대로 살아가는 것이 순리이므로 인성印星이나 비겁比劫이 희·용신이 될 수 있고, 재성財星이나 관성官星이 기·구신이 된다. 식상食傷은 무난하거나 한신閑神의 작용을 한다. 또한 일간이 극왕할 경우에는, 다른 사람이 통제하거나 간섭한다고 해서 말을 듣거나 도움이 되지 못하기 때문에 본인이 스스로 판단하고 행동하면서 살아야 한다. 이러한 사주를 전왕격專旺格사주라고 할 수 있으며, 역시 강한 힘을 따라감으로 종왕격從旺格사주라고도 할 수 있다. 뒤에서 설명하겠지만 강한 오행이나 강한 십성을 따라가는 사주를 종격사주從格四柱라고 하고, 원국이 1~2개의 강한 오행의 기운으로만 편중偏重되어 있으므로 편격사주偏格四柱 또는 외격사주外格四柱에 해당한다.

(2) 태왕太旺 또는 중강中强 : 일간이 태왕太旺 또는 중강中强이라고 할 경우에는, 월주月柱와 일주日柱에 비겁比劫이나 인성印星이 있으면서 충沖이나 합화合化하지 않고 다른 간지에도 비겁이나 인성이 많고 월주나 일지를 제외한 다른 간지에 1~2개 정도의 힘을 소모시키는 관성이나 식상 또는 재성이 있을 때를 말하며 이 경우에도 일간의 힘이 대단히 강하다. 참고로 태왕

이나 중강은 태강太强이라는 용어와 동일하게 사용할 수 있다.

일간이 태왕 또는 중강할 경우에도, 강한 오행을 극剋하는 것이 곤란하므로 일간이 다른 오행을 생生하여 자연스럽게 힘을 설洩하는 식상食傷에 해당하는 오행을 활용하는 것이 필요하다. 그러므로 재성財星이나 관성官星은 불리하고, 설洩하는 기운인 식상食傷으로 용신用神을 삼고, 비겁比劫과 인성印星은 무난할 수 있다. 특히 인성은 월주나 연주에 있을 경우에는 자신의 자리에 있으므로 무난할 수 있다.

일간이 태왕 또는 중강일 경우에는, 득령得令, 득세得勢하고 일지가 삼합이나 방국을 이룰 경우에는 실지失支를 하더라도 태왕할 수 있으며, 운에 의해 최강最强 또는 극왕極旺으로 변할 수도 있다. 태왕太旺 또는 중강中强사주의 예를 보도록 하자.

시 일 월 년
乙 丁 丙 甲
巳 巳 寅 戌

- 오행이 일간 丁火를 중심으로 인성과 비겁 위주로 구성되어 있다. 연지의 상관 戌土의 지장간 중기가 丁火이면서 戌土는 천간 甲木의 剋을 받아 무력하다. 비록 상관이 연지와 월지와 일지와 시지의 지장간에 있지만 무력하므로 태왕 또는 중강이라고 할 수 있다. 이런 경우에는 기본적으로 일간의 힘을 설洩하는 습한 丑土나 辰土의 식상으로 설洩하는 것이 무난할 수 있다. 역시 운에서 강한 오행을 극하거나 충하는 경우에는 그 기간 동안에는 일간이나 충을 하는 오행의 인·사·물이나 일간이 오히려 손상될 수 있다. 또한 일주의 천간과 지지를 동시에 충극하거나 승하는 경우에도 일간이 손상될 수 있으므로 그 시기에는 건강이나 재물 또는 가정에 대하여 대단히 조심스럽게 행동하고 어느 시기보다도 관리를 잘해야 한다. 이 경우에는 극왕한 사주에 가깝다고 할 수 있다.

시 일 월 년
戊 <u>丁</u> 丙 甲
戌 巳 寅 戌

- 비록 시주時柱에 상관傷官과 연지에 상관 戊土가 있어도 일간은 득령과 득지를 하고 주변세력이 강하여 태왕太旺한 사주가 되었다. 이 경우에는 일간을 설洩하는 상관 戊土가 용신이 될 수 있고 재성 金이 희신이 될 수 있으므로 상관운이나 재성운이 올 때 발복할 수 있다. 특히 운에서 식상과 재성이 간지로 올 경우에는 더욱 유리할 수 있다. 또한 일간은 천간과 지지가 木 生 火와 火 生 土의 기운으로 유통되므로 활발하고 자유로운 사고와 행동을 하며, 자신을 밖으로 나타내기를 좋아하고 타인의 간섭이나 조언을 받아들이기 어려울 수 있다. 역시 일주를 극하거나 충하는 오행이 운에서 오는 경우에는 그 기간 동안에는 불리할 수 있다.

(3) 편왕偏旺 또는 소강小强 : 일간이 득령得令과 득지得支를 하고 일간의 세력이 1~2개 있을 경우나, 득령得令은 하지 못했지만 득지하고 주변의 세력이 강한 경우를 말한다. 흔히 말하는 신강身强한 사주에 해당한다. 그러므로 편왕偏旺 또는 소강小强한 사주는 정격사주正格四柱의 일반적인 신강사주身强四柱에 해당한다. 흔히 일간이 득령得令하지 못하면 약하다고 판단하지만 세력이 강하고 통근한 오행이 많을 경우에도 일간이 편강偏强할 수 있다. 그러나 일간이 편왕偏旺 또는 편강偏强한 사주일 경우에는 대운과 세운에서 강한 극克이나 충沖을 받거나 또는 합슴하여 일간의 힘을 약화시킬 경우에는 편약偏弱한 사주로 바뀔 수 있다.

기본적으로 편왕 또는 편강한 사주일 경우에는, 식상食傷, 재성財星, 관성官星 중에서 희喜·용신用神으로 삼을 수 있고 비겁比劫이나 인성印星은 불리할 수 있다. 이 경우에도 대운이나 세운에 의해 원국의 운한運限에 해당하는 간지干支가 천충지충天沖支沖이 되면 그 시기에는 불리하고, 특히 일주나 월주가 천충지충天沖支沖이 되거나 천합지합天合支合이 되는 운이 올 경우에는 그 기간 동안에는 건강이나 재물 또는 가정에 불리한 일이 발생할 수 있으므로 많은 조심을 해야 한다. 편왕偏旺 또는 편강偏强한 사주의 예를 보도록 하자. 참고로 편왕이나 소강의 용어는 편강偏强이라는 용어와 동일하게 사용할 수 있다.

시 일 월 년
己 庚 癸 己
卯 子 酉 未

- 일간이 월령 酉金을 얻어 득령하고, 득지는 못했지만 시간과 연주의 정인 己와 己未를 얻어 일간이 편왕한 사주라고 할 수 있다. 정인 己土와 월지의 겁재 酉金이 득령과 득세를 하여 일간이 강한 사주이므로 기본적으로 극克, 설洩, 모耗하는 오행 즉 식상食傷, 재성財星, 관성官星 중에서 희喜·용신用神을 삼을 수 있고, 비겁比劫이나 인성印星은 불리할 수 있다.

위의 사주에서는 기본적으로 상관 子水와 정재 卯木이 희·용신이 될 수 있다. 천간으로 甲木 운이 올 경우에는 일간과 甲 庚 충을 하여 다소 불리할 수 있지만 연간과 시간의 己土와 甲 己 합을 하고 癸水의 도움을 받을 수 있으므로 무난할 수 있다. 이런 경우에는 배운 지식을 활용하여 알뜰하게 저축을 하면서 안정적으로 살아갈 수 있는 무난한 사주라고 할 수 있다. 흔히 말하는 신강사주身强四柱는 정격사주正格四柱의 억부용신抑扶用神으로 찾으면 무난하다. 즉 일간의 힘이 강하면 억제抑制하는 오행을 희·용신으로 활용하고, 일간의 힘이 약하면 일간을 도와주는扶 오행을 활용할 수 있다. 용신에 관한 자세한 내용은 용신론에서 살펴보도록 하자.

2) 일간이 약弱한 사주

(1) 극약極弱 또는 최약最弱 : 일간이 극약極弱 또는 최약最弱이 되는 경우는 원국의 간지에 일간을 도와주는 비겁比劫이나 인성印星이 없거나 일간

을 도와주는 오행이 1개 정도 있더라도 일간과 떨어져 전혀 힘이 되지 못하는 경우와, 일간에게 힘이 되는 오행이 있더라도 합습이나 충沖이 되어 일간의 힘이 되지 못하는 경우라고 할 수 있다. 즉 일간이 득령得令, 득지得支, 득세得勢하지 못한 경우를 말한다.

극약極弱한 사주일 경우에는, 비겁比劫이나 인성印星으로 일간을 도와주면 될 것 같지만 일간이 지나치게 약하므로 도와주면 오히려 강한 오행이 반발하여 화禍를 촉발시키므로 차라리 강한 오행의 힘에 순응順應하는 것이 자신의 모양대로 살아가는 방법이 될 수 있다. 그러므로 극약極弱한 사주는 일간의 힘이 되는 비겁比劫이나 인성印星이 대운이나 세운에서 오면, 그 기간 동안에는 자신의 자존심이나 의지가 강해져서 오히려 불필요한 분쟁이나 불화가 발생할 수 있고, 자신이 살아오던 방식의 변화를 꾀하게 되므로 적응하기가 어렵거나 오히려 피해被害가 발생할 수 있다. 즉 원국에서 강한 식상食傷, 재성財星, 관성官星 등에 해당하는 오행을 희·용신으로 활용하여 생활하는 것이 자신의 주체성이나 고집을 내세워 살아가는 것보다 유리한 경우를 말한다.

예를 들면 원국의 재성財星이 강할 경우에는, 육친으로는 배우자나 아버지가 되므로 일간은 배우자나 아버지에 순종하여 살아가면 오히려 무난할 수 있고 경우에 따라서는 부모나 배우자의 재물로 풍족하게 살아갈 수도 있다. 그런데 자신의 타고난 성품대로 살지 않고 거역할 경우에는 재물이나 배우자 또는 아버지의 도움을 온전하게 얻기 어렵다.

기본적으로 일간의 힘이 극약할 경우에는 강한 오행을 종從하는 종격사주從格四柱가 된다. 종격사주從格四柱일 경우에는, 원국에서 가장 강한 오행이 바로 용신用神이 되고 용신을 생生하는 오행이 희신喜神이 될 수 있다. 그러므로 월지月支나 원국의 가장 많고 강한 오행을 용신으로 삼고, 운에서 일간의 힘이 되는 비겁比劫이나 인성印星이 오면 불리할 수 있다. 또한 운에서 원국의 강한 오행을 극하거나 충할 경우와 일주를 극하거나 충할 경우에는, 그 기간 동안에는 일간이 손상되거나 해당하는 인·사·물이 손상될 수 있다. 이 경우에도 주변의 환경이나 사람을 적절히 활용하여 유통시키면 무난할 수 있다. 역시 운에서 일주나 월주를 천충지충天沖支沖하거나 천합지합天合支合이 되면 그 시기에는 건강이나 재물 가정 등의 어려움을 겪을 수 있으므로 조심해야 한다. 극약極弱 또는 최약最弱사주의 예를 보도록 하자.

시	일	월	년
辛	乙	庚	丁
巳	巳	戌	巳

- 일간 乙木은 시간과 乙辛 沖을 하고 월간과 乙庚 合을 하고 있다. 정관과 편관이 혼잡하고 상관과 관성이 강한 극약한 사주이며 종격사주라고 할 수 있다.

일간의 힘이 되는 비겁比劫이나 인성印星이 원국에도 없고 지장간에도 없다. 그러므로 강한 식상 火나 재성 土 또는 관성 金의 기운을 바탕으로 살아가야 한다. 특히 월주의 재성과 관성을 바탕으로 성실하고 알뜰하게 직장 생활을 안정적으로 하는 것이 무난할 수 있다. 이러한 경우에는 운의 영향을 많이 받을 수 있고, 운의 도움이 없을 경우에는 일간의 생활이 힘들고 고달플 수 있다. 그렇기 때문에 재물에 대한 강한 욕심을 내는 것보다는 자신의 화술이나 기술을 활용하여 타인에게 봉사하고 서비스하는 직업이나 업종을 선택하여 성실하게 살아가는 것이 무난하며, 때로는 소규모의 학원이나 서비스 계통의 자영업을 운영하는 것도 무난할 수 있다.

직장생활을 하더라도 간섭이나 통제가 덜한 외부활동을 하거나 영업계통에서 재능을 발휘하는 것이 적절하다. 즉 乙木의 타고난 끈기와 강한 생명력으로 火나 土의 예절과 신용을 바탕으로 할 수 있는 업무가 무난할 수 있다. 또한 상사나 타인에게 함부로 말하여 어려움에 처하거나 직업을 변동할 수 있으므로 항상 예의를 지키고 신중하게 임하는 자세가 필요하다.

여명의 경우에는 지나치게 자신의 주장을 내세우거나 배우자나 남자를 무시하여 갈등과 곤란함을 당할 수 있고, 한사람과 해로偕老하기가 어려울 수 있다. 그러므로 사회활동이나 가정생활을 하면서 항상 타인을 배려하고 이해하는 마음과 신의와 예의를 갖추고 살아가는 것이 유익할 수 있다.

위의 사주는 운에 의한 직업이나 가정의 변화가 심한 종격사주從格四柱이므로, 일간의 주관대로 사는 것보다는 주어진 환경이나 직업에 따라 유연하게 대처하면서 부지런하고 성실하게 살아가는 것이 오히려 자신에게 도움이 되는 형상이다. 대부분의 원국은 마치 우리네 인생살이와 너무나 유사하게 어렵고 복잡하게 얽혀있는 경우가 많다.

(2) **태약**太弱 **또는 중약**中弱 : 일간이 태약太弱 또는 중약中弱이라고 하는 경우에는, 일간이 득령得令, 득지得支하지 못하고 일간을 도와주는 비겁이나 인성이 원국 중에 1~2개가 있거나 또는 지장간支藏干을 포함하여 3개 이하일 경우와, 일간이 득령得令 득지得支하지 못하고 주변의 세력 중에 한 개의 뿌리가 통근通根하더라도 연지年支나 시지時支에 멀리 떨어져 일간에게 큰 도움이 되지 못하는 경우에 해당할 수 있다. 즉 실령失領, 실지失支하고 세력勢力도 미미한 것을 말한다.

태약한 사주는 극약極弱과 편약偏弱의 중간에 있으므로 대운大運이나 세운歲運에 따라 극약極弱과 편약偏弱으로 변할 수 있다. 즉 대운大運이 일간을 도와준다면 편약한 사주가 될 수 있고, 힘을 뺄 경우에는 극약極弱한 사주가 될 수도 있다.

일간이 양陽이면서 대운大運에 의하여 극약해지면 종從할 수도 있는데, 이 경우에는 운의 기간 동안 어쩔 수 없이 따라가게 되므로 가종격假從格이 될 수 있다. 그러나 일간이 음陰일 경우에는, 진정으로 종從할 수 있으므로 그 기간 동안에는 진종격眞從格이 되어 무난할 수 있다. 이와 같이 태약太弱 혹은 중약中弱한 사주도 운의 영향을 많이 받을 수 있다.

대운에 의해 종격從格이 되는 경우에는, 그 기간 동안에는 세운에서 식상食傷이나 재성財星 또는 관성官星에 해당하는 운이 희·용신이 될 수 있다. 또한 진실한 마음으로 따라가는 진종격眞從格이 억지로 따라가는 가종격假從格보다 좋다. 종격從格으로 변하면 그 시기에는 재성財星에 종從하는 남명의 경우에는 배우자나 부친 또는 아랫사람의 의견을 따라가는 것이 무난할 수 있고, 관성官星에 종從할 경우에는 가정이나 직장 또는 상사나 윗사람을 따라가는 것이 무난할 수 있으며, 식상食傷에 종從할 경우에는 자신이 하는 일이나 투자에 충실하게 임하는 것이 도움이 될 수 있다.

여명女命의 경우에는 재성에 종從할 경우에는 아버지나 시어머니의 뜻을 따르는 것이 무난할 수 있고, 관성에 종從할 경우에는 남편이나 가정을 믿고 의지하거나 직장에 충실하게 임하는 것이 무난할 수 있으며, 식상에 종從할 경우에는 재능이나 하는 일에 충실하게 임하거나 자녀의 의견이나 재능을 인정하고 따라가는 것이 무난할 수 있다.

기본적으로 태약한 사주는 재성財星이나 관성官星을 희·용신으로 삼고 해당하는 십성의 인·사·물을 추구하는 경우가 유리할 수 있다. 태약한 사주의 예를 보도록 하자. 자세한 내용은 용신론에서 살펴보도록 하자.

시	일	월	년
庚	戊	戊	庚
申	申	子	寅

- 子月에 태어난 일간 戊土는 월간의 戊土 비견을 얻고 申金의 지장간 여기餘氣와 寅木의 여기와 중기의 지장간에 戊土와 丙火에 통근하였다. 그러나 寅木은 천간 庚金의

극을 받으면서 관성의 작용을 하므로 태약한 사주가 되었다. 旺 相 休 囚 死나 12운성에 대입하여 강약을 판단해볼 수도 있다.

일간 戊土는 힘이 매우 약하지만 일간이 양陽이므로 운에 의해 진정으로 종從하기 어렵지만 金과 水에 해당하는 식상과 재성의 인·사·물을 성실하게 추구하면서 사는 것이 무난할 수 있고 식상의 金운과 水운이 올 때 유리할 수 있다.

일간이 태약太弱하거나 극약極弱한 경우에는 잔병치레를 하거나 병을 달고 다니는 경우가 많고, 운에 의해 건강이나 가정 또는 직업의 변동이 많을 수 있다. 그러므로 건강 관리에 항상 유의하는 것이 필요하며 정기적인 검진을 받는 것도 도움이 될 수 있다. 기본적으로 일간이 태약太弱 또는 중약中弱한 경우에는 체력이나 의지가 약할 수 있으므로 사업이나 자영업을 크게 벌이는 것은 피하고, 소규모의 안정적인 자영업이나 직장에 충실히 임하는 것이 지혜로운 생활방식이 될 수 있다. 또한 대운에서 비겁比劫과 인성印星의 운이 와서 태약한 일간이 편약으로 변할 경우에는 세운에서 일간에게 힘이 되는 비겁比劫과 인성印星의 운이 오면 발전할 수 있고, 식상食傷이나 재성財星 또는 관성官星의 운이 오면 불리할 수 있다. 반대로 극약極弱으로 바뀔 경우에는, 비겁比劫과 인성印星에 해당하는 세운歲運이 도움을 주더라도 온전한 힘이 되기 어렵기 때문에 차라리 강한 오행의 기운을 역행하지 않고 식상의 설洩하는 오행을 용신用神으로 삼을 수 있다.

(3) 편약偏弱 또는 소약小弱 : 일간의 힘이 극약極弱하거나 태약太弱하지 않고 조금 약한 경우를 말하며, 흔히 말하는 신약사주身弱四柱에 해당한다.

일간의 편약偏弱 또는 소약小弱의 판단은 득령得令을 하였으나 실지失支하고 주변 세력이 없거나, 실령失令을 하였으나 득지得支하고 주변의 세력이 어느 정도 있거나, 실령失令하고 실지失支하였지만 천간과 지지에서 힘이 되거나 도와주는 세력이 4개 이상 있으면서 월지月支나 일지日支 지장간支藏干의 여기餘氣나 중기中氣의 오행이 일간에 통근通根한 경우로 판단할 수 있다.

이 경우에는 기본적으로 비겁比劫이나 인성印星을 희·용신으로 삼을 수 있고 식상食傷이나 재성財星 또는 관성官星이 기·구신이나 한신이 될 수 있다. 또한 대운이나 세운에서 일간의 힘이 되는 비겁比劫이나 인성印星의 운이 오는 경우에는 그 기간 동안에는 자신이 추구하는 일과 목표를 이룰 수 있고 평온한 생활을 할 수 있다. 반대로 식상食傷이나 재성財星 또는 관성官星의 운이 오거나, 일간을 충沖하거나 극剋하는 운이 올 경우에는 그 기간 동안에는 하는 일이나 계획이 순조롭게 진행되지 않고 불리할 수 있다.

편약偏弱 또는 소약小弱한 사주일 경우에는, 좋은 운을 맞이하면 번창할 수 있고 자신의 적성이나 능력에 맞는 직업이나 일을 통하여 자신의 능력을 발휘할 수 있다. 일간이 편약한 사주의 예를 보도록 하자.

<table>
<tr><td>시</td><td>일</td><td>월</td><td>년</td></tr>
<tr><td>丙</td><td><u>己</u></td><td>甲</td><td>癸</td></tr>
<tr><td>子</td><td>丑</td><td>子</td><td>丑</td></tr>
</table>

• 일간 己土는 기본적으로 신뢰와 믿음을 중시하는 사람이며, 정인과 정관의 안정적인 마음을 지니고 있으며 사교성이 강하고 유연한 행동을 한다. 또한 일지와 연지의 비견 丑土에 득지 득세하고 시간時干의 정인 丙火의 도움을 얻고 있지만 재성의 水가 강하여 편약한 사주가 되었다.

이 경우에는 지지가 모두 한랭寒冷하고 子월의 한겨울에 태어났으므로 조후調候를 우선 살펴야한다. 즉 겨울에 태어난 일간 己土는 우선 인성 火의 기운이 필요하며, 다음으로 비겁에 해당하는 戌 未의 조토燥土가 필요하다. 또한 원국에 충沖이 없고 子丑 합과 甲己 합이 되어 사교성과 대인관계가 뛰어날 수 있고 냉철한 행동이나 처신을 할 수 있다. 한편으로는 지지가 지나치게 한寒하고 차가워서 여성일 경우에는 냉증을 조심해야 하고, 때로는 자연분만이 어려워 제왕절개로 자녀를 낳을 수도 있고 자녀가 귀할 수도 있다. 건강 부분에서는 水의 기운이 강하여 자주 손발이 저리고 차가울 수 있으며 심장이나 소화기관도 약할 수 있다. 그러나 운에서 인성 火의 기운이 올 경우에는 무난하다.

기본적으로 일간에게 도움이 되는 비겁比劫이나 인성印星이 희·용신이 될 수 있고, 비겁比劫의 戌 未의 조토燥土나 인성印星에 해당하는 火의 운이 오면 그 시기에는 발복할 수 있다. 희·용신에 해당하는 운이 오면 그 기간 동안에는 부富를 획득할 수 있고 마음의 여유가 생길 수 있으며, 남녀 모두 미혼자는 결혼을 할 수 있고, 일에 대한 추진력을 지닐 수 있으므로 좋은 시기가 될 수 있다. 기본적으로는 남명男命의 경우에는 일간이 陽이면서 편왕偏旺하면 추진력이나 자신감이 강하고 의지나 주관이 확실하여 자신의 일을 소신껏 행할 수 있으며, 정신적인 활동이나 머리를 쓰는 일도 가능하고 직접 몸으로 부딪치며 생각하는 육체적인 활동도 무난할 수 있다. 여명女命의 경우에는 일간이 陰이면서 편약偏弱하거나 중화中和된 사주일 경우에는 비교적 여성스럽고 순종적이며, 가정을 잘 돌보고 남편과 자식의 뒷바라지를 원만하게 하는 경우가 많다.

3) 일간이 중화中和된 사주 : 일간이 온전하게 중화中和된 사주는 사실상 많지 않다. 억지로 그 사람의 성공이나 출세를 바탕으로 중화된 사주라고 말하는 것은 본래의 의미는 아니라고 생각한다. 그래도 알아보도록 하자.

중화사주는 원국의 음양陰陽과 오행五行이 서로 조화와 균형을 이루고, 상생相生하되 상전相戰하지 않고, 용신과 격格이 온전한 사주라고 할 수 있다. 이러한 사주는 대운이나 세운의 영향도 크게 받지 않으며, 부귀富貴와 명예名譽를 함께 누리면서 자신을 포함한 가족이 건강하게 장수長壽할 수 있다.

중화된 사주는 대운大運과 세운歲運의 영향을 많이 받지 않기 때문에 대운大運의 흐름에 따라 세운歲運에서의 작용을 살펴야 한다. 그러나 원국의 오행이 서로 유통流通되기 때문에 유연성이 있고 변화를 쉽게 수용할 수 있으므로 운의 영향을 크게 받지 않는다.

적천수滴千髓에서는 중화를 명리命理중의 정리正理라고 한다. 원국이 중화를 이룰 경우에는 세상을 여유롭게 살면서 억울한 일도 당하지 않고 하는 일마다 생각대로 이루어지며, 험난하고 막히는 일이 조금 있지만 운로運路가 좋아 편안하다고 하였다. 또한 부모에게 효도하고 친구들과 의리가 있으면서도 교만하거나 아부하지 않고, 어려움을 만나도 사고나 행동이 구차하지 않은 것이 중화의 바른 기운이라고 하였다. 여기서는 중화사주의 희·용신의 변화에 대하여 알아보도록 하자.

(1) 대운大運이 일간의 힘이 될 경우 : 이 경우에는 일간의 중화中和가 편왕偏旺으로 변화되어 일간의 힘이 강해진다. 즉, 대운大運의 간지를 살펴 대운의 간지가 일간에게 힘이 되는 비겁比劫이나 인성印星일 경우에는 일간의 힘을 빼야 하므로 세운歲運에서 식상食傷이나 재성財星 또는 관성官星에 해당하는 오행이 오면 더욱 길吉할 수 있다. 또한 대운의 천간이나 지지가 원국의 오행을 충沖이나 극克을 하더라도 각각의 오행이 무력하지 않고 유통되므로 큰 변화나 변동이 발생하지 않으며, 생生하는 오행이나 합습할 경우에도 유통되어 큰 변화나 변동이 나타나지 않는다. 그러나 대운과 세운의 천간과 지지가 일주日柱를 충극沖克하는 경우에는 불리한 일이 생길 수 있다. 근본적으로는 순탄할 수 있다.

(2) 대운大運이 일간의 힘을 약화시킬 경우 : 대운大運의 간지에 의해 중화 사주가 신약身弱한 사주로 변하여 일간의 힘이 약해질 수 있다. 이 경우에는 세운에서 일간에게 힘이나 세력이 되는 비겁比劫이나 인성印星의 운이 와서 균형을 맞추면 더욱 유리할 수 있다. 물론 대운이나 세운의 천간과 지지가 충沖이나 극克을 하더라도 각각의 오행이 무력하지 않으므로 큰 변화나 변동이 발생하지 않을 수 있고, 생生하는 오행이나 합습하는 오행이 와도 유통되어 큰 변화나 변동이 나타나지 않는다. 왜냐하면 중화된 사주는 원국 자체가 조화와 균형을 이루고 유통되기 때문이다. 적천수천미滴千髓闡微에 나오는 중화사주의 예를 살펴보도록 하자.

시	일	월	년
癸	**丙**	庚	辛
巳	寅	子	酉

대운)　　6　　5　　4　　3　　2　　1

甲　乙　丙　丁　戊　己

午　未　申　酉　戌　亥

- 건명乾命, 정관격, 중화사주. 일간이 조금 약하지만 중화사주로 볼 수 있다.

일간 丙火는 지장간을 포함하여 오행을 구비하고 있으면서 음양陰陽의 조화를 이루고 충沖이 없다. 일간은 일지의 편인 寅木과 시지의 비견 巳火를 얻어 약하지 않고, 지지가 金 生 水 生 木 生 火로 유통되고 있다. 또한 원국의 간지 오행이 각각 통근하고 힘이 있고, 대운의 흐름도 원국의 오행을 거역하지 않고 무난하다.

정관이 온전하여 고위관직을 역임하였고 일생을 합리적으로 정도를 행하면서 살았다고 한다. 또한 적당한 재물을 가지고 어려움 없이 살았으며 명리가 모두 온전하였고, 정관격正官格을 온전하게 이루어 관직을 오랫동안 유지하고 장수하였다고 한다. 현대적인 의미에서는 관직이나 대기업에서 고위직에 올라 오랫동안 지위를 유지할 수 있다고 판단할 수 있다.

실질적인 중화사주中和四柱는 찾기가 쉽지 않으며 희망사항일 수도 있다. 또한 권력을 얻어 성공한 경우나, 재물을 축적하였다고 중화사주라고 할 수는 없다. 근본적으로 심신이 안정되고 여유가 있으면서 주변 사람에게 베풀 수 있는 삶을 살면서, 가족과 사회에 행복과 기쁨을 주는 삶이 진정한 중화사주의 특성이라고 하면 어떨까?

※ 강약의 정도定度로 사주가 좋다거나 나쁘다고 말하기는 곤란하다. 기본적으로 월주가 온전한 격格을 이룰 경우에는 비교적 무난한 삶을 사는 경우가 많고, 원국이 오행을 구비하고 유통될 경우에도 역시 굴곡이 없는 원만하고 무난한 삶을 살아가는 경우가 많다. 또한 사주의 강약에 상관없이 대운大運과 세운歲運의 흐름이 일간에게 유리할 경우에도 그 기간 동안에는 발복할 수 있다.

사주가 강하면 강한 대로 약하면 약한 대로 타고난 자신의 적성適性과 특성特性을 파악하여 운의 흐름에 따라 적절한 행동과 준비를 하면 가정이면 가정에서, 직장이면 직장에서, 자영업이면 자영업에서, 대기업이면 대기업에서, 중소기업이면 중소기업에서 남녀 가리지 않고 모두 일을 즐기면서 자신이 추구하는 목표와 가치를 추구할 수 있다.

때로는 노력을 해도 돈벌이가 되지 않는 기간 동안에는 건강관리나 취미생활을 하거나 또는 자원봉사활동이라도 하면서 최소한의 비용으로 건강하고 보람찬 삶의 방법을 찾아야 한다. 아니면 그동안 미뤄둔 하고 싶은 일이나 독서 또는 운동 등을 하면서 심신이라도 즐겁게 만들어야 한다.

열심히 봉사활동을 하거나 새로운 지식이나 정보를 얻는 휴식의 시간을 가지면서 때를 기다리는 것도, 건강하고 즐거운 미래의 삶을 추구하기 위하여 반드시 필요하다.

좌절하거나 체념諦念할 이유는 없다. 명命은 고정되어 있지만 운運은 항상 변하므로 열심히 자신을 관리하면서 성실하게 살면 반드시 누구에게나 기회機會는 온다.

많은 사람들이 느끼겠지만 열심히 일한다고 또는 욕심을 낸다고 만사가 이루어지는 것도 아니다. 욕심을 내서 쉬지 않고 열심히 일하면 반드시 성공한다면 이 세상의 어떤 사람이 성공하지 못하겠는가!

자신에게 적합한 때와 장소와 사람이 있다. 어느 시기에 어떤 장소에서 누구를 만나 무슨 일을 해야 성공할 수 있는지를 알고 열심히 노력하면 원하는 것을 이루기가 좀 더 수월할 수 있다.

근본적으로 인생人生은 성실하고 겸허하게 살아가는 그 자체가 무엇과도 바꿀 수 없는 소중한 가치價値이며, 자연이 변하고 순환하는 이치와도 일맥상통할 수 있다. 종교적인 의미의 영원한 삶이 아니더라도 지구상에서 오직 하나뿐인 자신만의 존재가 얼마나 소중하고 존엄한 가치를 지니고 있는지 개개인이 지각하는 것은 대단히 중요하다.

더불어 자신에게 순간순간마다 늘 감사하고 사랑하면서 존경하는 엄숙한 마음을 지녀야 한다.

지금 존재하고 있는 이 순간에도 자기 자신이 바로 가장 소중한 가치와 의미를 지니고 있다. 또한 자신을 위로하고 감싸줄 수 있는 사람은 어느 누구도 아닌 바로 소우주小宇宙인 자기 자신임을 알아야 한다. 스스로 끊임없이 자신을 위로하고 사랑하면서 정신적·육체적인 양식을 잘 공급하고 항상 자신에 대한 감사와 존경의 마음으로 성실하게 생활하면 반드시 좋은 시기와 좋은 사람을 만날 수 있다. 나아가 서로 사랑하는 사람들과 함께할 수 있는 공간과 일이 생기고 동시에 재물과 행운이 따라올 수 있다.

4. 십성十星에 따른 남녀의 성향과 방책

1) 일간이 강한 사주의 기본 성향性向과 방책方策

일간이 강한 사주에도 일간의 힘이 지나치게 강하여 일간의 힘을 제압할 수 없는 극강極强 또는 극왕極旺의 사주가 되어 인성印星과 비겁比劫을 희喜·용신用神으로 삼는 경우와, 원국의 대부분이 인성이나 비겁으로 구성되어 있으면서 한두 개의 식상이나 재성만 있어서 순리대로 설洩하는 오행인 식상食傷을 용신用神으로 삼는 태강太强한 사주가 있으며, 비겁과 인성이 많아 일간이 비교적 강하여 식상食傷과 재성財星 또는 관성官星 중에서 희喜·용신用神으로 삼는 편강偏强 또는 신강身强한 사주로 나누어 강한 정도에 따른 대책이나 방안이 필요하다. 또한 일간이 강한 사주일 경우에도 천간과 지지의 합合, 충沖, 생生, 극克, 비比, 화化와 지지의 형刑, 파破, 해害를 자세히 살피고, 원국原局의 조화와 유통도 살펴서 판단을 하면 더욱 정밀할 수 있다. 일간이 강한 사주의 일반적인 성향을 알아보도록 하자.

- 자존심과 추진력이 강하고 육체적인 활동이 많은 직업이나 일을 선호할 수 있고, 남의 도움을 받지 않고 스스로 결정하기를 원하며, 옳다고 생각하면 남의 의견이나 주장보다는 자신의 생각대로 실행하려는 의향이 강할 수 있다. 그러므로 남의 지배나 간섭을 받는 조직이나 직장생활보다는 전문적인 지식이나 기술 또는 자격증을 활용하여 자신의 사업이나 자영업 또는 전문직의 일을 하는 경우가 상대적으로 많고, 소신所信있는 행동을 한다. 특히 일간이 지나치게 강할 경우에는, 독불장군이 되거나 안하무인眼下無人의 행동을 할 수 있다. 또한 지나친 고집이나 아집으로 타인을 무시하거나 혼자만의 이익을 차지하려고 하여 외롭고 고독할 수 있다.

• 원국에 비겁比劫이 많고 강하면서 일주日柱와 월주月柱가 충극沖克이 되는 남명의 경우에는 때때로 의처증疑妻症의 증세를 보일 수 있고, 여명의 경우에는 의부증疑夫症의 증세를 나타낼 수 있다. 또한 경쟁적이면서 투쟁적이므로 자주 타인과 다툴 수 있고, 가정이나 직장에서 화합하지 못할 수 있다. 이러한 경우에는 남녀 모두 자신의 지나친 선입견이나 경쟁심을 조절하고 타인을 배려하는 마음과 행동이 필요하다.

• 오행을 구비하고 편강偏强한 사주의 경우에는, 자신감이나 추진력이 강하고 활동적이므로 쉽게 좌절하지 않고 당당한 행동을 하며 긍정적인 생각과 행동을 한다. 여기서는 원국原局의 조화나 구성 등을 염두에 두지 않고 가장 기본적인 강强한 사주와 약弱한 사주의 특성을 남녀로 분리하여 알아보도록 하자.

  (1) 비겁比劫이 많아 일간이 강할 경우 : 일간의 비겁比劫이 많고 강할 경우에는 재성財星을 강하게 극하므로 재성에 해당하는 인·사·물이 무력할 수 있고, 재성의 도움을 받을 수 없는 관성官星도 무력하게 될 수 있다. 물론 이 경우에도 식상食傷으로 유통되면 강한 활동력과 재능으로 큰 성과를 올릴 수 있다. 그러나 비겁比劫으로 인하여 재성財星이 무력하게 되면 재성에 해당하는 육친과 인·사·물이 무력하게 될 수 있다. 예를 들면 비겁比劫의 육친에 해당하는 많은 형제자매가 약한 재성의 아버지를 극하게 되므로 아버지의 혜택이나 덕을 얻기 어렵고, 나아가 부모의 재산을 물려받기가 어려울 수 있다.

비겁比劫이 월주月柱에 강하게 자리하면서 흉신凶神일 때 대운大運과 세운歲運에서 비겁운比劫運이 오면, 그 기간 동안에는 재성에 해당하는 아버지가 손상되거나, 일간은 젊은 시절에 재물財物의 손실을 당할 수 있다. 또한 강한 비겁이 겁재劫財로 변하여 많은 형제나 동료가 작은 재물을 두고 서로 차지하기 위하여 다투는 형국이 되어 파재破財할 수 있고, 겁재劫財가 더욱 강하게 재성에 해당하는 육친인 아버지를 극克하므로 식상食傷의 도움이 없다면 아버지가 선망先亡할 수 있다. 기본적인 현상을 살펴보도록 하자.

- 비겁比劫이 많고 강하면서 일간의 재성財星이 식상食傷의 도움을 받지 못해 약할 경우에, 육친관계에서는 남자는 배우자와의 인연이 약하거나 때로는 배우자가 잦은 병치레를 할 수도 있고, 재성이 약하여 관성官星을 도울 수 없을 경우에는 관성의 육친에 해당하는 자식과도 인연이나 정情이 적을 수 있다. 그러나 원국의 재성財星이 약하지만 식상食傷의 도움을 받으면 본연의 역할을 다할 수 있다.

  관성官星이 재성財星의 도움을 받지 못하면 관성官星에 해당하는 관직이나 직장에서 크게 성공하기가 어려울 수 있다. 물론 운의 흐름이 좋을 경우에는 그 기간 동안에는 원하는 결과를 낼 수 있다. 이 경우에도 재성이 관성官星으로 유통되어 관성이 강하고 용신이 될 경우에는 공직이나 직장과 인연이 많고 권위를 얻을 수 있으며, 맡은 임무를 소신껏 처리하는 책임감과 사명감이 강할 수 있다.

- 비겁比劫이 많고 강한데 관성官星이나 식상食傷이 없고 재성財星이 약하면 군겁쟁재君劫爭財가 발생할 수 있다. 군겁쟁재君劫爭財란 비겁이 많은데 재성이 관성이나 식상의 도움을 받지 못하여 무력할 때, 비겁에 해당하는 많은 동료나 형제가 적은 재성을 서로 차지하기 위해 다툼이나 분쟁이 발생하는 것을 말한다. 군겁쟁재君劫爭財가 되면 적은 재물을 놓고 비겁比劫의 육친에 해당하는 형제자매가 적은 재물을 두고 서로 차지하려고 다투므로 부모의 유산을 물려받기가 어려울 수 있고, 사회적으로는 주변의 동료가 재물과 관련된 인·사·물을 서로 차지하려고 다투는 쟁재爭財가 되어 불리할 수 있다.

  남명의 경우에는 적은 재물이나 한 여자를 두고 서로 차지하려고 싸우므로 재물과 여자나 처복이 없을 수 있고, 결혼한 여명의 경우에는 시어머니나 남편을 무시하거나 또는 인연이 약해 도움을 받기가 어려울 수 있다.

  여명의 경우를 좀 더 확장하여 논하자면 겁재의 육친에 해당하는 시아버지의 힘이 지나치게 강하고 고집스러울 수 있고, 시어머니는 무력할 수 있다. 또한 시가媤家에는 도움이 못되면서 일간은 시어머니를 무시할 수 있고 동시에 자신으로 인하여 시가媤家의 재물이 손상될 수도 있다. 이러한 경우에는 항상 무리한 고집이나 욕심을 버리고 베푸는 마음을 지녀야 하고, 형제나 동료 간에도 문서나 도장을 항상 조심하여야 하며, 보증을 서거나 세우는 일 등은 금물이다.

- 남녀 모두 비겁比劫은 동료나 형제·자매를 나타내므로 원국에 비겁이 많으면, 해당하는 동료나 친구 또는 형제자매가 많을 수 있고, 항상 타인과 어울리고 경쟁하기를

즐기지만 한정된 재물을 여러 사람이 나눠야 하므로 대개 물질이나 재물이 부족할 수 있다. 현대사회에서는 자녀의 수를 강제로 조절할 수 있으므로 형제나 자매가 많다고 할 수는 없다.

[근본적인 방책]

비겁比劫이 많고 강하면 자존심이나 무모한 고집으로 인해 때로는 스스로 견디지 못하고 부러질 수 있다는 것을 알고, 항상 자신의 인내심忍耐心과 평상심平常心을 유지하기 위한 노력과 수양을 하는 것이 필요하다.

남녀 모두 비겁이 많고 재성이 약할 경우에는, 수단과 방법을 가리지 않고 돈을 추구하지만 원하는 결과를 얻을 수 없으므로 항시 정도正道를 가는 마음으로 재물에 대한 지나친 경쟁심이나 욕심을 버리고 겸손한 마음으로 성실하고 꾸준하게 재물을 일궈가는 생활자세가 중요하다. 또한 스스로 강한 고집을 내세우기보다는 봉사하고 배려하는 마음가짐이 안정적인 삶을 살아가는데 유리할 수 있다. 왜냐하면 지나치게 경쟁적이고 이기적인 생각은 주변의 가족이나 형제 또는 동료들의 정신과 육체에 강한 스트레스를 줄 수 있고, 재물도 얻지 못하면서 시비나 거는 스스로 옹졸한 사람이 될 수 있기 때문이다. 또한 자기개발의 노력을 하되 자아도취가 아닌 타인이나 주변과 화합하고 배려하면서 함께 협력하고 어울리는 것이 필요하다. 이 경우에도 재물에 대한 지나친 욕심은 금물이며, 주변 사람이나 가정과 일에 대해 의심하기보다는 믿음과 신뢰를 지니는 것이 무엇보다 중요하다. 나아가 타인의 의견이나 주장도 수용할 수 있는 여유와 아량을 가지고, 타고난 강인함과 추진력을 바탕으로 전문성을 지닌 자신만의 능력을 키워 사회와 가정에 필요한 역할을 해야 한다.

화사한 봄이 왔는가 하면 어느새 무더운 여름이 온다. 더위에 짜증이 날 때쯤에는 또 어느새 서늘한 바람이 옷깃을 스치는 가을이 온다. 청량감을 느끼며 안주하고 싶어도 그 때는 잠시, 어느새 꽁꽁 얼어붙는 겨울이 온다.

고통의 시기가 지나면 또다시 포근한 봄이 찾아온다. 새로운 봄을 기다릴 수 있다면 자연의 순리에 따른 내 몸과 정신은 건강하고 밝아질 수 있다. 새로운 탄생과 성장의 고통도 즐기고 살면서 스스로 행복한 삶의 지혜를 찾고, 타고난 자신만의 당당한 멋과 성정을 아름답게 가꾸어보자.

(2) 인성印星이 많아 일간이 강할 경우 : 기본적으로 인성이 많아서 일간이 강할 경우에는, 육친관계에서는 남녀 모두 모친에 해당하므로 모친의 영향력을 강하게 받을 수 있고, 사회적으로는 학문에 대한 관심이 많고 부동산이나 토지 건물 문서 등에 관심과 인연이 많을 수 있다. 또한 일간은 도움받기를 좋아하고 다른 사람에게 의지하기를 좋아할 수 있다.

원국에 인성이 많지만 흉작용을 하는 경우에는, 글재주가 뛰어나고 학문에는 관심이 많지만 게으르거나 나태할 수 있고 육체적인 활동력이 부족할 수 있다. 또한 두뇌를 활용한 다양한 현상에 대한 상상력이나 추리력이 강하고, 대신에 몸 관리에 소홀하거나 운동이 부족할 수 있으며, 게으르고 나태한 생활방식으로 인하여 자신의 재능을 활용하지 못할 수 있다. 물론 원국에 식상食傷과 재성財星이 온전할 경우에는 좋은 머리를 활용하여 대단한 활동을 할 수 있다. 좀 더 살펴보도록 하자.

- 인성印星은 식상食傷을 극하므로 외부 활동을 통한 재성을 추구하기보다는 두뇌와 지식을 활용한 의식주의 해결을 원할 수 있다. 예를 들면 문학작품을 쓰거나 논설이나 집필을 통해 의식주를 해결하거나 또는 자신의 학문이나 지식을 바탕으로 교육이나 강연 출판 등을 통하여 자신의 재정적인 문제를 해결하는 경우가 많다. 그러나 식상과 재성으로 유통되는 경우에는 자신의 학식을 바탕으로 왕성하게 재물을 추구할 수 있다.

- 인성이 지나치게 강하고 관성官星이 재성財星의 도움을 받지 못하면, 학문이나 배움에 대한 열성은 강하지만 책임감이나 의무감이 부족할 수 있고, 사회성이 부족하여 대인

관계가 편협할 수 있으며 때로는 스스로 고립을 자초하는 경우도 생길 수 있다. 한편으로는 재물에 대한 욕심보다는 자신만의 고유한 지식이나 철학 또는 생활방식에 의존하여 한 분야의 일인자가 되기를 원할 수 있다. 물론 운의 흐름이 좋을 경우에는 그 기간 동안에는 자신의 능력과 재능을 발휘할 수 있다.

[근본적인 방책]

인성印星이 많고 강할 경우에는, 일반인들이 쉽게 접근하기 어려운 다양한 학문이나 기예技藝 등의 분야에서 재능을 발휘할 수 있다. 그러나 나태하고 게으른 생활습관은 항상 경계警戒해야 하며, 생각이나 아이디어를 적극적으로 실현하기 위한 행동이 필요하다.

印星이 월주나 일지에 온전할 경우에는 인성에 해당하는 오행의 특성에 따라 각각의 전문적인 분야에서 학문적인 성과나 재능을 발휘하는 경우가 많고, 기본적으로 인성에 해당하는 인·사·물의 직업과 활동을 하는 것이 무난할 수 있다. 각각의 오행으로 나누어 살펴보자.

- 木의 인성이 강할 경우에는, 청소년 관련분야나 생명체와 관련된 분야, 발전과 성장에 관한 연구와 개발 분야, 식품관련분야, 학문의 연구나 교육, 청소년 용품의 연구나 개발, 목재를 활용한 건축이나 가공품의 연구와 개발 등에서 능력을 발휘할 수 있다.

- 火의 인성이 강할 경우에는 화학이나 화공계통 또는 원자폭탄이나 수소폭탄 등의 폭발물계통의 연구나 개발, 광학계통이나 우주선이나 비행물체의 엔진이나 동력개발, 정신분야나 사상과 종교분야, 전기전자나 조명 등등의 연구나 개발에 재능을 발휘할 수 있고, 역시 학문과 가르치는 분야도 적합할 수 있다.

- 土의 인성이 강할 경우에는 지구의 중력이나 지진의 원인분석, 지질地質의 연구나 고고학의 연구, 인류의 기원이나 유물의 탐사나 연구, 토양과 식물의 관계나 기후의 변화, 대인관계의 중용이나 믿음과 신뢰 등등의 다양한 연구나 개발, 부동산의 효율적인 활용방안, 신앙이나 믿음과 관련된 분야 등에 관심이 많고 재능을 발휘할 수 있다.

- 金의 인성이 강한 경우에는 지하자원의 연구개발, 금속관련 기계나 기구의 개발이나 연구, 재무나 금융관련연구나 업무, 자동차나 비행기 등의 동체개발, 건축물의 조형이나 설계공법 등등의 연구나 관련분야에 관심과 재능이 많을 수 있다. 또한 자신의 강인한 신체를 활용한 다양한 운동에서도 재능을 발휘할 수 있다.

- 마지막으로 水의 인성이 강한 경우에는 해양자원이나 유물의 연구나 개발, 수산업관련 연구나 개발, 수자원 개발, 식품의 연구개발, 생명이나 건강관련 분야의 연구, 물류나 유통관련 연구나 개발, 기획이나 보좌 등등에 관심과 재능이 많을 수 있다. 물론 이밖에도 다양한 분야를 오행의 특성에 따라 분리할 수 있다. 더하여 원국과 대운의 흐름을 판단하여 더욱 상세하게 적성이나 재능을 판단하는 것이 필요하다.

(3) 남명男命이 강한 사주일 경우 : 남자의 경우에는 일간이 양陽이고 비겁比劫이 많고 강하면서 식상食傷으로 유통되면 일반적으로 자신감과 추진력이 강하므로 좋은 때를 맞이하면 타인의 도움을 받아 성공하기보다는 자신의 힘으로 스스로 성공하는 경우가 많다. 그러나 일간이 지나치게 강하고 식상食傷으로 유통되지 못하고 원국原局과 조화를 이루지 못할 때는 고집불통이 되거나 대인관계가 부족하고 안하무인이 될 수 있고, 원국의 재성財星이 약할 경우에는 재물이나 의식주가 불안정하고 배우자나 부모자식과의 인연도 약할 수 있다. 물론 대운의 흐름이 희·용신일 경우에는 그 시기에는 좋은 결과를 얻을 수 있다. 자세히 살펴보도록 하자.

- 일간이 강한 사주의 순기능順機能은 의지가 강하고 주관主觀이나 신념信念이 확고하며, 실천력과 행동력行動力이 대단히 강할 수 있다. 그러므로 스스로 독립하기를 원하며 자력으로 성공하고 출세하기를 원한다. 특히 원국의 비겁比劫이 식상食傷과 재성財星으로 유통되면 강한 활동력과 추진력을 바탕으로 자영업을 성공적으로 운영하여 대기업大企業으로 성장시킬 수 있고, 관성官星이 강하고 온전할 경우에는 비중比重있는 정치인이나 관료 또는 군인으로 성공하는 경우가 많다.

- 기본적으로 남자는 일간이 힘이 있고 강할 경우에는 추진력과 자신감이 강하여 당당하고 활발하게 대인관계를 하는 경우가 많다. 특히 식상과 재성이 온전할 경우에는 강한 주체성과 자립심으로 직장생활보다는 스스로 재물을 추구하는 활동을 통하여 목표나 계획을 달성할 수 있다. 또한 결혼을 하더라도 자신의 주관이 뚜렷하므로 중매결혼中媒結婚보다는 연애결혼戀愛結婚을 하는 경우가 많고, 연애결혼을 하더라도 성공한 후에 결혼을 하겠다고 할 수 있으므로 조혼早婚보다는 만혼晩婚 즉 늦은 나이에 결혼이 이루어지는 경우가 많다.(보통 33세 전후)

- 일간이 월주月柱와 연주年柱에 비겁이 많고 온전하면서 일지와 시주로 식상食傷과 재성財星이 유통될 경우에는 자신의 강한 집執念과 의지意志로 자수성가自手成家하여 40대 후반이나 50대에 부富를 획득할 수 있다.

  이 경우에도 성장기에 부모님이나 주변의 도움으로 학문이나 기술을 익힐 수 있는 시간적인 여유를 충분히 가지는 것이 도움이 될 수 있고, 자신의 학문이나 기술에 대한 자격증이나 학위를 획득하여 타인의 간섭이나 통제를 받지 않고 자신의 일을 할 수 있는 직업이나 일을 선택하는 것이 바람직할 수 있다. 흔히 말하는 대기만성大器晩成의 스타일이며, 지식이나 재능을 활용하여 강한 육체적인 활동을 하면서 재물을 추구할 수 있다.

- 일간의 일지가 인성이면서 월주와 연주에 인성과 식상과 재성이 함께 있을 경우에는, 청년기에 왕성한 활동을 통하여 자신의 명성과 재물을 획득할 수 있다. 그러나 식상과 재성이 없을 경우에는, 활동성이 약하고 나태하여 의식주衣食住가 불안정할 수 있다. 또한 월주와 일지가 비겁이면서 연주年柱에 인성이 있을 경우에는, 의지나 주관은 뚜렷하지만 자신의 생각과 고집대로 할 수 있는 일이나 업무를 원하고, 윗사람이나 상사의 간섭이나 구속을 받으면 참고 견디지 못하여 직업이나 재물이 불안정할 수 있다. 물론 운의 흐름이 좋을 경우에는 발전할 수 있다.

[근본적인 방책]

비겁比劫이 많고 강하면서 식상이나 재성이 약하거나 없는 경우에는 동업同業이나 부동산 투기投機는 금물이며, 또한 형제나 친구관계에서도 득得보다는 실失이 되는 경우가 많다. 이 경우에는 특히 문서나 서류, 도장

등을 잘 관리하여야 하고, 타인의 보증保證을 서는 일은 절대 금물이다. 한편 자기주장이 강하여 유아독존唯我獨尊이 될 수 있으므로 타인과의 관계가 원만하지 못하고 화합하기 어려워 주변에 사람이 없을 수 있다. 즉 인덕이 없어 외롭고 고독할 수 있으며 독선적일 수 있다. 그러나 희·용신의 운이 오는 경우에는 그 기간 동안에는 원만한 사회생활과 자신이 원하는 결과를 창출할 수 있다. 좀 더 살펴보도록 하자.

- 대인관계 : 직장생활이나 대인관계를 할 때에는 지나치게 자신의 주장이나 논리를 강하게 피력하기보다는 타인의 의견이나 주장을 경청하는 자세를 가져야 한다. 또한 자신을 낮추는 겸손함과 타인을 배려하고 이해하는 마음으로 직장의 상사나 동료를 대할 때 승진이나 인사에서 유리할 수 있다. 물론 대인관계에서도 자신의 말을 많이하기 보다는 경청할 때 진정한 대인으로 인정받을 수 있고, 자신을 따르고 존경하는 사람들이 주변에 생길 수 있다. 왜냐하면 가만히 있어도 다른 사람이 보기에는 강하고 때로는 거만하게 보일 수 있기 때문이다. 모르면 어쩔 수 없지만 알면 자신의 문제점이나 약점을 보완하여 더 큰 성공과 미래를 보장할 수 있는 능력이 있기 때문에 스스로 실천하는 것이 중요하다. 이러한 행동과 마음가짐은 반드시 자신을 성공의 길로 안내하는 지침이 될 수 있다.

- 직장생활 : 특히 일주와 월지가 양陽의 비겁이면서 강할 경우에는, 직장생활이 쉽지 않으므로 이 경우에는 간섭이나 통제를 덜 받는 업무나 부서를 선택하는 것이 도움이 될 수 있고, 자신의 기술이나 전문적인 능력으로 실력발휘를 할 수 있는 자유로운 영업직이나 전문직이 적합할 수 있다. 그렇지 않은 경우에는 학교를 졸업하고 처음에는 직장생활을 시작하지만 몇 년 이내에 직장을 그만둘 수 있으므로 처음에 직업을 선택할 때 신중하게 자신의 적성에 맞는 업무를 선택하는 것이 중요하다.

- 배우자의 선택 : 일간이 양간陽干이면서 비겁과 인성이 많고 강할 경우에는, 배우자는 자신이 생生하는 음간陰干이면서 비교적 신약한 여성을 선택하는 것이 가정의 화목을 도모할 수 있고, 자신의 건강과 일을 행하는데 도움이 될 수 있다. 왜냐하면 자신감과 자신의 주장이 강하기 때문에 배우자는 도와주고 싶은 마음이 드는 일간이 음陰이면서 조금은 여리고 부드러운 사람을 만나야 자신의 의견을 존중해 줄 수 있고 순종할

수 있기 때문이다. 배우자도 강할 경우에는 상호 마찰이 많이 발생할 수 있고, 가정이나 일로 인한 갈등이나 반목이 증폭되어 서로에게 불리할 수 있다.

• 자녀교육 : 자녀교육을 할 때도 본인의 힘이 강할 경우에는, 자녀에게 지나치게 엄격하고 통제하는 부모로 보일 수 있으므로 자녀가 부모를 지나치게 두려워하거나 때로는 멀리할 수 있다. 그러므로 자녀에게는 항상 인자하고 자상한 부모의 모습을 보이도록 노력해야 한다. 본인의 타고난 천성이 강하고 확고하기 때문에 지나친 간섭이나 통제를 하지 않아도 자녀에게는 많은 부담으로 작용할 수 있기 때문이다.

(4) 여명女命이 강한 사주일 경우 : 여명의 일간이 강할 경우에도 정도의 차이는 있지만 역시 남명의 경우와 유사한 성정性情과 특성을 나타낼 수 있다. 특히 일지와 월주가 양陽의 비겁이면서 연주가 편인으로 편중偏重될 경우에는 남명에서 언급한 특성이 나타난다. 즉 고집불통, 독불장군, 자존심, 독립심, 연애결혼, 재물에 대한 지나친 욕심, 인색함, 무덕無德 등의 특성이 나타날 수 있다.

남명의 경우와 마찬가지로 원국에 비겁比劫이 많아서 태왕하거나 극왕한 경우에는 주체성과 자립심이 강하고 동시에 추진력도 대단히 강하므로 타인에게 예속되거나 간섭받기를 싫어한다.

자신의 타고난 본성과 적성을 알고 실제 생활에 지혜롭게 활용하면 주어진 상황에서 최선의 방안을 도출하는데 도움이 되고, 또한 슬기로운 자기관리의 방안을 마련할 수 있다. 좀 더 살펴보도록 하자.

• 일지를 비롯하여 월주와 연주에 비겁과 인성이 많지만 시주에 식상과 재성이 온전할 경우에는, 비록 여성이지만 사회활동을 활발하게 하고 재물에 대한 애착과 본인의 목표달성에 대한 집념과 행동력이 대단히 강할 수 있다. 이 경우에는 자신의 목표나 일이 가정이나 배우자보다 우선순위가 될 수 있고, 적극적인 대외활동을 추구하여 활동의 결과인 재물과 명예를 획득할 수 있다.
여명의 일간이 비겁이 많아 편강偏强할 경우에는 기본적으로 다른 사람과의 경쟁에서도 물러서지 않고 자신의 이익을 추구할 수 있는 강인함과 조심성도 지니고 있다. 특히 비겁이 많지만 원국의 재성財星과 관성官星이 조화를 이루고 유통되면 정계政界나 관계官界 또는 재계財界 등에 진출하여 남자 정치인이나 CEO들과 어깨를 함께할 수 있다. 흔히 여장부는 비겁比劫과 인성印星을 겸비한 신강한 여명女命에서 관성官星과 재성財星이 온전한 경우가 많고, 이러한 경우에는 부귀를 함께 겸비하는 경우가 많다.

• 비겁比劫과 인성印星이 많아 일간이 강하지만 유통되지 못할 경우에는, 결혼한 여성의 경우에는 가정이나 직장에서 일어나는 사소한 일에서부터 큰일까지 모든 일을 자기가 결정하고 간섭하고 참견해야 직성이 풀릴 수 있다. 즉 집안일이나 바깥일에 상관없이 모두 자기 손을 거쳐야만 된다고 생각하고 행동할 수 있다. 이런 경우에는 관성에 해당하는 배우자인 남편을 무력하게 만들 수 있고, 동시에 남편이 하는 일을 방해하거나 부정적으로 판단하고 무시할 수 있다. 또한 결혼을 한 경우에는 시가媤家의 재물이 손상될 수 있고, 가사家事나 자녀의 양육養育에 만족하지 못하고 사회활동을 통하여 재물을 추구하지만 만족한 결과를 얻기 힘들며, 때로는 여성이 직접 육체적인 노동을 통하여 가족을 부양扶養할 수 있다. 물론 대운의 흐름이 좋을 경우에는 그 기간 동안에는 많은 결과를 얻을 수도 있고, 관성이 온전할 경우에는 직업을 통하여 목적을 달성할 수 있다.

• 특히 비겁이 월주와 시주의 간지에 있으면서 일간이 강할 경우에는, 남녀 모두 투기投機를 통한 부의 축적을 생각하면 패가망신할 수 있으므로 절대적으로 금물이며 형제나 친구관계에서도 득得이 되지 않을 수 있다. 왜냐하면 자신의 고집이나 주장이 강하므로 다른 사람이 피하는 경우도 생길 수 있고, 동시에 다른 동료나 친구 또는 형제도 일간과 마찬가지로 자신의 욕심만 채우려고 하기 때문이다. 이 경우에는 남녀 모두 부동산과 관련된 문서나 도장을 본인이 직접 잘 관리하여야 하고, 특히 보증을 서는 일은 절대 금물이다. 그러나 대운이나 세운에서 식상食傷과 재성財星으로 유통되는 경우에는 그 기간 동안에는 자신이 원하는 목표나 재물을 쟁취할 수 있다.

[근본적인 방책]

기본적으로 비겁과 인성이 많고 강할 경우에는, 항상 겸손하고 겸허한 자세로 타인을 존중하고 배려하므로 자신이 존경받으면서 함께 행복하게 살아갈 수 있다. 특히 자신이 처한 때와 장소를 알고 중용의 도리를 다하려고 노력하면 스스로 운명을 개척해 나갈 수 있다. 각각의 경우를 살펴보도록 하자.

- 대인관계 : 대인관계를 할 때도 항상 당당하고 자신감이 넘치기 때문에 오히려 자신이 타인을 배려하고 이해하는 마음과 행동을 하는 것이 존경받고 사랑을 받을 수 있는 방법이 된다. 또한 지나치게 자신의 주장이나 의견을 강요하지 말고 역시 다른 사람의 말을 경청할 때 비록 여성이지만 진정한 사회의 리더(Leader)가 될 수 있고, 직장이나 사회에서도 인정받는 믿음직한 지도층이 될 수 있다. 나아가 항상 자신의 마음가짐을 넉넉하고 여유롭게 하고, 지나치게 의심하거나 자기만이 옳다고 생각하는 마음을 버려야 한다. 배려하고 이해하는 마음과 행동은 자신의 가정과 일이나 직업을 온전하게 유지할 수 있게 할 수 있다.

- 직업관계 : 남명의 경우와 마찬가지로 일간이 양陽이고 월지가 양이면서 비겁이 강할 경우에는 직장생활을 하기가 쉽지 않으므로 직장생활을 하려고 하는 경우에는 간섭이나 통제를 덜 받는 업무나 부서를 선택하는 것이 도움이 되고, 자신의 기술이나 전문적인 능력으로 실력발휘를 할 수 있는 자유로운 영업직이나 육체적인 활동을 하는 자영업이 적합할 수 있다.

- 배우자의 선택 : 일주와 월지가 양陽의 비겁이면서 연주가 인성으로 편중偏重된 여명女命이 배우자를 선택할 경우에는, 우선적으로 본인의 일간이 배우자의 일간을 생生하면서 일간이 음陰이고 다소 신약身弱한 남명을 선택하는 것이 도움이 될 수 있다. 왜냐하면 본인의 외부활동이나 직업을 인정하고 배려하면서 이해할 수 있는 배우자가 되어야 하기 때문이며, 때로는 가정에 소홀할 수 있으므로 가정을 지켜줄 수 있는 배우자가 될 때 자신이 날개를 활짝 펼 수 있기 때문이다.
일주와 월지가 음陰의 비겁이면서 연주가 인성으로 편중偏重된 여명女命의 경우에는, 본인의 일간이 배우자의 일간을 생生하면서 배우자의 일간이 조금 약하지만 양陽의 木 火나 土의 기운을 지닌 밝고 긍정적이면서 믿음직한 성정의 배우자를 선택하는 것이 도움이 될 수 있다.

- 자녀교육 : 자녀교육을 할 때에도 자녀에게 본인의 생각이나 주장을 강요하거나 억압하여 자녀가 부담스러워하거나 무력할 수 있다. 그러므로 간섭하고 억압하기보다는 항상 자녀에게 자신감을 심어주고 당당한 아이가 될 수 있도록 격려激勵하고 위로하는 것이 도움이 된다. 특별히 재산이 많은 경우가 아닌 이상 대부분의 부모가 자식보다 오래 살아서 마지막까지 도와주고 보살펴주는 것은 불가능하며, 만약 그렇게 해야 한다면 부모인 자신은 얼마나 불행할까? 그러므로 자식이 스스로 자립하여 자신의 일을 할 수 있게 자신감과 용기를 심어주는 것이 현명할 수 있다. 또한 자녀의 일주가 약하고 여릴 경우에는, 부모는 자신이 강하기 때문에 지나친 강요나 억압 또는 간섭을 한다고 느끼지 못할 수 있다. 그러나 자녀의 입장에서는 엄청난 부담으로 작용하여 가출이나 방황 또는 극단적인 자살과 같은 불행한 선택을 하는 원인이 될 수도 있다.

2) 일간이 약弱한 사주의 기본 성향性向과 방책方策

일간이 약한 사주의 경우에도 3가지의 형태로 나누어 살펴볼 수 있다.

첫째, 원국에 비겁比劫이나 인성印星이 전혀 없는 극약極弱한 사주가 있다. 이러한 경우에는 대운이나 세운의 영향을 많이 받으므로 자영업이나 사업을 하기 보다는 직장생활이 유리하고, 특히 교육계통이나 공직에 있을 때 자신의 능력을 온전하게 발휘할 수 있다.

둘째, 역시 원국에 비겁이나 인성이 있어도 세력이 미약하거나 또는 합습이나 충沖 또는 극克을 받아 본래의 역할을 할 수 없을 경우에는, 마음이 내키지 않지만 부득이하게 원국의 재성財星이나 관성官星의 강한 세력에 의지하면서 살아가는 태약太弱한 사주가 있다. 이 경우에도 자영업을 운영하기보다는 직장생활이 유리할 수 있다. 역시 운에 의하여 일이나 생활방식의 변화가 쉽게 나타날 수 있다.

셋째, 원국의 일간이 비교적 약하여 비겁이나 인성을 희喜·용신用神으로 삼는 편약偏弱 또는 신약身弱한 사주가 있다. 이 경우에는 기본적으로 인성이나 비겁의 운이 오는 경우에는 그 기간 동안에는 자신이 원하는 일이나 목표를 추진할 수 있다.

일간日干이 편약한 사주도 역시 일간의 음양오행陰陽五行의 구성에 따라 각기 다른 성품이나 특성을 나타낸다. 여기서는 일간이 약한 사주의 일반적인 성향을 주변 상황을 고려하지 않고 논하여 보도록 하자. 자세한 내용은 개별 십성의 공부를 하면서 깊이를 더하도록 하자.

(1) 일간의 음양陰陽에 따른 성향 : 기본적으로 일간이 陰이고 월지나 일지가 음이면서 약弱할 경우에는 성정이 비교적 차분하고 침착하며, 물질적이고 실질적인 결과를 중시하는 경향이 강할 수 있다. 또한 육체적인 활동보다는 정신적인 활동을 선호하고, 자기주장을 강하게 고집하거나 독선적이지 않고 상호 타협적이며 협력하기를 선호한다. 그러므로 직장이나 조직생활을 통하여 자신이 맡은 분야의 일에 최선을 다하는 것이 본인에게 만족도나 성취도가 높을 수 있고 순리적인 삶이 될 수 있다. 또한 사업을 하더라도 소규모의 자영업이나 전문직의 서비스계통의 업종이 무난할 수 있고, 육체를 활용하는 직업보다는 두뇌를 활용한 업종이나 일이 무난할 수 있다. 사업의 경우에도 직원의 수가 7인 이상이 되는 사업을 구상하거나 일을 추구하는 경우에는 자신의 힘으로 직원이나 제반업무를 감당하기 어려울 수 있다. 일간日干이 양간陽干일 경우에는 비록 약하더라도 기氣가 강하기 때문에 쉽게 세력勢力을 따라가지 않고 자신이 스스로 펼치고 주도主導하기를 원한다.

(2) 남명男命의 일간이 약弱할 경우 : 기본적으로 일간日干이 약할 경우에도 극약極弱한 경우와 태약太弱과 편약偏弱한 경우로 분리하여 살펴야 좀 더 신뢰도가 높을 수 있고, 운의 흐름을 고려考慮하고 일간과 원국의 오행과 음

양의 구성을 살펴서 판단해야하지만 여기서는 기본적으로 남명男命의 일간이 약弱할 경우에 나타날 수 있는 현상을 알아보도록 하자.

- 男命의 일간이 약할 경우에는 기본적으로 자존심이나 고집이 강하지 않고 유순하며, 강한 추진력이나 끊고 맺는 결단력이 다소 부족할 수 있다. 그러므로 상호협력相互協力하고 상부상조할 수 있는 직장이나 일을 선택하는 것이 무난하다. 즉 자신의 사업이나 모험적인 일을 하기 보다는 안정적이고 경쟁이나 육체적인 활동이 심하지 않은 직장이나 직업을 선택하는 것이 무난할 수 있다.

- 일간이 편약偏弱하고 인성印星이 온전할 경우에는, 연구研究나 분석分析, 관리나 기획企劃, 교육 등의 업무를 맡거나 타인의 충실한 참모가 되는 것이 무난하고 지식을 활용한 소규모의 자영업도 무난할 수 있다. 특히 인성과 식상이 온전할 경우에는, 기업체나 정부기관의 연구기관에 종사하거나 참모나 기획을 담당하는 부서에서 새로운 아이디어를 창출하여 사회에 공헌할 수 있고, 다양한 개발업무를 관장하는 업무도 능력을 발휘하기에 적합할 수 있다. 또한 교육계통敎育系統이나 공직 또는 기업체에서 자신이 익힌 학문이나 재능을 바탕으로 주어진 업무나 직책에 책임을 다하고 능력을 발휘하여 자신이 원하는 삶의 목표를 달성할 수 있다.

- 재성財星이 많아서 일간이 편약偏弱하고 운運의 도움이 없을 경우에는, 재물에 대한 지나친 욕심으로 투기나 도박을 하거나 또는 몸을 혹사시키지만 실질적인 소득은 적을 수 있고, 이로 인하여 가정이나 인간관계가 무너질 수도 있다. 물론 비겁比劫과 인성印星의 운의 함께 올 경우에는 그 기간 동안에는 부귀와 안정을 누릴 수 있다. 이 경우에는 타고난 자신의 성향性向대로 성실하게 자신의 맡은 일이나 직무를 장기간 근속하면서 큰 돈 보다는 일정한 수입이 보장될 수 있는 일을 하는 것이 유리하고, 일정한 금액을 장기간에 걸쳐 저축을 하거나 코스피의 대표주식이나 우량주식 등을 장기적으로 보유하면서 적절한 수익을 올리는 것이 유리할 수 있다.

- 참고로 일간이 편약하거나 태약太弱하고 원국이 조화를 이루지 못하고 합습이 많을 경우에는, 대인관계가 원만하고 사교적일 수 있지만 자존심이나 주체성이 결여되어 다른 사람에게 비굴하게 행동하거나 때로는 아부阿附나 아첨阿諂을 잘할 수도 있다. 이러한 경우에는 자신의 목표나 주관이 뚜렷하지 않고 타인의 의견이나 주장을 따라가

는 경향이 강하므로 결혼을 하더라도 연애결혼보다는 다른 사람의 소개나 도움을 받아 중매결혼仲媒結婚을 하는 경우가 많다.

[근본적인 방책]

• 대인관계 : 직장생활이나 대인관계를 하더라도 지나치게 우유부단한 행동이나 맹목적으로 타인을 추종하는 행동이나 사고를 하기 보다는 신념을 지니고 소신所信있는 행동을 하는 것이 필요하다.

나아가 적극적인 생활습관과 체력을 기르기 위하여 규칙적인 운동을 하거나 취미생활을 하는 것은 항상 자신에게 새로운 힘의 원동력이 될 수 있다. 왜냐하면 인성에 해당하는 부모와 지식은 자신에게 정신적인 힘이 될 수 있고, 비겁에 해당하는 육체적인 힘은 지속적인 근력운동을 통하여 자신감과 의지를 강화시켜 줄 수 있기 때문이다.

• 직업관계 : 근본적으로 자신의 사업을 하기 보다는 직장생활이나 공직公職이 무난할 수 있고, 자신의 일을 하는 경우에는 친구나 주변의 도움을 받을 수 있는 일을 하는 것이 유리할 수 있다.

가업을 물려받아 운영할 경우에도 다방면으로 영역을 확장하는 것은 삼가야 하고, 한 사람에게 책임이나 전권을 위임하는 것은 금물이다.

인성이 희·용신일 경우에는 교육이나 지식을 활용한 계통의 직업을 장기간 계속하여도 적성에 맞고, 육체적인 활동이 강한 업종의 직업보다는 두뇌를 활용할 수 있는 일이 무난하며, 근본적으로 타인과 상호 협력하는 일이 무난할 수 있다.

• 배우자의 선택 : 일반적으로 남자가 약할 경우에는, 자신의 배우자는 원국을 파악하여 어느 정도 편강偏强하면서 활발하고 활동적인 성정의 여성을 선택하는 것이 도움이 될 수 있다. 왜냐하면 두 사람이 모두 약할 경우에는 서로가 부드럽고 원만할 수는 있으나 강한 성취욕이나 추진력이 부족할 수 있고, 사물을 바라보는 시각이 다소 회의적이고 부정적일 수 있으며 자녀나 주변사람과의 관계도 소극적일 수 있기 때문이다. 또한 음양의 원리에 의해 한사람이라도 강하거나 힘이 있어야 험난한 일이 있더라도 용기를 내서 극복할 수 있는 의지가 생길 수 있고, 가정도 밝아질 수 있기 때문이다. 역시 일주가 서로 생生하거나 합습하는 관계가 되면 도움이 될 수 있다.

재성이 많아 신약身弱하면서 일간이 음陰이고 월지나 일지가 陰인 남자가, 일간이 양陽이고 비겁이 많아서 신강身强하면서 월지나 일지가 陽인 배우자를 만날 경우에는 남자가 가정에서 기를 펼 수 없어 배우자와 다투거나 멀리할 수 있고, 때로는 외부에서 자신을 감싸줄 수 있는 다른 여자를 가까이할 수 있다.

- 자녀교육 : 자녀교육을 할 때에는 현실에 대한 부정적이고 소극적인 말이나 잔소리를 하기 보다는 오히려 자신감과 당당함으로 희망적이고 적극적인 대화를 하는 것이 필요하다. 또한 항상 꿈과 희망의 미래를 개척할 수 있다는 확신이나 강한 신념을 심어 주는 것이 도움이 될 수 있다.
  육체적으로는 자녀와 함께할 수 있는 활동적이고 적극적인 운동이나 취미를 만들어 함께 하면 두 사람에게 모두 도움이 될 수 있다.

(3) 여명女命의 일간이 약弱할 경우 : 여명女命의 일간이 약할 경우에는, 일반적으로 여성스럽고 부드러우며 협조적이면서 내성적인 성향을 나타낼 수 있다. 기본적으로 여성은 음양陰陽으로 볼 때 陰에 해당하므로 일간이 陰이고 월지나 일지가 음이면서 편약偏弱한 경우에는 보편적으로 여성스럽고 외부활동보다는 자녀나 가정의 일에 충실하며, 자신의 일에 몰두하기보다는 남편이나 자녀의 공부나 일에 도움을 주려는 경향이 강하고 남편에게 순종하는 가정적인 여성일 수 있다. 기본적인 성향을 자세히 살펴보자.

- 원국에 관성官星이 많아서 일간이 신약身弱한데 인성印星으로 유통되지 못하거나 식상食傷이 없을 경우에는, 남자와 마찬가지로 몸이 항상 피곤하거나 잔병치레를 많이 할 수 있으며 신경질적일 수도 있다. 또한 자신의 주관이나 의지가 나약하고 소신있는 행동이나 결정을 못하고 우유부단할 수 있다. 이러한 경우에는 종종 여러 남자를 전전하거나 때로는 결혼을 여러 번 할 수도 있고, 남자에게 억눌러 살아갈 수 있다. 그러나 월주에 정관이 온전할 경우에는 배우자나 남자에 의지하여 무난하게 살 수 있고, 때로는 배우자를 존중하거나 두려워할 수도 있다. 물론 관성이 많더라도 대운이 인성운印星運이면서 희·용신일 경우에는 그 기간 동안에는 자신이 원하는 직업이나 가정을 이룰 수 있으므로 무난할 수 있다.

- 여성의 경우에도 원국原局이 조화를 이루지 못하고 재성財星이 지나치게 많을 경우

에는, 항상 재물이나 돈에 우선순위를 두지만 몸이 아프거나 실제행동이 따르지 않아 일한 만큼의 결과가 나오지 않을 수 있고 배우자와 인연因緣이나 정情이 약할 수 있다. 그러므로 재성財星이 많고 강할 경우에는 자신의 의지나 주관을 가지고 안정적인 경제활동을 하는 것이 필요하고, 지나치게 물질에 집착하지 않아야 한다. 물론 대운이 희·용신일 경우에는 그 기간 동안에는 본인이 원하는 성과나 목표를 달성할 수 있으므로 이때 미래를 대비한 규모에 맞는 수익성 부동산을 구입하거나 저축이나 우량주식 등을 확보하여 정기적으로 일정한 수입이 생기는 틀을 만들어 어려운 시기나 노후를 대비하는 것이 필요하다. 즉 재물이 되는 그 시기와 공간을 잘 활용하여 오랫동안 행복하게 살 수 있는 방안과 대책을 미리 세우는 것이 지혜로운 삶의 방책이 될 수 있다.

• 관성官星이 너무 강하여 일간이 태약太弱하거나 극약極弱할 경우에는, 관살官殺의 심한 극을 받아 남편이나 윗사람을 두려워하거나 자신의 정체성正體性을 상실할 수 있다. 때로는 관살官殺의 우울증이나 불면증에 걸리거나 심한 공포감에 사로잡힐 수도 있고, 심하면 신경쇠약이나 정신질환에 시달릴 수도 있다. 이러한 경우에 다시 편관운偏官運이나 일주를 충하는 운이 오면, 그 기간 동안에는 대인관계나 가정생활을 할 때 신경질적이거나 과민반응을 나타낼 수 있고, 심하면 스스로 자해自害를 하거나 타인을 해害할 수도 있다.

관성官星이 너무 강하여 일간이 태약太弱하거나 극약極弱할 경우에는, 자신에게 적합한 종교를 선택하여 건전한 신앙생활을 하거나 교양서적을 읽거나 취미생활을 하여 자신의 정신과 몸을 다스리는 일에 시간을 투자하는 것이 도움이 될 수 있다. 물론 원국에 관성이 많아도 인성으로 유통이 되는 경우에는 무난하며 오히려 정숙한 여인일 수 있다. 또한 인성이나 비겁의 운이 오는 경우에는 그 기간 동안에는 발전하고 발복할 수 있다.

• 일간이 태약하고 원국이 조화를 이루지 못할 경우에도 다른 사람에게 잔소리가 많거나 신경질적일 수 있고, 때로는 허황된 생각이나 환상에 빠질 수도 있다. 또한 꿈을 자주 꾸거나 대수롭지 않은 일에도 깜짝깜짝 놀래기도 하고, 종교나 무속 등에 광적으로 심취하거나 또는 의존하여 재물이나 가정생활을 등한시 할 수 있다. 이러한 경우에는 결혼을 하더라도 일간이 약한 남자와 마찬가지로 연애결혼을 하기 보다는 다른 사람의 소개나 도움을 받아 중매결혼仲媒結婚을 하는 것을 선호할 수 있다.

결혼을 한 후에는 일간이 약하므로 배우자나 시어머니와 함께하기보다는 의지하고 도움을 받고 싶은 마음이 강하므로 자신을 이해하고 도움을 줄 수 있는 친정식구나 형제자매와 어울리려는 경향이 강할 수 있다. 시댁에서는 시아버지의 도움을 받는 것이 필요하고 또한 도움을 청하면 도움을 받을 수 있다.

[근본적인 방책]

기본적으로 의지하고 싶은 마음과 도움을 받고 싶은 마음이 강하므로 자영업보다는 직장생활을 하는 것이 유리하다. 또한 스스로 새로운 일을 추진하여 결과를 창출할 수 있는 강한 자신감이나 의지가 약하기 때문에 다른 사람의 협조와 도움을 받아 원하는 목표나 계획을 달성하는 것이 화목한 가정생활과 직업을 원만하게 유지하는 방안이 될 수 있다. 무엇보다도 처음에 시작한 직업이나 직장을 주변의 말이나 환경에 동요되지 말고 끝까지 밀고나가는 초지일관初志一貫의 자세가 중요하다.

- 대인관계 : 대인관계를 할 때에는 차분하고 침착하게 하는 것이 도움이 되지만 조금은 밝고 긍정적인 사고를 하는 것이 필요하고, 다른 사람의 말이나 결정에 쉽게 흔들리지 않는 본인의 주관이나 의지를 가지고 처신하는 것이 필요하다. 특히 진정한 친구나 동료를 만들어 어려운 일이나 문제를 함께 상의하고 해결할 수 있으면 큰 도움이 될 수 있다. 자신의 부모나 형제의 도움을 받는 것도 역시 큰 힘이 될 수 있다.

- 직업관계 : 남명의 경우와 유사하며 직장이나 직업을 선택하는 경우에는 육체적인 활동이 많은 업종이나 일보다는 내부에서 정리하고 기획하는 일이 적성에 맞을 수 있고, 때로는 보조하는 참모의 기능을 하는 것이 무난할 수 있다. 또한 자영업보다는 직장생활을 하는 것이 무난할 수 있고 특히 공무원이나 교직계통이 무난하며, 경쟁보다는 함께 협력하여 결과를 창출할 수 있는 분야의 직장이나 직업을 선택하는 것이 유리할 수 있다.

- 배우자의 선택 : 신약한 여명女命의 경우에는 배우자를 선택할 때 성격이 지나치게 고집스럽고 외골수적인 비겁比劫이 강한 사람을 선택하기보다는 자신을 감싸주고 보호

해줄 수 있는 정재正財가 온전하면서 정인正印이 강한 배우자를 선택하면 상호 보완 작용을 할 수 있다. 즉 지나치게 돈만 추구하거나 자유분방한 사람보다는 인간적인 면을 중시하면서 가정과 일간을 보살필 수 있는 사람이 도움이 될 수 있고, 자신을 이해하고 동반자와 같은 마음으로 살아갈 수 있는 일간이 편강偏强한 배우자를 만나는 것이 도움이 될 수 있다. 역시 자신과 가족을 책임질 수 있는 전문지식이나 재능을 보유한 성실한 사람을 선택하는 것이 필요하다.

- 자녀교육 : 자녀교육을 할 때에는 짜증을 내거나 신경질적이고 부정적인 말보다는 언제나 긍정적이고 희망적인 대화를 나누는 것이 필요하다. 즉 자녀에게 단점이나 불만족의 사례를 열거하고 지나치게 꾸지람이나 잔소리를 하기 보다는 자녀와 함께하는 동반자의 개념을 심어주는 것이 중요하다. 이런 과정을 통하여 자녀에게는 희망을 심어줄 수 있고, 자신은 긍정의 힘을 얻을 수 있다. 특히 일간 자신은 자녀나 남편으로 인하여 힘을 빼앗길 수 있으므로 항상 자신의 마음을 안정적으로 유지하고, 자녀나 주변사람으로 인한 정신적인 스트레스나 육체적인 스트레스를 잘 관리해야 한다. 이런 경우에는 자녀나 배우자를 친구나 동료로 생각하고 함께 생각하고 함께 행동하는 것이 상호 보완적이고 효과적일 수 있다. 물론 시간이나 공간이 허락한다면 함께할 수 있는 운동을 만들어 자신감과 협동심을 향상시키는 것도 좋고, 가족이 함께 온전한 신앙생활을 하는 것도 큰 위안과 힘이 될 수 있다.

- 부富의 축적 : 재물을 모으는 방법은 투기성投機性이 강한 재물을 추구하기보다는 안정적인 수입이 발생할 수 있는 직장이나 아이디어를 활용한 소규모의 자영업을 통하여 지속적인 저축을 하는 것이 필요하며, 종자돈이 마련되면 입지立地와 도시계획이나 개발계획 등을 고려하여 상가나 부동산不動産에 투자하거나 장기적으로 업종 대표주와 같은 주식에 투자하는 것도 도움이 될 수 있고, 이율이 높은 장기저축 등을 통하여 꾸준하고 성실하게 재물을 모으는 방법이 무난할 수 있다. 특히 20대 후반이나 30대 초반의 나이일 경우에는 결혼을 하면 먼저 소득보다 지출이 적은 결혼초기에 일정한 금액으로 10년 정도의 기간을 정하여 수입의 약 10% 범위 내에서 매월 지속적으로 불입하는 보장성이 포함된 저축보험과 불의의 사고나 위험에 대비할 수 있는 손해보험으로 나누어 가입해두는 것도 큰 도움이 될 수 있다. 단 보험료 납입기간이 10년보다 길어지거나 보험료의 지출이 많을 경우에는 자신에게 자금의 무리가 갈 수 있으므로 가급적 수입금액의 10% 이내에서 보험료를 불입하고 불입기간은 10년으로

하되 보장은 종신으로 받을 수 있게 유지하는 것이 유리할 수 있다. 왜냐하면 자녀들이 성장하여 대학에 진학하거나 또는 해외유학을 가는 경우에는 큰돈이 들어가므로 그 시기에는 보험료의 납입이 부담될 수 있기 때문이며, 실제로 10년 이상 장기간 보험을 넣는 경우에는 기한까지 유지하지 못하고 대부분 해약解約하여 원금의 손실이나 이자손실을 보는 어리석은 경우를 많이 볼 수 있기 때문이다. 그야말로 보험保險은 급작스럽게 발생할 수 있는 사고나 위험을 대비하는 방책이므로, 단기간의 저축을 생각하는 경우에는 수익이 더 큰 금융상품이나 안정적인 적금을 활용하는 것이 유리할 수 있다. 기본적인 장기 주택부금이나 적금 등의 이율이 높은 금융상품을 선택하여 매월 일정한 금액을 불입하는 것도 도움이 될 수 있다.

※ 사주四柱가 좋다고 저절로 만사가 순조롭게 이루어지는 것은 아니며, 사주가 나쁘다고 나쁜 일만 생기는 것도 아니다. 스스로 환경이나 생활습관을 개선하고 주변사람의 도움을 받으면 어려움도 극복할 수 있고, 때로는 천복天福도 받을 수 있다.

필요한 것은 자신의 운運과 명命을 알고 자신의 삶을 성실하게 살아가면서 좋은 운이 오면 더 좋은 결과를 창출創出하기 위해 더욱 적극적인 행동으로 실천하고, 나쁜 운이 오면 큰 피해나 손해를 보는 것이 아니라 자신의 처한 상황을 미리알고 사전에 대비하여 피해나 손실의 정도를 최소한으로 줄일 수 있다. 즉 자신의 命과 運을 알고 예상되는 부귀富貴나 명예뿐만 아니라 스트레스나 고통도 극복할 수 있는 방안을 찾아 사전에 대비對備해야 한다. 또한 자신의 운기의 흐름을 알고 미리 준비하고 대비하여 정신과 육체도 항상 에너지가 충만한 상태로 유지하는 것이 필요하다. 노력하고 사전에 대비하는 성실한 삶의 자세가 없다면 아무리 四柱가 좋고 運이 좋다고 해도 자신에게 좋은 결과가 오는 것이 아님을 명심하자.

(4) 편중된 십성이 많아서 약弱할 경우

① 관성官星이 많아서 약할 경우 : 관성이 강하고 비겁이 없거나 약하여

일간이 편약하지만, 관성이 인성으로 유통되는 경우에는 학문이나 교육방면 등의 지식관련 부문에서 직업이나 일을 할 수 있고, 대인관계에서도 상호 협력적이며 사회성이 뛰어날 수 있다. 이 경우에는 관인상생官印相生이 되므로 자신의 역할과 능력을 발휘할 수 있다. 그러나 관성이 많지만 인성으로 유통되지 못하는 태약한 사주일 경우에는 원리원칙에 얽매여 자신을 학대虐待하거나 혹사酷使하여 편관의 우울증에 걸릴 수도 있다. 물론 이러한 경우에도 희·용신에 해당하는 운이나 식상운食傷運이 오면 그 기간 동안에는 무난하고 순조롭게 일이나 계획이 진행될 수 있다. 기본적으로 강도強度가 강한 육체적인 노동이나 장시간의 육체노동이 필요한 직업이나 일을 하는 경우에는, 일간이 강한 사주보다 육체적인 피로와 정신적인 피로를 더 빠르게 많이 느낄 수 있다. 그러므로 자신이 감당할 수 있는 업무나 직업인지를 파악하고 일에 임하는 것이 중요하다. 예를 든다면 근무시간이나 휴무일수, 휴가, 노동의 강도 등을 파악하고 자신이 장기적으로 감당하고 즐겁게 임할 수 있는 일이나 직업을 선택하는 것이 중요하다. 또한 편관偏官이 간지에 많고 강하여 일간이 약한데 식상이 없거나 인성으로 유통되지 못하면, 남녀 모두 잔병치레를 하는 경우가 많고 직장에서는 과중한 업무를 담당하거나 무정한 상관이나 상사를 만나 피곤하고 힘들 수 있다.

여명의 경우에는 가사로 인해 피곤할 수도 있고, 때로는 남편이나 집안의 어른으로부터 지나친 구속이나 간섭을 받아 흔히 정신적인 우울증이나 두통을 달고 다닐 수 있다.

일간이 태약하거나 극약하면서 합습이나 충沖이 간지에 많을 경우에는, 자신의 생각이나 의지보다는 다른 사람의 생각이나 말에 쉽게 동조하거나 순종할 수 있고 변덕이 심할 수 있으며, 때로는 무속이나 종교에 심취하거나 몰입하여 가정이 파괴되거나 재물을 탕진하는 경우도 발생하므로 현혹되지 않도록 조심해야 한다. 특히 관성이 혼잡하고 많아서 일간이 약할 경우에는, 운에 의해 질병을 자주 앓거나 평상시에도 잔병치레를 많이 할 수 있고 직업이나 가정의 변화와 변동이 심할 수 있다.

여명女命의 경우에는 남편 덕이 없거나 때로는 폭군의 배우자를 만날 수도 있으므로 자신에게 적합한 원국을 지닌 배우자를 선택하는 것이 대단히 중요하다.

② 식상食傷이나 재성財星이 많아서 일간이 약할 경우 : 식상이나 재성이 많아서 일간이 약할 경우에는, 대인관계에 있어서 흔히 아랫사람이나 부하 직원의 도움을 받기 어려울 수 있고 이들로 인한 피로나 곤란함을 당할 수 있다. 또한 자신의 힘에 버거울 정도의 일이나 활동을 하지만 실익實益이 적을 수 있다. 이러한 경우에는 자신의 고집이나 힘으로 누르기보다는 항상 지혜로운 처신과 자신의 교양을 쌓아 인격적인 존중을 받으면서 아랫사람을 통솔하고 다스리는 것이 필요하며, 항상 자신의 건강관리를 위하여 정기적인 운동과 휴식을 가지는 것이 필요하다. 물론 운의 흐름이 좋을 경우에는 그 기간 동안에는 적극적으로 자신의 일이나 목표를 향하여 나아갈 수 있다. 특히 남명의 경우에 원국에 관성이 없으면서 식상食傷과 재성財星이 많아 약할 경우에는, 일간의 직업이 불안정하거나 능력도 없으면서 지나치게 여자나 재물을 밝혀 가정에서 외톨이가 되거나 또는 강한 배우자가 경제권을 가지는 경우가 되어 본인은 재물의 고통을 많이 받을 수 있다. 이런 경우에는 자신의 처지와 분수를 알고 가정에 충실하면서 직장생활을 영위하는 것이 자신의 삶을 안정적으로 유지하는 방법이 될 수 있다.

[근본적인 방책]

일간이 약할 경우에는 기본적으로 부모나 형제의 도움을 받거나 또는 동료나 친구와 원만하고 협력적인 관계를 통하여 힘을 얻는 것이 필요하고,

한편으로는 자신감과 의지를 강화시키는 방안으로 근력운동을 규칙적으로 지속하여 체력을 강화하는 것이 큰 도움이 될 수 있다.

정신력을 강화하는 방법으로는 위인전이나 전기傳記, 성서聖書나 불서佛書 등과 같이 자신이 의지하고 위안이 되면서 지혜를 얻을 수 있는 책을 읽거나 또는 선仙이나 명상 또는 단전호흡丹田呼吸과 같은 수련을 하는 것도 많은 도움이 될 수 있다. 또한 자신의 타고난 적성이나 천성에 적합한 기독교나 천주교 또는 불교 등의 공인된 종교를 선택하여 신앙생활을 성실하게 하는 것도 많은 도움이 될 수 있다. 그러나 참된 믿음과 종교는 도움이 되지만, 때로는 광신도가 되거나 무속巫俗이나 사이비종교 등에 맹목적으로 의지하여 빠져들면 자신의 삶에 치명적인 독毒이 될 수 있으므로 올바른 신앙생활을 하는 것이 대단히 중요하다.

5. 일간의 희喜·용신用神과 운運의 취용법取用法

용신用神과 희신喜神은 일간에게 필요하고 도움이 되는 오행이므로, 용신이나 희·용신喜·用神 또는 길신吉神으로 혼용하여 표현하였다. 기본적으로 용신을 찾을 때는 먼저 억부법抑扶法을 적용하여 판단하고 해결이 안 될 경우에는 억부법과 함께 한寒, 난暖, 조燥, 습濕을 살피는 조후용신調候用神도 활용할 수 있다. 억부용신과 조후용신이 일치할 경우에는 상격上格의 사주라고 할 수 있다. 그러나 억부나 조후調候로도 용신을 찾기 힘들 경우에는 일간에게 해로운 역할을 하는 기신忌神을 먼저 찾은 후에 용신을 찾을 수 있다고 하였다. 그 외에도 통관이나 유통을 시켜주는 오행을 참고하여 용신을 찾을 수 있고, 별격別格이나 잡격雜格 또는 격국格局에 따라 정해진 용신을 찾는 경우도 있다.

일간의 희·용신을 찾을 때 다양한 변수가 작용할 수 있지만 여기서는 변수를 제외하고 기본적인 희·용신을 찾는 방법을 알아보도록 하자.

1) 일간이 강強한 사주의 희喜 · 용신用神과 운運

(1) 인성印星이 강하고 비겁比劫이 있는 편강偏强한 사주 : 월지에 인성이 온전하고 비겁이 있는 경우에는 흔히 말하는 인성신강 사주가 된다. 이 경우에는 원국의 재성財星이나 식상食傷을 용신과 희신으로 삼을 수 있을 때 가장 유리할 수 있고, 이때 인성印星이나 비겁比劫은 기신忌神이나 구신仇神으로 판단할 수 있다. 관살官殺은 한신閑神이 될 수 있고, 단 식상이 온전할 경우에는 비겁도 무난할 수 있다.

대운이나 세운에서 식상운食傷運이나 재성운財星運이 올 경우에는 그 시기에 일간이 왕성한 활동을 통하여 큰 성과를 거둘 수 있고, 인성운印星運과 비겁운比劫運이 올 경우에는 그 시기에는 노력한 만큼 일의 성과가 나오지 않을 수 있다. 특히 식상운과 재성운이 함께 오는 경우에는 더욱 발복할 수 있고, 인성운이 干支로 강하게 올 경우에는 식상이 파괴되어 하는 일이 없어질 수 있으므로 그 기간 동안에는 하는 일이나 직업이 중단되지 않도록 주의해야 한다.

원국의 관성官星이 용신일 경우에는, 재성財星의 도움을 받으면서 관성이 온전하고 인성과 비겁이 월주月柱와 연주年柱에 있을 경우에는 상급의 사주가 될 수 있다. 그러나 관성이 일지日支나 월지에 있으면서 천간에 투출하지 못하고 재성의 도움을 받지 못할 경우에는 용신이 미약하여 운의 영향을 많이 받을 수 있고 높은 관직이나 대기업의 고위직에 오르기가 어려울 수 있다. 물론 이 경우에도 재성운財星運과 관성운官星運이 간지로 함께 올 경우에는 그 시기에는 크게 발복할 수 있다.

(2) 비겁比劫이 강하고 인성印星이 있는 편강偏强한 사주 : 월지에 비겁이 온전하고 인성이 있는 경우에는 흔히 말하는 비겁신강사주가 된다. 이 경우에는 원국의 관성과 재성을 희·용신으로 활용할 수 있을 때 가장 유리하고, 인성이나 비겁은 기신이나 구신으로 판단할 수 있다. 또한 식상은 재성이 있을 경우에는 희·용신으로 활용할 수 있고, 관성 용신을 극할 경우에는 도움이 되지 않는 한신閑神이나 기신忌神이 될 수 있다. 그러므로 관성운官星運과 재성운財星運이 오는 시기에는 일간이 가장 왕성한 활동을 통하여 큰 성과를 거둘 수 있고, 인성운印星運과 비겁운比劫運이 올 경우에는 그 시기에는 노력한 만큼의 결과가 나타나지 않고, 오히려 자만하거나 자존심이 생겨 직장이나 하는 일에 소홀하거나 손실을 입을 수 있다.

식상운食傷運은 원국에서 식상과 재성이 관성으로 유통되는 경우에는 그 기간 동안에는 상급의 사주가 될 수 있지만, 식상이 용신인 관성을 克하는 경우에는 용신이 파괴되어 직장을 잃어버릴 수도 있다. 이 경우에도 식상이 합을 하여 제 역할을 못할 경우에는 손실이 경감될 수 있다.

(3) 비겁比劫과 인성印星이 많아 태왕太旺한 사주 : 원국의 월지와 일지를 포함하여 간지에 비겁이 많고 나머지 간지는 인성과 1~2개의 다른 오행이 있을 때는 태왕太旺 또는 태강太强한 사주라고 하였다. 이 경우에는 일간의 강强한 기운을 克하기보다는 자연스럽게 힘이 빠지게 할 수 있는 식상食傷을 用神으로 삼고, 원국의 기운을 거역하지 않는 비겁比劫이나 재성財星을 활용할 수 있다. 반대로 강한 일간이나 식상을 克하는 관성官星과 인성印星은 기·구신이 될 수 있다. 기본적으로 시주時柱에 식상이 있거나 또는 시

주時柱와 일지時柱의 지장간에 식상과 재성財星이 온전할 경우에는 스스로 자수성가自手成家를 할 수 있다. 이 경우에도 원국에 식상이 용신이면서 온전할 경우에는 식상운이 올 때 가장 유리하고 일간이나 식상을 克하는 관성운과 인성운이 오면 그 기간 동안에는 불리할 수 있으며, 재성운은 한신이지만 도움이 될 수 있고 비겁운도 무난할 수 있다.

태왕太旺한 사주는 일간의 힘을 설洩하는 식상의 기운으로 순행하는 것이 가장 좋고, 대운과 세운에서 각각 간지로 식상운이 오거나 식상운과 재성운이 함께 오는 경우에 크게 발복할 수 있다. 이러한 원국이 되는 경우에는 전문 지식을 바탕으로 강한 추진력과 자신감으로 자신의 일에만 전념하거나 또는 강한 육체적인 활동을 통하여 자수성가를 하는 경우가 많지만 대인관계는 서툴거나 원만하지 못할 수 있음을 알고 유의해야 한다.

(4) 인성印星이 극왕極旺하여 종강從强한 사주 : 원국의 월지月支와 일지日支를 포함하여 대부분의 간지가 인성印星으로 구성된 종강사주가 되면 강한 인성의 기운을 거역하지 않고 순응하여 종從할 수 있는 인성을 용신으로 삼고 비겁比劫을 희신으로 삼을 수 있다. 이 경우에는 인성을 克하는 재성財星이나 인성의 극을 받는 식상食傷은 기·구신이 될 수 있고, 관성官星은 한신閑神이 될 수 있다. 즉 강한 기운을 거역하기보다는 강한 기운을 순수하게 따라가는 것이 오히려 무난한 것을 의미한다. 그러므로 인성운과 비겁운이 오면 그 기간 동안에는 무난할 수 있고. 관성운은 한신閑神이 될 수 있다. 재성운과 식상운이 오면 그 기간 동안에는 새로운 일이나 재물을 추구하려고 하던 일을 바꾸거나 일을 중단할 수 있으므로 불리할 수 있다. 이 경우에도 식상이 통근하고 시주時柱에 있으면서 인성의 克을 받지 않을 경우에는 희·용신이 될 수 있으므로 오행의 관계를 세밀하게 살펴 판단해야 한다.

일간이 종왕從旺한 경우에는 학문이나 전문지식을 바탕으로 타인의 간섭을 덜 받는 직장이나 직업을 선택하는 것이 도움이 될 수 있고, 자신의 일을 스스로 하는 것도 무난할 수 있다.

기본적으로 훌륭한 학자의 자질을 지니고 있으므로 과학자나 철학자 또는 문학가 등이 무난하고, 비교적 행동이 느리거나 게으를 수 있으므로 규칙적인 행동습관을 가지는 것이 필요하다.

(5) 비겁比劫이 극왕極旺하여 전왕專旺한 사주 : 원국의 월주月柱와 일지日支를 포함하여 시주時柱가 비겁比劫이면서 나머지 간지의 1~2개의 오행이 인성印星으로 구성된 사주를 극왕한 사주라고 하고, 이 경우에는 종왕격從旺格사주 또는 전왕격專旺格사주라고 할 수 있다.

전왕격이 될 경우에는 강한 자존심과 추진력을 나타내는 비겁의 기운을 거역하지 않고 순응해야 하므로 비겁과 인성을 희·용신으로 삼을 수 있다.

강한 일간이나 비겁을 克하는 관성官星과 비겁의 극을 받는 재성財星은 기·구신이 되고, 식상食傷은 한신閑神이 될 수 있다. 역시 강한 기운을 거역하지 않는 비겁운이나 인성운이 오면 그 기간 동안에는 무난할 수 있고, 때로는 강한 식상운이 와도 인성과 충이 되지 않으면 도움이 될 수 있다. 관성운이나 재성운이 오면 그 기간 동안에는 강한 기운을 克하므로 불리하고, 식상운은 한신이 될 수 있다.

※ 일간이 양간陽干일 경우에는 비록 약하더라도 기氣를 따라 나아가기를 원하고 세력勢力에 종從하기를 싫어하며, 음간陰干일 경우에는 기를 따라 나아가기보다는 세력을 따라 종從하기가 수월하다고 하였다. 그러므로 일간이 양간일 경우에는 자신의 약한 뿌리만 있어도 從하지 않으려고 하고 비록 종하더라도 억지로 따라가는 가종假從이 되는 경우가 많고, 일간이 음간일 경우에는 어느 정도 뿌리가 있어도 강한 세력을 진심으로 원하여 따라갈 수 있으므로 진종眞從을 하는 경우가 많다. 특히 金 水의 음간일 경우에는 기를 따라 나아가기보다

2) 일간이 약弱한 사주四柱의 희喜 · 용신用神과 운運

(1) 식상食傷이 많아 편약偏弱한 사주 : 기본적으로 약한 일간을 도와주고 강한 식상의 힘을 克하는 인성을 용신으로 삼고, 일간의 힘이 되는 비겁을 희신으로 삼을 수 있다. 일간의 힘을 빼는 식상과 재성이나 관성은 도움이 되지 못하여 기·구신이 되고 단, 재성은 한신이 될 수 있다. 이 경우에는 인성운이나 비겁운이 오면 그 기간 동안에는 발전할 수 있고 재성운이나 관성운 또는 식상운이 오면 그 기간 동안에는 일간이 고단하고 힘들지만 노력한 만큼의 결실을 얻기는 어려울 수 있다. 단, 식신운이나 정재운은 자신의 처신과 절제에 따라 자신에게 유리하게 활용할 수 있다.

비록 일간이 약하지만 원국에 식상食傷과 재성財星이 있으면서 유통되는 경우에는 자신의 활동량과 일이 많은 것을 의미하므로 주변의 도움을 받고 활동하는 경우나 직장생활에 성실히 임할 경우에는 소기의 성공과 부귀를 이룰 수 있다. 단 이 경우에는 건강관리에 유의해야 하고 배우자나 모친의 도움이 있으면 더욱 좋을 수 있다. 기본적으로 원국에 食傷과 財星이 잘 구성된 사주는 몸은 비록 고단할 수 있지만, 항상 할 일이 있고 돈이 떨어지지 않는 장점도 있다.

물론 비겁운이나 인성운이 오면 그 기간 동안에는 소신과 추진력을 발휘하여 발전할 수 있다.

(2) 관살官殺이 많아 편약偏弱한 사주 : 관살官殺은 일간을 克하여 억압하거나 힘이 빠지게 하는 역할을 하지만 인성印星으로 유통되면 관인상생官印相生이나 살인상생殺印相生이 되므로 이 경우에는, 인성을 생生하고 일간을 克하지 않으므로 인성印星을 용신으로 삼고 관살의 작용을 견딜 수 있는 힘이 되는 비겁比劫을 희신으로 삼을 수 있다. 물론 인성이 없을 경우에는 비겁을 용신으로 삼아야 한다.

관살을 더욱 강하게 하는 재성財星이나 관성官星은 기忌·구신仇神이 되고 식상食傷은 한신閑神이 된다. 그러나 식상食傷은 일간이 양간이면서 어느 정도 힘이 있고 인성이 없을 경우에는 食傷으로 官殺을 克하여 식상재살食傷制殺을 할 수 있으므로 비록 한신이지만 희신의 역할을 할 수 있다.

기본적으로 인성운이 오면 그 기간 동안에는 발복할 수 있고 비겁운도 무난할 수 있다. 그러나 재성운이나 관성운이 오면 그 시기에는 불리하며, 식상운은 원국을 살펴서 길흉을 논해야 한다.

일간이 양간陽干이면서 편약하고 특히 甲 丙 戊일 경우에는 식상이 희·용신의 작용을 할 수 있으므로 일간의 강약을 자세히 살펴 판단하는 것이 필요하다. 관성官星은 직업이나 관직을 나타내므로 타인이나 부모의 도움이 있거나 건강관리를 잘 할 경우에는, 맡은 일에 책임감과 사명감을 발휘하여 충실하게 임할 수 있으므로 그런 분야의 훌륭한 직업인이나 고위 공직자가 될 수 있다.

(3) 재성財星이 많아 편약偏弱한 사주 : 기본적으로 재성財星에 해당하는 재물을 취하기 위해서는 일간이 강해야 하므로 재성을 克하는 비겁比劫을 우선 용신으로 삼고, 일간을 도와주는 인성印星을 희신으로 삼을 수 있다.

반대로 일간의 힘을 빼고 재성을 생하는 식상食傷과 재성財星은 기·구신이 되고, 재성의 힘을 빼는 관성官星은 한신이 될 수 있다. 이 경우에도 관성官星은 원국에 인성이 있을 경우에는 관인상생官印相生을 할 수 있으므로 무난할 수 있다.

기본적으로 비겁운이나 인성운이 오면 그 기간 동안에는 일간이 강해져 재성을 취할 수 있으므로 발복할 수 있고, 식상운이나 재성운 또는 관성운이 오면 힘이 약하여 재성을 취하기가 어려워 불리할 수 있다. 역시 관성운은 원국에 인성이 있는 경우에는 도움이 될 수 있고, 식상운도 활동을 통해 지나친 욕심이나 과시하려고 하는 허세를 부리지 않고 한 분야에 몰두하면 작은 재물은 추구할 수 있다. 이때도 원국의 合이나 沖의 관계를 살펴서 길흉의 정도를 논해야 한다.

(4) 식상官傷과 재성財星이 많아 편약偏弱한 사주 : 일간이 편약偏弱하므로 역시 기본적으로는 일간의 힘이 되는 인성印星과 비겁比劫을 희·용신으로 삼고, 일간의 힘을 빼거나 克하는 식상食傷과 재성財星은 기·구신이 되고 관성官星은 한신이 될 수 있다. 역시 관성官星은 원국에 印星이 있을 경우에는 관인상생官印相生을 할 수 있으므로 무난할 수 있다.

이 경우에도 기본적으로 인성운이나 비겁운이 오면 그 기간 동안에는 발복할 수 있고, 재성운과 식상운이 오거나 관성운이 오면 그 기간 동안에는 불리할 수 있다. 그러나 관성운이 오는 경우에는 원국에 인성이 있을 경우에는 무난할 수 있고, 이 경우에도 항상 운에 의한 일주와 원국의 合이나 沖 克에 의한 변화를 살펴서 길흉을 논해야 한다. 이러한 사주는 기본적으로 큰 재물을 추구하기는 어려울 수 있지만 작은 부자는 될 수 있다.

(5) 식상食傷 재성財星 관살官殺이 많아 편약偏弱한 사주 : 이 경우에도 기본적으로 월주月柱나 일지日支에 인성印星이나 비겁比劫이 있으면 인성印星과 비겁比劫을 희·용신으로 삼을 수 있다. 일간의 힘을 빼거나 克하는 재성財

星, 관성官星, 식상食傷은 기·구신이나 한신이 된다.

월주나 일지에 인성이나 비겁이 없을 경우에는, 원국의 천간이나 지지에 있는 인성이나 비겁을 찾아 희·용신으로 삼을 수 있다. 역시 官星은 한신이지만 印星을 生하는 경우에는 관인상생官印相生이 되어 무난할 수도 있다.

기본적으로 식食, 재財, 관官을 갖추고 있으므로 살아가는데 의식주의 어려움은 없지만 항상 부지런하게 움직이므로 건강관리에 유의해야 한다. 강한 인성운이나 비겁운이 오면 그 기간 동안에는 발복할 수 있고, 식상운이나 재성운은 건강에 불리할 수 있다. 관성운이 오는 경우에는 원국의 일간과 인성의 작용력을 살펴 길흉을 살펴야 하고 合이나 沖·克의 작용도 살펴서 분석해야 한다. 이 경우에도 시주時柱에 식상食傷과 재성財星이 안정적으로 있을 경우에는, 나이가 들어서도 하는 일이 있으면서 어느 정도의 재물을 모을 수 있고 생활력이 강할 수 있다. 그러나 食傷과 財星이 대운과 세운에서 감당할 수 없을 정도로 많이 와서 일간이 약해지면 그 시기에는 일이나 재성과 관련된 문제로 건강에 이상이 생길 수 있으므로 건강관리를 유의해야 한다.

(6) 식상食傷 재성財星 관살官殺이 많아 태약太弱한 사주 : 식상食傷, 재성財星, 관살官殺이 월주月柱와 일지日支에 자리하면서 연주年柱에도 있을 경우에는 비겁比劫이나 인성印星이 일간의 힘이 되기 어려울 수 있다. 이 경우에는 오히려 원국의 강한 기운을 거역하지 않고 활용하여 희·용신으로 삼을 수 있다. 즉 식상食傷이나 재성財星 또는 관성官星가운데 희·용신을 삼고, 일간에게 도움을 주는 인성印星이나 비겁比劫은 강한 오행의 십성을 克하거나 沖하여 불리할 수 있으므로 기·구신이 될 수 있다. 그러므로 인성운과 비겁운이 대운이나 세운에서 오는 경우에는, 운과 원국 전체를 파악한 후에 간명을 해야 한다. 때로는 대운이나 세운에 의해 극약해질 경우에는 순순

히 강한 세력에 종從하는 경우가 유리할 수 있다. 좀 더 자세히 살펴보자.

월주月柱를 포함하여 식상食傷이 많아서 일간이 태약太弱한 사주일 경우에는, 기본적으로 일간은 강한 식상의 기운을 거역할 수 없기 때문에 식상食傷을 용신으로 삼고 재성財星을 희신으로 활용할 수 있다. 이 경우에는 인성印星이나 비겁比劫은 기·구신이 되고 관성官星은 한신이 될 수 있다.

식상운과 재성운이 함께 오면 그 기간 동안에는 자신의 일이나 계획을 열심히 추진하게 되어 성과를 낼 수 있고, 관성운이 오면 그 기간 동안에는 일간을 더욱 약하게 하여 건강에 불리할 수 있다. 이 경우에도 역시 항상 건강관리에 많은 신경을 써야 한다. 인성운과 비겁운은 불리하지만, 원국이나 대운의 습이나 沖의 관계를 살펴 판단하는 것이 필요하다.

- 일간이 태약할 경우에도 대운에 의해 편약偏弱으로 변하거나 극약極弱으로 변 할 수 있으므로 대운大運에 따른 세운歲運의 길흉을 살펴야 한다. 즉 태약한 사주가 대운에 의해 극약한 사주로 변할 경우에는, 세운에서 식상이나 재성 또는 관성의 운이 오면 차라리 일간의 의지나 주관을 버리고 종從하는 것이 유리할 수 있다. 물론 이 경우에도 지나친 활동으로 인한 과로를 조심해야 한다.
대운의 간지로 비겁이나 인성이 와서 편약한 사주로 변할 경우에는, 세운에서 일간을 도와주는 비겁운이나 인성운이 오는 경우가 유리할 수 있다. 근본적으로 태약한 사주일 경우에는 안정적이고 지속적인 삶의 방식보다는 변화와 변동이 심한 사회생활이나 가정생활을 할 가능성이 높다.

(7) 식상食傷 재성財星 관살官殺이 많고 비겁이나 인성이 없는 극약極弱한 사주 : 기본적으로 일간의 힘이 되는 비겁이나 인성이 없을 경우에는, 일간 자신의 의지나 생각대로 독자적인 사업을 추진하는 힘은 없기 때문에 강한 오행의 십성에 종從하여 순응하는 것을 용신으로 삼을 수 있다. 즉 식상食傷, 재성財星, 관살官殺 중에서 월지月支와 월간月干에 있으면서 원국에서 가장 강한 오행을 희·용신으로 삼고, 일간이 종從하는 것을 방해하는 비겁比

劫이나 인성印星은 기·구신이 될 수 있다. 이 경우에는 종從하는 식상운이나 재성운 또는 관성운이 오면 그 기간 동안에는 순순히 하는 일에 순응할 수 있으므로 도움이 될 수 있고, 지나치게 약한 일간을 도와주는 비겁운이나 인성운이 오면 그 기간 동안에는 본래의 기운에 순응하지 못하고 자존심이나 주체성이 발동하여 오히려 불리할 수 있다. 일간이 극약할 경우에는 특히 일주日柱를 沖克하는 운과, 원국의 강한 오행의 십성을 沖하거나 克하는 운은 불리할 수 있다. 차례대로 살펴보자.

- **食傷**이 많고 강하여 일간이 극약할 경우에는, 식상의 기운에 순순히 따라가는 것이 순리가 되므로 종아從兒사주가 된다.

  종아의 경우에는 다른 종하는 사주와 달리 비겁比劫이 와도 무난할 수 있다. 왜냐하면 강한 식상을 반反하는 기운이 아니기 때문이다. 식상食傷과 재성財星이 극왕極旺하여 일간이 극약極弱한 사주일 경우에는, 일간이 식상이나 재성을 감당할 힘이 없기 때문에 강한 식상이나 재성에 순응하는 것이 도움이 되므로 식상食傷이나 재성財星을 희·용신으로 삼고 비겁比劫이나 인성印星은 일간에게 불필요한 힘이 될 수 있으므로 기忌·구신仇神이 된다. 이 때 관살官殺은 한신이지만 기신의 작용을 할 수 있다. 이런 경우를 세력에 따라 종從하므로 종세격從勢格사주라고 하고, 이 경우에는 식상운이나 재성운은 유리하고, 인성운은 불리하며 일반적으로 관성운도 일간을 극하므로 불리할 수 있다. 역시 일주를 沖克하는 운과, 강한 오행을 충하거나 극하는 운은 크게 불리할 수 있다.

- 원국의 관살官殺이 극왕極旺하여 일간이 극약極弱한 사주일 경우에는 일간이 참으로 힘들고 어려울 수도 있다. 그렇지만 강한 관살의 기운을 거역하지 않고 순응하는 것이 유리하므로 관성과 재성을 희·용신으로 활용할 수 있다. 비겁比劫과 식상食傷은 기忌·구신仇神이 되고, 인성印星은 한신閑神이 될 수 있다. 이 경우에는 관성을 따라 종從하므로 종살격從殺格이 되고, 종살격이 될 경우에도 진종살격眞從殺格이 될 때 유리하다.

  관성운이나 재성운이 오면 그 기간 동안에는 전반적인 생활이 안정될 수 있고, 비겁운이나 식상운이 오면 그 기간 동안에는 불필요한 힘이 생기거나 변동과 변화가 발생하여 불리할 수 있다. 단 인성운은 한신이 되어 원국의 구성을 살펴서 길흉을 논해야 한다. 역시 일주나 강한 관살을 冲하거나 克하는 운이 오면 그 기간 동안에는 크게 불리할 수 있다. 왜냐하면 용신을 克하거나 약한 일간을 克하여 손상을 입히기 때문이다.

※ 사실상 용신에 관련된 충분한 내용을 설명하기에는 한계가 있다. 그러나 음양과 오행의 기본원리를 잘 활용하면 의외로 희·용신을 찾는 방법이 단순할 수 있다.

원국의 일간과 오행의 관계에서 음양의 조화와 오행의 과다寡多에 따른 상호보완작용을 이해하면 원국에 필요하고 도움이 되는 희·용신을 찾기가 수월할 수 있다. 즉 생生의 과다에 따른 반작용과 극克의 과다에 따른 작용, 순극順克, 순행順行 등을 원활하게 활용하면 의외로 운의 흐름이나 원국에 도움이 되고 중화를 이루는 오행 즉 일간에게 필요한 희·용신을 찾는 것이 수월할 수 있다.

이제 본인이나 주변 사람의 사주를 유심히 분석해보자. 물론 볼 때마다 판단이 다를 수 있지만 궁극적으로는 스스로 지혜로운 해결책을 찾을 수 있다.

3) 십성운十星運의 작용

기본적으로 원국이 오행을 구비하고 온전하면서 유통이 되는 경우에는 길운吉運이나 흉운凶運의 영향을 크게 받지 않는 상급上級의 사주라고 하였다. 그러나 이러한 조건을 완전히 구비한 원국은 실제로 많지 않기 때문에 대부분의 사주는 운기의 영향을 받는다. 또한 천간으로 길운이나 흉운이 와도 원국의 오행과 슴이나 冲이 되면 본래의 길흉작용을 못하고 평범할 수도 있고, 반대로 길흉작용이 강하게 나타날 수도 있다. 역시 지지에 길운이나 흉운이 와도 원국의 지지와 슴이나 冲이 되면 본래의 길흉작용을 못하거나 오히려 강화될 수도 있고 평범할 수도 있다. 위에서 설명한 내용과 중복되는 경우가 많지만 여기서는 십성운에 의한 간명의 방법으로 살펴보자.

(1) 비겁운比劫運과 인성운印星運 : 비겁은 사회적으로는 자신감이나 추진력을 의미하고, 육친으로는 동료나 형제자매를 나타내며, 인체의 경우에는 체력이나 힘을 나타낸다고 하였다.

인성은 사회적으로는 문서나 도장과 학문 주택이나 사무실을 의미하고 육친으로는 모친이나 후견인을 대표하며, 인체의 경우에는 주로 정신과 지각력을 대표한다고 하였다.

비겁운이나 인성운이 올 경우에 나타나는 작용과 활용에 대하여 자세히 살펴보도록 하자.

① 비겁운比劫運과 인성운印星運이 희喜·용신用神일 경우 : 기본적으로 일간이 편약偏弱할 경우와 종왕격從旺格 또는 극왕極旺한 경우에는 비겁운比劫運이나 인성운印星運이 길吉할 수 있다. 자세히 살펴보도록 하자.

• 식상食傷이나 재성財星이 많아서 편약偏弱할 경우 : 이 경우에는 비겁운比劫運이나 인성운印星運이 오면 그 기간 동안에는 일간의 힘이 강하게 되어 본인의 의지와 자신감으로 일에 대한 강한 추진력이 생겨 자신이 추구하는 계획이나 목표를 달성할 수 있다. 재성이 많아 편약하지만 원국에 식상과 재성이 온전하게 함께 있을 경우에는, 비겁운比劫運이 오면 재물을 강하게 추구할 수 있고 동시에 재성에 해당하는 인·사·물을 획득할 수 있다. 식상이 많아 편약할 경우에는 인성운이 올 때 발복할 수 있다. 단 이러한 경우에도 지나치게 교만하거나 남의 간섭이나 통제를 받아들이지 못하고 독단적으로 일을 처리할 수 있으므로 겸허한 마음으로 임하는 것이 자신에게 유리하고 동료나 타인의 실질적인 도움을 받을 수 있다.
인성운印星運이 올 때 그 기간 동안에는 계획한 일이나 목표를 달성할 수 있고, 직장생활을 하는 사람은 승진을 할 수 있다.

- 관성官星이 많아서 편약偏弱할 경우 : 관성官星이 온전하면서 편약한 사주일 경우에는 직장생활을 하는 것이 무난하므로 부화뇌동附和雷同하지 않는 것이 유리하다. 이 경우에도 인성운印星運이 오면 관성官星의 기운을 통관시켜 일간에게 힘이 되므로, 그 기간 동안에는 하는 일이나 학문에 전념할 수 있고 자신의 계획이나 목표를 달성할 수 있으며, 다방면에서 신뢰를 얻고 도움을 받으면서 안정적인 생활을 할 수 있다. 또한 그 기간 동안에는 의식주衣食住가 안정되고, 부동산이나 문서 또는 학위를 취득하는 운이 되며 타인으로부터 합리적이고 안정적인 도움을 받을 수도 있다.

  학생은 공부에 열중하여 성적이 향상되거나 합격의 기쁨을 누릴 수 있고, 직장에서는 승진이나 급여인상 등의 즐거움을 얻게 된다. 역시 가정도 화목하고 건강도 좋아지며, 특히 정인운正印運이 올 경우에는 안정적이고 합리적인 행동과 사고를 하므로 개인이나 사회로부터 존경을 받는 사람이 될 수 있다. 물론 비겁운比劫運이 와도 무난하고 도움이 될 수 있다.

  일간이 편약한 사주에서 비겁比劫이 용신이 될 경우에는 인성印星은 희신喜神이 되고, 인성印星이 용신일 경우에는 비겁이 희신이 될 수 있다. 이 경우에는 운에서 비겁과 인성이 간지에 함께 올 때 그 기간 동안에는 더욱 발복할 수 있다. 그러나 재성財星과 관성官星의 운이 간지로 함께 오는 경우에는 그 기간 동안에는 노력한 만큼의 결실이 나오지 않고 육체와 정신이 더욱 피로할 수 있다.

② 비겁운比劫運과 인성운印星運이 기忌·구신仇神일 경우 : 기본적으로 일간이 편강偏强할 경우와 종재격從財格이나 종관살격從官殺格이 될 경우에는 비겁운比劫運이나 인성운印星運은 불리할 수 있다. 또한 종아격從兒格이 될 경우에는 비겁운比劫運은 무난하지만 인성운印星運은 반극反克이 되므로 불리하다. 자세히 살펴보자.

- 일간이 편강偏强할 경우에는 기본적으로 식상운食傷運이나 재성운財星運 또는 관성운官星運 중에서 희흉·용신用神이 될 수 있다. 그러나 비겁운比劫運이나 인성운印星運이 오면 일간이 더욱 의지나 자신감이 강하게 되어 외부의 유익한 정보나 타인의 조언을 무시하고 함부로 사업을 확장하거나 또는 직업을 바꾸거나 이직離職을 할 수 있으므로 기·구신이 되어 불리하다. 물론 비겁比劫을 극하는 관성官星이 원국에 있거

나 힘을 설洩하는 식상食傷이 있어 유통되면 무난할 수 있지만 다방면에서 불리한 일
들이 발생할 수 있다.

- 특히 직장생활을 하는 사람은 비겁운比劫運의 기간 동안에는 강한 자존심이나 경쟁
심이 생겨 직장을 그만두고 자기 사업을 시작할 수도 있다. 자영업을 할 경우에도 원
국에 식상食傷과 재성財星이 온전할 경우에는 비교적 손실이 크지 않고 무난할 수 있
지만, 관성官星이 용신일 경우에는 함부로 다니는 직장이나 하던 일을 바꾸는 것은 불
리하므로 신중하게 처신하는 것이 도움이 될 수 있다. 또한 원국에 비겁比劫이 많은
데 다시 겁재운이 올 경우에는 이 시기에 타인과 동업이나 공동투자를 하면 명확하
게 손실을 볼 수 있다.

- 일간의 인성印星이 많고 편강偏强할 경우에 인성운印星運이 오면, 그 기간 동안에는
나태하고 태만한 생활을 하거나 타인에게 의지하려는 마음이 강하게 나타날 수 있으
므로 자신이 기대하는 결과나 목표를 달성하기가 어려울 수 있다. 또한 지나치게 자신
의 학식이나 의견이 옳고 명확하다고 생각하여 외부의 다양한 정보나 타인의 유익한
조언을 묵살하거나 무시하여 스스로 손실을 보거나 외톨이가 될 수 있다. 그러므로 이
러한 시기에는 근면하고 성실하게 자신의 일에 임하는 것이 필요하다.

- 일간이 편강偏强하고 원국에 식상食傷이나 관성官星이 없으면서 재성財星이 용신用
神일 때 비겁운比劫運이 오면, 남명의 경우에는 비겁이 재성財星을 克하거나 合할 수
있으므로 재성에 해당하는 인·사·물인 부인이나 여자 문제가 발생할 수 있고, 타인이
나 동료에 의해 재물의 손상을 당할 수 있다. 그러므로 그 기간 동안에는 항상 자신의
오만함이나 독선을 경계해야 하고, 당당하게 아량을 베푸는 마음가짐이 필요하고 매
사에 조심스럽게 접근하는 것이 필요하다. 또한 이직이나 전직을 하기 보다는 자신에
게 좋은 시기가 올 때까지 기다리고 준비하는 기간으로 삼아 기존의 일터나 직장에서
적극적으로 활동을 하는 것이 유리하다.

- 비겁운比劫運이 강하고 기忌·구신仇神일 때 특히 대운과 세운에서 다시 비겁운이 오
면, 남명男名의 경우에는 그 기간 동안에 먼저 비겁比劫의 克을 받는 재성의 육친에 해
당하는 부인이나 아버지의 건강이 나빠지거나 부부불화가 생길 수 있고, 특히 원국의
재성財星 용신이 충이 될 경우에는 불화로 인해 부인이 가출할 수도 있다. 또한 강해

진 힘으로 무리하게 사업을 확장하거나 다른 일을 벌이다가 재물의 손실을 당하거나 재물관계로 인한 관재구설官災口舌에 오를 수 있고, 때로는 동료나 주변사람에 의해 하던 일이 중단되거나 부도가 날 수도 있다.

직장생활을 하는 경우에는 이직이나 전업轉業을 고려하거나 업무에 집중하기 어려울 수 있고, 때로는 강등이나 실직이 될 수 있다.

인간관계에서는 독단적이고 일방적인 자신의 주장이나 아집에 빠져 주변사람과 단절 되고 고독할 수 있으며, 물론 건강도 당연히 나빠질 수 있다.

이 시기에는 사업을 확장하거나 새로운 상품개발에 많은 투자를 하면 오히려 손실이 발생하므로 다음으로 연기하고 관리에 최선을 다하는 것이 필요하고, 동업을 하는 것 은 절대적으로 피해야 한다.

- 일간이 편강偏强하면서 원국에 재성財星이 없고 식상食傷이 용신일 때 인성운印星 運이 오면, 그 기간 동안에는 식상食傷 용신을 克하므로 식상에 해당하는 인·사·물 이 손상될 수 있다. 이 경우에는 하던 일이나 사업에 나태하거나 싫증을 느끼고 타인 에게 의지하므로 불리할 수 있다. 그러나 재성財星이 원국에 있을 경우에는 손실이나 피해가 덜할 수 있다. 또한 원국의 인성印星이 강하면서 재성財星이 용신일 때, 특히 용신에 해당하는 재성이 약할 경우에 인성운印星運이 오면, 그 시기에는 재성財星에 해당하는 부인의 역할이 약해지거나 손상될 수 있고, 자신의 건강도 나빠질 수 있다. 인성운印星運이 불리할 경우에는 그 기간 동안에는 비겁운比劫運과 마찬가지로 사업 의 변동이나 확장은 금물이며, 직장의 이동이나 전업도 미루고 다음의 좋은 시기를 기다리는 것이 현명할 수 있다.

어려운 시기를 극복하는 방법으로는 규칙적인 운동을 하거나 사내 동우회활동이나 친목활동에 적극적으로 참여하므로 나태하고 안일한 생각이나 행동을 잊어버리는 것 도 도움이 될 수 있다.

- 종재격從財格이나 종관살격從官殺格의 경우에는 운에 의한 변화가 심할 수 있으므로 삶의 굴곡이 심할 수 있다. 이 경우에는 재성이나 관성에 순응하여 살아가는 것이 무 난할 수 있다. 그러나 일간이 지장간에도 뿌리가 없고 약한 종관살격從官殺格의 경우 에는 삶이 고달프고 몸이 나약할 수 있으므로 비겁운比劫運이나 인성운印星運이 나쁘 다고 쉽게 판단하지 말고 세심하게 살펴서 간명을 해야 하며, 특히 일간이 양간이면서 지장간에 뿌리가 있어 가종격假從格이 될 경우에는 식상으로 관살을 제살制殺하거나

인성으로 통관通關하는 경우도 불리하지 않을 수 있으므로 유심히 살펴서 판단하는 것이 도움이 될 수 있다. 이 경우에도 비겁과 인성이 대운의 간지로 강하게 올 경우에는 오히려 건강이 좋아지고 무난할 수도 있다.

(2) 식상운食傷運 : 식상은 사회적으로는 투자나 활동을 의미하고, 육친으로는 자녀나 아랫사람을 나타내며, 인체의 경우에는 소화나 배설부분을 담당한다. 그러므로 식상운이 올 경우에는 이런 부분의 작용력이 왕성할 수 있다. 살펴보도록 하자.

① 식상운食傷運이 희喜·용신用神일 경우 : 기본적으로 식상운食傷運은 일간이 편강偏强하거나 태강太强한 경우와 종아격從兒格일 경우에 용신用神이 될 수 있다. 자세히 살펴보도록 하자.

- 일간이 편강偏强하면서 재성財星이 용신일 때 식상운食傷運이 원국의 다른 오행과 합이나 충을 하지 않고 온전할 경우에는 최고의 길운이 된다.
  식상운食傷運이 오면 이 시기에는 남녀 모두 결혼을 할 수 있고, 혼인한 여자의 경우에는 임신과 출산의 시기이며, 미취업자는 직장을 구하면 취업을 할 수 있고 직장에서는 활동의 결과로 급여 인상이나 승진을 할 수 있다. 또한 사업을 하는 경우에는 새로운 사업영역을 확장하거나 기존사업에 투자를 확대하여 큰 성과를 낼 수 있고, 활발한 대외활동을 통하여 큰돈을 획득하거나 목표나 계획을 달성하는 좋은 시기가 될 수 있다. 이러한 시기에는 적극적인 활동과 노력을 하면 상응하는 보상과 결과를 얻을 수 있다.

- 식상운食傷運이 희·용신일 경우에는 그 기간 동안에는 다른 사람을 이해하고 배려하는 여유로운 마음도 생기고, 다른 사람으로부터 능력을 인정받을 수 있다. 나아가 자신의 건강도 좋아지고 가정도 화목할 수 있다. 그 시기에는 적극적으로 활동하여 성과를 내고 이 때 저축이나 재산관리를 철저히 하여 노후대비를 위한 준비를 미리 해놓는 지혜가 필요하다. 왜냐하면 항상 좋은 운이 지속되는 것이 아니기 때문이다.
  흔히 사람들은 일이 잘 풀리고 수입이 좋은 시절에는 미래에 닥칠 불행한 일에 대해 전혀 관심을 두지 않고 마치 현재와 같은 상황이 계속될 것으로 잘못 생각하는 착각에 빠지기 쉽다. 그러므로 좋은 시기에 비록 어렵고 힘들더라도 절약하고 검소하게 생활하면서 적절하게 미래에 대한 어느 정도의 사전준비를 해놓아야 한다. 왜냐하면 인생살이가 흔히 화불단행禍不單行 복불쌍래福不雙來, 즉 재앙이 올 때는 하나만 오지 않고 여러 개가 한꺼번에 올 수 있고, 복은 한꺼번에 쌍으로 오지 않기 때문이다.

• 원국에 재성財星이 있으면서 식상이 용신일 경우에는 식상운食傷運이 오면 그 기간 동안에는 더욱 재물을 왕성하게 추구하여 축적할 수 있다. 직상생활을 할 경우에는 다양한 재능을 발휘하여 활동하므로 능력을 인정받을 수 있고, 자신의 일을 하는 경우에는 더욱 왕성한 활동을 하여 부富를 축적할 수 있다. 흔히 말하는 식상생재食傷生財가 될 때 이 시기에 자신이 원하는 목표나 결과를 달성할 수 있다.

② 식상운食傷運이 기忌·구신仇神일 경우 : 기본적으로 식상운食傷運은 일간이 편약偏弱하거나 종관살격從官殺格일 경우에는 기忌·구신仇神이 될 수 있다. 때로는 태약太弱할 경우에도 불리하거나 한신閑神이 될 수 있다. 나타나는 현상과 대비책을 알아보도록 하자.

• 일간이 편약偏弱하거나 태약太弱하여 식상운食傷運이 기忌·구신仇神일 때 식상운食傷運이 오면, 그 시기에는 직업을 변경하거나 다니는 직장을 다른 곳으로 옮길 수 있으며, 열심히 활동은 하지만 노력한 만큼의 성과가 나타나지 않고 육체적인 피로나 정신적인 피로가 가중될 수 있다. 특히 원국에 식상이 있는데 대운이나 세운에서 다시 상관운傷官運이 오면 그 기간 동안에는 직장의 상사와 불협화음이나 마찰이 생겨 직장을 그만두거나 이직을 하는 경우가 발생할 수 있고, 직장을 다니더라도 상사나 윗사람을 무시하거나 서로 언쟁을 하여 곤란한 상황에 처할 수 있다.

• 식상운이 오면 그 시기에는 직장생활이나 자신의 일을 하더라도 실익도 없는 일이나 주식 등에 시간이나 재화財貨를 투자하여 낭비하거나 손실을 볼 수 있다. 이런 시기에는 투자를 하지 않는 것이 손실을 방지할 수 있고, 기존 사업이나 이미 투자를 한 상태일 경우에는 더 이상의 투자나 사업의 확장은 뒤로 미루는 것이 필요하다. 오직 현상유지에 힘을 쏟는 것이 도움이 될 수 있고, 이 시기에 지나치게 재성財星에 해당하는 인·사·물을 추구하는데 정력을 쏟을 경우에는 더 큰 손실만 초래할 수 있다.

• 식상운食傷運이 기신·구신仇神일 경우에는 건강관리를 지속적으로 하거나 지식을 쌓는데 시간을 투자하는 것이 좋은 시기를 대비하는 방안이 될 수 있고, 교양서적이나 취미와 관련된 전공서적을 탐독하거나 종교생활이나 수양을 통하여 정신과 육체의 평온을 유지하는 것이 필요하다. 또한 이런 시기에는 함부로 타인과 관련된 험담을 하거나 과장된 말을 삼가야 하고, 겸손하게 행동하는 것이 설화舌禍를 예방하는데 도움이 될 수 있다. 한편으로는 지나치게 활발한 대인관계는 자신의 정신과 육체를 혼란스럽게 할 수도 있으므로 차분하고 생각하는 시간을 가지는 것이 필요하다.

(3) 재성운財星運 : 재성은 사회적으로는 자신이 취하고 획득하는 재물이나 물질을 의미하고, 육친으로는 배우자나 부친이되고 사회적으로는 종업원이나 아랫사람을 나타내며, 인체의 경우에는 자신의 몸이나 체력 등의 의미를 지니고 있다. 그러므로 재성운이 올 경우에는 이런 부분의 작용력이 왕성할 수 있다. 희·용신과 기·구신의 경우로 나누어 살펴보도록 하자.

① 재성운財星運이 희喜·용신用神일 경우 : 기본적으로 일간이 편강偏强하거나 종재격從財格일 경우에는 재성운財星運이 길吉하며 특히 식상食傷이 온전할 때 재성운財星運은 최고의 길운이 될 수 있다. 살펴보도록 하자.

• 일간이 편강偏强하고 식상食傷이 용신일 경우에는, 재성운財星運이 오면 그 기간 동안에 일간은 적극적인 활동을 통하여 자신이 추구하는 일이나 목표를 달성할 수 있다. 식상食傷은 일의 결과結果보다는 과정過程을 중시하는 경향이 강하므로 재성운財星運이 오면 그 기간 동안에는 일한 결과가 확실하게 나타나게 되어 재물을 축적할 수 있고, 미혼의 남자는 결혼을 할 수 있다. 또한 육친으로는 아버지가 되므로 아버지와 관계가 좋아지고 도움을 받을 수 있다.
혼인한 여명의 경우에는, 시어머니와 관계가 좋을 수 있고 시어머니의 실질적인 도움을 받을 수 있다. 또한 그 기간 동안에는 부모나 시어머니의 유산도 물려받을 수 있다.
남명의 경우에도 역시 아버지와의 관계가 돈독할 수 있고, 사업을 하는 경우에는 직원들의 도움을 얻어 재물을 축적할 수 있으며, 때로는 부인외의 다른 여자를 만날 수도 있다.

- 명심할 것은 사업을 하는 사람이 재물을 추구해야 할 시기에 재물을 추구하지 않고 만약 배우자외의 다른 여자를 탐하면 재물은 생기지 않는다. 왜냐하면 사람들은 모든 욕망을 충족할 수 있는 에너지를 보유하고 있지 않기 때문이며, 동일한 에너지가 다른 곳으로 이동하여 재물부분은 약해지기 때문이다. 특히 사업을 하거나 직장의 고위직에 있는 사람이 좋은 시기에 자신의 일에 충실하지 않고 여자를 탐하여 좋은 기회와 명예를 상실하는 경우도 간명을 하면서 종종 볼 수 있었다.

- 일간이 편강偏强한 사주에서 관성官星이 용신用神일 경우에는, 기본적으로 재성운財星運이 오면 그 기간 동안에는 재성財星이 관성官星을 生하므로 남녀 모두 결혼을 할 수 있는 시기가 되고 재물과 의식주衣食住가 풍부할 수 있다. 결혼한 여명의 경우에는 배우자와 화목하면서 시어머니와의 관계도 좋을 수 있고, 남명男命의 경우에는 자녀와의 관계가 좋을 수 있고 자녀에게도 기쁜 일이 생길 수 있다. 동시에 가정이 화목할 수 있고, 자신의 건강도 함께 좋아지는 최고의 시기가 될 수 있다. 또한 관성官星은 명예와 안정 가정과 직업을 의미하므로 그 기간 동안에는 직장이나 사업을 통해 재성에 해당하는 인·사·물을 획득할 수 있고, 직장에서는 승진이나 급여의 인상이 이루어지고 안정과 명예를 얻을 수 있다.
  구직을 하는 경우에는 취업을 할 수 있고, 입학시험이나 고시공부를 하는 경우에도 시험에 합격할 수 있는 시기가 된다.

- 재성운이나 식상운이 희·용신일 경우에도 일간이나 원국의 다른 십성과 충극沖克이 되지 않고 合이 되지 않을 경우에 더욱 유리할 수 있다. 단 일간과 재성 용신이 합을 하는 경우에는 더욱 재성에 해당하는 인·사·물과 인연이 많을 수 있다. 그러나 원국의 인성印星과 재성운財星運이 합을 할 경우에는 좋은 기운이 반감半減되거나 또는 일간을 돌보지 않을 수 있다.

② 재성운財星運이 기신·구신仇神일 경우 : 기본적으로 원국의 일간이 편약偏弱하거나 지나치게 강하여 극왕極旺하거나 태왕太旺한 경우에는 재성운財星運은 기신·구신仇神이 된다. 특히 인성印星이 용신일 경우에는 재성운은 불리하고, 종아격從兒格과 종관살격從官殺格일 경우에는 한신閑神의 작용을 할 수 있다. 살펴보도록 하자.

- 관성官星이 많아서 일간이 편약偏弱한 경우에는 재성운財星運이 오면, 일간에게 도움을 주는 인성印星이나 비겁比劫의 힘을 빼고 관성官星을 生하므로 일간은 재성과 관성에 해당하는 인·사·물로 인한 고통을 받을 수 있다. 이러한 경우에는 재성운財星運이 오면 그 기간 동안에는 일간이 관성官星의 강한 극克을 받게 되므로 건강이 나빠질 수 있고, 직장의 상사上司나 윗사람으로부터 간섭이나 구박 또는 강한 스트레스를 받을 수 있다. 때로는 재물이나 여자문제로 인해 불미스럽게 좌천左遷 또는 감봉減俸을 당하거나 사직辭職을 할 수 있고, 법정소송이나 구설에 오를 수 있으므로 그 기간 동안에는 재성과 관련된 투자나 매매행위는 불리하다.

  재성운財星運이 오면 결혼한 여명女命의 경우에는 그 시기에는 관성官星에 해당하는 남편의 억압이나 간섭을 심하게 받을 수 있고, 편재偏財에 해당하는 시어머니와 남편이나 시누가 협공하여 힘들 수 있다. 또한 돈을 벌기위한 활동을 하다가 다른 남자를 만나 재물을 탕진하고 가정을 잃어버리는 경우가 발생할 수 있으므로 남녀의 불륜은 금물이다. 특히 이 시기에는 외도外道를 할 경우에는 재물문제와 함께 부부이별과 가정파탄으로 연결될 가능성이 대단히 높다.

- 식상食傷과 재성財星이 많아서 일간이 편약偏弱하고 인성印星이 용신用神일 때 재성운財星運이 오면 그 기간 동안에는 용신을 극파克破하므로 의식주가 불안정하게 되고, 학생의 경우에는 공부에 열중하지 못하여 성적이 떨어지고 공부보다는 오히려 이성이나 재물財物에 더 관심을 가지게 되어 경우에 따라서는 학문을 중도에 포기할 수도 있다. 일반적으로 원국의 희·용신이 완전히 파괴되는 운이 오면 그 시기에는 몸이 아프거나 때로는 중병이 날 수도 있다.

- 남명男命의 경우에 원국에 비겁比劫은 있지만 인성印星이 없고 재성財星이 많아 편약偏弱할 경우에는, 재다신약財多身弱이 될 수 있다. 이 경우에는 비겁比劫이나 인성印星이 희·용신이 되는데 기·구신인 재성운財星運이 오면, 그 기간 동안에는 배우자나 여자문제로 재물의 손실이 발생하거나 구설수에 오르내리게 될 수 있고 때로는 재물문제로 인하여 부부의 연緣이 바뀔 수도 있다. 또한 능력도 없으면서 지나치게 재물이나 이성을 추구하지만 획득하기 어려울 수 있다.

  특히 편재운偏財運이 오면 그 기간 동안에는 재물이나 여자에 대한 욕심이나 욕망을 버리고 자신의 의지와 주관을 확실히 하면서 항상 법이나 규범을 준수하고 가정에 충실하여야 화禍를 면할 수 있다.

일간日干이 지나치게 강한 종강격從强格이나 종왕격從旺格일 경우에도 편재운은 마찬가지로 불리하다.

(4) 관성운官星運 : 관성은 사회적으로는 직업이나 관직 또는 가정을 의미하고 명예나 법규를 대표한다. 육친으로는 남명의 경우에는 자녀를 나타내고 여명의 경우에는 배우자를 나타내며, 공통으로는 윗사람이나 연장자에 해당하고, 물적으로는 통제하고 관리하는 감옥이나 경찰서 또는 신호등과 차선 등등의 의미를 지니고 있다. 관성운이 올 경우에는 관성에 해당하는 인·사·물의 작용력이 왕성할 수 있다. 살펴보도록 하자.

① 관성운官星運이 희喜·용신用神일 경우 : 기본적으로 일간이 편강偏强하거나, 겁재격劫財格이나 종관살격從官殺格일 경우에는 관성운官星運이 오면 그 시기에는 관성에 해당하는 인·사·물의 도움을 받을 수 있다.

- 원국의 재성財星이 온전하면서 일간이 편강偏强하고 관성官星이 용신일 경우에 관성운官星運이 오면, 그 기간 동안에는 명예와 권위가 상승하고 가정이 화목하며, 직장에서는 승진이나 급여인상 또는 명예를 얻을 수 있고, 계획한 일이나 사업은 순조롭게 진행되고 번창할 수 있다. 구직자求職者는 노력하면 본인이 원하는 직장이나 일을 구할 수 있고, 미혼未婚일 경우에는 남녀 모두 결혼을 하는 시기가 될 수 있다. 또한 직장인일 경우에는 윗사람의 도움을 받을 수 있고, 학생의 경우에는 노력하면 성적이 향상되어 본인이 원하는 학과나 상급학교에 진학할 수 있으며, 취업을 원할 경우에는 취업시험에 합격할 수 있다. 결혼한 남명의 경우에는 가정을 화목하게 관리하고 명예와 체면을 세울 수 있으며, 직장을 얻거나 자녀를 얻을 수 있다. 결혼한 여명의 경우에는 남편으로부터 경제적인 도움을 받을 수 있고 동시에 남편의 사랑과 시누이의 협조를 얻을 수 있다.

- 종관격從官格이나 종살격從殺格의 경우에도 관성운官星運이 오면, 그 시기에는 직업이나 가정이 안정될 수 있고, 여명의 경우에는 남편에게 의지하고 순종하면서 남편

의 도움을 받으면서 살아갈 수 있다. 물론 이 경우에는 항상 자신의 건강관리에 유의해야 한다. 여명이 겁재격劫財格이면서 편강할 경우에도 관성운官星運이 올 때 직장이나 명예가 생길 수 있지만 남자관계가 변할 수 있으므로 세밀하게 길흉을 살피는 것이 필요하다.

종관살격從官殺格의 사주에서는 기본적으로 관성운이 희흠·용신用神이지만 원국 전체를 살피고 간명을 하는 것이 중요하다.

- 원국이 종살격從殺格이면서 편관운이 강하게 오는 경우에는 일반적으로 그 기간 동안에는 일간이 허약하거나 병약할 수 있고, 운의 영향을 많이 받으므로 무조건 좋다고만 말하기는 어렵다. 그러므로 종관격從官格이나 종살격從殺格일 경우에는 항상 일간자신의 건강관리에 유의하는 것이 중요하다.

종관격從官格이나 종살격從殺格을 이룰 경우에는 강한 육체적노동이 아닌 전문직의 일을 하거나 공직이나 교직 또는 관공서에서 근무를 하는 경우에 무난할 수 있다. 물론 이 경우에도 자신의 건강이나 가정보다도 맡은 바 임무와 책임을 다하는 강한 희생정신과 사명감으로 조직에서 인정을 받으면서 자신의 역할을 정직하게 수행하는 경우를 임상을 하면서 자주 볼 수 있었다.

- 비겁比劫이 강하고 일간이 편강偏强하여 관성官星이 용신일 경우에는, 官星運이 오면 그 기간 동안에는 지나친 자존심이나 고집이 완화되고 사회규범이나 도덕을 존중하므로 대인관계가 원만하게 될 수 있다. 동시에 자신의 명예나 안정을 중시하고 화목한 가정을 만들고 윗사람의 인정을 받아 사회적인 지위도 얻을 수 있다.

일간이 편약偏弱하면서 인성격印星格을 이루고 인성印星이 용신일 경우에도 정관운正官運이 올 경우에는 관인상생官印相生이 되어 의식주가 풍부해지고 부동산이나 문서를 취득할 수 있다. 특히 관인상생官印相生이 될 때 역시 미혼인 여성은 결혼을 할 수 있는 시기가 되고 원하는 직장을 찾으면 구할 수 있다. 남명의 경우에도 노력하면 직장을 구할 수 있는 시기가 되고 자녀를 얻을 수 있는 시기가 된다.

② 관성운官星運이 기흠·구신仇神일 경우 : 일간이 편약偏弱하거나 태약太弱하여 관성官星이 기흠·구신仇神일 경우에 관성운官星運이 오면, 그 기간 동안에는 일간日干의 인·사·물이 손상될 수 있다. 또한 종강격從强格이나 종

왕격從旺格일 경우에도 관성운이 오면 반대로 관성官星에 해당하는 인·사·물이 손상될 수 있다. 자세히 살펴보도록 하자.

- 관성官星이 많아서 일간이 편약偏弱하여 원국의 비겁比劫이 용신用神일 때 다시 관살운官殺運이 오면, 그 기간 동안에는 제일 먼저 일간 자신이 정신과 육체의 강한 스트레스를 받아 건강이 나빠질 수 있고, 본인의 의도나 생각과는 다르게 타인으로부터 오해를 사거나 억압이나 구속을 받을 수 있다. 또한 각종 구설이나 소송 등의 어려움을 당할 수 있고, 자신이 하는 일이나 행동은 사사건건 방해를 받거나 저항에 봉착할 수 있다.

  여명의 경우에는, 직장이나 남자문제로 곤란한 일이 생기거나 부부간의 갈등이 많을 수 있고 이로 인하여 가정이 불안정할 수 있다. 때로는 남편으로부터 심한 구박이나 간섭을 받아 건강도 나빠질 수 있고, 부부간의 갈등으로 집을 나오거나 이혼을 할 수도 있다.

  남명의 경우에는, 육친인 자녀와 갈등이 심화되거나 자녀문제로 걱정이나 손실이 발생할 수 있고, 직장의 상사나 윗사람으로부터 심한 구박이나 스트레스를 받을 수 있다.

  정신적으로는 강한 관살의 영향으로 남녀 모두 우울증 증세가 나타날 수 있고, 심한 경우에는 자해自害를 하거나 또는 타인을 손상損傷할 수도 있으므로 마음의 수양이나 운동을 정기적으로 하는 것이 필요하다.

- 관살운이 기신忌·구신仇神일 경우에는 그 기간 동안에는, 대인관계나 사업 또는 직장생활을 할 때 항상 만사에 세심한 배려와 주의가 필요하며 특히 상호간의 언쟁이나 분쟁을 만들지 말아야 한다.

  사업을 하는 경우에는 송사訟事에 휘말리지 않도록 조심해야 하고, 확장이나 신규 사업에 대한 투자는 이 시기가 지난 다음으로 미루는 것이 유리하며, 내부의 인사관리나 재무관리에 더욱 신경을 써야한다. 특히 부가세나 소득세 또는 법인세 등의 세금이나 벌금을 조심해야 하고, 거래관계에서 발생할 수 있는 물품의 입출고나 대금의 지불문제로 인한 송사관계에도 유의해야 한다. 근본적으로 손실이 발생하더라도 최소한으로 줄이려고 노력해야 한다.

- 대응방안으로 직장생활을 하는 경우에는 가급적 이직이나 변화를 주는 것보다는 직원 상호간에 배려하고 이해하려는 노력을 하고 자신의 수양이나 교양을 쌓는데 더욱

힘을 기울려야 한다. 또한 자신의 안정에 도움을 줄 수 있는 심신운동과 관련된 요가나 기氣훈련 등을 하는 것도 어려움을 극복하는 방안이 될 수 있다. 즉 정신적인 스트레스나 분노를 다스리는 것이 필요하며, 단 운동이나 요가를 하더라도 육체적인 과로는 피해야 한다. 이런 시기에는 가벼운 오락이나 운동 또는 독서를 하거나 취미생활을 만드는 지혜로운 생활방법을 선택하는 센스가 필요하다.

※ 기본적으로 원국의 희·용신이나 기·구신에 해당하는 운의 판단기준은 일간日干을 중심으로 한다. 그러나 일간日干의 희·용신에 해당하는 운은 일간에게는 도움이 될 수 있지만 원국의 다른 오행의 해당 육친이나 인·사·물에는 피해가 갈 수도 있다. 또한 일간의 기·구신에 해당하는 운은 일간에게는 불리하지만 다른 오행의 해당 육친이나 인·사·물에는 힘이 되거나 도움이 될 수도 있다. 자신에게 좋은 일이나 결과가 다른 사람이나 다른 사람의 일이나 결과에도 모두 좋게 작용하지는 않는다. 왜냐하면 우주의 에너지나 자신이 지니고 있는 질량은 일정한데 한 부분의 힘이 다른 부분으로 이전된 것과 유사하므로 힘의 공백이나 관심의 공백이 생긴 부분은 약화되기 때문이다. 이것은 자연의 이치이며 인생살이의 이치라고도 할 수 있다.

자신은 돈과 명예를 얻었지만 주변의 부모나 형제 또는 배우자나 자녀가 아프거나 곤란을 당하는 경우도 있으므로 자신과 가족이나 주변사람들과 조화와 균형을 이루면서 건강과 행복을 추구할 수 있는 방안을 찾는 것이 필요하다. 물론 지극히 어려울 수 있지만, 어려운 가운데서 더 큰 가치와 행복을 추구하는 지혜를 찾는 것이 명리의 오묘한 이치라고 할 수 있다.

4) 십성十星의 실생활 활용방안

십성의 작용력은 천간과 지지의 생生, 극克, 충沖, 비比, 합화合化와 지지의 형刑, 해害, 파破 등을 살펴서 판단할 수 있고, 대운이나 세운에서 오는 십성과 원국의 관계를 파악하여 해당하는 운의 기간 동안에 나타나는 인·

사·물의 작용력을 예측할 수 있다. 십성의 작용력을 분석하여 자신을 중심으로 형성되는 대인관계나 배우자관계 가족관계나 친인척관계 등을 파악할 수 있고, 재물이나 직업 또는 일의 성패를 좀 더 세밀하게 분석할 수 있다. 나아가 개개인의 타고난 적성이나 능력 또는 인성이나 재능을 파악할 수 있다. 이러한 분석을 통하여 자신의 진로나 직업을 선택하여 미래를 개척하는데 도움을 얻을 수 있고, 때와 장소를 알고 나아갈 때와 물러날 때를 판단할 수 있다.

또한 활동을 통한 결실을 추구할 시기에는 더욱 노력하여 큰 결실을 얻어야 하고, 스스로의 힘을 길러야 하는 시기에는 성실하게 힘을 길러야 하며, 마지막으로 결실을 오랫동안 유지할 수 있는 방법을 찾아야 한다. 특히 자신의 적성이나 재능에 맞는 일이나 직업을 선택하여 보다 만족도가 높고 일의 성과도 극대화할 수 있는 지혜를 찾고, 동시에 개인과 기업 또는 개인과 사회의 발전과 상생을 이끌어내는 방안으로도 유용하게 활용할 수 있다. 십성의 실생활 활용방안을 살펴보도록 하자.

(1) **진로와 직업선택** : 십성+星과 오행의 연구를 통하여 자신의 진로進路를 결정할 수 있고, 직업이나 직장을 선택하는 기준을 마련할 수 있다. 자신의 타고난 적성이나 재능을 활용할 수 있는 학과나 직업을 선택할 경우에는 개개인은 더 큰 만족감과 성취감을 얻을 수 있고, 동시에 소속된 단체나 기업도 상생하여 사회기여도가 높아지고 생산성과 능률성도 향상될 수 있다.

(2) **미래의 준비** : 무엇보다 중요한 것은 십성+星과 운運의 흐름에 대한 연구와 분석을 통하여 미래에 대한 불안감을 해소할 수 있고 동시에 미래에 대한 대비책對備策을 마련할 수 있는 것이다. 또한 현재의 곤란과 어려움으로 좌절하거나 포기하지 않고, 다가오는 때를 기다리면서 지속적으로 희망

과 꿈을 키워나가는 소중한 삶을 영위하여 더욱 가치와 보람이 있는 결실을 맺을 수 있게 하는 것이다.

(3) **선택**選擇과 **집중**執中 : 일반적으로 개개인이 가지고 있는 전체적인 에너지 즉, 개인의 힘이나 능력의 크기는 비슷하다고 할 수 있다. 그러나 동일한 에너지를 가지고 있지만 어떤 방면으로 집중적으로 활용하고 개발할 것인가? 하는 선택에 의해 성패成敗의 결과는 전혀 다르게 나타날 수 있고, 선택한 분야의 일이나 직업에 대하여 흥미와 관심을 가지고 누가 더 집중集中하고 노력努力하여 발전시키느냐에 따라 또 다른 결과를 만들 수 있다. 동시에 이러한 결과는 개개인에게는 행복幸福과 불행不幸의 차이가 될 수 있고 만족滿足과 불만족不滿足의 차이가 될 수 있다.

(4) **기타** : 이 밖에도 오행과 십성의 관계를 분석하여 개인의 건강이나 수명, 미모美貌나 체격, 빈부귀천貧富貴賤, 일의 성패, 육친의 인연과 덕관계 등 다양한 부분에 대한 판단의 자료를 얻을 수 있다. 또한 동양철학과 사상의 중요한 부분을 차지하는 주역周易의 원리와 우주대자연의 변화와 순환의 이치를 기본적으로 습득할 수 있다. 나아가 개인이 스스로 노력해야 할 중용中庸의 도리와 서로 상생하면서 조화를 이루는 방안을 찾을 수 있다.

이러한 명리命理공부를 미신迷信이나 터부(taboo)시하는 경우를 볼 때 때로는 안타까운 마음이 들기도 한다. 물론 몰지각한 사람들의 사회적인 행위나 무책임한 예단豫斷의 병폐가 적지는 않다고 생각한다.

거두절미하고 음양오행陰陽五行과 십성十星의 실생활의 활용도에 대한 한 가지 예를 들어보도록 하자.

오행五行에 해당하는 일주일 중의 火 水 木 金 土 5일을 본인의 사주와 운의 흐름에 상관없이 효율적으로 활용할 수 있으면 건강관리뿐만 아니라 일의 능률성能率性이나 수익성收益性도 더욱 향상되고, 정신적인 스트레스도 훨씬 덜 받을 것이다. 나아가 음양陰陽에 해당하는 日요일과 月요일까지 효율적으로 활용한다면 어떨까? 더욱 보람과 만족감이 생길 것이며 자신이 원하는 결과를 반드시 성취할 수 있을 것이다.

우리의 일상생활이면서 당연히 존재한다고 생각할 수 있는 일주일의 일곱 글자가 바로 동양사상과 철학의 근간인 음양陰陽과 오행五行이며, 이것을 10가지의 통변성으로 분리하여 십성十星이라고 한다.

사람이 사람다운 행동을 하고, 사람다운 대접을 받으면서, 주어진 명운命運을 사전에 예측하고 대비하여 행복하게 살아갈 수 있는 방안을 제시하는 것이 운명철학運命哲學의 일부인 명리의 근본적인 가치라고 할 수 있다.

한 주일은 성경에서 말하는 천지창조天地創造의 완성과 조화를 의미할 수 있다. 주중의 火 水 木 金 土 5일 동안에 열심히 조화롭게 생활하고 그 중의 하루인 日요일에는 하나님께 온전한 감사와 기도를 드리고 月요일에는 해당하는 밤의 시간에는 충분한 휴식을 취하고 한 주일을 계획하고 준비하는 날로 활용할 수 있다.

명리학命理學의 기본원리가 바로 주역周易의 근간인 해日와 달月의 음양陰陽을 바탕으로, 천天, 지地, 인人,이 순환하면서 받는 우주대자연의 오행五行의 기운을 서로 조화와 균형을 이루게 하는 것이다. 이러한 조화와 균형을 개개인이 활용하여 지혜롭게 살 수 있는 방안을 추구하는 것이다. 즉 개개인이 지구와 태양과 달과 같은 우주대자연의 인력引力에 의해 어떤 영향을 받으며 일생을 살아가는 것인가에 대한 명리命理의 연구가 바로 陰陽과 五行의 공부이며, 십성十星을 연구하고 분석하는 것이라고 할 수 있다. 이제 점진적으로 명리의 심천深川을 살펴보도록 하자.

第 7 章

격(格)과 용신(用神)의 상세분석

1. 사주四柱의 의문점

1) 사주의 수數

우리가 분석하는 사주는 몇 개나 될까 하는 궁금증을 가진 분들이 많은데 사주의 전체적인 숫자는 개개인에 따라 의견이 다르기도 하다. 분명한 것은 전혀 다른 사주가 기본적으로 100만개가 넘는다는 것이다. 즉 年柱의 60갑자와 月柱의 12달의 조합이 생길 수 있고, 다시 日柱의 60갑자가 있고 時柱의 12진시와 조합이 이루어진다. 이렇게 조합을 하면 518,400가지가 된다. 이것을 다시 남자와 여자로 분류하면 1,036,800조의 조합이 이루어진다. 그러나 사주의 숫자에 대운과 월지의 사령을 나누어 분석하면 훨씬 더 많아진다. 연간年干이 양陽인 남자와 음陰인 여자는 대운이 순행順行하고, 연간이 음인 남자와 양인 여자는 대운이 역행逆行하는 것을 적용하면 2,073,600가지의 조합이 이루어질 수 있다.

여기에다 다시 월지月支의 지장간支藏干의 사령司令을 기준으로 분류하면 6,220,800가지 이상의 조합이 이루어질 수 있다. 그러므로 사주四柱와 운運의 정밀한 분석은 어떤 학문이나 조사보다도 정확도와 신뢰도가 높을 수 있고, 세상을 살아가는 지혜를 얻기에 부족함이 없는 학문이 될 수 있다. 또한 주역의 64괘卦와 6효爻를 곱한 384효 가운데 153효의 변화로 한 해의 운이나 일진日辰을 분석하는 토정비결土亭秘訣보다는 훨씬 더 정밀할 수 있다.

물론 토정비결도 조선 시대에는 서민들의 애환과 고통을 덜어주고 용기와 위안을 주기에 충분한 가치와 의미가 있다고 할 수 있다. 그러므로 타고난 사주와 운의 흐름을 분석할 때, 과학적이고 통계적이면서 철학적으로 접근하여 철저한 분석을 하지 않고 무책임하게 한 사람의 운명을 함부로 논하는 것은 삼가야하며, 반드시 음양과 오행의 기본 개념과 원리를 철저하게 익혀 분석하고 판단해야 한다.

사주와 운의 흐름을 체계적이고 학문적으로 정밀하게 분석하여, 자신이 현재 받고 있는 운기運氣를 알고 실생활에서 자신에게 가장 효율적이고 능률적으로 대처하고 활용할 수 있는 방안을 찾을 수 있다. 나아가 가족과 주변 사람의 어려움이나 고통을 해결할 수 있는 지혜로운 방안이나 방책을 강구하여 상부상조하는 공동생활에 적극적으로 활용할 수 있다.

2) 명리命理의 의문점과 기본개념

사주와 운의 흐름을 분석하여 개개인의 다양한 삶의 과정을 파악할 수 있다고 하였는데 분석의 방법이나 과정에서 몇 가지의 일치되지 않는 견해와 의문점을 느꼈을 수 있다.

예를 들면 십이운성에서 천간의 음양에 따라 오행의 상생과 상극의 원리가 다른 의문점과 동일한 사주의 경우에도 왜 하는 일이나 삶이 같지 않는가? 하는 의문점도 가질 수 있다. 또한 대운大運은 왜 연주나 일주가 아닌 월주月柱에서 시작하고, 연주年柱의 음양에 따라 남녀가 다르게 흘러가는가? 하는 의문점이나 지지의 지장간支藏干은 왜 일정하지 않게 판단하는가? 등의 궁금증도 있다. 나아가 십성의 육친이나 판단 기준은 무슨 근거에서 정해진 것이며, 격格의 종류와 이름이나 판단의 방법이 일정하지 않는 것 등의 다양한 의문점이 생길 수 있다.

그 밖에도 공부를 하면서 개개인마다 자신이 검증한 내용이 실제의 원리나 개념과 다르다고 생각할 수 있다. 이러한 부분은 사주를 바탕으로 하는 명리의 학문적인 한계점이 될 수도 있지만 실제로는 모든 인문학과 사회학의 한계점일 수 있다. 그러나 명리命理는 사람들이 수천 년에 걸쳐 생활하면서 실질적으로 체험하고 유용하게 활용한 보편적이고 상식적인 지혜나 지식에 해당하는 음양과 오행의 자연현상과 우주변화의 원리와 인간의 도리道理를 바탕으로 끊임없이 사람들의 관심을 받고 영향을 끼치면서 발전하여 왔다.

기본적으로 동일한 사주와 운명을 타고 나더라도 다양한 사람과의 관계나 주변의 환경과 공간, 사람들의 생활 방식과 직업에 따라 성취하는 결과는 각기 다를 수 있음을 알아야 한다. 의문점은 연구하는 분야로 남겨두고 원리와 개념을 파악하여 실행하여 보자. 깊이 연구하면 이러한 궁금증이나 의문점은 어느 정도 해결될 수 있다.

조선 시대를 개국한 태조 이성계와 무학대사(自超 : 속성은 朴, 1327~1405)의 운명에 대한 일화가 명리에 대한 올바른 판단의 방법이 될 수 있다. 간단하게 표현하면 돼지 눈에는 모두가 돼지로 보일 수 있고 부처의 눈에는 모두가 부처로 보일 수 있으며, 수만 군사를 거느리는 일이나 수만 마리의 벌을 키우는 것도 자연의 이치에서는 다를 바가 없는 것이다. 이제 좀 더 깊이를 더하여보자.

2. 사주四柱의 격格 분류

사주의 격은 기본적으로 십성의 이름을 붙여 격으로 정한 내격內格 또는 정격正格과 십성의 이름을 붙인 격을 제외한 다른 사주의 형태를 외격外格 또는 편격偏格으로 분리하였다. 또한 격과 격국은 혼용되어 사용되기도 한다. 기본적으로 사주의 격은 일간의 품격品格이라고 할 수 있고 동시에 성장기에 형성된 자신의 성격과 행동 특성이라고 할 수 있다. 그러므로 격을 정하는 기준은 기본적으로 월지月支와 월지의 지장간을 중심으로 한다.

　사주의 격을 분류하는 방법은 선인들의 의견이나 학설에 따라 다소간의 차이가 있다. 이것은 위에서 말한 것처럼 수많은 원국을 모두 분석하고 연구하는 것이 불가능하므로 다양한 원칙이나 원리를 나름대로 정형화하여 격으로 만들었기 때문이라고 할 수 있다. 여기서는 자평진전子平眞詮의 격을 정하는 기본적인 원리와 법칙을 바탕으로 살펴보도록 하자.

　사주의 격과 격의 강약을 분류하는 목적은 일간이 유용하게 활용할 수 있는 십성을 파악하는데 있다. 즉 일간에게 희喜·용用신神과 기忌·구仇신神에 해당하는 십성을 판단하는 기준이다. 격을 결정하는 기준이 되는 월주月柱는 일간 자신의 청년기에 해당하고 성장 환경이면서 생활 습관이 형성되는 공간이다. 또한 일간의 정신적인 성숙과 육체적인 성장이 가장 활발하게 이루어지는 공간이며, 적성이나 재능이 완성되는 중요한 시기라고 할 수 있다.

　기본적으로 격이 충沖이나 합습이 되지 않고 온전하게 성립되어 있으면 부모의 궁宮이 온전하므로 성장 환경이 안정적이고 자신이 살아가는 동안 필요한 학문이나 재능을 충실하게 개발할 수 있다고 판단한다. 월지를 중심으로 격이나 격국格局을 파악한 후에 원국을 분석하면 정밀도나 신뢰도는 좀 더 높아질 수 있고, 격을 분석하여 자신의 학과나 진로를 선택하거나 학교를 졸업하고 직업을 선택하는 경우에도 참고할 수 있다.

　참고로 격과 격국을 원국 분석에서 중시하는 자평自評명리의 학파에서는 격과 격국을 용신으로 삼고 희신喜神 또는 상신相神을 찾으며, 궁통보감窮通寶鑑에서는 월지를 격이나 조후調候 또는 용신으로 판단하고 필요한 용신이나 희신을 찾는다. 적천수滴天髓에서는 십성의 변화와 억부를 중심으로 희·용신과 기·구신을 찾는다고 할 수 있다. 여기서는 격이나 격국 또는 조후

에 지나치게 얽매이지 않고 기본적인 정격사주와 별격사주로 나누어 종합
적으로 살펴보도록 하자.

1) 정격사주正格四柱

(1) 정격사주의 의미 : 정격사주는 십성을 격으로 만들어 사주를 분석하
는 방법이라고 할 수 있고, 기본적으로 월지를 중심으로 격이 온전한 사주
를 말한다. 그러나 이와 같은 온전한 격과 격국도 운에 의한 영향을 받을
수 있고, 운에 의해 격이 파괴되는 기간 동안에는 격대로 살기가 어려울 수
있다. 기본적으로 정격사주는 십성의 이름을 붙여 격을 정한 사주를 말하
며 내격사주內格四柱라고도 하고, 정격正格, 정팔격正八格, 십격十格, 육격六格,
상격常格 등의 다양한 이름으로 불리기도 한다.

> ※ 명리에 대한 개념과 원리가 파악되면 참고적으로 자평진전子平眞詮과 적
> 천수適天髓와 같은 서적을 읽어보면 명리학의 연구에도 많은 도움이 될 수 있
> 고 학문의 깊이를 더하는 데도 도움이 될 수 있다. 또한 월지 조후를 중시하는
> 궁통보감도 참고할 만하다.

(2) 정격사주의 격格을 정하는 방법 : 기본적으로 월지 지장간의 정기正
氣가 천간에 투출한 경우에는 투출한 오행의 십성을 격으로 정한다. 때로
는 월지 지장간이 2개가 투출할 수도 있으므로 하나의 사주에서 2개의 격
도 성립할 수 있다. 즉 월지 지장간의 여기餘氣, 중기中氣,정기 중에서 2개가
천간에 투출한 경우에는 투출한 2개의 지장간을 일간의 격으로 정할 수 있
으며, 이 중에서 정기가 월간이나 천간에 나타날 경우에는 우선하여 격을
정할 수 있다. 격을 정하는 기본적인 방법을 알아보자.

① 월지 지장간의 정기가 천간에 투출한 경우에는 정기의 십성을 우선 격으로 정할 수 있다. 특히 월간月干에 투출할 경우에 격이 온전하고 격대로 살아갈 수 있다.

② 정기가 투출하지 않았을 경우에는 여기나 중기가 천간에 투출하여도 투출한 십성을 격으로 정할 수 있다. 또한 월지의 정기를 포함하여 여기나 중기가 천간에 함께 투출할 경우에는 역량이 큰 십성을 격으로 정하기도 하고, 두 개의 지장간에 해당하는 십성을 모두 격으로 정하기도 한다. 그러므로 격은 한 사주에서 두 개가 존재할 수도 있다.

③ 월지의 지장간이 천간에 투출하지 않았을 경우에는 우선적으로 월지를 격으로 하거나 또는 월지를 포함하여 원국에서 가장 강한 오행의 십성을 격으로 정하기도 한다. 특히 왕지旺支에 해당하는 子 午 卯 酉 중의 하나가 월지에 있을 경우에는 일간의 子 午 卯 酉에 해당하는 십성을 격으로 정하기도 한다.

④ 辰 戌 丑 未가 월지에 해당하는 경우에는 辰 戌 丑 未의 정기에 해당하는 土의 지장간이 천간에 투출해야만 격이 온전하게 성립할 수 있다. 그러나 이 경우에도 월지의 계절에 해당하는 기운이 투출해도 격이 성립할 수 있다. 예를 들면 丑월일 경우에는 천간에 壬 癸 水가 있거나 辰월일 경우에는 천간에 甲 乙 木이 있거나 未월일 경우에는 丙 丁 火가 있거나 戌월일 경우에는 庚 辛 金이 있는 경우를 말한다. 물론 여기餘氣가 투출할 경우에도 격이 성립하지만 주변의 간지를 살펴 격의 품격을 판단할 수 있다.

⑤ 3개의 지지가 모여 申 子 辰, 亥 卯 未, 寅 午 戌, 巳 酉 丑의 삼합국三

合局이 되거나 寅 卯 辰, 巳 午 未, 申 酉 戌, 亥 子 丑의 방합국方合局이 되는 경우에는 합하여 변한 五行을 격 또는 격국으로 정한다. 이 경우에는 격보다 강하고 세력이 큰 국局으로 변하게 되어 격국이라고도 한다.

한편 위와 같은 格의 성립요건에 대하여도 다른 견해가 존재한다. 즉 월지의 정기가 월간에 투출해야만 온전한 격이 성립하고 시간時干이나 연간年干에 투출하는 경우에는 格이 약하거나 성립하지 않는다는 견해도 있고, 월지 지장간의 여기나 중기 또는 정기가 천간에 투출할 경우에는 모두 格이 성립한다는 견해도 있다.

기본적으로 지장간이 월간뿐만 아니라 시간이나 연간에 투출해도 격이 성립할 수 있고, 단지 격의 품격이나 온전한 격이 이루어지는 운한運限의 시기에 차이가 있다고 판단하면 무난할 수 있다. 예를 들면 연간에서 격이 이루어지면 어린 시절에 격대로 살 수 있으므로 무난할 수 있고, 시간時干에서 격이 형성되면 노년에 격대로 살수 있다고 판단할 수 있다. 물론 격보다 중요한 것은 원국의 구성을 정밀하게 분석하여 원국의 일간에게 필요한 오행과 십성을 찾고, 길흉의 시기를 나타내는 대운大運과 세운歲運을 파악하는 것이라고 할 수 있다.

(3) 정격의 청탁淸濁과 고저高低 : 격의 청탁과 고저를 판단하는 것은 어렵고 애매할 수 있다. 그러나 기본적인 내용을 살펴보도록 하자.

① 일반적으로 격이 온전하게 성립하여 청淸하고 위상이 높으려면 月支의 지장간 正氣가 月干에 투출하고 월주가 合이나 沖이 없고 정正·편偏이 혼잡하지 않으면서 온전해야 하며, 이런 경우에는 일간은 청고淸高하여 자신의 타고난 格대로 살아갈 수 있는 좋은 사주라고 할 수 있다. 격에 해당하

는 지장간이 투출하여 日干과 合이 되는 경우에는 무난하지만, 年干이나 月干과 合이나 沖이 될 경우에는 일간에게 도움이 되지 않으므로 탁濁할 수 있고, 월지가 타 간지와 합이나 충을 하는 이 경우에도 온전한 격이 성립하지 않아 格의 품격이 떨어질 수 있다.

② 지지에서 삼합三合이나 방합方合이 이루어질 경우에는 삼합국三合局이나 방합국方合局의 화化한 오행을 격이나 격국으로 삼는다. 이 경우에도 합국이나 방국의 화한 오행이 천간에 투출할 경우에는 격이 더욱 강할 수 있고, 일간의 희·용신이 될 경우에는 청고하여 인품과 권위가 있고 해당하는 십성의 분야에서 최고가 될 수 있다. 일반적으로 완전한 격이 성립하지 않는 사주가 훨씬 더 많으며, 격이 불완전하지만 대운이나 세운에 의해 격이 온전하게 될 경우에는 그 기간 동안에는 타고난 格대로 살 수 있고 발전할 수 있다.

③ 월주의 오행이 서로 克이나 合 또는 沖이 되고 온전하지 못할 경우에는 원국이 탁하게 되어 격이 성립하지 않거나 격의 품질이 낮아진다. 이러한 경우를 살펴보자.

먼저 천간에 나타난 격에 해당하는 용신이 合이나 沖이 되거나, 月支가 日支나 年支와 沖이나 合을 하여 다른 오행으로 변하거나 묶여서 제 역할을 할 수 없거나, 간지에 정·편이 혼잡하고 천간에 월지의 지장간이 전혀 투출하지 않은 경우에는 원국이 혼탁할 수 있고 격의 품질이 낮다. 이 경우에도 대운이나 세운에 의해 천간이나 월지의 沖이나 合을 해소하거나, 정·편의 혼잡을 제거하고 천간에 월지의 지장간이 투출하는 경우에는 그 기간 동안에는 다시 格이 온전하게 성립할 수 있다. 또한 子 午 卯 酉의 왕지가 월지에서 沖이나 合이 되는 경우에는 더욱 격이 탁하고 저급할 수 있다.

물론 이 경우에도 대운이나 세운에서 沖하거나 合을 하는 오행을 제거하여 유통시킬 경우에는 그 기간 동안에는 온전한 격을 이루어 무난할 수 있다.

(4) 정격사주의 분류 : 정격사주를 분리하는 방법도 위에서 설명한 것처럼 조금의 차이는 있지만 보편적으로 활용하는 십성격十星格에 대하여 살펴보도록 하자.

① 식신격食神格 : 기본적으로 월지의 지장간이 천간에 투출하여 투출한 오행이 일지의 식신食神일 경우에는 식신격食神格이 성립한다. 특히 月干에 월지 지장간의 정기에 해당하는 식신이 투출하고 월주가 沖이나 合이 되지 않을 경우에는 식신격이 청淸하고 온전할 수 있고, 식신의 특성이 강하게 나타날 수 있다. 이 경우에는 차분하고 침착하면서 타인을 배려하는 마음이 강하고 한 분야의 일이나 학문에 몰두하면서 식신의 마음으로 살아갈 수 있다.

또한 월지의 지장간이 연간이나 시간에 투출한 경우에도 해당하는 운한의 시기에는 식신격의 특성이 나타날 수 있다. 시간에 식신이 투출한 경우에는 나이가 든 후에 식신의 마음이 더욱 뚜렷하게 나타날 수 있고, 연간에 식신이 투출한 경우에는 어린 시절에 식신의 마음이 뚜렷하게 나타나므로 영리하고 활동적이면서 공부도 잘하는 모범생일 경우가 많다. 즉 운한運限의 범위에서 더욱 십성의 특성이 뚜렷하게 나타난다고 할 수 있다.

예를 들면 연주年柱의 식신이 온전할 경우에는, 유·소년기에 활동성과 호기심이 강하면서도 한 가지 일에 몰두하고 창조성이 강하면서 타인을 배려하는 인정이 많은 착한 어린이라고 할 수 있다. 또한 해당하는 궁宮의 육친六親과의 정이나 인연을 나타낸다. 예를 들면 여명의 경우에 시주時柱의 자녀궁에 식신이 통근通根하고 강하게 자리하고 있으면 자녀가 현명하고 총명하며, 스스로 자립할 수 있는 힘이 있고 일간日干과 자녀의 관계도 원만할 수 있다.

특히 식신의 성품은 일간이 음陰이고 해당하는 식신이 金 水의 음에 해당하는 경우에 더욱 명확하게 나타날 수 있다. 이러한 경우에는 차분하고 내성적이며, 정신적인 분야의 연구나 학문에 관심이 많고, 특히 한 분야에서 전문적인 지식이나 기술을 보유한 최고의 권위자가 될 수 있다. 일간이 양陽이고 해당하는 식신이 木 火의 양이라면 비록 식신이지만 활발하고 활동적인 성향이 강하고 대인 지향적일 수 있다.

즉 식신이나 일간에 해당하는 오행과 월지오행의 음양에 따라서도 식신의 마음이 다르게 나타날 수 있다. 이러한 부분도 역시 단편적인 해석이나 설명보다는 전체의 음양과 오행의 균형과 조화를 살펴서 간명看命해야 더욱 신뢰도를 높일 수 있다. 식신격의 예를 보도록 하자.

시	일	월	년
己	丁	乙	癸
巳	巳	丑	卯

- 인성과 겁재가 강하여 편왕 또는 편강한 사주. 일간 丁火를 기준으로 丑土 지장간의 癸水와 己土가 투출하였으며, 정기를 격으로 본다면 식신격이 성립한다. 癸水보다는 己土가 강하고 힘이 있으므로 편관격보다는 식신격으로 볼 수 있다. 이 경우에는 어린 시절에는 일간과 丁 癸 冲을 하여 편관이 온전하지 못할 수 있지만, 乙木의 인성으로 유통되므로 올바른 행동을 하면서 공부를 잘하고 똑똑하며 나이가 들어서는 배운 지식이나 기술로 사회에 봉사하면서 살아갈 수 있다. 식신의 마음으로 생각하고 살아갈 수 있다.

시 일 월 년
甲 丁 辛 己
辰 亥 未 酉

• 未土의 정기 己土가 투출한 식신격, 식상이 많은 편약한 사주. 이 경우에는 木이나
  火의 도움이 필요하다.

시 일 월 년
癸 癸 己 乙
亥 亥 卯 卯

• 卯木의 정기 乙木이 투출한 식신격. 일간이 약하지 않다. 亥 卯 반합을 하고 있으므
  로 식신의 작용이 청년기까지 강하게 작용할 수 있으며 운에 의해 발복할 수 있다.

② 상관격傷官格 : 월지의 지장간이 천간에 투출하고 투출한 오행이 일간
의 상관傷官일 경우에는 상관격傷官格이 성립한다. 특히 월간에 월지의 지장
간 정기에 해당하는 상관이 투출하여 다른 천간과 합이나 충이 되지 않고
월지와 다른 지지가 합이나 충이 되지 않으면서 온전할 경우에는 상관격이
온전하게 성립하고, 상관의 성향이 강하게 나타난다.

상관격의 특성은 일간이 양陽일 경우에 더욱 왕성한 외부 활동력과 과시
욕이 강하게 나타날 수 있고, 대인관계도 활발할 수 있다. 이 경우에는 육체
적인 활동인 운동이나 연예演藝계통에도 관심이 많고, 긍정적이고 적극적인
활동을 하여 자신을 외부에 드러내고 싶은 성향이 강할 수 있다. 또한 상관
의 특성인 다재다능한 재능을 자유롭게 표현할 수 있고, 상관은 정관正官을
극克하므로 타인의 간섭이나 통제를 싫어한다. 물론 식신격보다 더 외부의
간섭이나 통제를 받아들이기 쉽지 않을 수 있다. 일간이 음일 경우에는 활
발하고 대외 지향적인 성향은 다소 부족할 수 있지만 이 경우에도 적극적

으로 자신의 재능을 표현할 수 있다.

일간이 강하면서 상관격을 이루고 재성財星으로 유통되면 더욱 왕성한 활동을 통하여 재물을 축적할 수 있으므로 좋은 원국이 될 수 있다. 또한 운의 흐름이 희·용신일 경우에는 그 기간 동안에는 다양한 활동을 통하여 부귀를 획득할 수 있다.

식신격이나 상관격의 경우에는 일반적으로 일간이 강할 경우에 더욱 식상의 특성이 뚜렷하게 나타나며 격대로 살아갈 수 있다. 뒤에서 논하는 재성격財星格이나 관성격官星格의 경우에도 마찬가지로 일간이 강할 경우에 격대로 살아갈 수 있다. 즉 식상食傷과 재성은 일간이 스스로 생生하고 극剋하는 관계이므로 자신의 힘이 강할 때 온전하게 능력을 발휘할 수 있다.

특히 관성격의 경우에는 자신이 타인의 극剋을 받아 힘이 빠지고 통제를 받는 것이 되므로 일간이 약할 경우에는 극을 감당하기 힘들기 때문에 일간이 강할 때 중책이나 고관의 지위를 감당할 수 있다. 물론 일간이 극단적으로 약할 경우에는 강한 오행을 따라가는 즉 종從하는 경우에는 강하지 않아도 무난할 수 있다. 왜냐하면 자신의 의지와 주관대로 행동하지 않고 조직이나 윗사람 또는 법에 순종하면서 사는 것도 지혜로운 방법이 될 수 있기 때문이다.

모두가 대통령이나 장관이 되고 사장이나 회장이 되려고 하면 얼마나 험하고 불안한 세상이 되겠는가? 하루라도 도심의 거리를 청소하는 사람이 없다면 도시는 쓰레기장이 되고 악취와 오물이 넘칠 수 있다. 이런 환경을 접하면 많은 사람들의 기쁨과 즐거움은 사라지거나 불쾌감으로 변할 것은 명약관화明若觀火한 일이다. 그러므로 오직 자신이 하고 있는 그 일이 세상에서 가장 가치 있고 보람찬 일이 될 수 있다. 즉 자신이 하는 일 자체를 즐기고 사는 것도 지혜로운 삶의 방식이 될 수 있고, 행복한 삶이나 성공적인 삶을 실현하는 방법이 될 수 있다.

대부분의 보편적인 진리眞理나 위대한 사상과 역사는 바로 순리대로 살아가는 평범한 일반 대중이 만드는 경우가 많다. 이것이 우주와 자연의 순리順理이며, 순리를 따라 살아가는 사람들은 자신만의 참된 행복과 삶의 보람과 가치를 더 많이 느낄 수 있다. 상관격의 예를 보도록 하자.

<table>
<tr><td>시</td><td>일</td><td>월</td><td>년</td></tr>
<tr><td>丙</td><td><u>戊</u></td><td>癸</td><td>己</td></tr>
<tr><td>辰</td><td>申</td><td>酉</td><td>未</td></tr>
</table>

• 일간 戊土를 기준으로 월지의 상관인 酉金이 강하고 온전하므로 상관격이 성립할 수 있다. 비록 격이 온전하지는 못하지만 식신생재食神生財를 하고 있으므로 무난하다. 대다수의 사주는 격이 온전한 경우가 많지 않다. 이 경우에는 젊은 시절부터 학문보다는 재물을 추구하는 성향이 강할 수 있다. 중화 또는 편약하므로 운의 흐름에 따라 일간의 강약이 변할 수 있다.

<table>
<tr><td>시</td><td>일</td><td>월</td><td>년</td></tr>
<tr><td>乙</td><td><u>己</u></td><td>庚</td><td>戊</td></tr>
<tr><td>亥</td><td>酉</td><td>申</td><td>辰</td></tr>
</table>

• 申金의 정기 庚金이 월간에 투출하여 상관격을 이루었지만 일간이 편약하다. 이 경우에는 식신과 상관의 기질이 강하게 나타나므로 직업의 변동이나 변화가 심할 수 있다. 특히 직장생활을 할 경우에는 윗사람이나 상사의 지시나 간섭을 싫어하고 때로는 무시할 수 있으므로 특히 조심해야 한다. 여명의 경우에는 관성에 해당하는 배우자를 무시하거나 자녀로 인하여 배우자와 갈등이 심할 수 있다. 즉 관성에 해당하는 인 · 사 · 물을 무시하여 운에 의해 배우자와 인연이 바뀔 수 있다.

시 일 월 년
丙 <u>丙</u> 己 戊
申 辰 未 戌

- 未土의 정기 己土가 투출하여 상관격. 식상이 많아 편약한 사주이며, 식상이 혼잡하다. 이 경우에도 지나치게 식상이 강하여 관성과 인성에 해당하는 인 · 사 · 물이 손상될 수 있고, 노년까지도 스스로 재능을 발휘하여 열심히 재물을 추구하려고 한다.

③ **편재격**偏財格 : 월지의 지장간이 천간에 투출하고 투출한 오행이 日干의 편재偏財일 경우에는 편재격偏財格이 성립한다. 특히 月干에 月支의 지장간 정기에 해당하는 편재가 투출하여 다른 천간과 합이나 충이 되지 않고 월지와 다른 지지가 합이나 충이 되지 않으면 온전한 편재격이 성립하며, 이 경우에는 편재의 성향이 강하게 나타날 수 있다.

월주가 편재격을 이룰 경우에는 일반적으로 편재에 해당하는 인人 · 사事 · 물物에 관심과 욕심이 강할 수 있다. 또한 자신의 삶의 목적도 학문이나 지식을 중시하기보다는 강한 경쟁심이나 순발력을 이용하여 큰돈이 되는 일에 관심이 많고, 풍류나 얽매이지 않는 자유로운 일에 관심이 클 수 있다.

편재격이 온전할 경우에는 월주는 부모나 형제궁이므로 편재에 해당하는 아버지의 힘이 강할 수 있다. 특히 일간이 강하고 편재가 용신일 경우에는 부모가 부자이거나 사업을 하는 집안일 수 있으므로 일간은 부모덕을 보는 경우가 많고, 동시에 재물이 넉넉한 가정에서 성장하고 부모의 유산을 물려받는 경우가 많다. 물론 부모의 사주도 살펴야 신뢰도가 높을 수 있다. 또한 일간의 부모는 학문을 통한 명예를 추구하기보다는 물질이나 부富를 추구하는 경향이 강하고, 일간 본인도 재물을 우선시하는 사람일 수 있다. 편재격의 명식을 보도록 하자.

시 일 월 년
戊 <u>辛</u> 乙 戊
子 卯 卯 戌

- 일간 辛金이 월지와 일지가 편재 卯木이면서 월간에 월지의 정기인 乙木이 투출하였으므로 편재격을 이루었다. 편재가 강한 편약한 사주이며 乙 辛 충이 되어 격이 온전하지 못하다. 이 경우에는 자신이 배운 정인의 학문을 이용하여 편재를 강하게 추구한다. 그러나 편재가 강하지만 일간이 약하고 지지가 卯 戌 슴을 하고 일간이 충이 되는 것이 흠이다. 물론 비겁운이나 인성운이 와서 일간을 생조生助하면 그 기간 동안에는 발복할 수 있다.

시 일 월 년
辛 <u>丁</u> 癸 甲
丑 未 酉 子

- 酉金의 정기 辛金이 투출하여 편재격을 이루었다. 태약한 사주이며, 丁 癸 충으로 격이 불완전하다. 이러한 경우에는 오히려 종격에 가까우며 운에 의해 종격이 될 수도 있다. 己亥나 庚子 대운이 오면 그 기간 동안에는 일간은 종하는 사주로 변한다.

시 일 월 년
戊 <u>甲</u> 庚 壬
辰 戌 戌 戌

- 戌土의 정기 戊土가 투출하여 편재격을 이루었다. 극약한 사주이면서 천간이 甲 庚 충을 하고, 지지가 辰 戌 충을 하고 있다. 이러한 경우에는 편재를 강하게 추구하므로 재물로 인한 변동과 변화가 심할 수 있고 생활이 불안정 할 수 있다.

④ **정재격**正財格 : 월지의 지장간이 천간에 투출하고 투출한 오행이 日干의 정재正財일 경우에는 정재격正財格이 성립한다. 특히 월간에 월지의 지장간 정기에 해당하는 정재가 투출하여 일간과 합하는 것을 제외하고 다른 천간과 합이나 충이 되지 않고 월지와 다른 지지가 합이나 충이 되지 않으면 정재격이 온전하게 성립하여 정재의 성향이 강하게 나타날 수 있다. 일간이 강하면서 월주가 온전하게 정재격을 이루는 경우에 부富는 확실할 수 있다.

월주가 정재격을 이룰 우에는, 청년기에 부모의 안정적인 도움을 받으면서 학문이나 기술을 익힐 수 있고 또한 청년기부터 안정적이고 고정적인 재물에 관심이 많으므로 역시 학문이나 명예를 추구하는 분야보다는 우선적으로 정재에 해당하는 인·사·물을 추구하는데 관심이 클 수 있다. 정재격이 온전한 남자의 경우에는 총명하고 정숙한 배우자를 만날 수 있고, 결혼을 하면 배우자의 의견을 존중하고 뜻을 따르는 경우가 많다.

기본적으로 편재격偏財格을 이루면 민첩하고 뛰어난 순발력과 경쟁력을 지니고 있으므로 누구나 능력과 힘만 있으면 취할 수 있는 큰돈을 추구하는 경향이 강하지만, 정재격을 이룰 경우에는 안정적이고 합리적인 방법으로 재물을 추구하고 자신이 노력한 만큼의 보상을 원하는 보수적인 면과 성실한 성품을 지니고 있다. 또한 편재격은 계획성 없이 돈을 관리하거나 기분에 따라 낭비하는 면이 강할 수 있지만, 정재격은 알뜰하게 절약하고 저축하며 합리적이고 절제된 소비 생활을 하는 경향이 강할 수 있다. 때로는 구두쇠나 인색하다는 말을 들을 수 있고, 작은 부자가 되는 것은 확실할 수 있다. 물론 이 경우에도 운의 흐름을 보고 판단해야 한다.

정재격을 이루고 일간이 강하고 正財가 용신일 경우에는, 젊은 시절에 재물을 축적하는 경우가 많다. 특히 정재가 식상의 생生을 받는 경우에는 장년기까지도 돈이나 여자 문제로 고통이나 어려움을 당하지 않고 비교적 넉넉하고 여유로운 생활을 할 수 있다. 물론 원국의 조화와 대운이나 세운의 흐름을 살피고 판단해야 더욱 정밀할 수 있다.

정재격이면서 정재가 많아서 일간이 약할 경우에는, 편재격의 경우보다는 덜하지만 역시 재물에 연연하여 천박한 행동을 하거나 인간적인 면을 상실할 수 있다. 특히 남명의 경우에는 재물이나 여자에 집착하거나 얽매일 수 있다. 이러한 경우에도 기본적으로 재성財星이 관성官星과 인성印星으로 유통되는 경우에는 무난할 수 있고, 대운이나 세운에서 비겁운比劫運과 인성운印星運이 함께 오면 그 기간 동안에는 발복할 수 있다.

기본적으로 원국에 정재가 지나치게 많으면 나쁘다고 하지만 자신의 인간적인 멋과 검소하고 절약하는 생활을 하면 알뜰하게 저축할 수 있으며, 비겁운이나 인성운이 올 때 그 기간 동안에는 발복할 수 있다. 즉 아끼고 절약하여 저축하는 알뜰한 생활 방식은 정재의 가장 큰 장점이 될 수 있으므로 성실하게 생활하면 무난할 수 있다.

특히 재성財星은 자신의 외모나 신체를 나타내므로 정재격을 이룰 경우에는, 항상 자신의 외모나 건강에 대한 관심이 많으므로 깔끔하고 단정하게 몸치장을 한다. 정재격의 명식을 보도록 하자.

시	일	월	년
丙	**丙**	丁	辛
申	辰	酉	酉

• 일간 丙火가 月支와 年支에 정재 酉金을 가지고 있으면서 연간에 월지의 정기인 辛金이 투출하였으므로 정재격이 성립한다. 이 경우에 일간은 학문보다는 재물을 강하게 추구하며, 정재가 강하고 편재와 함께 있으므로 편재와 유사한 행동을 할 수 있다. 일간이 강하지 못한 것이 흠이 되고, 재성을 강하게 추구하는 명조이지만 큰 재물을 모으기는 어려울 수 있다. 왜냐하면 지지에서 일간의 힘이 되는 비겁이나 인성이 없으면서 천간에 비겁이 많아서 재물을 서로 나누어야 하기 때문이다. 그러나 식신생재食神生財를 하므로 의 ·식 ·주에는 문제가 없다. 근본이 태약한 사주라고 할 수 있다.

```
시 일 월 년
己 癸 癸 丙
未 丑 巳 子
```

- 巳火의 정기 丙火가 연간에 투출하여 정재격을 이루었다. 그러나 일간이 편약하므로 인성에 해당하는 金운이 올 때 유리할 수 있다.

```
시 일 월 년
庚 丁 壬 己
戌 丑 申 酉
```

- 申金의 정기 庚金이 투출하여 정재격. 비록 정재격을 이루었으나 일간이 극약하므로 종세격從勢格으로 볼 수도 있으며, 강한 오행의 기운을 따라 살아가는 것이 유리할 수 있다.

⑤ **편관격**偏官格, 칠살격 : 월지의 지장간이 천간에 투출하고 투출한 오행이 日干의 편관偏官일 경우에는 편관격偏官格이 성립한다. 특히 月干에 月支 지장간의 정기에 해당하는 편관이 투출하여 다른 천간과 합이나 충이 되지 않고 월지와 다른 지지가 합이나 충이 되지 않으면, 편관격이 온전하게 성립하여 편관의 성향이 강하게 나타날 수 있다.

월주가 온전하게 편관격을 이룰 경우에는 엄격한 법집행을 하는 검檢·경警이나 국정원이나 감찰 계통 등의 직업이나, 책임감이나 사명감이 강한 공직의 업무에 적합할 수 있다. 편관격은 칠살격七殺格이라고도 하며 월주에 편관격이 온전하고 강할 경우에는 법이나 명령에 복종하는 충성심이나 희생정신이 강하고 원리 원칙을 중시한다. 편관격의 경우에도 식상격이나 재성격과 마찬가지로 일간이 강한 사주가 되어야 자신의 역할을 온전하게 할 수 있다.

일간이 강하면서 편관이 용신用神이 되는 경우에는 무관이나 군인 또는 검찰이나 경찰 등의 업무에 적합할 수 있다. 이 경우에는 당당하게 책임감과 사명감을 가지고 자신에게 주어진 업무나 일을 충직하게 수행할 수 있고, 부패나 부정과는 거리가 멀고 엄격한 법 적용을 한다. 물론 재성이 원국에 있으면 더욱 좋은 사주가 될 수 있다.

편관격이지만 일간이 약하고 편관이 흉작용을 하는 경우에는, 일간은 소신이나 원칙이 없고 나약하거나 때로는 성격이 급하고 과격한 행동을 할 수 있다. 특히 金이 편관이면서 흉작용을 하는 경우에는 타인을 손상하거나 자신을 손상할 수도 있다. 이러한 경우에도 원국에서 인성印星으로 유통되면 살인상생殺印相生이 되어 직장이나 학업에 열중할 수 있는 좋은 사주가 될 수 있다. 편관격이 온전하고 인성으로 유통되는 경우에는 자신이 익히고 배운 지식이나 기술을 활용한 직업이나 일에 최고의 전문가로서 종사하는 경우가 많다.

편관이 강하여 일간이 지나치게 약하고 인성으로 유통되지 않을 경우에는 편관의 극克을 받아 몸이 나약하거나 잔병치레를 할 수 있고, 때로는 편관의 우울증에 걸릴 수도 있다. 이 경우에는 인성에 해당하는 인·사·물을 보완하는 것이 필요하다. 즉 인성에 해당하는 학문이나 취미 활동을 통하여 자신의 마음이나 정신을 다스리거나, 자신에게 맞는 종교를 선택하여 의지하거나 모친의 도움을 받을 수 있으면 무난할 수 있다. 또한 기본적으로 대운이나 세운에서 인성운이 오면 발복할 수 있고, 비겁운이 와서 일간이 강해지는 경우에도 그 기간 동안에는 무난할 수 있다.

기본적으로 편관격을 이루고 일간이 강할 경우에는 재성운이 와서 관성을 생하는 것이 좋고, 일간이 약할 경우에는 일간을 도와주면서 관성의 강한 기운을 설洩하는 인성운이 오면 그 기간 동안에는 바라는 목표를 달성하거나 결실結實을 할 수 있다. 때로는 식상운이 편관을 극하는 경우에도 도움이 될 수 있다. 물론 천간과 지지의 슴이나 沖에 의한 변동과 원국의 조화를 살펴서 판단해야 한다. 편관격의 명식을 보도록 하자.

시 일 월 년
甲 己 乙 戊
戌 卯 卯 辰

- 일간 己土가 월지와 일지에 편관 卯木을 가지고 있으면서 월간에 월지의 정기인 乙木이 투출하였으므로 편관격이 성립한다. 이 경우에 일간은 사회성과 도덕성이 강하고 월지의 충이 없으므로 강직하고 원칙을 중시한다. 일간이 강하지 못한 것이 흠이지만 인성운이 와서 일간을 생조生助하면 발복할 수 있다.

시 일 월 년
甲 壬 壬 癸
辰 戌 戌 巳

- 지지의 편관 土가 강하므로 강한 편관을 격으로 삼았다. 편관격이 온전하지 못하다. 金의 운이 절실한 편약한 사주.

시 일 월 년
甲 乙 辛 辛
申 酉 丑 未

- 丑의 중기 辛金이 투출한 편관격. 격이 온전하지 못한 태약한 사주. 대운에 의해 극약으로 변할 수도 있으므로 운의 영향을 많이 받을 수 있고 변동과 변화가 심할 수 있다. 일간 乙은 천간의 甲木에 의지하고 있으며, 지지가 酉 丑 합을 하여 금의 기운으로 바뀐다. 이러한 경우에는 몸이 허약하고 잔병치레를 많이 할 수 있고 주관이나 소신이 부족할 수 있다. 물론 운의 흐름이 좋을 경우에는 그 기간 동안에는 발복할 수 있다.

⑥ 정관격正官格 : 월지의 지장간이 천간에 투출하고 투출한 오행이 日干의 정관正官일 경우에는 정관격正官格이 성립할 수 있다. 특히 月干에 월지 지장간의 정기에 해당하는 正官이 투출하여 일간과 합하는 것을 제외하고 다른 천간과 합이나 충이 되지 않고 월지가 다른 지지와 합이나 충이 되지 않으면 정관격이 온전하게 성립하여 정관의 성향이 강하게 나타날 수 있다. 정관격을 이루고 일간이 강할 경우에는 正官을 용신으로 삼고, 편약할 경우에는 印星을 용신으로 삼을 수 있다. 일간이 강하면서 월주가 온전하게 正官格을 이룰 경우에는, 일반 공직이나 기업체 등에서 합리적으로 자신의 책임과 의무를 다할 수 있고 정도正道를 행하며, 안정적인 공·사직의 직장 생활을 선호할 수 있다.

또한 정관의 심성인 안정과 명예를 중시하고 합리적이고 규범적인 행동을 하며, 인물의 됨됨이가 중후하고 안정적일 수 있다. 正官格을 이룰 경우에는, 기본적으로 부모나 윗사람의 의견을 존중하고 따르는 사회성이 뛰어나고, 정관의 행동과 사고思考를 할 수 있다. 정관격이 월주에 온전하면서 안정되고 인성으로 유통되면, 배운 지식이나 재능을 바탕으로 일찍부터 관직이나 공직 또는 기업에 진출하여 안정적으로 종사하면서 부패나 부정과는 거리가 먼 모범적인 사람이 되는 경우가 많다. 역시 편관격과 마찬가지로 경찰이나 검찰 또는 군인 등의 공직을 포함하여 일반직이나 기업체에서 맡은 소명을 충실히 수행할 수 있고, 높은 직급이나 자리를 감당할 수 있다.

정관이 강하고 일간이 약하면서 인성으로 유통되지 않을 경우에는, 관성의 극을 받아 몸이 나약하거나 잔병치레를 할 수 있고 때로는 관성의 우울증에 걸릴 수도 있다. 역시 이 경우에는 인성에 해당하는 인·사·물을 보완하는 것이 도움이 될 수 있다. 즉 인성에 해당하는 학문이나 취미를 선택하여 자신의 마음이나 정신을 다스리거나 또는 자신에게 맞는 종교를 선택하여 믿음을 얻는 것도 필요하고 모친의 도움을 받아도 무난할 수 있다.

正官이 많고 강하여 일간이 편약할 경우에는, 대운이나 세운에서 인성운이 올 때 그 기간 동안에는 조직에서 승진이나 영전을 할 수 있고, 가정도 화목할 수 있다. 또한 비겁운이 와서 일간이 강해지는 경우에도 무난할 수 있다. 물론 식상운도 무난할 수 있다. 월주는 부모궁이나 형제궁이므로 정관격이면서 일간이 편약할 경우에는, 부모나 윗사람의 힘이 강하여 자신이 억눌려 순종적이거나 나약할 수 있다.

정관격도 편관격과 마찬가지로 역시 일간이 강할 경우가 상급이며, 약할 경우에는 인성의 도움으로 관인상생官印相生이 되면 배운 지식이나 기술을 활용하여 공직이나 직장생활을 하면서 무난한 삶을 살 수 있다. 여명女命이 편관격이나 정관격을 이루고 일간이 편강하여 관성이 용신이 되는 경우에는, 배우자는 무관이나 군인 또는 경찰이나 검찰 계통에 근무하는 사람이나 공직公職 계통에 근무하는 사람과 인연이 많을 수 있고, 남자를 도와 성공시키는 경우가 많다.

반대로 여명이 편관격이나 정관격을 이루고 관성이 많아서 일간이 편약하거나 태약太弱하고 인성으로 유통되지 못하면, 자신은 줏대가 없고 우유부단하거나 병약할 수 있고, 남편으로부터 고통이나 학대를 받을 수 있다. 때로는 가정이 불안정하거나 직장의 이동이 많고 불안정할 수 있으며, 배우자의 변동이 생길 수 있다. 정관격의 명식을 보도록 하자.

시	일	월	년
丙	乙	甲	庚
戌	巳	申	午

- 극약한 사주. 일간 乙木이 월지 정관 申金 지장간의 정기인 庚金 정관이 투출하여 정관격이 성립할 수 있다.

  이 경우에는 월간의 甲木이 庚金과 서로 충이 되어 일간에게 도움이 못되고, 월지와 일지가 巳 申 합과 동시에 형과 파를 하므로 정관이 온전하지 못하다. 그러므로 관성이 불안정하므로 관성에 얽매이기보다는 스스로 식상 火와 재성 土의 특성을 활용한 활동을 하면서 안정적인 재물을 추구하는 것이 무난할 수 있다.

시 일 월 년
戊 <u>甲</u> 丁 辛
辰 寅 酉 酉

- 월지와 연주의 정관 酉金이 강하고 연간에 辛金이 투출한 정관격이며 일간이 편약한 사주. 이 경우에는 비록 시지時支 辰土의 중기에 인성 癸水가 있지만 미약하므로 일지 寅木의 중기에 있는 식상 火를 활용하는 것이 유리할 수 있다. 물론 水운이 올 경우에도 무난할 수 있다.

시 일 월 년
癸 <u>甲</u> 癸 甲
酉 戌 酉 辰

- 월지와 시지의 정관 酉金이 강하여 정관격이 되지만 일간이 편약하므로 水운의 도움이 필요하다. 격이 불완전하지만 월주가 관인상생이 되어 배운 학문을 활용할 수 있다.

⑦ 편인격偏印格 : 월지의 지장간이 천간에 투출하고, 투출한 오행이 日干의 편인偏印에 해당할 경우에는 편인격偏印格이 성립할 수 있다. 역시 月干에 월지 지장간의 정기에 해당하는 偏印이 투출하여 다른 천간과 합이나 충이 되지 않고 월지가 다른 지지와 합이나 충이 되지 않을 경우에는 편인격이 온전하게 성립하여 편인의 성향이 강하게 나타날 수 있다. 이 경우에도 일간이 金 水의 陰이면서 해당하는 편인이 음일 경우에 더욱 편인의 성향이 강하게 나타날 수 있다.

월주에 편인이 강하고 온전하게 偏印格을 이룰 경우에는, 일간은 편인의 특성인 직관력直觀力과 예지력叡智力이 뛰어나고, 특수한 학문 분야에서 능력을 발휘할 수 있으며, 특히 신비神秘한 영역에 대한 예측이나 추리력이 탁월할 수 있다. 그러므로 외국어의 통역이나 번역, 철학 또는 고고학이나 고문서 등의 발견이나 해석 등의 분야에서 탁월한 재능을 발휘하는 경우가 많다. 특히 편관과 편인이 유통되는 경우에는 해당 국가의 언어나 역사에 능통한 외교관으로서 대사관이나 영사관에서 무관이나 정보 요원으로 사명감과 책임감을 지니고 근무할 수 있다.

편인격을 이루고 일간이 강하면서 시간時干의 정관正官이 강하고 온전할 경우에는, 나이가 들어서도 자신의 재능과 학식을 바탕으로 관직이나 기업체에서 높은 지위를 유지하는 경우가 많다. 특히 편인에 해당하는 오행이 木 火일 경우에는 예술이나 예능 방면에서 자신만의 개성 있는 연출이나 기획을 통하여 두각을 나타낼 수 있다.

또한 일간이 음陰이고 편인에 해당하는 오행이 金 水일 경우에는 의술이나 침술 또는 의료 계통의 치과나 수술 계통과 한의학 또는 생명이나 전자 관련 연구 방면에서 최고의 전문가로서의 두각을 나타내는 경우도 많다. 편인격의 명식을 보도록 하자.

시 일 월 년
甲 己 丙 丁
戌 未 午 巳

- 일간 己土가 월지와 일지의 지장간에 편인 丁火를 두고 있으면서 월간과 연간에 丙丁의 인성 火를 투출하였으므로 편인격 또는 정인격이 성립한다. 이 경우에는 지지가 巳 午 未 火방국을 이루고 있으므로 일간은 인성이 강한 사주가 되었다.

위의 경우에는 인성과 비겁이 지나치게 강한 사주가 되어 자신의 학문이나 지식을 바탕으로 의 ·식 ·주를 해결할 수 있다. 또한 일간이 甲 己 合을 하여 土로 변하여 극왕한 사주가 되었으므로 인성과 비겁에 의존하여 살아가는 것이 가장 무난하다. 특히 지지가 巳 午 未 火의 방국을 이루고 있으므로 외국어나 화술을 활용한 예능 분야나 전기나 화학 등과 같은 특수한 분야에서 재능이 탁월할 수 있다. 정관과 합을 하므로 노년에는 정관의 성품으로 살아갈 수 있다.

시 일 월 년
庚 壬 甲 庚
戌 寅 申 寅

• 월지 편인 申金의 정기인 庚金이 월간과 시간에 투출하여 편인격을 이루고 있지만 간지의 충으로 격이 온전하지 못하다. 지지의 寅 申 충과 천간의 甲 庚 충이 있으므로 대단히 활발하고 분주할 수 있지만 생활이 불안정할 수 있다.

시 일 월 년
丁 乙 甲 癸
丑 未 子 卯

• 월지의 편인 子水의 정기인 癸水가 연간에 투출하여 편인격을 이루었다. 편인과 비겁이 강하므로 식상과 재성을 추구하는 편왕한 사주가 되어 배운 지식이나 학문을 활용하여 재물을 추구할 수 있다.

⑧ 정인격正印格 : 월지의 지장간이 천간에 투출하고 투출한 오행이 日干의 정인正印일 경우에는 정인격正印格이 성립할 수 있다. 역시 월간에 월지 지장간의 정기에 해당하는 正印이 투출하여 다른 천간과 合이나 沖이 되지 않고 월지와 다른 지지가 합이나 충이 되지 않으면 정인격이 온전하게 성립하여 청년기부터 정인의 인·사·물을 바탕으로 안정적으로 생활할 수 있다.

월주에 정인이 온전하게 정인격을 이룰 경우에는, 일간은 정인의 특성인 안정과 명예를 중시하고 인간미와 정이 많으며, 재물이나 권력보다는 학문이나 의 ·식 ·주의 안정을 중시하고 합리적인 사고思考와 여유로운 행동을 한다. 특히 정인격이 온전할 경우에는, 기본적으로 성정性情이 올바르고 사소한 인정人情이 많으면서 성실하고 정직할 수 있다. 또한 특별한 학문이나 지식보다는 일반적이고 보편적인 학문이나 지식을 바탕으로 안정적이고 보수적인 일이나 직업을 선호한다.

정인격이 온전하면서 정인이 용신이 되는 경우에는, 정인의 학문이나 지식을 바탕으로 교육 계통이나 일반 행정 계통의 공직이나 직장생활이 무난할 수 있고, 지식을 활용한 전문 직종의 자영업도 무난할 수 있다. 원국에 관성官星이 온전하면서 일간이 약한 정인격일 경우에는, 학문이나 도덕과 규범을 중시하고 동시에 원리 원칙을 중시하므로 사리事理에 어긋나는 일이나 행동을 하지 않는 경우가 많다. 이런 경우에는 자영업보다는 공직이나 기업 외에 교육 계통이나 일반 민원 계통의 행정업무 등과 같이 경쟁이 심하지 않은 안정적인 직무를 수행할 수 있는 분야가 적합할 수 있다.

대개 큰 기업체나 사업을 운영하는 사람들은 보통 일간이 강하면서 재성과 식상이 온전하면서 운의 흐름이 좋은 사람일 경우가 많다. 그러나 최근에는 전문적인 지식이나 정보를 활용하여 큰돈을 획득하는 경우도 점차적으로 늘어나는 추세이므로 굳이 인성印星을 의 ·식 ·주나 학문의 영역에 가둘 필요는 없다. 왜냐하면 지식이나 정보를 활용하여 1인 기업이나 1인 엔터테인먼트도 가능하고, 게임이나 다양한 프로그램을 공동으로 개발하거나 또는 소프트웨어 관련 사업 등을 통하여 큰 재물을 축적하는 것도 가능하기 때문이다. 정인격의 명식을 보도록 하자.

```
시 일 월 년
甲 甲 甲 戊
戌 子 子 申
```

- 일간 甲木이 월지와 일지에 정인 子水를 가지고 있으므로 정인격이 성립할 수 있고, 일 간은 인성이 강한 편왕한 사주가 되었다. 인성이 많은 사주이면서 월지가 한寒하므로 지지로는 조후에 도움이 되는 火의 열기가 있는 未土나 戌土의 재성운이 오거나 천간 으로 火의 식상운이 오면 발복할 수 있다. 식상운이 올 때, 일간은 자신의 학문이나 재 능을 발휘하여 재성에 해당하는 인人 · 사事 · 물物을 추구할 수 있다.

```
시 일 월 년
丙 甲 庚 丙
子 戌 子 申
```

- 월지와 시지의 정인 子水가 강하여 정인격이 되었다. 비록 일간과 월간이 甲庚 충을 하지만 연간의 丙火가 식신제살食神制殺하고 庚金이 월지 子水를 생하므로 충의 작용 이 반감되어 무난할 수 있다. 일간 甲木은 오행을 구비하고 정인이 강하므로 배운 지 식과 학문을 바탕으로 장년 이후에는 활발하게 활동하면서 재성을 획득할 수 있다.

```
시 일 월 년
壬 癸 甲 庚
子 酉 申 午
```

- 월지의 정인 申金의 정기인 庚金 투출. 甲庚 충을 하므로 격이 온전하지 못하지만 정 인격을 이루고 있다. 인성과 비겁이 강한 태왕한 사주이며, 기본적으로 식상 木과 재 성 火의 운이 올 때 발복할 수 있다.

⑨ **겁재격**劫財格, 陽刃格: 일반적으로 겁재격과 비견격은 정격으로 보지 않 고 별격別格으로 보는 경우도 있다. 살펴보도록 하자. 월지의 지장간이 천간

에 투출하고 투출한 오행이 日干의 겁재劫財일 경우에는 겁재격劫財格이 성립할 수 있다. 역시 月支에 겁재가 있으면서 月干에 월지 지장간의 정기에 해당하는 劫財가 투출하여 다른 천간과 합이나 沖이 되지 않고 월지가 다른 지지와 합이나 충을 하지 않으면 劫財格이 온전하게 성립하여 겁재의 성향이 강하게 나타난다. 특히 일간이 양간陽干일 경우에 월지의 겁재가 월간이나 천간에 투출하면 양인격陽刃格이라고도 한다. 일간이 음간陰干이면서 겁재격이 될 경우에는 조심성과 경계심이 많고 재물에 대한 욕심이 양간의 경우보다 강하지만, 양인으로 보지 않고 단지 겁재로만 보기도 한다.

월주가 겁재격을 온전하게 이룰 경우에는 기본적으로 일간이 강한 사주가 되는 경우가 많다. 일간이 강하면서 劫財가 흉작용을 하는 경우에는 학문이나 명예보다는 재물이나 이성에 대한 관심이 많고 성격이 거칠거나 난폭할 수 있으며, 타인이나 주변사람에 대한 경계심이나 의심이 많을 수 있다. 그러나 일간이 약하여 인성이나 겁재의 도움이 필요한 경우에는 자신이 의지할 수 있는 힘이 되므로 무난할 수 있다.

일간이 음간이면서 겁재가 많아서 편왕하고 겁재가 기신忌神일 경우에는, 친구나 동료와 함께하는 동업이나 공동투자는 불리하고 도움이 되지 않을 수 있다. 이 경우에는 자신이 스스로 정보나 자료를 분석하고 판단하여 결정하고 스스로 운영하는 것이 유리하다. 왜냐하면 동료나 동업자와 재성財星과 관련된 분쟁이나 다툼이 발생할 경우에 양보하거나 문제를 해결하기가 어려울 수 있기 때문이다.

또한 월주의 겁재가 기신일 경우에는 부모와 인연이 약하거나 또는 부모의 도움을 받기 어려울 수 있고, 때로는 부친이 일찍 돌아가실 수도 있다. 겁재격을 이루면 자수성가自手成家하는 경우가 많고, 성공한 후에 결혼을 하려고 생각하므로 만혼晩婚이 되거나 연애결혼을 하는 경우가 많다.

劫財格을 이루고 일간이 편강할 경우에는, 항상 당당함과 자신감이 강하므로 경쟁심이나 승부욕이 강하고 행동이 민첩하며 대인관계나 직장생활을 할 때에도 양보하거나 타협하기보다는 경쟁심과 의심하는 마음으로 자신이 쟁취하려고 하는 경우가 많다. 기본적으로 의견 충돌이나 다툼을 주의하는 것이 원만한 대인관계와 사회생활을 영위할 수 있고, 자신이 정도를 행하거나 원칙이나 법규를 지키는 것이 직장생활이나 대인관계에서도 도움이 되고 무난할 수 있다.

　사람은 사회적 동물이라고 했듯이 혼자 외톨이가 되면 힘이 있고 능력이 있어도 다른 사람과 화합하거나 관계를 유지하기 어려워 자신이 원하는 목표나 결과를 달성하기 어렵고 고독하거나 외로울 수 있다. 원국의 관성官星과 재성財星이 희·용신이면서 온전하고 운의 흐름이 도울 경우에는 큰일을 해낼 수 있다. 겁재격의 명식을 보도록 하자.

시 일 월 년
癸 **庚** 乙 庚
未 戌 酉 子

- 일간 庚金이 월지에 겁재 酉金이 있으면서 천간에 비견이 있으므로 겁재격 또는 양인격이 되었다. 인성 土와 비겁 金이 강한 태왕한 사주가 되어 상관 癸水로 설洩하는 것이 유리하고, 관성 火의 운이 올 경우에도 도움이 될 수 있다.
  이 경우에는 연간과 일간이 쟁합을 하므로 젊은 시절에는 정재에 해당하는 인·사·물을 놓고 서로 다툼이나 분쟁이 발생하기 쉽고, 부모의 유산을 두고 많은 형제들이 작은 재물을 놓고 서로 차지하려고 다툴 수 있다. 또한 부친이 모친보다 일찍 사망할 수 있다.

$$\boxed{\begin{array}{cccc} 시 & 일 & 월 & 년 \\ 丙 & \underline{己} & 壬 & 戊 \\ 子 & 酉 & 戌 & 辰 \end{array}}$$

- 월지와 연지의 戌과 辰의 겁재가 강하고, 연간에 戊土가 투출하여 겁재격을 이룬 일간
  이 편강한 사주다. 이 경우에 일간은 경쟁심이 강하므로 다른 사람에게 지기를 싫어하
  고 행동을 할 때도 조심스럽다. 그러나 일지에 식신을 지니고 있으므로 한 분야의 일
  에 몰두하면서 큰 재물을 추구하려는 마음이 강할 수 있다.

$$\boxed{\begin{array}{cccc} 시 & 일 & 월 & 년 \\ 乙 & \underline{庚} & 辛 & 戊 \\ 酉 & 戌 & 酉 & 戌 \end{array}}$$

- 월지의 겁재 酉金의 정기인 辛金이 투출한 양인격. 일간은 인성 土와 비겁 金이 많으
  면서 乙 庚 合까지 하므로 극왕한 사주가 되었다. 그러므로 다음에 배울 합화 金격으
  로 판단할 수도 있다.

⑩ 비견격比肩格 또는 건록격建祿格 : 월지 지장간이 천간에 투출하고 투출한 오행이 日干의 비견比肩일 경우에는 비견격比肩格이 성립할 수 있다.

특히 월지에 비견이 있으면서 月干에 월지 지장간의 정기에 해당하는 比肩이 투출하여 다른 천간과 合이나 沖이 되지 않고 온전하고, 지지의 월지가 다른 지지와 合이나 沖이 되지 않으면 比肩格이 온전하게 성립하여 비견의 성향이 강하게 나타날 수 있다. 월지의 비견은 12운성으로 일간의 건록建祿에 해당하므로 건록격建祿格이라고도 한다.

기본적으로 월주가 온전한 比肩格이 성립하면 일간은 힘이 강한 사주가 되는 경우가 많고 이 경우에는 관성官星을 용신으로 삼고 재성財星을 희신으로 삼을 수 있다. 그러므로 재성운財星運이나 관성운官星運이 올 때 발복할 수 있다. 물론 관성이 없고 재성이 있을 경우에는 식상운이 올 때 왕성

하게 재성에 해당하는 인 사 물을 추구할 수 있다.

비견격도 겁재격과 유사하게 대부분의 경우에 일간의 힘이 강하므로 자존심과 경쟁심이 강하고, 고집이나 주관이 확고하여 타인의 간섭이나 통제를 싫어하며 자신의 의지와 생각대로 일이나 목표를 추진하는 강한 추진력과 일관성을 지니고 있다. 그러나 의심하고 경계하는 겁재의 성향은 잘 드러나지 않을 수 있다.

기본적으로 일간이 비견격을 이루고 강하면서 비견이 흉작용을 하는 경우에는, 지나친 고집이나 아집我執으로 인하여 대인관계가 원만하지 못하고 고독할 수 있으며, 월주에 해당하는 부모나 형제궁이 흉하므로 역시 부모나 형제와 인연이나 덕이 적을 수 있다. 그러나 비겁이 식상食傷으로 유통되는 경우에는 무난할 수 있고, 관성官星이 온전할 경우에는 관직이나 공직을 통하여 자신이 원하는 일이나 직책을 훌륭하게 수행할 수 있다.

比肩格이면서 일간이 태강太强할 경우에는, 겁재격과 마찬가지로 자신의 지나친 주장이나 고집을 타인에게 강요하지 말고 다른 사람의 의견이나 주장을 수용할 수 있는 마음가짐을 지니는 것이 중요하다. 또한 서로 타협하고 협력하는 것은 필요하지만 동업은 불리하다. 역시 자신이 강하므로 겸손한 마음과 행동을 하는 것이 다방면에서 도움이 될 수 있다. 비견격의 명조를 보도록 하자.

시	일	월	년
乙	**庚**	丙	丙
酉	戌	申	申

- 일간 庚金이 月支와 年支에 비견 申金이 있으므로 일간이 편강하다. 그런데 지지의 申 酉 戌이 金방국을 이루어 모두 金의 기운으로 변하여 비견국을 이루었으므로 비겁이 태왕한 사주가 되었다. 이 경우에는 간지가 통근한 관성 火운이 올 경우에 발복할 수 있다. 근본적으로 재성 木의 도움을 받지 못하므로 용신 丙火가 약하다.

시 일 월 년
己 己 乙 戊
巳 亥 丑 戌

• 일간 己土는 월지와 연지의 丑과 戌의 비겁이 강하고, 戊 己土가 투출하여 비겁격을
  이루고 있다. 그러므로 일간은 비겁이 많은 편왕한 사주가 되었다. 이 경우에는 비겁
  이 혼잡하고 지지에 충과 형이 함께하므로 운의 영향을 많이 받을 수 있다. 관성 木의
  운이 올 때 가장 유리할 수 있다.

시 일 월 년
丁 辛 己 壬
酉 未 酉 寅

• 월지와 시지의 비견 酉金이 강하여 비견격을 이루었다. 일간 신금은 오행을 구비하여
  성격이 원만하고 자존심과 학문에 대한 관심이 많다. 편인 土와 비견 金이 강하므로
  일간은 편왕한 사주가 되었다. 그러므로 관성 火와 재성 木의 기운이 필요하며, 관성
  운과 재성운이 올 때 발복할 수 있다.

2) 별격사주別格四柱

정격사주正格四柱를 제외한 나머지 사주를 별격사주라고 할 수 있고, 별
격사주는 편격사주偏格四柱 또는 외격사주外格四柱라고 표현하기도 한다.
별격 또는 외격으로는 종격사주從格四柱, 양신상생격兩神相生格 또는 양기
성상격兩氣成象格, 전왕격專旺格 또는 일행득기격一行得氣格, 합화기격合化氣格
또는 합화격合化格사주 등으로 나누어볼 수 있다. 별격사주 외에도 다양한
잡격雜格이 있지만 검증이 곤란하여 생략하였으며, 단 용신을 정할 때 유용
한 몇 가지의 격은 알아보도록 하자.

기본적으로 격을 판단할 때는 먼저 정격사주로 판단하고, 원국의 십성과 오행의 변화를 살피고 개별오행의 강약을 살펴야 한다. 그래도 판단하기 어려울 경우에는 별격사주로 판단하여 간명을 하는 것이 혼란을 방지할 수 있다. 기본적인 별격사주의 종류와 특성을 알아보도록 하자.

(1) 종격從格 사주 : 종격사주從格四柱에 대한 내용은 이 장에서 대응책을 비롯하여 기본적인 정리를 하도록 하자. 기본적으로 종격사주는, 강한 오행의 십성에 해당하는 기운을 일간이 거역하지 않고 따라가는, 즉 종從하는 사주를 말한다. 종격사주가 될 경우에는, 일간이 월지를 중심으로 원국에 많고 강한 오행을 克하거나 거역할 수 없으므로 일간의 생각이나 주체성을 버리고 십성에 해당하는 강한 오행의 인·사·물에 순응하여 성실하게 생활하는 것이 유리하다.

종격의 경우에도 일간이 甲 丙 戊 庚 壬의 양간陽干일 경우에는 천간이나 지지의 지장간의 정기를 포함하여 여기餘氣나 중기中氣에 통근하여 약간의 힘만 있어도 쉽게 종하지 않을 수 있다. 왜냐하면 陽은 나아가려는 기氣가 강하기 때문이며, 기를 따르고 세력에 추종하기를 원하지 않기 때문이다.

반대로 천간이 乙 丁 己 辛 癸의 음간일 경우에는 지지에 힘이 되는 오행이 비록 있더라도 기보다는 세력에 따라가는 경향이 강하므로 종하기가 수월할 수 있다. 그러므로 일간이 陽干일 경우에는 비록 종하더라도 본래의 의도가 아니고 억지로 따라가므로 가종격假從格이 되는 경우가 많고, 일간이 陰干일 경우에는 진심으로 순수하게 따라갈 수 있으므로 진종격眞從格이 될 경우가 많다.

종격사주의 경우에는 가종격보다는 진종격이 좋은 격이 될 수 있고 가종격은 언제든지 운에 의해 종하지 않을 수 있다. 또한 가종격은 일반적으로 성패가 확실하게 드러나며, 운의 영향을 많이 받을 수 있다. 그러므로 운이 길흉作용을 하는 경우에는 발복發福하지만, 흉작용을 하는 경우에는 손상이 바로 나타날 수 있다. 차례대로 살펴보도록 하자.

① **종왕격**從旺格 : 종왕격은 강한 비겁比劫의 기운에 해당하는 주체성과 추진력을 바탕으로 타인에 의지하지 않고 당당하게 살아가는 경우를 말한다.

종왕격은 원국의 일간을 기준으로, 관살官殺이나 재성財星이 없고 월지와 일지가 비겁이면서 월간에 비겁이 투출하고 나머지 간지도 비겁이나 인성으로 구성될 때 이루어진다. 또한 식상이나 재성에 해당하는 오행이 있더라도 合이나 반합半合 또는 삼합국三合局이나 방합국方合局이 되어 일간의 기운으로 화化할 경우에도 종왕격이 될 수 있다.

종왕격이 될 경우에는 일반적으로 비겁比劫이나 인성印星이 희·용신이 되므로, 비겁운이나 인성운이 오면 유리할 수 있고 강한 식상운이 오는 경우에도 무난할 수 있다. 단 **관성**官星이나 **재성**財星은 기·구신이 되므로 관성운이나 재성운이 오면 그 기간 동안에는 일간이 손상될 수 있으며, 식상운은 한신閑神이 되는 경우가 많다. 전왕격專旺格과 유사하다.

기본적으로 관살官殺이나 식상 또는 재성이 시주時柱나 일지에 온전할 경우에는 종왕격이 성립하지 않는다. 그러므로 종왕격은 강한 일간을 克하는 관성운이 오는 것을 가장 싫어하며, 특히 편관운이 오는 경우에는 일간에게 불리하고 흉한 일이 발생할 수 있다. 또한 일간이 克하는 재성운이 오는 경우에도 군겁쟁재群劫爭財가 발생하여 분쟁이나 다툼이 발생하고 일간이 손상될 수 있다. 즉 비겁이 많은데 재성운이나 관성운이 오면 강한 비겁의 오행이 반발하여 반극하기 때문이다. 이 경우에는 운의 영향을 많이 받을 수 있으므로 기본적인 대비책을 알아보도록 하자.

[기본적인 방책]

- 직업의 선택 : 원국이 종왕격을 이룰 경우에는 일간은 대체적으로 강한 육체적 활동을 수반하는 직업이나 일도 어려움 없이 수행할 수 있고, 자존심이나 고집이 강하므로 공인된 자격증을 활용한 직업을 선택하는 것이 무난할 수 있다.

  또한 자영업이나 제조업을 하더라도 시기와 공간에 따른 변화와 변동이 심한 업종보다는 안정적이고 일반적인 업종이 무난할 수 있고, 품목이 다양하지 않으면서 차별화된 상품으로 공급자 위주의 업종을 선택하는 것이 무난할 수 있다. 왜냐하면 주체성과 자존심이 강하고 본인 위주의 생각과 행동을 하므로 서비스나 타인을 배려하는 마음이 부족할 수 있기 때문이다. 기본적으로 항상 타인을 배려하고 이해하려는 마음으로 직장이나 직업에 임하는 자세가 필요하다.

- 대인관계 : 대인관계를 할 때에는 주변 사람이나 가족에 대하여 배려하는 마음을 가지도록 스스로 노력하는 것이 필요하고, 다른 사람의 의견을 묵살하고 자신의 주장이나 생각을 강하게 표출하기보다는 경청敬聽하는 자세를 가져야 한다.

  또한 지나치게 재물에 대한 욕심을 삼가야 주변에 사람들이 함께할 수 있다. 특히 자신의 강한 주장이나 고집을 자제하고 타인을 배려하는 행동을 하는 것이 원만한 대인관계의 출발점이 될 수 있다.

- 배우자의 선택 : 배우자를 선택할 경우에도 자신의 의견이나 주장이 강하므로 자신의 생각이나 의견을 수용할 수 있는 부드럽고 고집이 세지 않은 사람을 선택하는 것이 원만한 가정을 유지하는 방안이 될 수 있다.

  기본적으로 원국의 일간이 음陰이면서 다소 편약偏弱하면서 식상이나 재성이 온전하면서 자신을 인정하고 따를 수 있는 배우자를 선택하는 것이 무난할 수 있다. 그러나 배우자에 대한 지나친 기대감이나 눈높이가 높을 경우에는 혼인이 늦어지거나 시기를 놓치고 홀로 지낼 수도 있으므로 배우자를 맞이하면 천상의 배필이라고 생각하고 좀 비굴할 정도로 감싸고 위하는 마음을 가지는 것이 필요하다. 더하여 배우자를 의심하고 경계하는 마음을 버리고, 배우자를 인정하고 이해하는 아량을 베풀어야 원만한 가정과 결혼생활을 유지할 수 있다.

  역시 남명의 경우에는 정관正官이 온전한 배우자를 선택하는 것이 무난하고, 여명의 경우에는 정재正財가 온전한 배우자를 선택하는 것이 도움이 될 수 있다.

- 자녀교육 : 자녀교육을 할 때에도 강제하거나 억압하는 것은 자녀를 더욱 위축시키므로 따뜻한 위로의 말이나 안정을 줄 수 있는 분위기를 만드는 것이 중요하다. 왜냐하면 자신이 지나치게 강하므로 보는 것 자체로도 자녀는 공포나 두려움을 느낄 수 있기 때문이다. 종왕격의 예를 보도록 하자.

시 일 월 년
甲 **甲** 乙 癸
子 寅 卯 卯

- 일간 甲木은 비겁과 인성에 해당하는 水와 木의 기운으로 구성된 종왕격을 이루었다. 이 경우에 일간은 水 木의 기운으로 살아가는 것이 무난하고 관성 金이나 재성 土의 운은 불리할 수 있다. 식상 火는 한신으로 볼 수 있지만 이 경우에는 火의 운도 소통이 될 수 있으므로 도움이 될 수 있다.

시 일 월 년
甲 **丙** 甲 丙
午 午 午 午

- 火와 木의 비겁과 인성으로 구성된 종왕격. 역시 일간 丙火는 木 火의 기운으로 살아가는 것이 무난하고 관성 水나 재성 金의 운은 불리할 수 있다. 식상 土는 한신이지만 지지의 辰土나 丑土의 운은 조후의 작용을 할 수 있으므로 도움이 될 수 있고, 간지로 식상운이 강하게 올 경우에도 유리할 수 있다.

시 일 월 년
戊 **己** 戊 己
辰 巳 辰 丑

- 土의 비겁이 왕한 종왕격. 일간 己土는 土 火의 기운으로 살아가는 것이 무난할 수 있고 관성 木이나 재성 水의 운은 불리할 수 있다. 식상 金은 한신이지만 이 경우에는 金운도 무난할 수 있다.

② 종강격從强格 : 종강격은 강한 인성의 기운을 따라 살아가는 경우를 말한다. 일간의 월지와 일지가 인성이면서 인성이 월간에 투출透出하고 나머지 간지干支가 인성이 많고 비겁으로 구성되거나, 다른 십성이 1~2개 있더라도 일간과 같은 오행이나 인성으로 合이나 반합 또는 삼합국이나 방합국이 될 경우에도 종강격이 성립할 수 있다. 이 경우에도 원국에 재성이나 관성 또는 식상이 온전할 경우에는 대운에 의해 편왕偏旺할 수 있으며, 이 경우에는 정격으로 판단하여 필요한 세운의 오행을 찾을 수 있다.

종강격은 印星이 강하고 비겁이 있으므로 기본적으로 학문이나 지적知的인 방면에 다양한 재능을 지니고 능력을 발휘할 수 있다. 또한 지식이나 이론에는 강하여 새로운 일의 시작은 잘하지만 행동의 결과가 미흡할 수 있고, 자신의 지식이나 재주를 과시하려는 마음이 강할 수 있다. 때로는 학문이나 기예, 종교 등에 몰입하여 현실 생활에 대한 적응력이 약하고 재물과 인연이 약할 수 있다. 그러나 印星이 삼합국을 온전하게 이룰 경우에는, 학문이나 교육 분야에서 큰 업적을 이루는 경우가 많고, 최고의 전문가로서 군림할 수 있다. 즉 타고난 적성을 발휘하여 한 분야에서 성실히 수련과 전문성을 쌓으면 그 분야의 최고가 될 수 있다. 종강격從强格은 종인격從印格이라고도 부른다. 종강격이 온전할 경우에는 재물이나 권력보다는 명예나 안정을 추구하는 경향이 강하고, 익힌 학문이나 지식을 바탕으로 자신의 생각과 의지대로 하고 싶은 일이나 직업을 선택하여 살아가는 것이 유리할 수 있다.

이 경우에도 기본적으로 비겁比劫이나 인성印星이 희·용신이 되므로 인성운이 오면 자신의 뜻과 명예를 떨칠 수 있는 좋은 시기가 될 수 있고, 비겁운이나 정관운이 오는 경우에도 무난할 수 있다.

일반적으로 식상食傷이나 재성財星은 기·구신이 되므로 특히 식상운食傷運이나 편재운偏財運이 오면 그 기간 동안에는 일간에게 불리할 수 있다. 식상운食傷運은 강한 인성의 극을 받으므로 하는 일이나 직장에서 불리할 수 있고, 대부분의 종격에서는 왕신旺神의 辰 戌 丑 未에 해당하는 입묘운入墓運도 흉할 수 있다. 역시 운의 영향을 강하게 받을 수 있으므로 기본적인 대비책을 알아보도록 하자.

[기본적인 방책]

- 직업의 선택 : 인성이 많아 일간이 종강격이 되는 경우에는, 자신이 익힌 지식이나 학문을 활용하여 직업이나 일을 선택하는 것이 유리할 수 있고 종왕격의 경우와 마찬가지로 재물과 관련된 일에 지나치게 집착하는 것은 불리하다. 자신의 풍부한 학식과 직관直觀을 활용할 수 있는 직업이나 일을 선택하여 명예나 권위를 얻어 원만하고 여유로운 삶을 설계하는 것이 유리할 수 있다. 역시 지나치게 변화가 심하고 경쟁적인 직업보다는 스스로 생각하고 아이디어를 낼 수 있는 시간의 여유가 있는 직업이나 일을 선택하는 것이 적성에도 적합할 수 있다.
직장생활을 할 경우에는, 게으르고 나태한 행동과 지나치게 공상에 빠져 비현실적인 사고나 행동을 하는 경우를 조심하고 줄여야 한다. 동시에 운동이나 건강관리를 위해 하루에 30분 정도라도 투자하여 기분이나 분위기를 전환하는 것이 자신의 능력을 향상시키고 업무의 만족도를 높이는 데 도움이 될 수 있다.

- 대인관계 : 대인관계를 할 때에는, 도움을 받고자하는 마음이 강하고 도움을 받아도 감사하거나 베푸는 마음이 약할 수 있으므로 타인을 배려하고 감사하는 마음을 가지도록 스스로 노력해야 하고, 또한 자신만이 옳다고 주장하는 오만傲慢이나 독선獨善에 빠지지 않도록 노력해야 원만한 대인관계를 유지하면서 살아갈 수 있다.
특히 편협한 사고와 지나치게 추상적이고 비현실적인 일에 집착하는 것은 피해야 하며, 혼자 공상이나 망상에 빠지는 경우도 조심해야 한다. 무엇보다도 활발하고 긍정적인 사고와 행동하는 것을 습관화하여 홀로 고독이나 외로움에 빠져 편인의 우울증이나 공상가가 되지 않도록 주의해야 한다. 특히 일간이 음陰이면서 편인이 강할 경우에는 칩거 생활을 하거나 외부와 단절된 생활을 할 수도 있다.

- 배우자의 선택 : 배우자를 선택할 경우에는, 먼저 활발하고 활동적이면서 긍정적인 사람을 선택하는 것이 도움이 될 수 있고, 특히 성실하고 대인관계가 원만한 사람을 선

택하는 것이 자신의 부족한 부분을 보완하면서 서로 화합하기가 수월할 수 있다. 또한 가정 경제를 본인을 대신하여 원만하게 관리할 수 있는 배우자가 필요하며, 특히 자신의 생각이나 추구하는 목표를 이해하고 배려하는 마음이 강한 사람이 필요하다. 왜냐하면 자신이 돈벌이보다는 학문이나 특별한 분야에만 관심이 많아 때로는 의 · 식 · 주가 불안정할 수 있기 때문이며, 또한 자신의 학문이나 재능을 살려 최고의 전문가나 대학자가 되기 위하여 상당한 시간과 돈이 필요하기 때문에 가정을 책임질 수 있는 배우자를 선택하는 것은 대단히 중요하다.

배우자의 일간이 음陰이면서 편약하고 일주日柱나 월주月柱가 자신의 日柱나 月柱와 합이나 生을 하는 경우가 서로 도움이 되고 원만할 수 있다. 역시 남녀 공통으로 정재나 정관이 온전한 배우자가 도움이 될 수 있고, 특히 식상과 재성이 온전하면 가정 경제에 많은 도움이 될 수 있다.

- 자녀교육 : 자녀교육을 할 때에는, 지나치게 현학적衒學的이거나 추상적인 말보다는 현실적이면서 실질적인 사례를 들어 간략하게 하는 것이 도움이 된다. 왜냐하면 워낙 자신이 학식이나 직관력이 뛰어나기 때문에 미세한 부분까지 이해시키려고 잔소리를 하면 오히려 자녀가 이해할 수 없거나 수용하기 어려울 수 있기 때문이다. 특히 규칙적으로 할 수 있는 취미나 운동을 만들어 자녀와 함께하는 것이 더 큰 도움이 될 수 있다. 종강격의 명식을 보도록 하자.

시 일 월 년
乙 甲 癸 壬
亥 子 卯 子

- 일간 甲木의 월지가 겁재 卯木이지만 인성 水가 많은 종강격. 이 경우에는 강한 기운을 거역하지 않는 水 木운이 무난하며, 식상 火운은 간지에서 충이 되므로 불리할 수 있다. 지지에 巳나 午가 오면 子 午 冲이나 巳 亥 冲을 하여 火가 손상될 수 있고, 천간의 편재 戊土는 비록 흉신이지만 癸와 합하여 혼잡을 제거할 수 있으므로 무난할 수 있으며, 편관 庚도 비록 흉신이지만 乙과 합하고 일간 甲과 冲하지만 유통이 되므로 크게 흉작용을 하지 않고 평범할 수 있다. 기본적으로 왕한 오행을 충하거나 합하면 약한 오행은 합거合去되어 사라질 수 있다. 물론 이 경우에도 유통이 되는 경우에는 무난할 수 있다. 일간은 지식이나 학문을 바탕으로 살아가는 것이 무난하다.

시 일 월 년
乙 <u>丙</u> 丁 甲
未 寅 卯 寅

- 일간 丙火의 월지와 일지와 연주가 인성 木이면서 간지의 인성 木이 강하고 비겁 火로 구성된 종강격. 기본적으로 인성 木운과 비겁 火운이 올 때 무난할 수 있고, 관성 水운은 한신이 되어 평범할 수 있으며, 재성 金운은 불리할 수 있다. 이 경우에 식상 土운은 상황에 따라 작용이 달리 나타날 수 있다.

시 일 월 년
戊 <u>辛</u> 戊 辛
戌 丑 戌 未

- 일간 辛金의 월지와 일지가 정인이면서 인성 土와 비견 金으로 구성된 종강격. 기본적으로 인성 土운과 비겁 金운에는 본인의 생각대로 살아가므로 무난할 수 있다. 천간의 관성 火운은 土를 생하여 유통되거나 합을 하므로 무난할 수 있고, 지지의 관성 火운은 丑 戌 未 형을 더욱 강하게 하여 때로는 한 분야의 일에 얽매여 살아가거나 대가도 될 수 있다. 재성 木운은 뿌리 내리기 어렵고 반극을 당할 수 있으므로 불리할 수 있다.

③ **종아격**從兒格 : 종아격은 일간이 식상食傷에 해당하는 오행의 인·사·물에 의지하여 살아가는 것이 유리한 경우를 말한다. 종아격은 일간의 비겁이나 인성이 없거나 있어도 沖이나 合이 되어 전혀 힘이 없으면서 월주와 일지가 식상이고 간지에 식상이 많거나, 간지에 식상을 제외한 다른 십성이 있더라도 식상의 合이나 반합 또는 삼합국이나 방합국이 될 경우에도 성립할 수 있다. 그러나 원국에 인성印星이나 관살官殺 또는 재성財星이 있는 경우에는 종아격으로 판단하기보다는 일반적인 사주로 판단할 수 있다.

즉 일간이 양간陽干이면서 지장간에 인성이나 비겁의 기운이 있을 경우에는 일반적인 사주로 판단하고, 이 경우에도 일간이 음간陰干일 경우에는 종아격이 성립할 수 있다. 또한 다른 종격과 달리 비겁比劫이 원국에 있어도 성립할 수 있고 특히 원국에 재성이 있을 때 진정한 종아격이 성립할 수 있다. 종아격의 경우에는 財星이 원국에 없을 때 대운이나 세운에서 재성운을 만나면 열심히 활동한 대가로 재물을 축적하여 부귀할 수 있다. 재성운의 기간 동안에는 열심히 노력한 대가代價가 발생하므로 가정이나 직업이 안정될 수 있고, 대인관계도 활발하고 안정적일 수 있다. 종아격도 조후調候가 되면 더욱 격이 높은 사주가 될 수 있다.

종아격을 이룰 경우에는, 기본적으로 재성財星이 용신이 되고 식상食傷은 희신이 되며, 인성印星과 관성官星은 기·구신이 된다. 비겁은 한신이지만 때로는 비겁도 도움이 될 수 있다. 그러므로 대운이나 세운에서 식상운과 재성운이 함께 오는 경우에는 더욱 유익하고, 특히 財星運이 강하게 오는 경우에는 더욱 좋다. 또한 비겁운이 와도 무난할 수 있고, 인성운이나 관살운은 조후상 필요할 경우에는 지장간이나 時柱에 있을 경우에는 무난할 수 있지만 대부분의 경우에는 불리하다.

이 경우에도 丙 丁 일간이 未土가 많아서 종아격이 될 경우에는 비겁운은 좋지 않다. 왜냐하면 조후가 필요하기 때문이며 지장간의 비겁이 많아지면 종아격이 될 수 없기 때문이다. 또한 甲 乙 일간의 종아격도 월지가 巳 午월이 되므로 비록 기·구신이지만 조후로서 인성 水운이 올 경우에도 불리하지 않을 수 있다. 특히 월지가 火나 水가 되고 이 기운이 강할 경우에는 대부분의 원국에서 조후를 살펴보는 것이 필요하다. 왜냐하면 지나치게 덥거나 지나치게 추울 경우에는 만물이 활동하기에 지장이 있기 때문이다. 종아격도 역시 대부분의 종격과 마찬가지로 운의 영향을 많이 받을 수 있다. 특히 여명의 경우에는 관성을 극하므로 배우자 관계가 불안정할 수 있고, 때로는 배우자의 인연이 자주 바뀔 수 있다. 기본적인 대비책을 알아보도록 하자.

[기본적인 방책]

- 직업의 선택 : 종아격이 재성으로 유통되면서 온전하게 이루어질 경우에는, 재능이나 기술을 활용하여 직장이나 자영업을 운영할 경우에도 자신에게 부여된 업무나 맡은 일을 활발하고 성실하게 수행하여 재물을 축적할 수 있다. 그러나 財星으로 유통되지 못할 경우에는 일한 결과가 뚜렷하지 않을 수 있으므로 항상 결과를 염두에 두고 노력해야 한다.

  종아격이 온전한 사람이 사업이나 투자를 할 경우에는, 특히 각종 정보를 활용하여 자세한 분석을 하고 결과에 대한 예측을 한 후에 신중하게 실행에 옮기는 것이 대단히 중요하다. 직장을 선택할 경우에도, 자신의 적성에 맞는 업무인가를 판단한 후에 급여나 근무 규정, 성과成果에 대한 명확한 확답을 얻거나 명문화하고 일에 임하여야 한다. 왜냐하면 연구에 몰두하거나 아이디어를 내는 과정이나 투자에만 신경을 쓰다가 자칫 자신의 몫이나 결실을 챙기지 못할 수 있기 때문이고, 또한 일정한 틀이나 규정에 묶이는 것을 싫어하고 윗사람의 업무 지시나 명령을 소홀히 하거나 무시하여 불이익을 당할 수 있기 때문이다. 재성이 없을 경우에는 배우자나 부모의 도움을 받거나 활용하는 것도 큰 도움이 될 수 있다.

- 대인관계 : 대인관계를 할 때는, 자신의 활동력이나 재능을 과신過信하여 지나치게 잘난 체하는 것을 조심해야 하고, 사회의 법규나 관습을 무시하여 구설口舌이나 관재官災에 오르내리지 않도록 해야 한다. 다양한 재능을 발휘하여 최고의 인기를 누릴 수 있지만 자주 구설에 오르내리거나 험담도 들을 수 있으므로 신중한 말과 처신을 하면서 겸허한 마음을 지니는 것이 중요하다. 또한 자신의 재능을 인정받지 못하고 되레 빈 깡통이 요란하다는 소리를 듣거나 건방지다는 소리를 들으면 얼마나 마음이 안타까울까? 이런 소리를 듣지 않고 멋진 대인관계를 만들기 위해서는 항상 남의 말을 함부로 하지 않도록 입조심을 하거나 타인을 배려하는 습관이 성공적인 대인관계를 위해 반드시 필요하다.

- 배우자의 선택 : 배우자를 선택할 경우에는, 원국에 정재正財와 정관正官있으면서, 알뜰하고 꼼꼼하게 가정이나 재물을 관리하면서 이재理財에 밝고 가정적인 사람을 선택하는 것이 도움이 될 수 있다. 왜냐하면 자신이 등한시하는 부분을 배우자가 살펴줄 수 있으면 서로 화합하여 부귀를 누릴 수 있기 때문이다. 하기야 요즈음은 이혼이 워낙 쉽게 이루어지다보니 쉽지 않은 일일 수도 있다. 그러나 자신이 진심으로 사랑하

고 함께 하기를 원하는 사람을 찾기 위해 노력하면 아무리 시대 상황이 물질만능이라고 해도 좋은 사람을 만나 열정적으로 삶의 부족한 부분을 서로 보완하면서 삶의 가치와 보람을 누리고 풍요롭게 가정을 꾸리고 해로偕老할 수 있다.

여명의 경우에는 배우자는 기본적으로 일간이 편강하고 정재가 용신이면서 온전한 사람을 선택하고, 남명의 경우에는 일간이 편강하면서 배우자가 정관과 재성이 온전한 사람을 선택하면 서로 큰 도움이 될 수 있다. 이 경우에도 서로의 원국을 비교하여 월주나 일주가 冲이나 克이 되지 않아야 한다. 단 부득이 克이 되더라도 여명女命이 남명男命을 克하는 것은 피해야 하고, 男命이 女命을 克하는 경우에는 어느 정도 견딜 수 있다.

- 자녀교육 : 자녀교육을 할 때에는, 항상 자녀의 뜻을 먼저 헤아리는 마음이 강하므로 재능이나 적성을 살리는 부분은 잘할 수 있다. 하지만 배우고 익힌 재능이나 학문을 유익하게 활용하여 결과를 창출할 수 있는 방법이 부족할 수 있으므로 항상 크든 작든 결과나 목표를 설정하고 끝까지 달성하는 습관을 만들어 주고 그 과정을 도와주는 것이 필요하다. 역시 부지런하고 성실한 것은 칭찬하고 자랑할 만하지만 주체성과 인내심을 가지고 지속적으로 한 가지의 분야에서 결과를 추구할 수 있게 유도하는 것이 필요하다. 종아격의 예를 보도록 하자.

시	일	월	년
戊	丁	戊	己
申	未	辰	未

- 월지에 辰土를 가진 火 土 상관이면서 火 土 종아격을 이루었으며, 時支에 정재 申金을 가지고 있으므로 식상생재가 되어 자신의 뜻을 펼칠 수 있다. 기본적으로 火 土 金의 운이 무난하고 水 木의 운은 불리할 수 있다. 일간의 경우에는 건강관리에 항상 유의해야 하며, 특히 위장이나 대장의 신경성 질환에 유의해야 한다.

```
시 일 월 년
癸 己 辛 戌
酉 酉 酉 戌
```

- 지지가 식신 酉金과 겁재로 구성되어 있으므로. 土 金 식신 종아격을 이루고 있다. 그러므로 土 金 水의 운은 유리하고, 木 火의 운은 불리할 수 있다. 일간이 음간이므로 겁재가 있어도 종아격이 성립할 수 있다. 이 경우에는 특히 편인 巳火운이 올 경우에는 하는 일의 변동이나 변화가 나타날 수 있고, 기본적으로 火운이 올 경우에는 酉金을 합하거나 극하므로 그 기간 동안에는 건강관리에 유의해야 한다. 또한 지지에 卯나 천간으로 乙의 편관운이 오면 이 시기에도 다양한 변화와 변동이 발생할 수 있으므로 신경 계통이나 간 계통의 건강에도 유의해야 한다.

```
시 일 월 년
乙 癸 丁 甲
卯 卯 卯 寅
```

- 월지와 일지, 시지가 식신 卯木이면서 간지로 木이 강한 종아격. 그러므로 식상과 재성에 해당하는 木 火의 운은 유리할 수 있고, 관성과 인성에 해당하는 土 金의 운은 불리할 수 있다. 비겁의 水운은 한신이 된다. 이 경우에도 간지로 丁酉의 운이 오는 시기에는 대단히 불리할 수 있고, 지지의 인성 酉운이 올 경우에도 3개의 지지가 모두 卯酉 冲이 되므로 하는 일이나 직업의 변화와 변동이 생길 수 있고, 건강에도 불리할 수 있다. 역시 운의 영향을 많이 받는 사주라고 할 수 있다.

④ 종관살격從官殺格 : 종관살격은 일간이 관살官殺에 의지하고 따라가면서 관성의 인·사·물을 추구하며 살아가는 것이 도움이 되는 경우를 말한다. 종관살격이라고 표현한 것은 정관이 많아도 살殺의 작용을 하므로 묶어서 종관살격이라고 하였다. 별도로 종살격이라고 해도 무방하다.

종살격은 원국에 일간의 식상이 없으면서 비겁이나 인성이 없거나 또는 있어도 冲이나 슴이 되어 역할을 할 수 없으면서 월주와 일지가 관살이고 간지에 정관이나 편관이 많을 경우에 온전하게 성립할 수 있다. 또한 干支에 관살이 많으면서 월지를 포함하여 지지가 官殺의 습이나 반합 또는 삼합국이나 방합국이 되고 간지에 인성이나 비겁 또는 식상이 제 역할을 못할 경우에도 온전하게 성립할 수 있다. 특히 천간의 식상이 관살을 극剋하지 않고 시지時支가 비겁이나 식상이 아닐 경우에는 진정한 종살격이 성립할 수 있다.

원국의 천간에 인성이 있을 경우에는, 천간의 재성財星이 인성印星을 합하거나 극하여 무력하면 종살격이 될 수 있고, 연간에 비겁이 있을 경우에는 관살이 천간에서 비겁을 克할 경우에도 종살격이 될 수 있다. 이 경우에도 일간이 양간陽干일 경우에는 종하기가 쉽지 않고, 일간이 음간일 때 진종살격眞從殺格이 되는 경우가 많다.

월지가 官殺이 아니면서 나머지 지지가 관살이고 관살이 천간에 투출할 경우와, 비겁이나 인성이 천간에 투출하였지만 통근하지 못하고 지지가 모두 官殺일 경우에도 가종살격假從殺格이 될 수 있다. 이 경우에는 직장 또는 공직公職에서 주어진 책임과 의무를 충실히 이행하면서 책임감과 사명감을 가지고 무난하게 살아갈 수 있다.

종살격의 경우에는 재성財星이 용신이고, 관성官星은 희신이 될 수 있다. 식상食傷과 비겁比劫은 기·구신이 될 수 있고, 인성印星은 한신이 될 수 있다. 종살격의 강한 官殺을 克하거나 沖하는 식상운食傷運이 오면 그 기간 동안에는 관직이나 직장에서 한직閑職으로 좌천되거나 때로는 퇴사退社를 당하거나 스스로 그만둘 수 있다. 이런 운이 올 경우에는 건강관리와 함께 대인관계에도 많은 조심을 해야 하며, 특히 상사나 윗사람에 대해 험담을 하거나 하극상下剋上의 태도를 보이지 않도록 노력해야 가정이나 직장이 무난할 수 있으며, 송사訟事나 구설을 면할 수 있다. 재성운이나 관성운이 오면, 관직이나 무관일 경우에는 무난할 수 있겠지만 항상 업무에 대한 중압갑을 느낄 수 있으므로 건강관리에 항상 유의해야 한다.

　기본적으로 원국이 대부분 官殺로 이루어진 경우에는 일간이 관살을 감당할 수 없기 때문에 몸이 허약하거나 잔병이 많을 수 있고, 운의 영향을 강하게 받기 때문에 운에 의해 단명短命하는 경우도 발생할 수 있다. 일간이 종從하는 경우에는, 특히 일주日柱나 월지月支를 沖하는 운은 불리할 수 있다. 왜냐하면 일간이 약한데 충을 받으면 감당하기 어려울 수 있고, 월지를 沖하면 강한 오행이 반발하여 약한 오행의 근본을 파괴 할 수 있기 때문이다. 물론 시주時柱로 유통될 경우에는 무난할 수 있다. 또한 종살격의 판단은 신중하게 해야 하며, 우선 정격으로 보고 판단하는 것이 도움이 될 수 있다. 기본적인 방책을 알아보도록 하자.

[기본적인 방책]

- 직업의 선택 : 종살격을 이룰 경우에는 자신의 직장이나 공公·사직私職에서 주어진 임무에 대한 책임감과 사명감을 다하는 성품이므로 가정이나 자신의 건강에 대해서는 소홀할 수 있다. 그러므로 항상 가정이나 건강관리에 소홀하지 않도록 스스로 노력하는 자세가 필요하다.
  또한 스스로 대의명분大義名分과 명예名譽를 중시하는 성품이므로 흔히 법을 집행하거나 명령에 복종하는 강한 책임감이나 사명감을 요구하는 계통의 직업이나 공직이 본인의 성정에 적합할 수 있다. 이 경우에는 대의를 위해 자신을 희생할 수도 있고, 희생을 무릅쓰고도 책임을 완수할 수 있다. 즉 충성도가 중시되는 검찰이나 경찰, 군인, 감찰 등의 직업이나 공직에서 중요한 역할을 담당하여 청렴하게 존경받는 선비의 기질을 발휘할 수 있다.

- 대인관계 : 대인관계를 하는 경우에는, 칼로 무 자르듯이 고지식하고 원리 원칙대로만 주장하기보다 유연하고 부드럽게 여유를 가지고 서로 타협하는 마음가짐을 지니도록 노력해야 한다. 물론 공적인 업무를 수행하는 경우에는 법과 원칙에 따라 철두철미하게 처리하므로 무난할 수 있다. 그러나 일반적인 인간관계에서는 유연성이나 융통성이 부족하여 모르는 사람일 경우에는 특히 접근하기가 어렵고 어색할 수 있으므로 유

머나 위트를 익혀 활용하는 것도 큰 도움이 될 수 있다.

또한 쉽게 토라지거나 다른 사람의 의견이나 생각을 무조건 틀렸다고 하는 자신도 모르는 성급한 행동이나 언행을 조심해야 한다. 왜냐하면 원칙과 규범을 지나치게 강조하여 여유롭거나 유연하지 못할 수 있고, 때로는 신경질적이고 권위만 내세우는 소인배의 행동을 할 수도 있기 때문이다.

- 배우자의 선택 : 배우자를 선택할 경우에는, 원국에 정인正印이 온전하면서 편강한 경우가 도움이 될 수 있다. 이런 경우에는 자신의 급한 성격이나 강한 압박감을 배우자와 함께 해소할 수 있으므로 큰 도움이 될 수 있다. 또한 배우자의 일간이 편강하고 정재正財와 정관正官이 희·용신이면서 온전하면 가정을 합리적이면서 안정적으로 유지하고 관리하여 배우자로 인하여 자신의 목표나 뜻을 이루게 할 수 있다.

  특히 남명의 정재가 용신일 경우에는 배우자의 건강을 살펴줄 수 있고, 여명의 정관이 용신일 경우에는 배우자는 자신과 이상이나 신념이 비슷하여 도움이 될 수 있다. 기본적으로 종살격의 경우에는 배우자가 일간이 약한 사주보다는 편강한 사주가 무난할 수 있고, 두 사람의 일주日柱나 월주月柱를 대조하여 서로 冲이나 克을 하지 않고 生하거나 合을 하는 관계가 훌륭한 배필이 될 수 있다.

- 자녀교육 : 자녀교육을 할 경우에도, 엄격하고 희생적인 생활이나 활동을 강조하기보다는 소신과 주관을 가지고 항상 활발하고 긍정적인 생활 태도를 지닐 수 있도록 유도하는 것이 도움이 될 수 있다. 또한 자녀가 항상 여유로운 마음을 가질 수 있게 하여 지나친 강박관념이나 불안감에서 벗어날 수 있게 하는 것이 필요하고, 어린 시절부터 교양이나 취미 생활을 만들어주는 것이 필요하다. 왜냐하면 자신이 사명감이나 책임감이 강하고 결단력과 과감성을 지니고 있으므로 은연중에 자녀나 타인에게도 그런 삶을 강요할 수 있고, 자녀도 자연스럽게 부모의 행동이나 사고思考를 따라가기 때문이다. 종살격의 예를 보도록 하자.

시	일	월	년
乙	乙	乙	庚
酉	酉	酉	戌

- 월지와 일지와 시지가 편관 酉金으로 종살격을 이루었으므로 오직 편관의 마음으로

살아갈 수 있다. 이 경우에는 가종살격이 되어 대운이나 세운에서 간지로 인성 水운이 올 경우에는 관인상생官印相生의 사주로 변할 수 있으므로 강한 水운이 와도 무난할 수 있다. 기본적으로 재성 土운이 천간이나 지지로 오는 경우에는 무난할 수 있고, 식상 火운이나 비겁 木운이 지지로 오는 경우에는 강한 金을 자극하여 자신의 직업이나 건강에 불리한 일이 발생할 수 있다.

시 일 월 년
乙 己 乙 癸
亥 未 卯 亥

• 월지를 포함하여 지지가 卯 未 亥 木 삼합국을 이루어 편관격을 이루면서 종살격이 되었다. 이 경우에는 진종살격이 되었다. 그러므로 관성 木과 재성 水의 기운에 종하여 살아가는 것이 유리할 수 있다. 이 경우에도, 대운에서 戊午 己未가 오면 편약한 사주로 변할 수 있으므로 세운을 잘 살펴야 한다. 또한 대운과 세운에서 지지로 巳 午의 운이 오면 그 시기에는 巳 午 未 방합국이 되거나 亥水를 강하게 충하여 관성국을 깰 수 있으므로 관직이나 직업에 소홀하거나 때로는 자신의 일을 하기 위해 직장을 그만둘 수도 있으므로 신중해야 한다.

시 일 월 년
丙 己 甲 癸
寅 亥 寅 卯

• 월주가 정관인 甲寅이므로 정관격을 이루면서 관살이 강하다. 이 경우에는 일간 己土는 시간의 丙火와 지지 寅木의 지장간 초기와 중기에 통근하므로 정관격의 편약한 사주로 판단하여 관성이 인성을 생하는 관인상생으로 판단할 수도 있다. 물론 일간이 己土의 음간이고 寅 亥 合 木이 되어 관살에 종할 수 있지만, 대운에서 午火 운이 오면 寅 午 반합을 하여 일간을 도와주므로 이 경우에는 다시 세운에서 일간을 돕는 인성 火나 비겁 土의 운이 오는 경우가 무난할 수 있다. 그러므로 종관살격의 경우에는 원국의 운과 사주를 잘 분석해서 판단해야 한다. 이 사주의 경우에도 기본적으로 水木의 운이 유리하고 강한 火운도 무난할 수 있다.

위의 사주를 일간이 己土인 남자일 경우로 분석해보자. 비견과 식신의 기 · 구신에 해당하는 己酉 대운 중의 상관과 정관의 庚寅년이 오면 원국의 관성과 식상이 甲 庚 冲을 하여 관성을 극하여 송사가 발생하였다. 그러나 대운과 세운의 천간이 土 金 水로 유통되고 원국의 정인 丙火가 상관 庚金을 억제하므로 무난하게 넘어갈 수 있었다.

또한 己酉 대운의 己土가 원국의 甲木과 합을 하고, 지지 酉가 연지의 卯를 충하여 관성의 혼잡을 막아주므로 경인년에는 무난할 수 있다. 己酉 대운의 식신과 편관에 해당하는 辛卯년에는 대운과 세운의 천간은 식신을 강하게 하지만 원국의 시간時干 丙과 丙 辛 合을 하여 작용력을 상실하고, 대운의 지지 酉와 세운과 원국의 지지 卯가 충을 하여 편관의 작용이 약화되어 비록 불리하지만 역시 무사히 넘길 수 있었다.

그러나 己酉대운의 재성과 겁재에 해당하는 壬辰년에는 운의 지지가 辰酉 합을 하여 상관 金의 기운이 강해지다. 또한 세운 천간의 정재 壬과 원국 천간의 정인 丙이 丙 壬 冲하여 무력하게 되고, 세운의 지지에 겁재의 辰이 오면서 원국과 寅 卯 辰 木의 관성 국을 이루고 동시에 일지의 용신인 정재 亥水를 무력하게 하고 水의 묘墓가 된다. 기본적으로 대운과 세운의 간지로 흉신인 비견과 겁재와 상관의 힘이 강해지므로 관성과 상관의 분쟁이 발생하여 과거의 일로 징계를 받아 오랫동안 근무한 공직에서 물러날 수 있는 상황이 되었고 건강도 좋지 않았다.

근본적으로 일간은 정관격이 온전하여 근본이 욕심이 없고 사회규범이나 법을 준수하는 신사도를 지닌 사람이라고 할 수 있다. 이 시기에 비록 어려움에 봉착하였으나 겁재도 합이 되어 크게 작용하지 않고, 관성의 기운이 유지되므로 외부의 조언과 주변 사람의 도움을 받아 합리적인 해결 방안을 찾았다. 결론적으로 임진년에 외부의 탄원 등의 도움을 받아 벌금과 감봉으로 선처되었다. 체육 교사로서 성실하게 책임을 다하는 사람이다. 물론 이 경우에는 종살격으로 단정하지 않고 정격의 편약한 사주로 판단하여 간명할 수도 있다.

⑤ 종재격從財格 : 종재격을 이룰 경우에는, 재성에 해당하는 인人 · 사事 · 물物을 따라 사는 것이 유리하고 식상食傷의 도움을 받을 경우에는 열심히 활동하여 재물을 축적할 수 있다. 특히 종재격을 이루면서 시주時柱에 食傷이 온전할 경우에는 소부小富는 확실하다.

종재격은 일간의 관성과 비겁이나 인성이 없을 경우에 성립하며, 있어도 월주와 일지가 재성이면서 간지에 財星이 많을 경우와, 지지에 다른 십성이 있더라도 財星의 습이나 반합 또는 삼합국이나 방합국이 되고 천간에 財星과 식상이 있을 경우에 온전하게 성립할 수 있다. 이 경우에도 시주가 일간이나 재성을 沖하거나 尅하지 않아야 상급의 사주가 될 수 있다. 기본적으로 일간의 힘이 되는 인성印星과 비겁比劫은 불리하고, 오직 재성財星과 식상食傷의 마음으로 살아가는 것이 도움이 될 수 있다. 단 원국에 식상이 없을 경우에는 정관正官이 있을 경우에도 무난할 수 있다.

　종재격을 이루고 대운이나 세운에서 재성운財星運과 식상운食傷運이 오면 그 기간 동안에는 크게 발전하고 재물을 축적할 수 있다. 인성운이나 비겁운이 올 경우에는, 그 기간 동안에는 일간에게 불필요한 힘, 즉 자존심이나 주체성이 발동하여 재성에 해당하는 인·사·물과 다툼과 불화가 발생할 수 있으므로 불리할 수 있다.

　단 원국에 식상이 없을 경우에는 관성운이 올 경우에도 무난할 수 있지만 식상이 있을 경우에는 관성을 尅하거나 沖을 하므로 겸용할 수 없다. 그러므로 관성운이 올 경우에는 식상의 유무를 살펴서 길흉을 판단해야 한다. 특히 종재격이 온전할 경우에는, 일간 자신은 부모로부터 재물이나 유산을 물려받아 자연스럽게 부자가 되는 의미도 있고, 한편으로는 아버지나 배우자에게 복종하고 의지하여 생활하는 의미도 있다.

　남명男命의 경우에는 전적으로 아버지나 배우자에게 의지하고 종하므로 가정이나 자신도 무난할 수 있고, 이 경우에는 모든 경제권이 부인이나 아버지에게 있으며 부인이나 아버지에게 돈을 받아쓰면서 자신도 행복한 삶을 살 수 있다.

　종재격에서 주의할 것은 食神이 있을 때 강한 편관偏官의 칠살운七殺運이 오면 파산이나 질병 등의 위험이 나타날 수 있으므로 그 기간 동안에는 항상 건강관리나 재물의 관리에 유의해야 한다. 또한 종재격의 경우에도 월

지가 午火나 未土 또는 子水나 丑土일 경우에는 조후를 살피는 것이 필요
하다.

예를 들면 일간이 甲 乙이면서 월지가 겨울에 해당하는 丑月 종재격은 조
후상 지지나 지장간에 火가 있어야 상급이 될 수 있으므로 식상에 해당하
는 巳 午나 재성 未의 지장간 火를 활용하여 얼어붙은 丑土를 녹일 수 있을
때 더욱 길한 사주가 될 수 있다. 또한 일간이 壬 癸이면서 재성에 해당하는
월지가 巳 午 未의 종재격이 될 경우에는 丑土나 辰土의 조후가 필요하다.
다른 일간의 경우에도 해당하는 월지가 火와 水의 계절일 경우에는 조후
에 대하여 동일하게 추리할 수 있다. 기본적인 대비책을 알아보도록 하자.

[기본적인 방책]

• 직업의 선택 : 종재격의 경우에는 큰돈이 될 만한 일이라면 무엇이든지 즉흥적으로 결
  정할 수도 있으므로 직장의 부서를 선택할 경우에는 가급적이면 돈을 직접 관리하는
  부서나 일을 피하는 것이 좋다. 왜냐하면 운이 불리할 경우에는 그 시기에는 큰돈과
  관련된 횡령이나 비리가 나타날 수 있기 때문이다. 그러므로 직장생활을 할 경우에는
  항상 돈과 관련된 일을 누구보다도 투명하고 정확하게 처리하도록 노력해야 하고, 공
  적인 자금과 사적인 자금을 명확하게 구분해야 한다.
  때로는 거금巨金의 횡령이나 도난 사고가 발생하여 자신의 인생과 가족과 주변 사람
  을 순간의 그릇된 판단으로 곤경과 어려움에 빠뜨리는 경우도 종종 발생할 수 있다.
  재물이 좋기는 하지만 지나친 재물욕은 대부분의 경우에 인간성을 상실하게 만들어
  부모나 형제 또는 주변 사람을 적으로 만들거나 또는 손해를 끼치기도 한다. 명리에
  서 말하는 財星, 즉 재물이나 여자에 대한 욕심이 지나치게 강하면 印星, 즉 인간다운
  행동이나 명예나 체면을 잃는다는 것을 알고, 직업이나 일을 통해 재물에 대한 탐욕
  을 부리지 말아야 원만한 삶이 될 수 있다.

• 대인관계 : 종재격을 이룰 경우에는 일간은 사물에 대한 손익의 판단과 재성에 해당하
  는 인 · 사 · 물에 대한 실리추구의 계산이 다른 사람보다 뛰어날 수 있다. 또한 재물을
  강하게 추구하므로 재물이 삶의 가장 중요한 가치와 목표가 될 수 있고, 이로 인해 인
  간미를 상실할 수 있음을 유의해야 한다. 그러므로 직장생활이나 대인관계를 할 때도

자신의 실속만 챙기려고 하기 보다는 타인을 배려하는 마음을 가지는 것이 중요하고, 정도正道를 행하는 사람이 되도록 노력해야 한다.

지나치게 재물만 추구하는 사람은 비록 돈은 있지만 인격이 떨어지는 천한 사람으로 보일 수 있고, 때로는 주변 사람이나 친인척을 무시하고 돈만 쫓다가 주변의 필요하고 좋은 사람들을 잃거나 적으로 만들어 고독하고 외로운 부자가 될 수도 있다.

• 배우자의 선택 : 배우자를 선택할 경우에는 인품이 넉넉하고 어질고 선한 사람이 자신의 부족한 부분을 보완할 수 있다. 특히 배우자의 일간이 편강하고, 정인과 정관이 온전하여 인간성과 명예를 중시하고 사회규범을 준수하는 사람이 필요하다. 두 사람이 모두 지나치게 재물만 추구하면 남자는 돈을 벌면 다른 여자를 돌아볼 수 있고, 여자는 부모나 가족 또는 주변 사람과 어울리지 못하고 돈만 추구하므로 자신의 배우자를 천시하거나 멀리하고 때로는 돈이 많은 다른 남자를 따라갈 수도 있기 때문이다. 물론 두 사람이 모두 돈을 중시하는 사람이라야 성격적인 차이를 줄일 수 있지만 근본이 있는 즉 관성이나 인성印星을 갖춘 배우자를 선택하는 것이 외롭지 않게 살아갈 수 있는 방안이 될 수 있다. 또한 두 사람의 원국을 비교하여 월주나 일주가 서로 冲 克하는 경우는 피해야 한다.

• 자녀교육 : 자녀교육을 할 때에는 재물에 관한 중요성보다는 사회성이나 도덕성을 강조하는 것이 도움이 될 수 있다. 왜냐하면 부모의 얼굴인 자녀는 부모를 닮기 때문에 돈에 대한 교육을 하는 것보다는 명예와 정도를 가르치는 것이 오히려 자녀의 삶을 풍성하게 할 수 있고, 한 부분이 지나치게 강할 경우에는 반드시 상대되는 다른 한 부분은 지나치게 부족할 수 있기 때문이다. 즉 인격과 사회성을 갖추면 부모의 유산을 물려받아도 손가락질을 당하지 않고 존경받으면서 오랫동안 부를 유지할 수 있다. 종재격의 명식을 보도록 하자.

$$\begin{array}{cccc}
\text{시} & \text{일} & \text{월} & \text{년} \\
\text{辛} & \text{丁} & \text{丁} & \text{辛} \\
\text{丑} & \text{酉} & \text{酉} & \text{巳}
\end{array}$$

- 지지가 巳 酉 丑 삼합 金국이 되고 천간에 편재가 있으므로 종재격을 이루었다. 그러나 월간과 연지에 비겁이 있으므로 가종재격이며, 이 경우에도 土의 식상운에 발복할 수 있다. 火 비겁운이나 木 인성운은 삼합국을 깨고 일간을 강하게 하므로 불리할 수 있다.

이 사주의 경우에는 일주와 월주가 동일하여 복음伏吟이 되었다. 복음은 땅에 엎드려 신음하는 것을 의미하며, 이것은 소위 일간이 하는 일마다 옆에서 다른 사람이 자신과 똑같이 생각하고 행동하여 실익이 생기지 않거나 일의 방해를 받는 의미도 있다. 그러나 일간에게 필요한 힘이 되는 경우에는 상호 협력하여 도움이 될 수도 있으므로 함부로 복음이 되면 나쁘다고 하는 것은 주의해야 한다. 또한 이 사주는 대운과 세운의 흐름에 의해 편약한 사주로 변할 수 있으므로 운의 흐름을 잘 살피는 것이 필요하다. 식상에 해당하는 土운이 오는 경우에는 그 기간 동안에는 열심히 활동하여 큰돈을 벌 수 있다. 일간은 자신의 적성에 적합한 부동산이나 건축 분야에 종사하면서 열심히 재물을 추구할 수 있다.

$$\begin{array}{cccc}
\text{시} & \text{일} & \text{월} & \text{년} \\
\text{辛} & \text{丁} & \text{辛} & \text{戊} \\
\text{丑} & \text{巳} & \text{酉} & \text{申}
\end{array}$$

- 지지에 일간의 뿌리인 巳火가 있지만 巳 酉 丑 金국을 이루어 편재격을 이루면서 가종재격이 되었다. 식상의 土운과 재성의 金운이 무난하고, 관성에 해당하는 水운은 한신이지만 불리할 수 있고, 기본적으로 인성 木과 비겁 火의 운은 불리할 수 있다. 그러나 대운에서 火의 운이 간지로 올 경우에는 그 시기 동안에는 종하는 사주에서 편약한 사주로 변하므로 일간을 돕는 木 火의 운이 세운으로 오는 것이 도움이 될 수 있다. 다양하게 변하는 관계를 조금씩 익히도록 하자.

시	일	월	년
辛	**甲**	辛	丙
未	辰	丑	戌

- 지지가 재성 土로 구성되었지만 일간이 양간이면서 지장간에 통근하므로 가종재격이라고 할 수 있고, 한편으로는 일간이 태약한 정관격으로 판단할 수도 있다. 기본적으로 재성 土와 관성 金의 운이 무난할 수 있고, 이 경우에도 庚戌이나 己酉와 같이 강한 金운이 올 경우에는 일간의 건강이 나빠질 수 있다. 왜냐하면 운에서 재성이 편관을 생하므로 일간은 무리하게 돈을 버는 일에 열중하다가 신경 계통이나 정신적인 우울증에 시달릴 수 있기 때문이다. 또한 일간이 양간이므로 진종眞從이 어렵고, 대운에서 木 火의 운이 간지로 오면 직장을 박차고 나와 자신의 일을 시작할 수 있다.

⑥ **종세격**從勢格 : 종세격은 원국의 간지에 일간의 비겁이나 인성이 없고 천간에 있더라도 무근無根하거나 합이나 沖이 되어 무력하면서 원국에 식상 재성 관성이 대부분일 경우에 월지를 포함한 강한 세력의 인·사·물에 종하는 경우를 말한다. 이 경우에도 월지가 일간의 식상이면서 재성과 관성으로 유통될 경우에 진종세격眞從勢格이 될 수 있다.

역시 月支의 강한 오행의 십성과 통관通關시키는 오행의 십성을 희·용신으로 삼을 수 있고, 월지를 극剋하거나 충沖하는 오행의 십성을 기·구신으로 판단할 수 있다. 그러므로 운의 흐름도 월지를 생生하는 운이 오면 길하고, 월지를 剋하거나 沖하는 대운이나 세운이 오면 그 시기에는 불리할 수 있다. 특히 원국의 월지나 일주日柱가 剋이나 沖이 될 때, 대운이나 세운에서 다시 충이나 극을 하면 그 기간 동안에는 본인의 건강이 나빠지거나 병약할 수 있고, 재산상의 피해가 발생할 수 있다. 또한 沖으로 손상을 당하는 해당 십성의 육친이나 인·사·물의 손상이 발생할 수 있다. 이런 기간 동안에는 지나친 욕심을 버리고 항상 타인을 배려하고 이해하려는 마음을 가져야 하고, 자신의 안전을 위해 항상 기도하고 조심하는 것이 필요하다.

　종세격은 월지에서부터 시주時柱까지 간지가 식상생재食傷生財와 재생관財生官이 되고 일주가 冲이나 克이 되지 않으면 상급의 사주가 될 수 있지만, 다른 종격과 마찬가지로 운의 영향을 많이 받을 수 있다. 종세격일 경우에는 특히 사업을 하는 사람은 사업을 확장하거나 새로운 일을 시작할 시기와 때를 잘 살펴야 하고, 항상 재물의 일정한 부분을 배우자나 자녀의 명의로 따로 분배하여 급작스런 파재破財를 당해도 의지할 수 있는 방편을 마련해두는 것이 중요하다.

　종세격의 희·용신은 강한 오행의 세력을 따라가므로 기본적으로 식상食傷이나 재성財星 또는 관성官星이 될 수 있고, 대운이나 세운에서 식상이나 재성 또는 관성의 운이 올 때 그 기간 동안에는 하는 일이나 계획이 성사될 수 있다. 강한 세력을 따라가야 하므로 일간의 힘이 되는 비겁比劫이나 인성印星은 기·구신이 되어 불리할 수 있다. 비겁운이나 인성운이 오면, 그 기간 동안에는 일간이 종하기를 거부하고 자신의 일을 추진하므로 일간에게 불리한 일이 발생할 수 있다. 명식의 예를 보도록 하자.

시 일 월 년
丙 <u>癸</u> 癸 丁
辰 卯 卯 巳

- 木 火 土의 세력이 강하므로 세력을 따라가는 가종세격이다. 식상 木운과 재성 火운은 도움이 될 수 있고, 관성 土운도 무난할 수 있다. 이 경우에도 일간 癸水는 월간의 비견과 시지의 辰에 水의 고庫가 있고 巳중의 庚金의 도움을 받아 일간이 태약太弱한 사주로 볼 수도 있다. 태약한 사주의 경우에는 재성이나 관성을 활용할 수 있다. 월지와 일지의 卯를 충하는 편인 酉가 올 경우에는 불리할 수 있지만 辰 酉 합과 巳 酉 합을 하므로 충의 작용은 덜할 수 있다. 평범하게 열심히 살아가는 사주라고 할 수 있다.

┌─────────────┐
│ 시 일 월 년 │
│ 戊 **甲** 甲 辛 │
│ 辰 午 午 未 │
└─────────────┘

- 火 土가 강한 종세격. 이 경우에는 지장간을 포함하여 오행을 갖추고 있다. 일간이 陽의 甲木이므로 가종세격이다. 기본적으로 식상 火와 재성 土를 희·용신으로 활용할 수 있고, 지지의 인성 水와 천간의 비겁 木은 기·구신이 되고, 관성 金은 한신이 될 수 있다. 원국의 월주와 일주가 서로 복음이다.

  이 경우에도 대운에 의해 편약한 사주로 변할 수 있고, 일간이 양간이므로 열심히 활동하면서 자신의 재능을 발휘하여 살아갈 수 있다. 특히 화술이 뛰어나므로 서비스 업종에 종사하거나 학원 등에서 강의를 하면서 생활한다면 적절한 재물을 모으면서 생활할 수 있다. 일간 甲木은 지나친 활동으로 인하여 건강이 나빠지는 것을 항상 유의해야 한다. 주의해야 할 시기는 천간으로 편관 庚金의 운이 오거나 지지에 정인 子水의 운이 올 경우에는 그 기간 동안에는 다니는 직장이나 일에 변동이나 변화가 생길 수 있으므로 신중한 판단이 필요하고, 간이나 눈 신장 계통의 질병을 조심해야 한다.

┌─────────────┐
│ 시 일 월 년 │
│ 戊 **丙** 己 壬 │
│ 子 子 酉 申 │
└─────────────┘

- 金 水가 강한 종세격. 기본적으로 재성 金과 관성 水의 운은 희·용신이 될 수 있고 인성 木과 비겁 火운은 기·구신이 되며, 식상 土는 한신이 될 수 있다. 이 경우에는 비록 일간이 양간이지만 본인의 힘이 전혀 없으므로 丙火의 타고난 성품대로 살기가 어려울 수 있다. 오직 성실하게 주어진 일이나 직장에 임하면서 업종이나 직업을 바꾸지 말고 한 가지 일에 최선을 다하면서 살아가면 무난할 수 있다. 특히 정성이 담긴 기도하는 생활을 하면 큰 위안을 받을 수 있다. 역시 午火나 木의 운이 올 경우에는 가정이나 직업의 변화나 변동이 나타나고 불리할 수 있다.

(2) 전왕격專旺格 **사주** : 기본적으로 전왕격이 될 경우에는 원국의 강한 기운을 거역하지 않고 강한 기운에 순응하여 살아가는 것이 무난하다. 전왕격

은 독격獨格, 일기격─氣格, 일행득기격─行得氣格 등으로 부르기도 한다. 오행의 특성을 이름으로 정하여 곡직격曲直格, 염상격炎上格, 가색격稼穡格, 종혁격從革格, 윤하격潤下格의 5가지로 나눌 수 있다. 즉 강한 오행의 특성을 격으로 정한 것이라고 할 수 있다.

전왕격도 역시 기세氣勢에 순응하여 일간의 비겁과 인성을 희·용신으로 활용하고, 강한 오행을 克하거나 沖하는 일간의 재성이나 관성을 기·구신으로 판단하며, 식상은 한신으로 판단한다. 물론 원국의 관살이나 재성이 시주에 온전할 경우에는 정격으로 보고 원국을 분석할 수 있다. 전왕격을 비롯하여 종격從格과 화격化格 등은 모두 강한 오행을 용신으로 삼는다고 판단하면 쉽게 이해할 수 있다.

전왕격이 성립하려면, 원국의 오행이 월주를 포함하여 일간과 같은 비겁에 해당하는 오행으로만 구성되거나, 월주가 일간과 같은 오행이면서 대부분의 간지干支가 일간과 동일한 오행인 비겁으로 구성되고 인성이 있을 경우와 지지에 다른 십성이 있더라도 合이나 반합 또는 삼합국이나 방합국이 되어 일간의 비겁에 해당하는 오행으로 변하면서 관살官殺이나 재성財星이 없는 경우에 성립할 수 있다. 단, 재성이나 관살이 천간에 1개 정도 있더라도 무근無根하고 沖이나 克 또는 合이 되어 무력할 경우에는 성립할 수 있고, 식상이 시주에 있을 경우에도 성립할 수 있다.

전왕격이 온전하면 부귀를 누린다고 하지만 역시 운의 영향을 강하게 받을 수 있다. 재성운이나 관살운이 원국의 강한 오행을 沖할 경우에는 그 기간 동안에는 일간은 질병이 발생하거나 재산상의 손실을 볼 수 있고, 동시에 해당 육친이나 인·사·물에도 불리한 작용이 일어날 수 있다. 원국이 전왕격을 이룰 경우에는 자신의 전문 지식이나 기술로 타인의 간섭이나 지시를 덜 받는 직업이 무난하고, 특히 교직이나 공직이 무난할 수 있다. 자영업을 하는 경우에는 남의 도움이나 간섭을 받지 않고 혼자 할 수 있는 일을 선택하는 것이 유리할 수 있다. 일간의 특성은 종왕격과 마찬가지로 전왕격도 고집이나 주관이 뚜렷하여 타인의 의견이나 주장을 받아들이기 어렵고 자신의 의견을 고집하는 경향이 강할 수 있다.

이런 성향으로 인하여 인간적인 면이나 유연성이 부족할 수 있으므로 자신의 강한 힘을 설洩하는 식상의 마음으로 살아가는 것이 도움이 될 수 있다. 역시 운의 영향을 많이 받을 수 있고, 간명을 하면서 완벽한 전왕격의 원국을 찾기가 쉽지는 않았다. 알아보도록 하자.

① 곡직격曲直格 : 곡직격은 곡직인수격曲直仁壽格 또는 목독격木獨格이라고도 한다. 원국의 오행이 대부분 木으로 구성되어 있으므로 나무의 특성인 높이 솟아오르거나 휘어지는 곡직을 격의 이름으로 정한 것이라고 할 수 있다.

曲直格은 일간이 甲木이나 乙木이고 월지가 寅木이나 卯木이면서 간지干支에 木 오행이 많고 관살 金과 재성 土의 沖이나 克이 없으면서 원국이 木의 기운으로 이루어질 때 성립하고, 인성이 있거나 시주에 식상이 있을 경우에도 성립할 수 있다. 또한 지지가 亥 卯 未 목국이나 寅 卯 辰 목방국이 되고 간지에 木이 많고 재성이나 관살이 없을 경우에도 곡직격이 성립할 수 있다. 재성과 관살이 있을 경우에는 우선 정격으로 분석한 후에 곡직격으로 판단하는 것이 도움이 될 수 있다.

곡직격의 용신은 비겁 木이 되고, 희신은 인성 水나 식상 火가 될 수 있으며, 경우에 따라서는 木 水 火 모두 좋을 수도 있다. 관성 金과 재성 土는 기·구신이 되어 불리할 수 있다. 운의 흐름도 비겁 木과 인성 水는 도움이 될 수 있고, 식상 火의 경우에도 무난할 수 있다. 관성 金과 재성 土의 운은 기·구신이 되어 불리할 수 있다. 왜냐하면 강한 木이 반극反克하여 목다금결木多金缺이 되거나 군겁쟁재群劫爭財가 되기 때문이다. 曲直格을 이룰 경

 행복한 삶의 지혜를 찾는 생활 속의 사주명리 ❸

우에는 木의 특성이 뚜렷하게 나타나고, 木의 어질고 선한 마음으로 당당하게 살아갈 수 있다. 기본적으로 일간이 어질고 착하며 긍정적인 사고와 높은 꿈을 지니고 있는 사람이라고 할 수 있고, 강한 고집과 주체성을 지니고 있으며 추진력이 강할 수 있다. 그러나 木의 특성인 어질고 선한 마음은 때로는 신용이나 의리가 약할 수 있고 운의 영향을 많이 받을 수 있다. 원국의 예를 보도록 하자.

시	일	월	년
甲	**甲**	癸	壬
子	寅	卯	寅

- 水 生 木이 되어 모두 木의 기운이 되므로 곡직격이다. 인성 水와 비겁 木이 희·용신이 될 수 있고, 식상 火도 무난할 수 있지만 천간으로 올 경우에는 冲이 되어 불리할 수 있고, 관성 金과 재성 土는 불리할 수 있다. 이 경우에 관성에 해당하는 庚이나 申운이 올 경우에는 그 기간 동안에는 일주가 충이 되므로 불리하고, 재성 土운이 올 경우에도 그 기간 동안에는 많은 비겁에 해당하는 형제나 동료 또는 경쟁자들이 작은 재물을 두고 다투는 군겁쟁재가 되어 재물이 손상될 수 있다. 학문이나 지식을 활용한 직업을 가지고 재물을 지나치게 탐하지 않으면서 선비의 정신으로 어질고 선한 삶을 살 수 있다.

시	일	월	년
甲	**甲**	乙	甲
子	寅	亥	寅

- 水 木으로 구성된 순수한 곡직격. 水 木운이 희·용신. 천간의 식상 火운은 무난할 수 있지만 지지의 식상 火운은 子 午 충과 巳 亥 충을 하고, 寅 巳 형形과 강한 목을 寅 午 합을 하므로 변동과 변화가 심하고 불리할 수 있다. 역시 관성 金과 재성 土운은 불리.

시	일	월	년
癸	乙	乙	癸
未	卯	卯	亥

- 木이 강하고 지지는 亥 卯 未 木局이 되어 곡직격. 인성 水운과 비겁 木운이 도움이 될 수 있고, 식상 午火운도 무난할 수 있다. 관성 金운과 재성 土운은 불리할 수 있다. 특히 辛酉운은 크게 불리할 수 있고, 월지 卯를 충하는 酉운도 불리할 수 있다.

② 염상격炎上格 : 염상격은 화독격火獨格이라고도 하며, 火의 특성인 위로 솟아오르면서 퍼지는 염상을 격으로 정한 것이라고 할 수 있다. 炎上格은 일간이 丙火나 丁火이고 월지가 巳火나 午火이면서 간지干支에 火오행이 많고 관살 水나 재성 金이 없으면서 원국이 비겁 火와 인성 木의 기운으로 이루어지면 성립하고, 시주에 식상이 있을 경우에도 성립할 수 있다. 또한 지지가 월지를 포함하여 寅 午 戌 火局이나 巳 午 未 火方을 이루고 천간에 丙 丁이 투출하고 간지에 관성이나 재성이 없거나 무력할 경우에도 염상격이 성립할 수 있다. 역시 원국에 재성과 관살이 있을 경우에는 정격으로 보고 분석한 후에 격을 살피는 것이 도움이 될 수 있다.

원국에 인성이 있을 경우에는 관살운이 오더라도 인성으로 유통되어 손상이 덜할 수도 있고, 식상이 있을 경우에는 재성운이 오더라도 유통될 수 있으므로 무난할 수 있다. 그러나 원국의 유통과 운의 관계를 자세히 살펴 분석해야 한다. 염상격炎上格의 용신用神은 비겁 火가 되며 희신喜神은 인성 木이나 식상 土가 될 수 있고, 관성 水나 재성 金은 기·구신이 될 수 있다. 운의 흐름도 비겁 火와 인성 木의 운이 올 경우에는 유리하고, 식상 土운이 올 경우에도 도움이 될 수 있다. 그러나 관성 水와 재성 金의 운이 올 경우에는 불리할 수 있다. 이 경우에도 무조건 불리하다고 보지 말고 원국의 전체 흐름과 운의 흐름을 살펴 간명看命해야 한다.

염상격은 火기운이 강하므로 식상에 해당하는 습토濕土인 辰土나 丑土가 원국에 있을 경우에도 도움이 될 수 있다. 辰土나 丑土의 습토가 없는 염상격의 경우에는 水의 관살운이 오면 강한 火가 충발沖拔하거나 水를 반극反克하므로 일간이 어려움에 처할 수 있고, 水에 해당하는 육친이나 인·사·물도 손상될 수 있다. 특히 재성 金운이 올 경우에는 군겁쟁재가 되어 그 기간 동안에는 재물이나 가정이 불안정할 수 있다.

염상격을 이룰 경우에는 火의 특성이 가장 잘 나타날 수 있다. 즉 급하게 폭발하는 성정이 나타날 수 있고, 무슨 일이든 나서서 참견하거나 간섭하려고 하며, 자신의 생각대로 행동하면서 예의를 갖추고 당당하게 살려고 한다. 동시에 격식이나 예의를 중시하고 공명정대公明正大한 사고와 행동을 할 수 있다. 반면에 의리가 부족하거나 지혜롭고 유연한 처신이 부족할 수 있다. 이런 부분을 알고 처신하면 큰 도움이 될 수 있고 성공적인 삶을 살아갈 수 있다. 역시 운의 영향을 많이 받을 수 있다. 염상격의 예를 보도록 하자.

시	일	월	년
丁	丁	丙	丁
未	未	午	巳

• 지지가 未 午 巳 火방국을 이루어 간지가 모두 火의 기운으로 구성된 염상격이다. 지지로는 특히 辰土나 丑土의 습토가 필요하다. 오직 火의 기운으로 살아가며, 운의 영향을 강하게 받을 수 있다. 이 경우에는 타오르는 불처럼 뜨겁고 강렬하기 때문에 천간으로 관성 水운이 오거나 약한 인성 木운도 불리할 수 있다. 특히 천간으로 壬 癸나 辛운이 오거나 지지로 子운이 올 경우에는 그 기간 동안에는 불리할 수 있다. 물론 이 경우에도 부모의 도움을 받거나 자중하여 학문이나 수양에 매진하면 어려움을 극복할 수 있다.

```
시 일 월 년
甲 丙 丙 丁
午 寅 午 巳
```

- 강한 비겁의 火와 인성 木으로 구성된 염상격. 역시 辰土나 丑土의 습토가 필요하며, 관성 水운이 오면 불리하다. 이 경우에는 열기가 대단히 강하므로 월지와 시지의 午火를 冲하는 정관 子운이 올 경우에는 그 기간 동안에는 건강에 많은 신경을 써야 한다. 물론 재성 金운이 올 경우에도 재물과 관련된 손실이나 건강을 조심해야 한다. 이런 사주일 경우에는 인성 木운도 火氣에 견디기 어려울 수 있다. 특히 천간으로 壬이나 癸운이 오는 시기나 지지로 申이나 子운이 올 경우에는 심장질환이나 혈액관련 질병을 조심해야 한다.

```
시 일 월 년
庚 丙 丙 甲
寅 午 寅 戌
```

- 시간에 편재 庚金이 있지만 지지가 寅 午 戌 삼합 火국을 이루므로 염상격을 이루었다. 일간이 양간이므로 천간으로 식상의 土운이 오면 강하게 활동하여 편재 庚金을 추구하려고 한다. 또한 지지로 식상 土운이 와도 무난할 수 있다. 일간 丙火는 역시 불 같은 성품을 지니고 육체적인 활동을 선호할 수 있으며 특히 노년에 큰 재물을 추구하려고 한다. 간지가 모두 陽으로 구성되어 있으므로 양팔통陽八通이라고 할 수 있고 강한 활동성을 지니고 있다. 때로는 육체적인 활동을 위주로 자신이 배운 지식이나 재능을 활용하여 살아갈 수 있다. 그러나 강한 자존심과 추진력은 있으나 흔히 빈 수레나 빈 깡통이 요란한 것처럼 실속이 없고 소리만 요란할 수도 있으므로 겸양의 미덕을 지니는 것이 필요하다.
물론 대운이나 세운의 흐름이 좋을 경우에는 그 기간 동안에는 성공적인 결과를 낼 수 있다. 역시 일주를 충하거나 극하는 천간의 壬운이나 庚운이 오는 그 기간 동안에는 건강과 재물과 직업을 조심해야 하며, 월지와 일지가 충이 되는 子운이나 申운의 기간 동안에는 건강이나 재물을 대단히 조심해야 한다.

③ **가색격**稼穡格 : 가색격은 토독격土獨格이라고도 하며, 土의 특성인 심어서 거두어들이는 가색을 격으로 정한 것이라고 할 수 있다. 가색격은 일간이 戊土나 己土이고 월지가 辰 戌 丑 未이면서 천간에 土오행이 많고 지지에 3개 이상의 土오행이 있으면서 관살 木과 재성 水가 없어야 한다. 단 재성이나 관살이 지장간의 여기餘氣나 중기中氣에 있어 무력하거나 합을 하여 土나 火가 될 경우에는 가색격이 성립할 수 있다.

稼穡格을 이룰 경우에는 기본적으로 용신用神은 비겁 土가 되고 희신喜神은 식상 金이나 인성 火가 될 수 있으며, 기忌·구仇신神은 관성 木과 재성 水가 된다. 원국에 식상이 있을 경우에는 재성운이 와도 덜 손상될 수 있고, 인성이 있을 경우에는 관성운이 와도 덜 손상될 수 있다. 土의 지장간에는 여러 개의 기운이 있으므로 원국을 상세히 살펴서 판단해야 한다. 여기서 土를 습토濕土와 조토燥土로 나누어 살펴보도록 하자.

- 辰월의 가색격은 비옥한 습토이므로 金의 식상운이 와도 무난할 수 있다.

- 未월의 가색격은 건조하고 뜨거운 조토이므로 습토에 해당하는 辰土나 丑土가 있으면 도움이 될 수 있다. 역시 金의 식상운과 水의 재성운은 조후를 할 수 있으므로 무난할 수 있다.

- 戌월의 가색격도 거칠고 마른 흙이므로 역시 습토에 해당하는 辰土나 丑土가 도움이 될 수 있고 인성 火나 식상 金도 무난할 수 있다. 木의 관살운도 강한 土의 반극으로 불리할 수 있지만 辰土나 未土가 있을 경우에는 무난할 수 있다.

- 丑월의 가색격은 얼어붙은 한토寒土이므로 특히 조후調候가 필요하여 조토인 未土와 火의 인성운이 도움이 될 수 있고, 水의 재성운과 木의 관성운은 불리할 수 있다.

가색격을 이룰 경우에는 土의 특성이 가장 잘 나타날 수 있으므로 土의 우직하고 신뢰할 수 있는 특성과 속마음을 알 수 없는 특성이 함께 나타날 수 있다. 그러므로 자신의 속마음을 표출하지 않으면서 쉽게 흔들리지 않고 중립적으로 당당하게 살아가는 사주가 될 수 있다. 그러나 신뢰할 수 있지만 융통성이나 유연성이 부족하거나 어질고 선한 면이 부족할 수 있다. 역시 다른 전왕격과 마찬가지로 운의 영향을 많이 받을 수 있다. 명식의 예를 보도록 하자.

<table>
<tr><td>시 일 월 년
庚 己 戊 辛
午 丑 戌 丑</td><td>시 일 월 년
癸 戊 己 戊
丑 辰 未 戌</td><td>시 일 월 년
辛 己 己 戊
未 未 未 辰</td></tr>
</table>

3개의 원국은 모두 가색격을 이루고 있다. 가색격이 식상 金으로 유통되는 경우에는 살아가면서 의식주의 곤란은 겪지 않을 수 있다. 그러나 강한 고집과 자존심은 다양한 대인관계나 직장생활에서 원만하지 못할 수 있다. 역시 이런 경우에는 자신의 전문 지식이나 기술을 가지고 타인의 간섭이나 지시를 받지 않고 할 수 있는 교직이나 공직이 유리하며, 남의 도움이나 간섭을 받지 않고 혼자 할 수 있는 자영업도 무난할 수 있다.

④ **종혁격**從革格 : 종혁격은 금독격金獨格이라고도 하며, 金의 특성인 완고하지만 변할 수 있는 종혁을 격으로 정한 것이다. 종혁격은 일간이 庚金이나 辛金이고 월지가 申金이나 酉金이면서 간지干支가 대부분 金으로 이루어지고 관살 火나 재성 木이 없거나 무력할 경우에 온전할 수 있다. 또한 지지가 月支를 포함하여 巳 酉 丑 金局이나 申 酉 戌 方局을 이루고 천간에 金이 투출하고 간지에 관성이나 재성이 없을 경우에도 종혁격이 성립할 수 있다. 종혁격은 원국에 식상 水가 있으면 도움이 될 수 있고, 원국에 財星

木이나 官殺 火가 있을 경우에는 우선 정격으로 판단하고 분석을 한 후에 격을 살피는 것이 필요하다.

종혁격은 기본적으로 용신用神은 金이 되고 희신喜神은 인성 土나 식상 水가 될 수 있으며, 기忌·구仇신神은 관성 火나 재성 木이 될 수 있다. 운의 흐름도 金 土 水의 오행이 유리할 수 있고 강한 金을 克하거나 沖하는 관성 火나 재성 木의 운은 불리할 수 있다. 이 경우에도 무조건 불리하다고 보지 말고 원국과 운의 흐름을 살펴 간명看命해야 한다. 항상 원국의 유통 과 운의 흐름을 살피는 것이 대단히 중요하다. 역시 일주의 간지를 천충지 충天沖支沖하거나 강한 월지를 沖하거나 克하는 운도 불리하다. 충과 극이 되는 기간 동안에는 항시 자신의 건강과 대인관계를 조심하고 마음가짐을 바르게 해야 한다. 從革格을 이룰 경우에는 金 오행의 특성이 가장 잘 나타 날 수 있다. 즉 순수하면서도 강한 의지와 숙살肅殺의 기운으로 의리와 지 조志操를 지키면서 중후하고 당당하게 살아갈 수 있다. 그러나 한 번 변하 면 돌변할 수 있고, 지나치게 의리를 중시하므로 어질고 선하지 못할 수 있 으며 예절이 부족할 수 있다. 종혁격도 역시 운의 영향을 많이 받을 수 있 다. 명식의 예를 보도록 하자.

<table>
<tr><td>시 일 월 년
乙 庚 乙 庚
酉 戌 酉 申</td><td>시 일 월 년
乙 庚 辛 戊
酉 戌 酉 戌</td><td>시 일 월 년
乙 庚 乙 庚
酉 申 酉 辰</td></tr>
</table>

위의 원국은 모두 종혁격을 이루고 있다. 특히 일간이 양간이므로 자신의 주관이나 의지가 강하고 추진력도 대단히 강하다. 또한 일간이 乙 庚 합을 하므로 이 경우에는 합화 金격으로 볼 수도 있다. 또한 천간으로 편재 甲 木운이 올 경우에는 일간을 충하므로 불리하고, 申酉戌 金방합국이나 월지

酉金을 충하는 정재 卯운이 오거나 관살 火운이 오는 경우에도 대단히 불리할 수 있다. 천간으로 甲운이 오면 그 기간 동안에는 재성에 해당하는 인·사·물이 손상될 수 있으므로 이 시기에는 특히 다른 사람들에게 많은 배려와 적선을 하는 마음과 행동이 필요하며 기도하는 마음으로 생활하는 것이 어려움을 극복하는 방법이 될 수 있다.

⑤ **윤하격**潤下格 : 윤하격은 수독격水獨格이라고도 하며, 水의 특성인 지혜롭고 아래로 향하는 윤하를 격으로 정한 것이다. 윤하격은 일간이 壬水나 癸水이고 월지가 亥水나 子水이면서 천간에 水가 2~3개 투출하고 간지干支가 대부분의 水와 金으로 이루어지고 관살 土나 재성 火가 없거나 무력할 경우에 성립할 수 있다. 또한 지지가 申 子 辰 水局이나 亥 子 丑 水方을 이루고 천간에 水가 투출하고 金 水가 많을 경우에도 윤하격이 성립할 수 있다. 이 경우에도 간지에 관성 土나 재성 火가 없거나 무력할 때 성립할 수 있다.

윤하격의 경우에도 식상 木이 온전할 경우에는 도움이 될 수 있고, 역시 이 경우에도 원국과 운의 흐름을 살펴서 판단해야 한다. 윤하격은 기본적으로 원국이 한냉하여 조후상 火의 기운이 필요하므로 식상 寅木이 時支에 있으면 寅木 지장간의 丙火를 조후調候로 활용할 수 있으므로 무난할 수 있다. 윤하격은 기본적으로 용신은 비겁 水가 되고 희신喜神은 식상 木이나 인성 金이 되며, 기忌·구신仇神은 관성 土나 재성 火가 될 수 있다. 운의 흐름도 비겁 水나 인성 金 또는 식상 木의 운은 유리할 수 있고, 관성 土나 재성 火의 운은 불리할 수 있다.

이 경우에도 물론 재성 火운은 불리하지만 조후를 이루면서 식상 木이 원국에 있을 경우에는 도움이 될 수 있다. 물론 원국과 沖이나 克을 살펴 판단해야 한다. 또한 관성 土운의 경우에도 지지에서 子 丑 合이나 子 辰 合을 하여 水로 化할 경우에는 무난할 수 있고, 지지의 조토燥土인 未土나 戌土의 운도 조후상으로는 도움이 될 수 있지만 원국 전체를 살펴 판단해야 한다. 천간의 관살인 戊土나 己土의 운은 불리할 수 있다.

이와 같이 官殺이나 財星도 무조건 불리하다고 하지 말고 원국과 운의 전체 흐름을 살펴 간명看命하면 좀 더 정확한 간명을 하는 데 도움이 될 수 있다. 항상 원국의 유통과 운의 흐름을 살피는 것이 중요하며, 역시 강한 월주月柱나 일주日柱를 沖하거나 克하는 대운이나 세운은 불리할 수 있다. 潤下格을 이룰 경우에는 水의 특성이 가장 잘 나타날 수 있으므로 水의 영리하고 지혜로운 특성과 빠른 두뇌회전과 유연하고 친화력親和力있는 행동으로 다양한 변화를 추구하면서 당당하게 살아가는 사주가 될 수 있다. 그러나 지나치게 유연하고 지혜로울 경우에는 예의나 신의가 약할 수 있으므로 스스로 유념留念해야 한다. 역시 운의 영향을 많이 받을 수 있다. 명식의 예를 보도록 하자.

<table>
<tr><td>시</td><td>일</td><td>월</td><td>년</td></tr>
<tr><td>壬</td><td>癸</td><td>壬</td><td>壬</td></tr>
<tr><td>子</td><td>亥</td><td>子</td><td>申</td></tr>
</table>

• 水와 金으로 이루어진 윤하격이다. 그러므로 인성 金과 비겁 水가 희·용신이 될 수 있고, 재성 火와 관성 土는 기·구신이 되며, 식상 木은 한신이지만 도움이 될 수 있다. 인성 金운과 비겁 水운은 무난할 수 있고 재성 火운과 관성 土운은 불리할 수 있다. 한신에 해당하는 식상 木운이 간지로 강하게 올 경우에도 무난할 수 있다. 원국의 경우에는 기본적으로 조후가 이루어지지 않았으므로 亥중 甲木을 활용할 수 있다. 간지로 식상 木운이 올 경우에도 도움이 될 수 있다. 이런 경우에는 조후를 맞추기가 쉽지 않다. 그러므로 일간은 따뜻한 火와 木의 기운에 해당하는 인·사·물이 항상 그리울 수 있다.

> | 시 | 일 | 월 | 년 |
> | 癸 | **癸** | 辛 | 壬 |
> | 亥 | 亥 | 亥 | 辰 |

- 水와 金으로 이루어진 윤하격이므로, 金 水 木운은 무난하고 火운과 土운은 불리할 수 있다. 특히 지지의 정재 巳火 운이 오면 지지와 巳 亥 충을 하므로 불리하고 관성 戊土운도 불리할 수 있다. 천간의 丙 丁火는 합을 하므로 조후에 유리할 수 있다. 이 사주의 경우에는 지지의 지장간에 정관 戊土와 식상 木의 기운이 온전하고 대운의 간지가 식상 木과 재성 火로 흘러 대귀大貴한 사주가 되었다고 한다.

※ 일행득기격 또는 전왕격은 자신의 고집이나 주관이 뚜렷하게 나타나므로 기본적으로 유연성이나 융통성이 부족할 수 있고, 행동이나 사고가 한 방향으로 치우칠 수 있다. 또한 지나치게 강한 오행이나 지나치게 약한 오행을 대운이나 세운에서 克하거나 冲하는 경우에는 강한 오행과 약한 오행에 해당하는 인·사·물도 동시에 손상을 입을 수 있다. 전왕격의 사주는 실제로 많이 존재하지 않으므로 먼저 정격사주로 보고 운의 흐름을 파악하여도 무방無妨할 수 있다. 즉 오행의 과다過多 불급不及이나 조후調候를 살펴 간명을 하는 것이 효과적이며 혼돈을 방지할 수 있다. 사주는 단지 타고난 자신만의 유일한 특성을 나타내는 명命일 뿐이므로, 시간과 공간에 따라 변하는 운運을 활용하여 행복과 가치를 추구하는 실질적인 노력과 행동을 함께해야만 자신의 타고난 운명을 거스르지 않고 살아갈 수 있다. 명을 거스르는데 그냥 이루어지는 일은 없다. 하늘의 命은 스스로 노력하는 자를 돕는다고 하였으며, 흔히 진인사대천명盡人事待天命이라고 하였다.

(3) 합화기격合化氣格 사주 : 합화기격은 합화격合化格 또는 화격化格이라고도 한다. 화격이 되면 일간은 화한 기운에 의지하여 살아가는 것이 도움이 되는 경우를 말한다. 화격이 성립하려면, 일간이 시간時干이나 월간月干과 합을 하고 합화한 오행이 월지의 정기가 되고, 간지干支에 합화한 오행이 많으면서 극이나 충을 받지 않을 경우에 온전하게 성립할 수 있다.

또한 월지가 삼합국이나 방합국이 되고, 방국이나 합국이 合化한 일간의 오행과 같으면서 천간에 합화한 오행이 많고 합화한 오행을 剋하거나 沖하는 오행이 없어도 성립할 수 있다. 더하여 합화한 오행을 극하는 관살이나 재성이 없을 경우에는 진화기격眞化氣格이 될 수 있다. 단 관살이나 재성이 간지에 있더라도 合하여 무력하거나 무근하면 진정으로 따라가는 진화기격이 성립할 수 있다. 이 경우에는 상급의 사주가 될 수 있다.

합화기격의 경우에도 일간이 양간일 경우에는 일간과 같은 오행으로 化格이 되기는 쉽지만 일간과 다른 오행으로 변하는 것을 꺼리므로 억지로 따라가는 가화격假化格 또는 가화기격假化氣格이 되는 경우가 많다. 반대로 일간이 음간陰干일 경우에는 세력을 따라가므로 화격이 비교적 쉽게 이루어질 수 있다. 물론 가화기격이 되더라도 대운이나 세운의 도움을 받아 진화기격이 성립할 수 있다.

특히 방합方合이나 삼합三合이 합화한 오행이 되어 합화격을 이룰 경우에는 월지에 득령得令하지 못하면 부유富裕할 수는 있지만 귀貴하지는 못할 수 있다고 한다. 흔히 종격보다는 합화격이 좋을 수 있지만 이 경우에도 운의 흐름을 살펴 판단해야 한다. 合化格을 판단하는 기준은 합화한 오행이 월지를 얻어 득령해야 성립하고 득령하지 못할 경우에는 종격이 될 수 있다. 또한 투합妬合이나 쟁합爭合이 되면 온전한 화격이 성립할 수 없고, 운에 의한 투합이나 쟁합이 되어도 그 기간 동안에는 부귀하지 못하고 색정이나 남녀관계로 인한 재난과 가정의 파탄이나 사업의 손실이 나타날 수 있다. 기본적으로 합화격은 일간의 비겁比劫이나 인성印星이 일지에 있을 경우에는 성립하기 어렵다. 그러나 化한 오행이 일간과 같을 경우에는, 즉 일간 己土가 甲 己 합화 土格이 될 때 己土 일주日柱가 己未나 己丑이 되거나, 일간 庚金이 乙 庚 합화 金格이 될 때 庚金 日柱가 庚申일 경우에는 화한 오행이 더욱 왕旺해지므로 온전하게 성립할 수 있다. 다른 경우도 이와 같이 판단할 수 있다.

합화격合化格의 성립을 판단하기 어려울 경우에는 종격從格과 마찬가지로 우선 정격正格으로 판단하고 간명할 수 있다. 기본적으로 화격化格의 희喜·용用신神은 화化한 오행을 生하는 인성印星에 해당하는 오행과 화한 오행이 되고, 化한 오행이 많고 강할 경우에는 화신化神을 설기하는 식상도 희신喜神이 될 수 있다. 기·구신은 화신을 克하는 관성이나 재성이 되고 식상食傷은 한신閑神의 작용을 하는 경우가 많다. 대운이나 세운에서도 화신의 인성운과 비겁운이 희·용신이 되고, 화신을 克하는 관성운이나 재성운은 기·구신이 된다. 식상운食傷運은 한신閑神이 되는 경우가 많지만 합화한 오행이 원국에 많거나 강할 경우에는 화한 오행이 生하는 식상운이 와도 도움이 될 수 있다.

화기격은 일간이 양간일 경우에는 재성과 합을 하고, 일간이 음간일 경우에는 관성과 합을 하여 化格을 이룬다. 그러므로 화化한 오행이나 일간을 극하거나 충沖하는 오행이 오면 化格이 파괴되므로 불리할 수 있고, 역시 대운이나 세운에서 화한 오행을 剋하거나 沖하는 오행이 오거나 또는 일간이 합하는 월간月干이나 시간時干의 관성이나 재성을 剋하거나 沖하는 오행이 오면 파격이 되어 손재가 발생하거나 혹은 신체의 손상을 당할 수 있다.

예를 들면 일간이 甲木이면서 甲 己 合化 土格이 되었을 때 대운이나 세운에서 甲을 剋하거나 沖하는 일간 甲木의 관성에 해당하는 庚金이나 辛金이 오는 경우와, 일간 甲木의 인성이면서 己土의 재성에 해당하는 壬水나 癸水가 오거나, 일간 甲木의 비겁이면서 己土의 관성에 해당하는 甲木이나 乙木이 대운이나 세운에서 오는 경우에는 일간의 힘이 강해지므로 화격이 파괴되어 불리할 수 있다. 또한 일간이 乙木이면서 관성 庚金과 乙 庚 合化 金格이 되었는데 운에서 일간의 식상이면서 庚金의 관성에 해당하는 丙火나 丁火가 오는 경우와, 일간의 비겁이면서 庚金의 재성에 해당하는 甲木이나

乙木이 오는 경우에도 역시 불리할 수 있다. 즉 화격이 대운이나 세운에서 화한 오행의 관살운이나 재성운이 천간이나 지지로 오면 합화한 강한 오행을 沖하거나 克하여 합을 방해하고 일간을 강하게 하므로 파격으로 변할 수 있다. 이 기간 동안에는 일간은 재성에 해당하는 재물이나 관성에 해당하는 직업이나 명예를 잃을 수 있다.

역시 월주月柱나 일주日柱를 沖하거나 克하는 대운이나 세운은 가정이나 사업 등에서도 불리하고 때로는 건강이 악화될 수도 있다. 특히 化한 일지日支를 沖하는 운이 올 경우에는, 그 기간 동안에는 부부간의 불화나 이별을 할 수도 있으므로 신중하고 조심스런 언행이 필요하다. 항상 원국과 운의 흐름 전체를 분석하여 판단해야 한다. 합화격도 종격이나 전왕격처럼 흔하지 않지만 역시 운의 영향을 많이 받을 수 있다. 각각의 경우를 살펴보도록 하자.

① 甲己 合化 土格(화토격) : 화토격化土格은 일간이 甲木이나 己土이면서 월간이나 시간의 정재나 정관에 해당하는 오행과 甲 己 합을 하면서 辰 戌 丑 未월에 태어나고 간지干支에 土가 많으면서 화신 土를 극하는 관성 木이나 재성 水가 없으면 온전하게 성립할 수 있다. 기본적으로 化土格의 희喜 · 용用신神은 화신의 비겁比劫 土와 화신을 生하는 인성印星 火가 된다. 기 · 구신은 화신化神을 克하는 관성 木과 강한 화신이 克하는 재성財星 水가 된다. 그러므로 대운이나 세운에서 화신의 인성운이나 비겁운이 올 경우에는 기본적으로 도움이 되고, 化神의 관성운이나 재성운이 올 경우에는 불리할 수 있다.

化神의 식상운은 化神이 강할 경우에는 도움이 될 수 있고, 化神이 약할 경우에는 한신閑神의 역할을 할 수 있다. 이 경우에도 일간이 甲木일 경우에는 천간의 庚金이나 辛金의 운은 일간을 沖하므로 불리하고, 지지의

金운은 도움이 될 수 있다. 명식의 예를 보도록 하자. 다른 참고 서적의 명식도 활용하였다.

```
시 일 월 년
戊 己 甲 丁
辰 酉 辰 未
```

- 일간 己土가 甲 己 합화 化土格이 되었다. 화신 土의 인성 火와 비겁 土가 희·용신. 신 土가 강하므로 지지의 식상 金운은 무난하지만 천간의 식상 金운은 합을 하는 甲木을 충하거나 극하므로 불리할 수 있다. 辛金은 비록 甲木을 극하지만 丁火가 있어 한신이 되거나 무난할 수 있고, 지지의 식상 申 酉 金은 도움이 될 수 있다.
화신 土의 관성 寅과 卯가 지지로 올 경우에는 합화를 방해할 수 있으므로 불리하고 천간으로 관성 甲과 乙이 올 경우에는 유통이 되므로 무난할 수 있다. 재성 壬이나 癸의 운이 천간으로 올 경우에도 丁 壬합과 丁 癸충과 戊 癸 합을 하여 작용력이 나타나지 않을 수 있고, 지지로 子나 亥의 운이 와도 손상되지 않을 수 있다. 왜냐하면 유통이 되거나 합을 하여 손상을 줄여주기 때문이며 이 시기에 때로는 재물을 획득할 수도 있다.

```
시 일 월 년
己 甲 丙 戊
巳 辰 辰 午
```

- 일간 甲木과 甲 己 합화 化土格이 되었다. 화신의 인성 火와 비겁 土가 희·용신. 화신 土의 식상 庚金 운이 오면 일간과 甲 庚 충을 하여 일간 甲木을 극하므로 불리하고 지지의 金은 합을 하므로 작용력이 미흡할 수 있다. 일간 甲木은 재성의 인·사·물을 강하게 추구한다. 화신 土의 관성 木운과 재성 水운은 일간을 강하게 하여 합을 방해하므로 불리하다. 이 경우에는 종세격으로 볼 수도 있고, 일간이 양간이므로 가화 기격이라고 할 수 있다.

시 일 월 년
甲 己 丙 戊
戌 巳 辰 申

- 일간 己土가 甲 己 합화 化土格이 되었다. 화신 土의 인성 火와 비겁 土가 희·용신이 되고. 화신 土의 관성 木과 재성 水는 기·구신이 될 수 있다. 이 경우에는 일간의 식상에 해당하는 金운이 지지로 오는 것은 도움이 될 수 있다. 그러나 일간과 합을 하는 甲을 충하는 천간의 庚金 운은 불리할 수 있다. 자신이 배우고 익힌 지식을 바탕으로 할 수 있는 안정적인 공직이나 직업을 지니고 생활하면 무난할 수 있다.

② 乙庚 合化 金格(화금격) : 화금격化金格은 일간이 乙木이나 庚金일 때 월간이나 시간의 정재나 정관에 해당하는 오행과 乙 庚 합을 하면서 申 酉월에 태어나고 간지에 金이 많으면서 화신인 金을 극하는 관성 火나 재성 木이 없을 경우에 온전하게 성립할 수 있다. 또한 지지가 월지 酉金을 포함하여 巳 酉 丑 金국이나 申 酉 戌 金방국이 되면서 金이 천간에 많으면서 화신의 관성 火나 재성 木이 없거나 무력하면 성립할 수 있다. 기본적으로 化金格의 희喜·용用신神은 화신의 비겁 金과 화신을 生하는 인성 土가 된다. 기忌·구仇신神은 화신 金의 관성 火나 재성 木이 되고, 한신은 식상 水가 된다.

대운이나 세운에서 화신 金의 인성운인 土나 비겁운인 金이 올 경우에는 기본적으로 유리할 수 있고, 化神의 관성운인 火나 재성운인 木이 올 경우에는 불리할 수 있다. 또한 일간이 庚金이면서 화신 金이 많고 강할 경우에는 화신 金의 식상 水가 희신이 될 수 있고, 약할 경우에는 불리할 수 있다. 즉 화신 金의 식상운인 水는 일간이 庚金의 양간일 경우에는 희신이 될 수 있다. 일간이 乙木일 경우에는 화신 金의 식상운인 水가 천간으로 올 경우에는 일간을 도와 합화를 방해할 수 있으므로 불리할 수 있다. 化格의 경우에도 항상 원국과 대운의 흐름 전체를 살펴서 신중하게 판단해야 하며, 때로는 종격이 될 수도 있다. 명식의 예를 보도록 하자.

```
시 일 월 년
丙 乙 庚 戊
戌 酉 申 辰
```

- 화격의 편관 丙이 있어 가화금격. 화격이 온전하지 못하므로 종살격에 가깝다. 이 경우에 일간은 언제나 관성과 정재의 마음으로 생활하는 것이 무난할 수 있다. 그러나 나이가 들면 식상과 재성의 특성을 강하게 나타낼 수 있다.

```
시 일 월 년
庚 乙 辛 戊
辰 酉 酉 戌
```

- 천간의 일간이 시간과 합을 하여 화금격이 되었으나 월간과 충이 되어 합화격이 온전하지는 못하다. 위의 화금격化金格의 희·용신은 화신 金의 비겁 金과 인성 土가 되고, 기·구신은 화신 金의 관성 火와 재성 木이 된다. 기본적으로 식상 水는 한신이지만 천간에서는 기신이 될 수 있다.

```
시 일 월 년
庚 乙 癸 甲
辰 丑 酉 申
```

- 화격의 재성 甲이 있고, 편인 癸가 있어 합화가 어렵지만 일간이 음간이면서 지지가 酉 丑 반합을 하고 있으므로 가화금격이라고 할 수 있다. 이 경우에는 일간의 월주가 살인상생殺印相生하는 편약한 사주로 볼 수도 있다.

③ 丙辛 合化 水格(화수격) : 化水格은 일간이 丙火나 辛金이면서 월간이나 시간의 정재나 정관에 해당하는 오행과 丙 辛 합을 하면서 亥 子월에 태어나고 월지 오행 水가 간지에 많으면서 화신 水를 克하는 관성 土나 재성 火가 없을 경우에 온전하게 성립할 수 있다. 또한 지지가 월지 子水를

포함하여 申 子 辰 水의 삼합국이나 亥 子 丑 水의 방합국을 이루면서 간지干支에 화신 水가 많고 化神 水를 克하는 土나 火가 없거나 합이나 충이 되어 무력할 경우에도 성립할 수 있다. 월지가 화신인 水가 아닌 경우에는 귀貴함이 덜할 수 있다.

기본적으로 化水格의 희·용신은 화신 水의 비겁 水와 화신을 生하는 인성 金이 되고, 기·구신은 화신 水의 관성 土와 재성 火가 된다. 대운이나 세운에서 화신의 인성운인 金이나 비겁운인 水가 올 경우에는 그 기간 동안에는 기본적으로 유리할 수 있고, 化神의 관성운인 土나 재성운인 火가 올 경우에는 그 기간 동안에는 불리할 수 있다.

역시 일간이 辛이면서 化神 水가 강할 경우에는 화신 水의 식상인 木이 희신喜神이 될 수 있고, 약할 경우에는 화신의 식상 木이 한신이나 기신이 될 수 있다. 化神 水의 식상운인 木도 일간이 辛金이면서 化神 水가 강할 경우에는 도움이 되고, 약할 경우에는 한신이 되거나 불리한 작용을 할 수 있다. 이 경우에도 조후를 살피는 것이 필요하고, 대운이나 세운의 오행이 합화合化하는 두 오행을 冲하거나 剋하는 경우와 강한 월지나 일주의 간지를 冲하는 운은 불리하다. 또한 무조건 희·용신에 해당하는 운이 오면 좋다고 말하면 오류를 범할 수 있으므로 항상 원국의 다른 오행과 대운이나 세운의 관계도 살펴야 한다. 명식의 예를 보도록 하자.

시	일	월	년
戊	辛	丙	己
子	亥	子	丑

- 지지가 亥 子 丑 방합국을 이루었지만 천간에 水가 없고 土가 있으므로 기화수격假化水格이다. 이 경우에는 화신 水의 관성 土가 연주와 시간에 있으므로 운에 의한 영향을 많이 받을 수 있다. 특히 방합을 하여 합화한 水의 기운이 강한데, 합을 하는 월간의 丙을 壬午대운에서 丙 壬 충하고 월지의 왕지인 子를 子 午 冲하여 화신의 편재 午대운의 기

간 중에 흉사하였다고 한다. 이 경우에도 억지로 丙 辛 합화 水격으로 보지 않고 일간의 비겁과 인성이 편약한 상관격 사주로 판단하고 일간의 기·구신인 상관 水와 관성 火의 운이 와서 방합을 한 월지와 시지의 강한 水를 충하고 조후를 하는 丙火를 충하여 사망 하였다고 하면 어떨지 생각한다. 참고로 적천수천미의 사주를 인용하였다.

시 일 월 년
丙 辛 癸 壬
申 亥 丑 子

• 진화수격眞化水格

시 일 월 년
庚 丙 辛 壬
子 子 亥 申

• 진화수격眞化水格

일간이 辛金인 원국의 경우에는 지지가 亥 子 丑 水방합국을 이루고 있으므 로 진화수격을 이루었다. 두 원국의 희·용신은 화신인 비겁 水와 인성 金이 될 수 있고 기·구신은 화신 水의 관성 土와 재성 火가 될 수 있다. 이 경우에도 관성 에 해당하는 지지의 辰土나 丑土는 합을 하여 동일한 기운이 되므로 무난할 수 있다. 두 원국의 경우에 식상 木은 한신이지만 천간에서는 丙火를 생하여 합화 를 방해하므로 불리하고 지지에서는 앞의 원국에서는 亥 子 丑 水방합을 지지에 서 亥卯 반합이나 寅亥 합을 하여 木의 기운으로 변하므로 불리할 수 있다. 위의 두 원국은 온전하게 화수격을 이루고 청淸하므로 상급의 사주라고 할 수 있다.

④ 丁壬 合化 木格(화목격) : 화목격化木格은 일간이 丁火나 壬水이면서 월 간이나 시간의 정재正財나 정관正官에 해당하는 오행과 丁 壬 합을 하고 월 지가 寅 卯월이면서 월지의 오행 木이 간지干支에 많고 화신 木을 克하는 관 성 金이나 재성 土가 없을 경우에 온전하게 성립할 수 있다. 또한 지지가 亥 卯 未 목국木局이나 寅 卯 辰 목방木方이 되면서 간지干支에 木이 많고 합 화한 오행 木을 克하는 金이나 土가 없거나 무력할 경우에도 성립할 수 있 다. 이 경우에도 월지의 오행이 木이 아닌 경우에는 길吉함이 덜할 수 있다. 기본적으로 화목격의 희·용신은 화신의 비겁 木과 화신 木을 生하는

인성 水가 되고, 기·구신은 화신 木을 克하는 관성 金과 재성 土가 된다. 한신은 화신의 식상 火가 될 수 있다. 식상 火의 경우에도 일간이 丁火이면서 化神 木이 강할 경우에는 지지에서는 희신이 될 수 있다. 일간이 壬水일 때 대운이나 세운에서 지지地支로 화신 木의 인성운인 水나 비겁운인 木이 올 경우에는 기본적으로 도움이 될 수 있고, 化神의 관성운인 金이나 재성운인 土가 올 경우에는 불리할 수 있다. 물론 일지에 일간의 비겁이 있을 경우에는 화격이 성립하지 않는다. 일간이 丁火일 때 化神 木의 식상운인 火는 한신의 작용을 하거나 합화를 방해할 수 있으므로 불리할 수 있다.

역시 강한 월지月支를 沖하거나 일주日柱의 干支를 천충지충天沖支沖하거나 克하는 운은 손상될 수 있다. 합화격合化格의 운을 파악할 때는 항상 원국 간지와 대운과 세운의 간지를 파악한 후에 길운과 흉운을 판단하는 것이 중요하다. 틀에 넣어두고 일방적으로 길흉을 판단하는 경우에는 오류를 범하기 쉽다. 명식의 예를 보자.

시 일 월 년
甲 壬 丁 乙
辰 寅 亥 卯

- 亥 卯 반합半合, 寅 亥 合, 寅 卯 辰 목방木方을 이루어 가화목격이라고 할 수 있다. 이 경우에는 일간이 월지에 통근하고, 시지의 辰土 중기에 통근하므로 편약한 사주로 볼 수 있으므로 대운에서 간지로 水가 올 경우에는 화격이 무너지고 세운에서 오히려 인성이나 비겁운이 오는 경우에 도움이 될 수 있는 평범한 사주라고 할 수 있다. 정격으로 판단하고 火의 운이 와도 무난할 수 있다.

시 일 월 년
甲 壬 丁 甲
辰 寅 卯 辰

• 寅 卯 辰 木방을 이루고 甲木이 투간하여 화목격化木格을 이루었다. 지지 화신의 식상 火운은 한신이지만 희신의 작용을 할 수 있고, 천간으로 화신의 재성 土운은 일간을 극하므로 불리할 수 있다.

시 일 월 년
丁 壬 甲 戊
未 寅 寅 寅

• 천간 화신의 편재 戊土와 지지 未土가 병이 되어 가화목격이라고 할 수 있다. 기본적으로 위 사주의 용신은 화신 木이 되고 기 · 구신은 화신의 관성 金과 화신의 재성 土가 되며, 식상 火는 한신이 된다. 이 경우에도 일간 壬을 충하는 丙火가 오거나 일간과 합을 하는 丁火를 충하는 화신 木의 인성 癸水가 와도 불리할 수 있다. 물론 일지 寅이나 월지 卯를 충하는 화신 木의 관성 申이나 酉가 와도 불리할 수 있다. 이와 같이 일방적으로 희 · 용신 운은 좋고 기 · 구신 운은 나쁘다고 하지 말고 자세히 분석하는 것이 필요하다.

⑤ 戊癸 合化 火格(화화격) : 화화격化火格은 일간 戊土나 癸水가 월간이나 시간의 정재나 정관에 해당하는 오행과 戊 癸 합을 하고 월지가 巳 午월이면서 합화한 오행 火가 간지干支에 많고 화신 火를 극하는 관성 水나 재성 金이 없을 경우에 온전하게 성립할 수 있다. 또한 지지가 寅 午 戌 화국火局이나 巳 午 未 화방火方이 되면서 간지干支에 火가 많고 합화한 오행 火를 극하는 화신의 관성 水나 재성 金이 없거나 무력할 경우에도 성립할 수 있다. 이 경우에도 월지가 화신인 火일 경우에 온전한 격이 성립할 수 있다.

기본적으로 化火格의 희 · 용신은 화신化神인 비겁 火와 화신 火를 生하는 인성 木이 될 수 있고, 기 · 구신은 화신 火를 克하는 관성 水와 재성 金이 될 수 있다. 역시 한신은 식상 土가 될 수 있다. 대운이나 세운에서 화신 火의 인성운인 木이나 비겁운인 火가 지지로 올 경우에는 기본적으로 도움이 될 수 있고, 化神의 관성운인 水나 재성운인 金이 올 경우에는 그 기간 동안에는 불리할 수 있다. 일간이 戊土일 경우에 화신의 식상운에 해당하는 戌 未의 조토가 오면 水가 메마를 수 있으므로 불리할 수 있고, 식상에 해당하는 辰 丑의 습토가 오면 도움이 될 수도 있다. 이 경우에도 화수격과 마찬가지로 조후가 적당할 경우에는 좋은 사주가 될 수 있다. 역시 대운이나 세운의 오행이 합화하는 두 오행을 沖하거나 克하는 경우와, 강한 월주나 일주를 天沖支沖하는 운은 불리할 수 있다. 그러므로 원국과 대운을 판단할 때는 항상 일간이나 화한 오행과 沖이나 克을 반드시 살피고 간명을 해야 한다.

특히 종격이나 전왕격專旺格 또는 합화격合化格 등의 외격사주外格四柱일 경우에는 격이 파괴되면 불리할 수 있다. 대운이나 세운에 의해 파격이 되면 그 기간 동안에는 원하는 일을 이루기 어렵고, 파격破格이 되는 운이 지나가고 다시 성격成格이 되면 좋아질 수 있다. 단 모든 사주는 6대운에서 월주와 대운의 간지가 충沖이나 극克이 되므로 이 경우에는 沖克으로 해석하기보다는 대부분의 경우에 부모와 사별하거나 자녀의 출가와 직장이나 일을 마무리하는 시기로 판단하는 것이 무난할 듯하다. 합화격의 명식을 보도록 하자.

<table>
<tr><td>시</td><td>일</td><td>월</td><td>년</td></tr>
<tr><td>丙</td><td>戊</td><td>癸</td><td>辛</td></tr>
<tr><td>辰</td><td>午</td><td>巳</td><td>巳</td></tr>
</table>

- 일간이 양간이며 戊土의 뿌리가 있고 화신의 재성 辛金이 있으므로 가화격假化格이 되었다. 일간이 양간이므로 정재인 癸水와 戊 癸 합화 火격을 이루었다. 그러나 土의 뿌리가 강하므로 온전하게 화하기를 꺼린다. 여기서는 화신 火의 식상인 己土나 재성 金이 운에서 오면 불리할 수 있다. 평범한 사주. 이 경우에도 편인격의 편왕한 사주로 판단하고 희·용신과 기·구신을 판단할 수도 있다. 배운 지식과 학문을 바탕으로 살아갈 수 있다.

```
시 일 월 년
戊 癸 丙 丁
午 巳 午 巳
```

- 시간과 일간이 戊 癸 合化 진화화격眞化火格을 이루었다. 희 · 용신은 화신 火의 인성 木과 비겁 火, 기 · 구신은 화신 火의 관성 水와 재성 金이 되고, 기본적으로 화신 火의 식상 辰土나 丑土는 조후상 무난할 수 있고, 未土나 戌土는 더욱 조열할 수 있으므로 불리할 수 있다. 이 경우에도 천간으로 일간을 충하는 丁火의 운이 오면 불리할 수 있고, 지지의 子水나 亥水의 운도 대단히 불리할 수 있다. 그러므로 일간을 중심으로 보면 종재격으로 볼 수도 있다. 흔히 온전한 합화격이 종격보다는 격이 높은 상급의 사주라고 하지만 본인은 명확하게 검증하지 못하여 쉽게 말하지 못하고 있다.

```
시 일 월 년
戊 戊 癸 丙
午 辰 巳 寅
```

- 일간 戊土가 월간과 戊 癸 합을 하고 있지만 월지와 일지에 통근하고 시간과 연간에 힘을 얻는 비겁이 있으므로 화격이 되지 못하고 戊 癸 합만 하고 있는 태왕한 사주가 되었다. 그러므로 합은 하지만 합화를 하지 않는다. 이 경우에는 편인격 또는 비견격이라고 할 수 있으며, 일간의 재성과 관성에 해당하는 水 木을 희 · 용신으로 삼을 수 있고, 火 土는 기신이 되며 金은 한신이 될 수 있다. 그러나 용신이 미약하다.

⑥ 합화격合化格과 종격從格의 비교 : 합화격合化格은 일간이 정재正財나 정관正官과 합하여 합화한 오행의 마음으로 살아가는 것을 의미하고, 성품은 합을 좋아하므로 서로 협력하고 어울리기를 좋아하여 대인관계가 원만하고 부드러울 수 있다. 기본적으로 합화격은 종從하는 사주와 유사할 수 있다. 즉 합화한 화신化神의 월지 오행이 일간의 오행과 같을 경우에는 일간이 강하거나 왕旺하여 종왕격從旺格이나 종강격從强格과 유사할 수 있고, 합화한 화신化神의 월지 오행이 일간의 오행과 다를 경우에는 일간이 약하여

강한 오행을 따라가는 종재격從財格이나 종살격從殺格과 유사할 수 있다. 참고하면 도움이 될 수 있다. 또한 길흉이나 운의 흐름도 유사하다. 그러나 온전한 합화격이 되면 종격보다 상급의 사주가 된다고 한다. 차이점은 합화격은 일간이 스스로 융화하고 화합하여 살아가는 의미가 강하고, 종격從格은 주어진 환경에 의해 강제로 따라갈 수 있으므로 자신의 주관이나 의지가 작용하지 못할 수 있는 것이다.

합화격의 일간이 甲木인 남자일 경우에는 甲 己 합화 土格이 되면 일간 甲木은 木의 마음으로 살기보다는 자진하여 재성財星 己土에 해당하는 육친인 배우자나 아버지의 도움을 받으면서 서로 협심하여 세상을 살아가는 것을 의미하고, 일간이 己土인 여자일 경우에는 관성 甲木에 해당하는 남자나 배우자가 자신의 뜻대로 살기보다는 일간과 협심하고 상의하여 스스로 일간의 생각대로 살아가는 것을 의미한다.

다른 합화격의 경우에도 마찬가지로 판단할 수 있다. 乙庚 합화 金格의 경우에는 일간이 乙木의 여자일 경우에는 관성에 해당하는 남편과 상호협력하고 도우면서 남편의 생각과 뜻을 따라가면서 살아가는 것이 도움이 될 수 있고, 일간이 庚金인 남자일 경우에는 재성의 부인과 상호협력하면서 믿고 의지하되 배우자가 자신의 생각과 뜻을 따라주기를 원할 수 있다. 즉 합하여 변한 오행의 마음으로 자연스럽게 의지하고 살아가면서 해당하는 오행의 육친이나 인人 · 사事 · 물物을 추구하는 것을 말한다.

종격從格의 경우에는 일간의 재성이 강하여 종재격從財格이 될 경우에는, 일간은 자신의 의지와 생각대로 살지 못하고 재성財星에 해당하는 오행의 육친이나 인 · 사 · 물에 의지하여 살아가는 의미가 강하고, 일간의 관살官殺이 강하여 종살격從殺格이 될 경우에는 자신의 힘이 미약하므로 할 수 없이 자신을 버리고 관성에 해당하는 육친이나 인 · 사 · 물에 종하는 의미가 강하므로 合化格과 차이가 있다고 할 수 있다. 합화격과 종격의 경우에도 각각 진정한 마음으로 따라가는 의미와 어쩔 수 없이 따라가는 의미를 가지고 있으므로 진종격과 가종격으로 나눌 수 있고, 진화眞化와 가화假化로 분류할 수 있다. 이런 분류도 항상 운의 흐름에 따라 변할 수 있다. 그러므로 격을 판단할 경우에는 우선적으로 정격正格으로 분류하여 판단하고 해결이 안 될 경우에 다른 격으로 분석하는 자세가 필요하다.

(4) 양신성상격兩神成象格 또는 양기성상격兩氣成象格 : 양기성상격은 원칙적으로 양기兩氣 즉 2개의 오행에 해당하는 기운이 원국을 이루어 다른 오행의 기운이 섞이지 않고 청淸한 경우를 말하며 2개의 기운이 원국에서 각각 2간 2지로 구성되어 조화를 이룬 경우를 말한다. 즉 원국에 2개의 오행이 상생相生의 관계를 이루거나 상극相剋의 관계를 이루는 사주를 말한다. 2개의 오행으로 이루어진 사주는 일간의 강약에 따라 정격사주의 용신을 찾는 방법과 동일할 수 있다.

양기성상격의 경우에도 역시 종격從格이나 화격化格과 마찬가지로 편중偏重된 사주이므로 운에 의한 영향을 많이 받으며 기복이 심할 수 있다. 왜냐하면 강한 오행이 약한 오행을 강하게 克하거나 沖하여 해당 오행의 육친이나 인·사·물이 손상될 수 있기 때문이다. 운에 의한 영향을 많이 받으므로 길흉의 변화가 심할 수 있고, 성급한 행동이나 판단을 하는 경우가 나타나며, 대인관계에서도 일방적이거나 원만하지 못할 수 있다.

양기성상격의 경우에도 기본적으로 대운이나 세운에서 격을 이루는 2개의 오행이 오면 유리하고 克을 하는 오행이 오면 불리할 수 있다. 그러나 양기성상격은 2개 오행의 역량力量차이가 크지 않고 균형을 이루어야 상급의 사주가 될 수 있다. 양신성상격도 수가 많지 않은 원국이며, 역시 대운과 세운의 흐름에 의한 원국의 균형과 조화를 먼저 판단하고 다음에는 생生 극剋 비比 화化와 합슴 충沖 형刑 파破 등의 관계를 분석해야 한다. 또한 격格이 명확하지 않고 모호할 경우에는 별격別格으로 판단하지 말고 우선은 정격으로 보고 판단하는 것이 도움이 될 수 있다.

양기성상격을 이룰 경우에는 종종 자신의 심경 변화가 심할 수 있으므로 즉시 판단하거나 표출하기보다는 항상 적당한 시간을 두고 행동이나 결정을 하는 것이 필요하다. 또한 외골수의 생각과 행동을 할 수 있으므로 대인관계나 하는 일에서 좋은 것과 나쁜 것에 대한 감정의 반응이 극단적이거나 민감할 수 있다. 때로는 자신의 감정이나 행동을 즉시 외부로 노출하여 다른 사람을 당황하게 하거나 처신을 곤란하게 만들어 문제를 꼬이게 하거나 관계가 단절되는 경우도 발생할 수 있으므로 유의해야 한다. 격의 종류를 살펴보자.

① 양신상생격兩神相生格 : 양신상생격은 원국에 두 개의 오행이 천간과 지지로 이루어지고 서로 生하는 관계를 말한다. 기본적으로 해당하는 두 오행이 희喜·용用신神이 되고, 두 오행을 克하는 오행은 기忌·구仇신神이 될 수 있고, 나머지는 한신으로 볼 수 있다. 일간이 강할 경우에는 정격으로 보고 식상생재食傷生財로 판단할 경우에는 재성운이 오는 경우에 무난할 수 있다. 양기상생격의 기본적인 길흉의 판단 기준을 알아보도록 하자.

• 목화상생격木火相生格 : 일간이 木이나 火이면서 간지에 木 火가 相生할 경우에는 木이나 火의 운運이 오는 경우가 유리할 수 있고, 두 오행을 극하는 金이나 水운運 오면 불리하며, 土의 운은 일간이 강할 경우에는 무난할 수 있고 약할 경우에는 불리할 수 있다. 목화통명木火通明이 온전하게 이루어지면 교육이나 강연 등의 분야에서 일인자가 될 수 있다.

• 화토상생격火土相生格 : 일간이 火나 土이면서 간지의 火 土가 상생하는 경우에 해당하며, 기본적으로 火 土운은 유리하고 두 오행을 극하는 水 木운은 불리하며, 金운은 한신이 될 수 있다. 그러나 한신 金은 일간이 강할 경우에는 희신의 작용을 할 수 있

다. 화토상관火土傷官이 온전할 경우에는 뛰어난 웅변가나 연설가가 되어 대중을 사로잡는 힘이 강할 수 있다.

- 토금상생격土金相生格 : 일간이 土나 金이면서 간지의 土 金이 상생하는 경우에 해당하며, 기본적으로 土 金운은 유리하고 두 오행을 극하는 木 火운은 불리하며, 水운은 한신이 된다. 역시 한신 水는 일간이 강할 경우에는 희신의 작용을 할 수 있다. 土 金이 상생하는 경우에는 믿음과 신의가 강하고, 우직한 성품으로 일관된 행동을 할 수 있다.

- 금수상생격金水相生格 : 일간이 金이나 水이면서 간지의 金 水가 상생하는 경우에 해당하며, 기본적으로 金 水운은 유리하고 두 오행을 극하는 火 土운은 불리하며, 木운은 한신이 된다. 그러나 한신 木은 일간이 강할 경우에는 희신의 작용을 할 수 있다. 여자의 경우에는 인성이 있으면서 금수쌍청金水雙淸이 되면 몸매와 얼굴이 미인이고 사고방식이 유연하며, 행동이 단정할 수 있다.

- 수목상생격水木相生格 : 일간이 水나 木이면서 간지의 水 木이 상생하는 경우에 해당하며, 기본적으로 水 木운은 유리하고 두 오행을 극하는 土 金운은 불리하며, 火운은 한신이 된다. 역시 한신閑神은 일간이 강할 경우에는 희신이 될 수 있고, 약할 경우에는 불리할 수 있다. 원국의 예를 보도록 하자. 다른 참고 서적의 명식 일부를 활용하였다.

시 일 월 년
戊 <u>丙</u> 戊 丙
戌 午 戌 午

- 일간 丙火가 강하므로 火土상생격이라고 할 수 있다. 이 경우에는 식상 土운과 비겁 火운은 유리할 수 있고, 관성 水운은 강한 火나 土의 극을 받으므로 불리할 수 있고, 재성 金운은 무난할 수 있다. 인성 木운도 한신이지만 불리할 수 있다. 일간 丙火는 배운 지식이나 학문을 바탕으로 당당하게 사회생활을 할 수 있고, 예의와 신뢰가 두터워 타인의 존경을 받을 수 있다. 그러나 유연하고 지혜로운 면은 부족할 수 있다.

```
시 일 월 년
辛 戊 辛 戌
酉 戌 酉 戌
```

- 土金상생격이라고 할 수 있다. 金의 기운이 강하므로 土운과 金운은 유리할 수 있고, 재성 水운도 도움이 될 수 있다. 관성 木운과 인성 火운은 원국의 합이나 유통의 관계를 살펴서 길흉을 판단해야 한다. 이 경우에는 상관격도 되므로 천간의 乙木은 충을 하므로 불리하고 지지의 卯木은 합과 충을 하므로 불리함이 덜할 수 있다. 인성 火운의 경우에도 유통이 되면 무난할 수 있다.

```
시 일 월 년
壬 癸 乙 甲
子 亥 亥 寅
```

- 水木상생격이라고 할 수 있다. 그러므로 水와 木의 운은 유리할 수 있고, 인성 金과 관성 土운은 불리할 수 있다. 이 경우에도 원국 전체와 운의 관계를 살펴 판단해야 한다. 천간의 재성 火운은 충을 하므로 불리하고 지지의 재성 火운도 역시 충이 되므로 불리할 수 있다. 이 경우에 일간 癸水는 자신의 주체성을 바탕으로 유연하고 지혜롭게 행동할 수 있다. 때로는 재물을 얻기 위해 교묘한 방법을 활용할 수도 있고, 자신을 외부에 과시하기를 좋아할 수 있다.

```
시 일 월 년
丁 甲 丁 甲
卯 午 卯 午
```

- 木과 火의 기운이 균형을 이루고 강하므로 木火상생격이라고 할 수 있다. 비겁 木운과 식상 火운은 유리할 수 있고, 관성 金운과 인성 水운은 불리할 수 있다. 재성 土운은 한신이지만 좋은 작용을 할 수 있다. 이 경우에는 간지의 재성 土운은 무난할 수 있다. 또한 천간의 편인 壬운은 합을 하면서 유통되므로 무난할 수 있고, 癸운은 상관 丁을 충하므로 불리하지만 유통이 되므로 크게 불리하지는 않을 수 있다.

② **양신성상격**兩神成象格 : 원국이 2개의 오행으로 이루어지고 서로 필요에 의해 극兒을 하므로 유정한 관계가 되는 것을 양신성상격이라고 한다. 두 오행이 각각 2간 2지로 구성되고 서로 필요에 의한 극兒을 하는 관계로 이루어질 때 온전한 양신성상격이 이루어질 수 있다. 이 경우에는 성실히 생활하면 소부小富는 될 수 있다. 기본적으로 양신성상격은 대운이나 세운에서 두 오행을 兒하는 오행이 오면 불리할 수 있고, 나머지 오행과 통관하는 오행은 잘 살펴서 길흉을 판단해야 하며, 역시 운의 영향을 많이 받을 수 있다. 통관通關하는 오행은 일간이 강할 경우에는 도움이 될 수 있고, 약할 경우에는 한신이 될 수 있다. 역시 정격正格으로 보고 분석을 해도 무난할 수 있다. 양신상극격의 종류를 참고로 살펴보도록 하자.

- 목토성상격木土成象格 : 일간이 木이면서 강할 경우에는 식상 火와 재성 土와 관성 金의 운은 유리할 수 있고 일간의 힘을 더하는 비겁 木과 인성 水운은 불리할 수 있다. 일간 木이 약할 경우에는 인성 水운과 비겁 木운은 희·용신이 될 수 있지만 재성 土가 강할 경우에는 강한 재성 土의 兒을 받으면 불리할 수 있다. 또한 식상이나 재성 그리고 관성은 불리할 수 있다. 역시 운에 의해 강한 두 오행이나 일주日柱나 월주月柱를 충하는 경우에도 불리할 수 있다.

- 화금성상격火金成象格 : 일간이 火이면서 강할 경우에는 식상 土운과 재성 金운과 관성 水운은 유리할 수 있고 일간의 힘을 더하는 인성 木운과 재성 金을 극하는 비겁 火운은 불리할 수 있다. 일간이 약할 경우에는 인성 木운과 비겁 火운이 도움이 될 수 있고 식상이나 재성 그리고 관성은 불리할 수 있다. 역시 운에 의해 강한 두 오행이나 일주나 월주를 충하는 경우에는 불리할 수 있다. 또한 인성 木이 강한 재성 金과 冲을 하는 경우에는 불리할 수 있다.

- 토수성상격土水成象格 : 일간이 土이면서 강할 경우에는 식상 金운과 재성 水운과 관성 木운은 유리할 수 있고, 일간의 힘이 되는 인성 火운과 비겁 土운은 불리할 수 있다. 일간이 약할 경우에는 인성 火운과 비겁 土운이 도움이 될 수 있고 식상이나 재성 그리고 관성은 불리할 수 있다. 역시 운에 의해 강한 두 오행이나 일주나 월주를

충하는 경우에는 불리할 수 있다. 즉 인성 火가 강한 水와 충을 하는 경우에는 불리할 수 있다.

- 금목성상격金木成象格 : 일간이 金이면서 강할 경우에는 식상 水운과 재성 木운과 관성 火운은 유리할 수 있고, 일간의 힘이 되는 인성 土운과 비겁 金운은 불리할 수 있다. 일간이 약할 경우에는 인성 土운과 비겁 金운이 도움이 될 수 있고 식상이나 재성 그리고 관성은 불리할 수 있다. 역시 운에 의해 강한 두 오행이나 일주나 월주를 충하는 경우에는 불리할 수 있다.

- 수화성상격水火成象格 : 일간이 水이면서 강할 경우에는 식상 木운과 재성 火운과 관성 土운은 유리할 수 있고, 일간의 힘이 되는 인성 金운과 비겁 水운은 불리할 수 있다. 일간이 약할 경우에는 인성 金과 비겁 水운이 도움이 될 수 있고 식상이나 재성 그리고 관성은 불리할 수 있다. 이 경우에도 운에 의해 강한 두 오행이나 일주나 월주를 충하는 경우에는 불리할 수 있다. 즉 일간 水와 재성 火가 충할 경우에는 불리할 수 있다. 원국의 예를 보도록 하자. 다른 참고 서적의 자료도 활용하였다.

시	일	월	년
癸	戊	癸	戊
亥	戌	亥	戌

- 일간 戊土는 천간에서 戊癸 합을 하고 지장간을 포함하여 오행을 갖추고 약하지 않다. 월주가 재성격을 이루므로 재성을 강하게 추구한다. 이 경우에는 식상 金운과 재성 水운은 유리할 수 있고, 관성 木운은 한신이 될 수 있다. 土운은 무난할 수 있지만 천간의 겁재 己土운은 불리할 수 있고, 인성 火운은 살펴서 판단하되 천간의 인성 丁운과 지지의 인성 巳운은 충이 되므로 불리할 수 있다.

시 일 월 년
己 <u>癸</u> 己 癸
未 亥 未 亥

- 일간 癸水는 다소 약하지만 어느 정도 중화를 이루고, 월주가 편관격이다. 이 경우에는 통관을 하는 인성 金운과 비겁 水운도 유리할 수 있고, 천간의 편재 丁火운과 편관 己土운은 불리할 수 있고, 정재 丙火와 정관 戊土운은 무난할 수 있다. 식상 木운은 한신의 작용을 하지만 무난할 수 있다.

시 일 월 년
辛 <u>辛</u> 庚 辛
卯 卯 寅 卯

- 일간 辛金은 비록 기氣적으로나 정신적으로는 대단히 강할 수 있지만 실질적인 힘은 지지에 통근하지 못하여 약하다. 이 경우에는 천간의 식상 水운과 인성 土운은 유리할 수 있고, 천간의 재성 木운과 관성 火운은 불리할 수 있다. 또한 지지로 비겁 金운이나 土운이 올 경우에도 도움이 될 수 있다. 물론 원국과 운의 충이나 합이 되는 관계를 세밀히 분석해서 판단해야 한다.

※ 위에서 설명한 외격 또는 별격의 구조를 가진 사주 외에도 다양한 격의 이름을 붙여 설명하고 있지만 이해하기 어렵거나 논리가 부족한 경우가 많아 널리 알려진 내용만 살펴보았다. 물론 일부는 이해할 수 있고 논리적인 부분이 없는 것은 아니지만, 타고난 명命인 사주의 8글자만으로 판단하려는 경향이 강하여 무리한 추측이나 유추를 하는 경우가 많고, 때로는 소수의 명을 관찰하여 글로 표현한 경우도 많았다. 그러므로 동양사상과 철학의 근간인 음양과 오행을 활용한 간지의 십성 분석과 자연의 순리에 따라 타고난 명인 사주와 변하는 운의 흐름을 종합적으로 분석하는 것이 정도正道라고 할 수 있다. 또한 명리 공부는 암기 위주로 하기보다는 밤과 낮이 순환하고 사계절이 순환하는 것처럼 자연의 섭리와 원리를 이해하면서 자연스럽게 터득하는 것이 가치와 보람이 있다.

　이러한 과정을 통하여 가족이나 다른 인간관계와 물질관계의 상호 연관성을 살펴 삶의 근본이 되는 현실을 중심으로 다가오는 미래의 변화와 조화를 파악하여 효과적으로 대비하고 대응할 수 있는 방책을 마련하는 것이 실질적으로 도움이 될 수 있다. 또한 사회생활이나 가정생활에서도 지혜롭게 화목和睦과 중용中庸을 실천하고, 타인과 비교하지 않는 자신만의 고유한 가치와 능력을 발휘하여 성공과 행복을 찾을 수 있다.

3. 용신用神의 상세분석 - 용신격국用神格局

　이제 일간에게 필요한 오행, 즉 희·용신과 도움이 되는 십성운을 찾는 자신만의 방식을 살펴보도록 하자. 주의할 점은 여기서 말하는 용신격국用神格局은 용신에 해당하는 오행의 십성 이름을 격국格局으로 정한 것이다. 그러므로 일반 격格이나 격국 또는 잡격雜格과 혼동하지 않아야 한다. 즉 오행에 해당하는 십성의 조화와 균형을 분석하여 일간의 체體와 용用의 강약에 따라 일간의 용신을 찾아 나름대로 격으로 정형화한 것이다. 용신격국의 원리를 숙지하고 있으면 용신을 찾는 데 큰 도움이 될 수 있다. 복잡한 격국의 이름을 익히고 암기한다고 생각하지 말고 용신을 찾는 방법으로 원리를 파악하여 숙지하면 많은 도움이 될 수 있다. 십성의 강약과 조후를 파악하여 용신을 분석하는 방법을 살펴보도록 하자.

1) 인성印星이 많고 강強할 경우

　기본적으로 월지月支가 인성印星이면서 간지에 印星이 많아 일간이 인성이 강한 사주가 될 경우에는 아래의 순서대로 용신을 찾을 수 있다. 단 이 경우에도 기본적으로 일주를 沖하거나 용신을 合하여 합거合去하거나 克이나 沖을 하는 경우에는 그 시기에는 일간이나 해당 십성의 인人·사事·물物에 손상이 올 수 있다. 인성이 강한 사주일 경우에 기본적인 희·용신을 찾는 방법과 운의 관계를 살펴보도록 하자.

① 원국에 재성이 온전할 경우에는 재성을 우선 용신用神으로 삼고 식상을 희신으로 삼을 수 있다. 재성용신이 미약할 경우에는 식상이 재성을 도와주면 상급의 사주가 될 수 있다. 이 경우에는 식상운이 오면 그 기간 동안에는 발복할 수 있고, 재성운과 식상운이 간지로 함께 오면 더욱 유리하며, 인성운과 비겁운은 기본적으로 기·구신이 되고 관성운은 한신이 될 수 있다.

② 원국에 재성이 없고 식상이 있는 경우에는, 원국의 식상을 용신으로 삼고 재성을 희신으로 삼을 수 있다. 재성이 없는 식상은 인성의 극을 받아 무력하므로 재성운이 올 때 발복할 수 있다. 역시 재성운과 식상운이 함께 오면 그 기간 동안에는 발복할 수 있고, 인성운과 비겁운은 불리할 수 있다. 관성운은 원국의 오행을 살펴서 판단해야 하며 관성이 시간時干에 있을 경우에는 도움이 될 수도 있다.

③ 재성과 식상이 없고 관성만 있는 경우에는, 차선의 방법으로 관성을 용신으로 삼고, 재성을 희신으로 삼을 수 있다. 관성이 약할 경우에는 재성운이 올 때 발복할 수 있다. 이 경우에는 기본적으로 재성운과 관성운은 유리할 수 있고, 인성운은 용신인 관성의 힘을 빼고 일간을 생하므로 불리할 수 있으며, 식상운이 와서 용신인 관성을 克 沖하는 경우에도 불리할 수

있다. 단 관성이 용신일 경우에는 비겁운은 한신이 되거나 무난할 수 있다.

④ 일간이 印星이 강한 사주가 되는 경우에도, 일반적으로 재성이 용신이 되고 식상이 희신이 될 때 가장 좋고, 다음으로는 식상이 용신이 되고 재성이 희신일 경우이며, 마지막으로 관성官星이 용신일 경우로 나눌 수 있고 이 때에도 재성운이 올 때 무난할 수 있다. 또한 종강격이 될 경우에는 오히려 비겁이나 인성의 운이 올 때 무난할 수 있고, 이 경우에는 자신이 익힌 지식이나 학문을 바탕으로 살아가면 무난할 수 있다. 원국의 사례를 보면서 용신을 찾는 방법을 자세히 살펴보도록 하자.

(1) **인중용재격**印重用財格 : 원국의 월지가 인성이면서 인성격을 이루고 간지에 인성이 많고 강할 경우에는, 먼저 재성이 있으면 재성을 **용신**用神으로 삼는 것을 말한다. 이 경우에 **희신**喜神은 **식상**이 되고, 식상이 없을 경우에는 운에서 식상운이 오면 그 기간 동안에는 원하는 바를 이룰 수 있다. **기신**忌神은 **비겁**比劫이 되고, **구신**仇神은 **인성**이 되며 **한신**閑神은 **관성**官星이 될 수 있다. 원국에 비겁이 있을 경우에는 비겁이 무력하거나 용신인 재성을 직접 克하지 않아야 좋은 원국이 될 수 있다. 재성이 통근通根하여 뿌리가 있으면 용신이 강하고 힘이 있으므로 일간은 배운 지식이나 학문을 바탕으로 성공적인 삶을 만들 수 있다.

인성이 편강한 사주에서 재성용신이 강하고 온전하면, 일반적으로 부富를 얻을 수 있는 좋은 사주라고 할 수 있다. 물론 운로運路까지 좋으면 최상의 사주가 될 수 있다. 원국에 財星과 함께 食傷이 일지日支와 시주時柱에 있을 경우에는 식신생재食神生財가 되어 스스로 왕성한 활동을 통하여 재물을 모을 수 있는 상급의 사주가 될 수 있다. 식상이나 재성은 일간이 스스로 克하고 生하는 십성이므로 일지日支와 시주時柱에 있는 경우가 노후까지 유리할 수 있고, 인성은 연주年柱나 월주月柱에 있을 경우가 더욱 활용도와 유용성이 높고 노후까지 편안할 수 있다. 원국의 예를 보도록 하자.

시 일 월 년
壬 己 戊 癸
申 酉 午 巳

• 乾命. 1953년생, 대운 수 7, 인성이 강한 편강 사주.

77	67	57	47	37	27	17	7
庚	辛	壬	癸	甲	乙	丙	丁
戌	亥	子	丑	寅	卯	辰	巳

● 용신用神 : 재성財星 水壬水
● 희신喜神 : 식상食傷 金
● 한신閑神 : 관성官星 木
● 기신忌神 : 비겁比劫 土
● 구신仇神 : 인성印星 火

　일반적인 격으로는 편인격이라고 할 수 있고, 월주의 부모궁父母宮이 편인과 겁재이면서 월간 戊土가 戊 癸 합을 하여 火로 변하여 모친의 힘이 강하게 되었다. 그러므로 일간은 모친의 영향을 강하게 받으면서 성장할 수 있다. 기본적으로 성장기에는 학문에 관심이 많고 몸도 건강하며, 한 분야에 성실히 임하면서 안정적인 재물을 추구하는 성품이다.

　일지日支 처궁妻宮과 시주時柱 자녀궁子女宮에 희 · 용신이 있으므로 처가 이해심이 많고 미모가 뛰어나며 자녀가 온전할 수 있다. 즉 배우자는 시간의 정재正財로 있으면서 자신의 궁인 일지와 시지時支로부터 생生을 받아 학식이 많고 순수하면서도 결단성이나 과단성이 있으며, 지혜롭고 그릇이 큰 사람이라고 할 수 있다. 또한 일간과 정이 많으며 부부 간에 서로 도움이 되는 관계라고 할 수 있다.

　이 사주의 경우에 관성 乙卯대운과 甲寅대운의 기간 동안에는 직장생활을 통하여 재물을 모을 수 있었다. 甲寅대운의 寅의 시기에 寅 巳 申 형刑을 하여 직장을 벗어나고자 하는 마음이 강할 수 있으며, 실제로 이 시기의 세운 癸酉년에 편재와 식신의 기운이 강하게 작용하여 자신의 사업으로 식음료와 잡화를 판매하는 유통업을 시작하였다. 장차 대운이 용신인 재성 水로 흘러가므로 오랫동안 사업을 운영해도 무방할 수 있다. 또한 자녀궁이 희·용신이므로 자녀는 학문에 열중하고 스스로 자신의 길을 개척할 수 있는 사람이며, 본인의 사주에 자녀성인 관성이 나타나지 않으므로 부모와 떨어져서 생활할 수 있다. 57세 이후에 재성 용신운이 임하게 되어 나이가 든 후에도 재물을 추구할 수 있으며, 건강도 양호할 수 있다. 2012년 壬辰년에도 金에 해당하는 각종 철재 생활용품과 水에 해당하는 음료 도매상의 사업을 운영하고 있다. 성장기에는 뚜렷한 주관을 지니고 학문에 몰두할 수 있으며 자신의 희·용신에 해당하는 이공理工계통이 적성에 적합할 수 있다. 노후에도 운의 흐름이 좋아 건강도 무난하고 하는 일도 큰 어려움 없이 흘러가며, 장수할 수 있는 좋은 사주라고 간명하였다.

(2) 인중용식상격印重用食傷格 : 인중용식상격은 역시 월지가 인성이면서 간지에 인성이 많고 강할 때 재성이 있을 경우에는 재성을 우선으로 용신으로 삼지만, 재성이 없고 식상이 있을 경우에는 식상을 용신으로 삼고 재성을 희신으로 할 수 있다. 일반적으로 원국이 재성을 용신으로 삼아 인성을 극하는 경우가 제일 좋지만 원국에 재성이 없을 경우에는 식상을 용신으로 삼아도 무난할 수 있다. 이 경우에도 운에서 재성운이 오면 크게 발복할 수 있다. 용신인 식상을 克하는 **인성**과 인성을 도와주는 **관성**官星이 기·구신이 될 수 있고 **비겁**은 한신이 될 수 있다.

희·용신에 해당하는 식상운과 재성운이 올 때 상관생재傷官生財 또는 식신생재食神生財가 되어 그 기간 동안에는 자신이 원하는 일이나 계획을 이룰 수 있고, 비겁운이 올 경우에도 식상이 약할 경우에는 도움이 될 수 있다. 기본적으로 일간이 양陽이고 용신인 식상이 陽일 경우에 재성운이 오면 더욱 왕성한 활동를 통하여 재물을 추구할 수 있다. 또한 일지日支나 시주時柱에 식상이 있으면 나이가 들어서도 사회 활동을 계속하는 경우가 많고, 늦게 재성운이 올 경우에는 노년의 생활이 여유롭고 부귀할 수 있다. 때로는 명이 좋은 것 보다 운이 좋은 것이 더 좋다고 하는 선인들의 말도 참고할 만하다. 원국의 예를 보도록 하자.

시 일 월 년
丙 <u>戊</u> 庚 甲
辰 申 午 辰

• 乾命. 대운 수 3, 인성과 비겁이 강한 편강 사주.

73	63	53	43	33	23	13	3
戊	丁	丙	乙	甲	癸	壬	辛
寅	丑	子	亥	戌	酉	申	未

- 용신用神 : 식상食傷 金申金
- 희신喜神 : 재성財星 水
- 한신閑神 : 비겁比劫 土
- 기신忌神 : 인성印星 火
- 구신仇神 : 관성官星 木

월지가 정인이면서 시간時干에 편인이 투출하였으므로 인성격이 성립한다. 火 土의 인성과 비겁이 강하여 일간이 편강하고 재성 水가 지장간에서 미약하므로 식상을 용신으로 삼고 재성을 희신으로 활용할 수 있다. 식신에 해당하는 庚金이 연간에 투출하였으나 편관 甲木과 沖을 하여 유년기에서 청년기에는 다소 부모나 윗사람과 의견 충돌로 정신적인 방황을 할 수 있고, 때로는 사회적인 규범이나 법규를 등한시할 수 있다. 즉 관성 木의 인人·사事·물物에 대해서는 무관심하거나 소홀할 수 있다. 그러나 대운의 흐름이 희·용신인 식상 金과 재성 水로 흘러 성장기에 열심히 공부하여 무난하게 대학을 졸업하고 직장생활을 하였다.

5대운인 乙亥 정관과 편재의 대운에서 월간 식신 庚과 乙 庚 합을 하여 甲 庚 沖을 막아주어 식상이 제 역할을 할 수 있고, 대운의 지지 亥는 재성의 희신운이 되어 이 시기에는 재물을 많이 축적했다. 원국에서 배우자에 해당하는 癸水는 지장간에 있으므로 배우자와 인연은 있지만 직업이나 사업상으로 떨어져 생활하는 경우가 많을 수 있고, 때로는 일간이 드러나지 않는 다른 여자를 사귈 수도 있으므로 가정을 위하여 신중한 처신이 필요하다. 그래야만 재물이 온전할 수 있고 가정이 화목할 수 있다.

자녀와의 관계도 본인의 일이나 자녀의 학업관계로 유학을 가거나 외지에 떨어져 생활할 가능성이 많고 관계는 평상이며, 노후에는 자녀와 떨어져 지내는 것이 무난할 수 있다. 대운이 서북의 식상과 재성의 운인 金 水로 나아가므로 중년까지도 재물이 넉넉할 수 있고, 노후에는 주관과 소신이 뚜렷하고 고집스러운 행동을 할 수 있으며 종교나 특수한 학문에 관심을 지니고 살아갈 수 있다.

(3) 인중용관격印重用官格 : 역시 月支가 인성印星이면서 인성격을 이루면서 간지에 인성이 많고 비겁이 있는 일간이 강한 사주일 경우에 재성이나 식상이 없거나 무력하고 관성官星이 유력할 경우에는 부득이하게 관성을 용신으로 삼는 것을 말한다. 이 경우에는 인중용재격이나 인중용식상격보다 사주의 등급이 떨어질 수 있다. 그러나 시주時柱에 관성이 온전할 경우에는, 청소년기에 익힌 자신의 지식이나 학문을 바탕으로 오랜 기간에 걸쳐 공공부문이나 직장에서 근무하면서 안정적으로 살아갈 수 있다.

즉 인중용관격의 경우에는 용신인 관성이 강한 인성을 生하여 용신이 무력하거나 쇠약할 수 있으므로 관성이 시주에 온전할 경우가 유리하다. 재성이나 식상이 원국에 없어 관성에 의지하는 원국이므로 규범이나 원칙을 중시하는 올바른 사람이지만, 때로는 게으르거나 나태한 생활을 할 수 있다. 그러므로 이 경우에는 항상 좋은 습관을 몸에 익히고, 학문이나 재능을 향상시키려는 노력을 소홀히 하지 않아야 한다.

인중용관격의 경우에는 관성官星을 용신으로 삼고, 재성을 희신으로 삼을 수 있다. 식상은 용신을 극하고 인성은 용신을 약화시키므로 기·구신이 될 수 있고, 비겁比劫은 한신이지만 관성이 약할 경우에는 불리할 수 있다. 특히 식상食傷은 용신인 관성을 극하므로 재성이 없을 경우에는 관성의 인·사·물에 큰 손상을 줄 수도 있다. 관성이 강할 경우에는 비겁도 무난할 수 있지만 기본적으로는 한신이 된다. 관성을 활용할 경우에는 원국의 흐름을 잘 살펴서 판단하는 것이 대단히 중요하다. 기본적으로 재성운이나 관성운이 올 때 그 기간 동안에는 발복할 수 있고, 기·구신에 해당하는 인성운이나 식상운은 불리할 수 있다. 편관偏官이 용신일 경우에는 인중용살격印重用殺格이라고 할 수 있다. 관살이 약할 경우에는 재성이 관살을 도와주고 인성을 억제할 경우에는 비교적 무난할 수 있다. 이러한 경우에는 자신의 학문이나 지식을 활용하여 직장이나 공직생활을 하는 것이 적성에 맞고 여유로울 수 있다.

(4) 인성용신격印星用神格 : 인성용신격印星用神格은 종강용신격從强用神格 또는 인성이 강한 종강격從强格이라고 표현할 수 있다. 인성용신격은 월주와 일지가 인성印星이면서 간지에 인성이 많고 강하면서 다른 십성이 없거나 있더라도 슴이나 沖이 되어 무력할 경우에는 강한 인성을 그대로 용신으로 삼고 강한 기운을 거역하지 않고 따라가는 것을 말한다. 즉 인성에 순종하는 종격사주從格四柱를 의미한다.

기본적으로 인성용신격이 성립하려면 원국에 식상이나 재성 또는 관성이 없거나 무력할 경우에 성립할 수 있다. 그러므로 강한 오행인 인성을 용신으로 삼고 비겁을 희신으로 삼을 수 있다. 강한 인성을 克하는 재성과 일간을 克하는 관성은 기·구신이 될 수 있고 식상은 한신이 될 수 있다. 역시 인성운과 비겁운은 일간의 기운에 순응하므로 도움이 되지만 강한 인성을 도우면서 일간을 극하는 관성운과 용신인 인성을 극하는 재성운은 불리할 수 있다. 식상운은 한신이 되어 원국과 충극이 되지 않을 때는 무난할 수 있다. 종격從格의 경우에도 일간이 억지로 따라가는 가종격假從格보다는 진정으로 따라가는 진종격眞從格이 상급이 될 수 있고, 가종격도 운의 흐름에 의하여 진종격이 될 수 있다고 하였다. 원국의 예를 보도록 하자.

시	일	월	년
庚	辛	戊	辛
子	丑	戌	丑

• 坤命. 대운 수 1, 인성과 비겁으로 구성된 인성용신격 또는 종강격.

71	61	51	41	31	21	11	1
丙	乙	甲	癸	壬	辛	庚	己
午	巳	辰	卯	寅	丑	子	亥

- 용신用神 : 인성印星 土
- 희신喜神 : 비겁比劫 金
- 한신閑神 : 식상食傷 水
- 기신忌神 : 재성財星 木
- 구신仇神 : 관성官星 火

월주가 인성격 또는 정인격을 이루고 인성이 강하면서 비겁도 강하다. 시주의 식신 子水를 용신으로 활용하고 싶지만 일지와 합을 하여 일간을 도울 의사가 없으므로 부득이하게 인성을 용신으로 삼아야 한다. 정인으로 구성된 월주 부모궁과 편인과 비견으로 구성된 연주 조부궁은 모두 일간에게 힘이 되지만, 반대로 자신의 윗사람이나 모친의 힘이 대단히 강할 수 있다. 그러므로 강한 모친의 기운을 용신으로 삼고 따라가는 것이 무난할 수 있다.

이 경우에 일주와 연주가 복음伏吟이 되면서 1대운의 己亥 대운에 천간으로는 편인 己土가 와서 원국과 대운이 정인과 편인의 혼잡이 되고, 지지로는 亥 子 丑 水방합을 이루어 친모에 해당하는 丑土가 합거合去되므로 이 시기에 친모를 잃고 편모 슬하에서 성장하였다. 또한 재성이 없으므로 아버지의 덕이 없거나 멀리 떨어져 생활할 수 있다.

비견과 편인에 해당하는 辛丑 3대운에 일간의 배우자궁인 일지 丑土와 자녀궁인 시지가 子 丑 合을 하고 丑 戌 형刑을 하므로 이 시기에 결혼을 하고 자녀를 출산하여 자녀와 편모에 얽매여 생활하였고, 상관과 재성에 해당하는 壬寅 4대운은 자신이 스스로 일을 하여 돈을 벌었다.

壬寅 4대운의 丙子년에 일간은 세운의 정관과 丙 辛 합을 하고 일지는 子 丑 合을 하여 일을 하면서 가정과 직장을 힘들게 이끌어 갔다. 그러나 다음 해인 丁丑년에는 다시 원국의 시지와 일지가 子 丑 合을 하고, 천간은 세운의 편관 丁火와 대운의 壬이 합을 하여 재성 木의 기운으로 변하면서 일간 辛金은 돈 문제로 남편과 다투고 헤어졌다. 자녀는 일간의 배우자궁과 자녀궁이 합이 되고 자신에게는 식상 자녀가 한신에 해당하므로 남편이 양육하기로 하였다. 기본적으로 원국에 배우자 성星인 관성이 戌土의 지장간 중기 丁火에 있지만 합과 형을 하여 인연이 약하다.

癸卯 5대운에도 자신이 일을 하여 돈을 버는 시기에 월주가 卯 戌합과 戌 癸합을 하여 관성 火로 변하므로 이 시기에 다시 새로운 남자를 만나 동거를 하였다.

甲辰 6대운의 접입운接入運인 2010년 庚寅년에 대운의 재성 甲木이 세운의 겁재 庚金과 甲 庚 沖을 하니 재물 문제로 다투고 헤어졌지만 배우자궁의

丑과 寅의 지장간이 甲 己 암합과 丙 辛 암합을 하므로 재성과 연관되어 함께 지내고 있다. 그러나 庚寅년은 비록 겁재의 희신과 재성의 기신운에 해당하지만 개두蓋頭되어 크게 흉하지는 않지만 정신적인 갈등과 재물에 근심 걱정이 많을 수 있으므로 조심스럽게 보내는 것이 필요하다.

일간은 인성이 강하므로 다양한 능력과 재능을 지니고 있지만 다소 게으를 수 있고, 심리의 변화가 심할 수 있다. 한편으로는 순수하고 신의가 두터운 사람이라고 할 수 있지만 재성이 없으므로 돈을 모으기 쉽지 않고 실제로 열심히 일을 하지만 어렵게 살아가고 있다. 일간 자신은 성장기와 辛丑 3대운까지는 비교적 무난하게 생활하면서 재능을 발휘하였다. 壬寅 4대운부터는 식상과 재성으로 흘러 일을 하지만 비겁이 많으므로 자신에게 돌아오는 결과는 적을 수 있다.

土의 직업인 피부 관리와 마사지의 일을 하면서 살아가는 평범한 부인이며, 재성이 원국에 없고 戌土 지장간의 중기에 丁火 관성이 있지만 미약하므로 남자와의 인연이 약하고 사랑을 받기가 어렵다고 할 수 있다. 건강은 土 生 金, 金 生 水로 유통되므로 무난할 수 있다. 시지 식신은 자신의 일을 노후에도 꾸준하게 하는 의미를 지니고 있으며, 자녀는 배우자 궁과 합이 되므로 본인이 양육하기 어렵다고 할 수 있다. 안타까운 것은 대운의 흐름이 거역하고 있는 사주라고 할 수 있다. 타고난 천성인 土의 직업에 해당하는 피부 관리실을 운영하지만 일과 재물에 해당하는 식상과 재성이 무력하고 재성운은 기신에 해당하므로 재물을 모으기가 쉽지 않을 수 있다.

2) 비겁이 많고 강强할 경우

　(1) 겁중용관격劫重用官格 : 원국에 비겁이 많지만 일간이 극왕極旺하거나 태왕太旺하지 않고 편왕偏旺하면서 월지와 일지에 비겁이 있을 경우에는 원국에 관성이 온전하면 우선적으로 관성을 용신으로 삼는 것을 겁중용관격이라고 하였다. 이러한 경우에도 원국이 청淸하고 혼잡混雜하지 않으면서 沖이나 형刑이 없어야 성격成格이 될 수 있다. 여기서 유의할 점은 사주의 용신을 수월하게 찾는 방법으로 격의 이름을 정한 것임을 알고 있자. 즉 원국에 비겁이 많아서 일간이 강할 때 관성이 있으면 관성을 우선 용신으로 한다는 원칙을 말한다. 또한 이 방법은 용신을 정하는 우선순위를 익히는 데도 도움이 될 수 있다.

　비겁이 많고 일간이 편왕하여 관성을 용신으로 삼을 경우에는 재성財星을 희신으로 삼고, 비겁이나 인성은 기·구신이 되며, 식상은 한신이 되거나 기·구신의 작용을 할 수 있다. 겁중용관격에서는 기본적으로 관성운과 재성운이 오면 그 기간 동안에는 일간이 안정적으로 발전하고 성장할 수 있고 계획한 일이나 목표를 달성할 수 있다. 비겁운과 인성운이 오면 그 기간 동안에는 지나친 자신감이나 나태하고 게으른 행동으로 가정이나 직업이 불안정할 수 있고 투자나 새로운 일을 할 경우에는 불이익을 당할 수 있다.

　식상운은 관성이 용신일 경우에는 용신을 극하므로 불리할 수 있고, 재성이 있을 경우에는 유통되므로 무난할 수 있다. 비겁과 인성이 많아 편왕하고 관성이 약할 경우에는 희신인 재성이 관성에 붙어서 도와주는 재자약살財滋弱殺이 되어도 무난할 수 있고, 재성과 관성을 함께 활용하는 재관용신격財官用神格을 이루어도 무난할 수 있다. 원국에 비겁이 많아도 재성과 관성이 온전할 경우에는 군겁쟁재群劫爭財가 되지 않으므로 좋은 사주가 될 수 있다. 또한 원국에 재성은 없지만 관성이 강할 경우에는 관성에 해당하는 육친이나 인·사·물과 관련된 사람을 만나거나, 공직이나 직장생활을 하면 무난한 삶을 살 수 있고, 재성운이 오는 경우에는 그 기간 동안에는 직업과 함께 재물을 축적할 수 있다. 원국의 예를 보도록 하자.

시 일 월 년
丙 庚 己 丁
子 戌 酉 亥

• 乾命(남). 대운 수 7, 월지가 양인이면서 편강한 사주.

77	67	57	47	37	27	17	7
辛	壬	癸	甲	乙	丙	丁	戊
丑	寅	卯	辰	巳	午	未	申

• 용신用神 : 관성官星 火丙火
• 희신喜神 : 재성財星 木
• 한신閑神 : 식상食傷 水
• 기신忌神 : 인성印星 土
• 구신仇神 : 비겁比劫 金

이 경우에는 관성 火를 용신으로 정하지만 뿌리가 약하므로 용신이 미약할 수 있다. 또한 재성 木이 있으면 재자약살격財滋弱殺格이 될 수 있지만 멀리 떨어진 연지의 亥水 지장간의 중기에 甲木이 있으므로 큰 힘이 되지 못한다. 운에서 木이 오면 도움이 될 수 있다. 마침 대운의 흐름이 희·용신인 관성 火운과 재성 木운으로 향하므로 무난한 삶을 살았다고 볼 수 있다. 일간 庚金은 순수하면서도 강인하고 신의가 있다. 또한 고집이 완고하며, 예측이나 직관력이 뛰어나고 사회규범이나 예의를 중시하는 마음을 가지고 있다. 본명의 경우에는 흔히 양인격陽刃格에 해당하므로 칠살 丙火를 용신으로 삼을 수 있다. 특히 일주가 庚戌이므로 자신이 옳다고 생각하는 주장이나 의사를 강하게 관철하려고 하는 경향이 있는데 이것을 신살에서는 괴강살魁罡殺이라고 한다.

참고적으로 괴강은 우두머리별을 의미하고, 특성은 자신이 최고라고 생각하거나 독불장군처럼 마음대로 할 수 있다는 의미가 있다. 괴강살에는 庚辰 庚戌 壬辰 壬戌 戊辰 戊戌 등의 간지가 해당한다. 물론 戊辰과 戊戌은 괴강으로 보지 않는 경우도 있고 여성에게만 해당한다고 하는 경우도 있다. 흔히 알고 있는 신살이므로 참고로 적었다.

위의 일간은 자녀와의 관계는 원만할 수 있고, 배우자와의 관계는 연지 亥중의 甲木이므로 평상적이고 무난하지만 큰 도움을 받기는 어렵고 직장이나 일로 인하여 떨어져 생활하는 기간이 많을 수 있다. 대운의 흐름이 무난하므로 배운 학문이나 기술을 바탕으로 안정적인 직장생활을 하면서 살아가는 사람이라고 할 수 있고, 건강도 무난하다. 운의 흐름이 희·용신으로 흘러 원국보다 운의 흐름이 사주를 돋보이게 한다.

(2) 겁중용재관격劫重用財官格 : 겁중용재관격은 월지나 일지가 비겁이면서 간지에 비겁이 많고 인성이 있으므로 일간이 편강할 경우에는 관성을 용신으로 할 때가 좋지만, 관성이 무근無根하고 허약할 경우에는 원국에 식상이 없고 재성이 있으면 재성을 용신으로 삼아 약한 관살을 生하여 주는 것을 말한다. 겁중용재관격은 약살용재격弱殺用財格이나 재자약살격財滋弱殺格과 유사할 수 있고, 일반적으로 알고 있는 재살격財殺格 또는 재관격財官格이라고 할 수 있다. 근본적으로 약한 관살을 재성이 도와주므로 재성용신격財星用神格이라고도 할 수 있다. 다양한 의미로 일간에게 필요한 희·용신을 찾는 방법을 알고 있으면 자신감이 생길 수 있다.

이 경우에는 재성과 관성을 희·용신으로 활용하고, 인성과 비겁은 기·구신이 되고, 식상은 한신이 될 수 있다. 운의 경우도 동일하게 판단할 수 있다. 역시 강한 일주日柱를 沖하는 경우에는 불리하고, 월지를 沖하여도 운한運限이나 운의 기간 동안에는 불리할 수 있다. 이 시기에는 매사를 조심하고 기존의 하는 일이나 사업은 현상 유지와 관리에 중점을 두고, 새로운 일을 시작하거나 확장이나 투자를 하는 것은 불리하므로 다른 시기로 미루어야 한다. 비겁이 강하여 일간이 편강偏强할 경우에는 일간이 관살을 감당할 수 있으므로 무관이나 관직 또는 회사에서 자신의 책임과 의무를 다하는 사명감과 책임감이 강한 인물이 될 수 있다. 겁중용재관격의 예를 보도록 하자.

시 일 월 년
庚 **庚** 丙 己
辰 申 寅 酉

• 乾命(남) 1909년생. 대운 수 8, 비겁과 인성이 많은 편강한 사주. 편관격을 이루고 있다.

68	58	48	38	28	18	8
己	庚	辛	壬	癸	甲	乙
未	申	酉	戌	亥	子	丑

- 용신用神 : 관성官星 火丙火
- 희신喜神 : 재성財星 木寅木
- 한신閑神 : 식상食傷 水
- 기신忌神 : 비겁比劫 金
- 구신仇神 : 인성印星 土

비록 일간 庚金이 월지에 득령得令하지 못했지만 일지와 연지의 비겁 申酉를 얻고 시지의 인성 辰을 득하여 방신幫身하고, 시간의 庚金과 연간의 己土가 투출하여 비겁과 인성이 편강한 사주가 되었다. 재성 寅木은 충이 되어 약하고 金은 견고하다. 비록 寅木이 지지에서 沖을 받지만 丙火는 寅木이 없을 경우 무근이 되므로 존재하기 어렵고 무력할 수 있다. 그러므로 재성 寅木을 희신으로 삼고 丙火 관성을 용신으로 삼을 수 있다.

癸亥 3대운에서는 비록 한신인 식상 水운으로 흐르지만 지지에서 申 寅

酉의 沖과 克을 해소하고 유통시켜 희신 木을 도와주므로 식상이 희신의 역할을 할 수 있다. 그러므로 해당하는 운의 기간 동안에는 관직을 무난하게 유지할 수 있다.

壬戌 4대운에서 지지가 申 酉 戌 방합을 이루어 흉신인 비겁이 더욱 강하게 되어 희신인 寅木 재성을 극하고 대운 천간의 壬水 식신은 용신인 丙火 관성을 壬 丙 극충을 하므로 희·용신이 손상되어 형벌과 손실을 함께 만났다고 한다.

辛酉 겁재 5대운에서는 천간의 용신과 丙 辛 합을 하여 합거合去되고 지지는 辰 酉 합을 하여 金의 기운이 더욱 강하게 되어 희·용신이 모두 손상되어 관직을 그만두었다고 한다. 대운이 北의 식상 水운에서 西의 비겁 金운으로 흘러 나이가 들어 큰 벼슬을 하지는 못했으며, 대운이 東 南으로 갔다면 높은 관직을 얻을 수 있었을 것이다. 아마도 무관의 낮은 관직을 지냈다고 판단할 수 있다.

(3) 겁중용식상격劫重用食傷格 : 월지가 비겁이면서 일간이 편강하지만 관성이나 재성이 없고 식상이 있을 경우에는 식상을 용신으로 삼는 경우를 겁중용식상격이라고 할 수 있다. 겁중용식상격은 식신食神을 용신으로 삼는 겁중용식신격劫重用食神格과 상관傷官을 용신으로 삼는 겁중용상관격劫重用傷官格으로 나눌 수 있다. 달리 식상용신격食傷用神格과 같은 의미로 알고 있으면 도움이 될 수 있다. 즉 일간이 극왕極旺하거나 태왕太旺하지 않으면서 비겁이 많고 편강할 경우에는, 관성과 재성으로 희·용신을 삼는 경우가 무난하지만 관성이 없고 재성은 있지만 合이나 沖이 되어 무력하고 약할 경우에는 식상食傷을 용신으로 삼는 것을 겁중용식상격이라고 하였다.

일간이 태왕할 경우에는, 강한 일간을 극하는 관성이나 일간이 직접 극하는 재성은 오히려 반극反剋을 당할 수 있으므로 식상을 용신으로 삼아 일간의 힘을 설洩하는 것이 유리할 수 있다.

겁중용식상격이 될 경우에는 식상을 용신으로 삼고 재성을 희신으로 삼을 수 있으며, 용신인 식상을 克하는 인성과 관성官星을 기·구신으로 볼 수 있고 비겁은 한신이 될 수 있다. 이 경우에는 대운에서 식상운食傷運과 재성운財星運이 함께 오거나 또는 재성운이 와서 식신생재食神生財나 상관생재傷官生財가 되면 그 기간 동안에는 자신의 재능을 발휘하여 부귀를 성취할 수 있다. 그러나 비겁운이나 인성운은 일간을 더욱 강하게 하므로 불리할 수 있고, 일간을 극하는 관성운官星運은 한신이 될 수 있지만 용신의 힘을 뺄 경우에는 불리할 수 있다. 즉 천간에 비겁이 많을 경우에는, 천간으로 관성운이 올 경우에는 불리하지 않지만 천간에 인성이 있을 경우에는 불리할 수 있다. 또한 천간에 식상이 있을 경우에는 천간에 비겁운이 와도 무난할 수 있으므로 관성운과 비겁운은 원국의 흐름에 따라 득실을 다르게 판단해야 한다.

기본적으로 대운에서 식상운과 재성운이 오는 경우에는 삶이 발전적이고 윤택할 수 있고, 인성운이나 비겁운 또는 관성운이 오는 경우에는 하는 일이나 가정이 불안정할 수 있으므로 그 기간 동안에는 언행을 조심하고 하는 일이 변하거나 중단하는 것을 더욱 조심해야 한다.

현대사회에서는 공직이나 정치도 중요한 관심의 대상이지만 기업이나 자영업 또는 전문직의 일을 통하여 부富와 귀貴를 획득하는 것도 성공과 자아실현의 방법이 될 수 있다. 그러므로 식상이나 재성 또는 인성을 활용하여 자아실현을 할 수 있고, 오랜 기간 기쁨과 보람을 향유할 수 있다. 식상이나 인성에 해당하는 재능이나 기술 또는 전문 지식은 많은 사람들의 성공이나 능력의 평가 기준이 될 수 있고, 이러한 능력이 부귀와 명예를 함께 안겨주기도 한다. 하지만 모든 것을 한꺼번에 성취하려고 하는 유혹이나 탐욕으로 인하여 한순간에 자신이 지닌 모든 것을 잃어버리는 경우를 자주 볼 수 있는 것도 알아야 한다. 바로 자연의 섭리와 마찬가지로 하늘은 한 사람에게 전지전능全知全能한 능력을 결코 부여하지 않는다는 것을 생활의 체험을 통하여 알 수 있을 것이다.

한 분야에서 지속적으로 자신의 힘을 전력투구全力投球하면 그 분야에서는 누구나 최고가 될 수 있지만, 상대적으로 다른 부분은 부족하거나 소홀할 수 있다. 예를 들면 재물이나 권력 또는 연구에만 지나치게 몰두하다 가족관계나 대인관계가 소원해지거나 단절될 수도 있고, 때로는 일의 노예가 되거나 권력의 시녀侍女가 될 수도 있다. 그러므로 자연이 계절의 변화와 조화를 이루고 순환 하듯이 인간도 가정이나 사회와 자신의 일이 분리되지 않고 함께 조화를 이뤄 원만하게 살아가는 방법을 터득하는 것이 중요하고, 동시에 사람들이 서로 조화와 공존을 이루면서 기쁨과 행복을 함께 누릴 수 있는 지혜를 터득하여 살아가야 한다.

명리命理는 자신의 생활을 사랑하고 즐기는 방법과 자신의 육체와 정신을 맑고 깨끗하게 유지하는 방법과 스스로를 존경하면서 사람들과 사랑하면서 살아갈 수 있는 지혜를 알려준다. 기본적인 이치理致는 타인과 자신을 비교하거나 경쟁하지 않고 자신만의 타고난 명命과 운運의 흐름에 따라 순리대로 조화를 이루고 성실하게 살면서 행복을 추구하는 것이다.

개개인의 깊은 속마음을 알기는 쉽지 않은 일이지만, 자신을 가장 존중하고 사랑하면서 아름답고 행복한 사람으로 만드는 것은 오직 자기 자신 외에는 누구도 할 수 없다는 것을 세월이 흐르면 더욱 명확하게 알 수 있을 것이다. 접중용식상격의 예를 살펴보도록 하자.

시 일 월 년
癸 庚 乙 庚
未 戌 酉 子

• 乾命(남) 1960년생. 대운 수 7, 비겁과 인성이 강한 편강사주. 양인격.

77	67	57	47	37	27	17	7
癸	壬	辛	庚	己	戊	丁	丙
巳	辰	卯	寅	丑	子	亥	戌

- 용신用神 : 식상食傷 水癸水
- 희신喜神 : 재성財星 木
- 기신忌神 : 인성印星 土
- 구신仇神 : 관성官星 火
- 한신閑神) : 관성官星 火 또는
  비겁比劫 金이 될 수 있음.

일간 庚金은 양인격陽刃格 또는 겁재격劫財格을 이루고 있으므로 관성 火를 용신으로 삼고 싶으나 戌土와 未土의 지장간에 있으면서 힘이 미약하므로 용신으로 삼기에는 부족하다. 또한 차선으로 재성을 용신으로 삼고 싶으나 乙 庚 합을 하고 지지가 절각截脚되어 재성이 무력하다. 부득이하게 시간의 癸水 상관이 월지 酉와 연주의 도움을 받으면서 沖이 되지 않으므로 용신으로 삼고 재성 木을 희신으로 삼을 수 있다. 근본적으로 희·용신이 약하다. 그러나 운의 흐름이 북동北東방의 희·용신에 해당하는 식상 水과 재성 木 방향으로 흘러 재물을 모으면서 넉넉한 삶을 살 수 있다.

부모의 도움으로 대학을 졸업한 후에 金에 해당하는 차량 부품의 제조 판매 및 서비스 업종의 회사에 근무하면서 기량을 연마하여 庚寅 5대운에는 비록 작지만 자신의 공장을 경영하고 있다. 관성이 없으므로 공직이나 직장생활보다는 자신의 일을 활발하게 하는 것이 무난할 수 있다. 2010년 庚寅 5대운의 庚寅년에는 寅木 운의 영향을 받으므로 열심히 일하면서 재성을 강하게 추구하고 있다. 그러나 2010년의 경우에는 대운과 세운이 복음伏吟이 되면서 군겁쟁재群劫爭財가 될 수 있으므로 지나치게 재물 욕심을 내지 말아야한다. 특히 다른 사람과의 동업을 하는 것은 금물이며, 하는 일에만 전념하는 것이 좋다. 또한 자신의 배우자를 사랑하는 것이 재물을 낭비하지 않는 길이고, 행복의 근간이 될 수 있다.

또한 庚寅 5대운 중의 庚寅년과 辛卯년에는 배우자나 여자관계를 조심해야 하고, 甲午년과 乙未년도 재물과 여자관계를 조심해야 좋은 운을 이어갈 수 있다. 자녀가 결혼을 하면 서로 떨어져 생활하는 것이 유리하고, 자녀를 지나치게 억압하거나 간섭하는 것은 서로의 관계에 도움이 되지 않을 수 있다. 일간은 나이가 들어도 왕성한 활동을 할 수 있다. 戊午년은 용신을 극하므로 활동을 할 때도 건강에 유의해야 하고 특히 신장이나 방광 계통의 질병을 주의하고 고혈압과 당뇨의 관리가 필요할 수 있다.

(4) **종왕용비겁격**從旺用比劫格 : 사주가 월주를 포함하여 간지에 비겁比劫이 많고 인성으로 구성되거나, 또는 월지를 포함하여 삼합三合이나 방합方合이 되어 비겁이 되고 천간에 비겁이 투출할 경우에는 비겁을 용신으로 삼는 경우를 종왕용비겁격이라고 할 수 있다. 종왕격從旺格과 유사할 수 있다.이 경우에는 강한 비겁의 기운을 관성으로 克하거나 재성으로 모耗하지 않고 오히려 강한 비겁比劫을 용신으로 삼고 비겁을 거스르지 않는 인성印星을 희신으로 삼는 경우를 말한다. 일간을 극하는 관성官星은 기신이 될 수 있고 재성財星은 구신이 될 수 있다. 식상食傷은 한신이나 희신이 될 수 있다. 이 경우에는 비겁운이나 인성운이 올 경우에는 그 기간 동안에는 무난할 수 있고, 일간을 설기하는 식상운이 올 경우에도 무난할 수 있다. 그러나 관성운이나 재성운이 올 경우에는 일간이나 관성 또는 재성에 해당하는 인·사·물의 손상이 나타날 수 있으므로 이 시기에는 매사를 신중하게 결정하여 피해를 줄이는 것이 필요하다.

종왕용비겁격도 운의 영향을 많이 받는 사주라고 할 수 있다. 한편으로 비겁이 많다는 것은 자신의 힘이 강하므로 스스로 모든 일을 결정하거나 추진하려는 경우가 많고, 독불장군 노릇을 할 수 있다. 자주 접할 수 있는 원국은 아니지만 경우에 따라서는 한 개 오행의 기운으로 이루어진 전왕격全旺格인 일행득기격―行得氣格이 될 수도 있다. 종왕용비겁격 또는 종왕격의 예를 보도록 하자.

시 일 월 년
甲 <u>甲</u> 癸 壬
子 寅 卯 寅

• **乾命**(양력) 1962년 3월생. 대운 수 6, 양인격이면서 종왕용비겁격.

76	66	56	46	36	26	16	6
辛	庚	己	戊	丁	丙	乙	甲
亥	戌	酉	申	未	午	巳	辰

- 용신用神 : 비겁比劫 木
- 희신喜神 : 인성印星 水
- 한신閑神 : 식상食傷 火
- 기신忌神 : 관성官星 金
- 구신仇神 : 재성財星 土

일반적인 격格으로는 양인격이라고 할 수 있고, 이 경우에는 오직 비겁과 인성의 기운으로 살아가는 것이 유리하므로 비겁운이나 인성운은 무난하지만, 운의 흐름에 따라 굴곡이 심한 삶을 살 수 있다. 일간 甲木은 원국에 沖이나 克이 없으면서 유통되므로 천간으로 관성 金운이나 식상 火운이 와도 유통되므로 무난할 수 있다. 乙巳 丙午 丁未 대운은 평범하게 생활하였으며, 편재와 편관의 기·구신인 戊申 5대운에서는 戊 癸 합을 하고 申 子 반합을 하므로 寅 申 충의 어려움을 무사히 넘길 수 있다. 己酉 6대운에서는 재성 土나 관성 金에 해당하는 인·사·물에 손실이 발생할 수 있고 신체에서는 위장이나 기관지 계통의 질병을 조심해야 한다. 물론 부부관계의 변화도 조심해야 한다. 자신의 지식이나 재능을 살려 할 수 있는 전문직의 직업이나 일을 하면 무난할 수 있다.

⑸ 군겁쟁재群劫爭財 : 원국에 비겁이 많을 경우에는 기본적으로 관성이나 식상을 용신으로 활용하는 것이 좋으나 관성이나 식상이 없거나 무력할 경우에는 재성을 용신으로 삼을 수 있다. 이 경우에는 용신인 재성이 통근通根하지 못하고 약하면서 식상이나 관성의 도움을 받지 못하면 일간은 약한 재성財星을 용신으로 삼고 의지하며 살아가야 한다. 그러나 많은 비겁에 해당하는 형제나 동료가 재성에 해당하는 부족한 인·사·물을 놓고 서로 쟁취하려고 다투거나 싸우는 형상이 나타날 수 있다. 이런 경우를 군겁쟁재라고 한다.

군겁쟁재가 되는 경우에는 비겁에 해당하는 주변 사람이나 형제 또는 동료가 부족한 재성에 해당하는 인·사·물을 차지하기 위하여 서로 다투는 현상이 나타나 일간이 원하는 목표나 계획을 달성하기 어려울 수 있다. 또한 원국이 군겁쟁재나 군비쟁재群比爭財가 되고 운의 도움이 없을 경우에는 천박하거나 고달픈 삶이 될 수도 있다. 물론 식상이나 관성이 없고 재성만 있어서 군겁쟁재가 되더라도 대운이나 세운에서 약한 재성을 도와주는 식상운이 오거나, 강한 일간을 剋하는 관성운이 오면 그 기간 동안에는 발복發福할 수 있다. 반대로 비겁운이나 인성운이 오는 경우에는 그 기간 동안에는 육체적인 활동을 통하여 의식주를 해결할 수 있지만 궁색할 수 있다.

기본적으로 군겁쟁재가 될 경우에는 운의 흐름이 도와주지 않으면 빈천貧賤할 수도 있고, 온전한 직업이나 직장을 구하기도 어려울 수 있다. 또한 근력筋力을 바탕으로 하는 육체노동을 하면서 힘들게 생활하거나 안정적인 결혼 생활이 어려울 수도 있다. 이러한 경우에는 사업이나 일을 할 때 동업이나 공동투자를 하는 것은 금물이며 동료나 친구에게 투자하는 일도 절대 삼가야 한다. 특히 원국에 월지를 포함하여 比劫이 4개 이상이 되면서 군겁쟁재가 되는 경우에는, 자신의 의지와 주체성이나 자존심이 대단히 강하므로 자격증을 획득하여 자신만의 일을 하거나 강한 추진력과 육체적인 힘을 바탕으로 의지와 집념으로 자수성가自手成家하려는 노력이 자신의 운명을 바꾸는 방법이 될 수 있다. 왜냐하면 남들이 지니지 못한 자신만의 장점인 강한 의지나 집념으로 타고난 천성天性을 살려서 왕성한 활동을 할 수 있기 때문이다. 자신의 타고난 재능과 장점을 살리면 반드시 성공이라는 비밀스러운 황금의 문을 열 수 있다.

군겁쟁재가 되면 재성財星에 해당하는 재물이나 여자 혹은 유산遺産 등을 두고 동료나 형제·자매가 서로 차지하기 위하여 다투거나 싸울 수 있으므로 사전에 욕심이나 탐욕을 버리고 당당하게 배려하는 마음을 가지고 서로 타협하고 조율하는 것이 오히려 도움이 될 수 있다. 특히 조심해야 할 행동은 무조건 강한 고집으로 아버지를 강제로 억압하여 돈을 달라거나 또는 힘이나 재력이 없는 약한 아버지나 배우자를 괴롭히거나 못살게 구는 행동을 삼가야 한다. 군겁쟁재의 예를 보도록 하자.

<table>
<tr><td>시</td><td>일</td><td>월</td><td>년</td></tr>
<tr><td>乙</td><td>甲</td><td>甲</td><td>甲</td></tr>
<tr><td>亥</td><td>寅</td><td>戌</td><td>子</td></tr>
</table>

• 乾命(남). 비겁과 인성이 강한 사주. 군겁쟁재.

7	6	5	4	3	2	1
辛	庚	己	戊	丁	丙	乙
巳	辰	卯	寅	丑	子	亥

- 용신用神 : 재성財星 土
- 희신喜神 : 식상食傷 火
- 한신閑神 : 관성官星 金
- 기신忌神 : 비겁比劫 木
- 구신仇神 : 인성印星 水

일간 甲木은 근본이 어질고 선한 사람이면서도 자존심과 고집이 강할 수 있다. 또한 학문에 대한 관심도 많고 지혜로운 사람이다. 천간에 비겁이 많으면서 지지 인성의 도움을 받고 있으므로 일간이 태강하고, 식상이 약하므로 월지 편재 戌土가 용신이 되지만 기본적으로 재성과 식상이 미약하고 관성도 미약하다. 비록 월지 戌의 지장간에 식상 丁火와 관성 辛金이 있지만 투출하지 못하고 정기 戊土가 연지 子水의 정기 癸水와 암합을 하고 있으므로 일간을 도울 의사가 전혀 없다. 또한 寅木의 지장간에 약한 식상 丙火가 있지만 寅 亥 합을 하여 재성을 도울 생각이 전혀 없다. 즉 비겁이 많고 강하면서 재성이 식상이나 관성의 도움을 받지 못하고 약하므로 군겁쟁재가 되었다. 이 경우에 용신에 해당하는 편재가 약하므로 차라리 水와 木의 기운으로 살아가는 것이 도움이 될 수 있다.

丙子 2대운까지는 부모의 도움을 받아 공부를 하면서 평범하게 지내고, 식상과 재성이 함께 오는 丁丑 3대운 기간에는 가업家業이 흥하고 좋은 시기를 보낼 수 있었다. 戊寅 4대운의 지지 비견 寅 대운의 시기에는 木이 더욱 강해지고 土가 약해져 많은 재난을 당하였고, 己卯 5대운의 겁재 卯대운에서 木의 기운은 더욱 강해지고 월지의 戌土 용신을 卯 戌 극합을 하여 약한 용신인 재성이 합거되어 사라지므로 사망하였다고 한다. 일반적으로 희신의 도움을 전혀 받지 못하면서 대운에서 원국의 용신을 합거하고 다시 세운에서 용신을 沖克하거나 합거하여 완전히 사라질 경우에는 생명이 위험할 수도 있다.

3) 식상食傷이 많아 일간이 약弱할 경우

  (1) 식상중용인격食傷重用印格 : 식상중용인격은 食傷이 월지를 포함하여 식상격食傷格을 이루고 간지에 많고 강하여 일간이 약할 경우에는 인성印星을 용신으로 삼아 일간의 힘을 더하고 식상의 힘을 克하는 것을 말한다. 인성과 비겁이 있을 경우에도 인성을 용신으로 삼을 수 있으면 상급이 될 수 있다. 즉 원국에 식상이 많아서 일간이 편약偏弱할 경우에는 우선적으로 일간의 힘을 보강하고 강한 식상을 억제할 수 있는 인성이 필요하므로 인성을 먼저 용신으로 찾는 것을 식상중용인격이라고 하였다. 이 경우에도 식신중용인격食神重用印格과 상관중용인격傷官重用印格으로 나눌 수 있다.

  식상중용인격의 경우에는 인성을 용신으로 삼고, 비겁을 희신으로 삼을 수 있다. 식상과 재성은 기 · 구신이 되고, 관성은 한신이지만 간지가 관인상생官印相生이 될 경우에는 희신이 될 수 있다. 기본적으로 인성운이나 비겁운이 올 경우에는 그 기간 동안에는 자신의 일이나 계획을 실행하여 달성할 수 있으므로 발전할 수 있고, 식상운과 재성운이 올 경우에는 일간이 더욱 나약하게 되어 불리할 수 있다. 그러나 식상운과 재성운이 올 경우에는 일간 자신은 왕성한 활동을 하여 생활에 유익할 수 있으므로 무조건 나쁘다고 할 수 없고, 단지 결과가 크지 않을 수 있다. 이 경우에는 자신의 몸이 쉽게 피로하고 힘들 수 있으므로 건강관리에 유의해야 한다. 관성운이 올 경우에는 원국의 흐름을 살펴 길흉을 판단해야 한다. 식상중용인격의 예를 보도록 하자.

시 일 월 년
甲 丁 辛 己
辰 亥 未 酉

• 坤命(여). 1969년생. 대운 수 9, 식신격을 이루고 일간이 편약한 사주, 식상중용인격.

79	69	59	49	39	29	19	9
己	戊	丁	丙	乙	甲	癸	壬
卯	寅	丑	子	亥	戌	酉	申

- 용신用神 : 인성印星 甲木
- 희신喜神 : 비겁比劫 火
- 한신閑神 : 관성官星 水
- 기신忌神 : 재성財星 金
- 구신仇神 : 식상食傷 土

계하季夏의 未월에 태어난 일간 丁火는 일지 배우자 궁에 정관 亥水가 자리하므로 배우자가 자신의 자리에 있으면서 亥水의 지장간 壬水와 丁壬 명암합明暗合을 하므로 서로 유정할 수 있다. 또한 오행을 구비하고 있으므로 미모도 아름답고 여성스러우며 원만한 사람이다. 식상과 재성이 강하여 일간이 편약하므로 희·용신에 해당하는 인성 木과 비겁 火의 운이 올 때 발복할 수 있다.

甲戌 3대운까지는 부모의 덕이나 도움을 받기 어려워 스스로 활동을 하면서 지낼 수 있고, 乙亥 4대운부터 丙子 丁丑 6대운의 시기에는 직장생활을 하면서 평범하고 무난한 삶을 살 수 있다. 특히 乙亥 4대운의 시기에는 항상 배움에 대한 열망이 강하여 직장과 학업을 병행하기를 원할 수 있다. 충이나 극이 없으므로 무난하게 직장생활을 하면서 물질적인 어려움은 없이 살아갈 수 있다.

일간은 특히 배우자와 자녀를 위해 헌신하고 가정에 충실한 여성적이고 따뜻한 사람이라고 할 수 있다. 한편으로는 가정과 자녀를 위해 스스로 일을 하여 재물을 추구하므로 배우자를 때로는 등한시할 수 있고, 자녀로 인하여 힘이 빠질 수 있다. 특히 일주의 간지가 충이 되는 편관과 겁재에 해당하는 癸巳년에는 배우자와 갈등과 다툼이 발생할 수 있고, 일간의 혈액이나 혈액순환과 관련된 질병을 조심해야 한다. 본명의 경우에는 식신과 정재 정관을 지니고 있으며 혼잡이 없는 청淸한 사주이므로 평범하지만 원만하고 보람된 삶을 살아갈 수 있다. 기본적으로 오행을 구비하고 沖이나 尅이 없고 시간에 용신이 있으므로 노후도 무난할 수 있다. 특히 장년 이후의 대운의 흐름이 희 · 용신으로 흘러 노년이 편안하고 좋은 사주라고 할 수 있다.

(2) **식상중용비겁격**食傷重用比劫格 : 식신이나 상관이 많고 강하여 일간이 편약한 사주일 경우에는 인성을 용신으로 삼는 것이 우선이지만 인성이 없거나 무력하고 비겁이 온전할 경우에는 차선책으로 비겁을 용신으로 삼는 것을 식상중용비겁격이라고 하였다. 식상중용비겁격은 식상이 많은데 인성이 없고 비견이 있을 경우에는 비견比肩을 용신으로 삼는 식상중용비겁격과, 비견이 없고 겁재劫財가 있을 경우에는 겁재를 용신으로 삼는 식상중용겁격食傷重用劫格으로 나눌 수 있으며, 인성을 희신으로 삼을 수 있다. 비겁용신을 극하는 관성은 기신이 되고, 일간의 힘을 빼고 희신을 극하는 재성은 구신이 될 수 있다. 식상은 한신이지만 원국을 살펴 판단해야 한다.

　기본적으로 대운이나 세운에서 인성운이나 비겁운이 올 때 그 기간 동안에는 발복할 수 있다. 관성운이나 재성운이 오는 경우에는 몸이 피곤하고 힘들 수 있으며 하는 일이나 계획이 막히고 불리할 수 있다. 천간과 지지가 비겁과 인성으로 구성된 운이 오는 경우에는 그 기간 동안에는 더욱 좋은 시기가 되므로 힘써 노력하면 자신이 세운 목표나 계획한 일을 원만하게 성취할 수 있다. 식상운은 활동을 할 수 있는 시기이지만 일간의 힘이 많이 소진될 수 있으므로 이 시기에는 건강에 유의하면서 활동을 해야 하며, 특히 상관운傷官運이 오면 정관正官에 해당하는 인·사·물을 손상시킬 수 있으므로 그 기간 동안에는 직장이나 가정에서 겸손하게 처신하는 것이 필요하고, 여명의 경우에는 자녀 문제나 자신의 일이나 활동으로 인해 남편과의 관계가 악화되거나 남편을 무시할 수 있으므로 항상 언행과 행동에 유의해야 가정과 일을 지킬 수 있다.

식상중용비겁격의 경우에는 인성이 용신인 원국보다 용신의 품격이나 등급이 낮을 수 있다. 그러나 대운의 흐름이 희·용신으로 나아갈 경우에는 자신이 뜻하는 바를 이룰 수 있으므로 항상 원국과 대운과 세운의 흐름을 함께 관찰하여 길흉吉凶을 판단해야 한다. 식상중용비겁격의 예를 보도록 하자.

시	일	월	년
庚	丁	丙	庚
戌	丑	戌	子

• 坤命(음력). 1960년 8월생. 대운 수 3, 편약 또는 태약사주, 상관격, 식상중용겁격.

73	63	53	43	33	23	13	3
戊	己	庚	辛	壬	癸	甲	乙
寅	卯	辰	巳	午	未	申	酉

● 용신用神 : 비겁比劫 火丙
● 희신喜神 : 인성印星 木
● 한신閑神 : 식상食傷 土
● 기신忌神 : 관성官星 水
● 구신仇神 : 재성財星 金

상관격은 기본적으로 일간이 편강하고 재성이 있으면 상급의 사주가 될 수 있다고 하였다. 위의 사주는 식상 土가 많아 일간이 약하므로 지지의 인성 木을 용신으로 삼는 것이 우선이지만 원국에 인성이 없으므로 겁재

丙火를 용신으로 삼을 수밖에 없다. 그러므로 식상중용겁격이라고 하였다. 희신 木의 도움을 받을 수 없는 용신 丙火는 뿌리가 약하므로 용신이 쇠약하다. 그러나 용신 丙火가 약하지만 다행스러운 것은 대운 지지의 흐름이 火 木의 희·용신이다. 기본적으로 원국에 인성이 없으므로 모친의 덕德이나 도움을 얻기 어렵거나 멀리 떨어져 생활할 수 있지만 전반적으로 천간과 지지의 대운이 희·용신에 해당하는 남동방의 火 木으로 흘러 무난한 삶을 살 수 있다.

정관과 비견에 해당하는 壬午 4대운에서 용신인 丙火와 丙 壬 충을 하고 일간과 丁 壬 합을 하므로, 일과 직장 또는 배우자나 형제자매의 문제로 인한 정신적인 갈등이나 고충이 있었으나 壬水가 절각截脚되고 午火가 용신이면서 월지와 午 戌 합을 하여 일간과 용신에게 힘이 되므로 무난히 직장생활을 할 수 있었다.

辛巳 5대운이 되어 지지의 巳 대운이 용신인 겁재운이므로 자신의 힘이 강해지고, 천간의 용신이 丙 辛 합하여 水의 관성으로 변하므로 하던 일이나 직업을 바꾸고 싶은 마음이 강할 수 있다. 辛巳 대운 2010년 庚寅년을 맞이하여 대운과 세운의 지지로는 인성과 비겁의 희·용신이 되고 천간으로는 정재와 편재가 혼잡하면서 강해지므로 재물에 대한 욕심이 강해져서 하던 일을 그만두고 스스로 자영업을 하고 싶은 마음이 들었다. 자신의 일을 시작하려고 하는데 어떤 업종을 선택할까? 상담을 하였다. 운의 흐름이 좋아 자신의 일을 시작해도 좋다고 말하고, 木 火의 인 사 물을 활용하여 끓이는 식품이나 청소년을 대상으로 하는 분식점 또는 소규모의 한식과 분식을 겸한 자영업을 동업의 형식으로 하여도 무난하다고 알려주었다.

그러나 庚辰 6대운에는 본인이 노력한 만큼의 결과가 없고 힘든 시기가 될 수 있으며, 업종을 변동할 수 있으므로 크게 투자를 하는 것은 바람직하지 못하다고 하였다. 그러므로 지금부터 2년 정도 생각하고 운영하되 2011

년 辛卯년에 점포를 다른 사람에게 넘겨도 좋다고 하였다. 壬辰년에는 일간을 합하거나 충을 하므로 이성관계의 문제나 직업의 변동이 발생할 수 있으므로 신중하게 판단하고 조심하라고 하였다. 건강은 무난하며 나이가 들어도 활발하게 활동하여 기본 재물을 유지할 수 있는 사람이라고 간명하였다. 배우자의 인연은 비교적 약하므로 큰 도움이나 사랑을 받기는 어려울 수 있고, 자녀를 위해 혼신의 힘을 다하는 가정적이고 온화한 인품을 지닌 여성이라고 할 수 있다. 상관이 강하므로 배우자와는 떨어져 생활하거나 주말부부나 월말부부가 되는 것도 도움이 될 수 있다. 여성의 상관은 자녀이면서 배우자인 남편을 극剋할 수 있기 때문이다. 때로는 자녀를 출산하고 남편과 멀어지거나 헤어질 수도 있다.

(3) 종아용식상격從兒用食傷格 : 종아용식상격은 일간의 힘이 되는 비겁이나 인성이 원국에 없거나 무력하고 식상이 월주와 일지를 포함하여 간지에 많고 강할 경우에는 강한 식상의 기운을 거역하지 않고 순응하여 종從하는 것이 유리하므로 식상을 용신으로 삼고 살아가는 것을 의미한다.

천간에 식상이 많고 지지가 식상의 방합국方合局이나 삼합국三合局을 이룰 경우에도 강한 식상을 용신으로 삼는 종아용식상격이 될 수 있다. 종아용식상격은 별격의 종아격從兒格에 해당할 수 있고, 종아용식신격從兒用食神格과 종아용상관격從兒用傷官格으로 분리할 수 있다. 종아용식상격이 될 경우에는, 식상을 용신으로 삼고 재성이나 비겁을 희신으로 삼을 수 있다. 용신에 해당하는 식상을 극剋하는 인성은 기신忌神이 되고, 약한 일간을 극하는 관성官星은 구신仇神이 된다. 일간의 힘이 되는 비겁은 다른 종격사주의 경우에는 불리하지만 종아격의 경우에만 무난하거나 한신이 될 수 있다.

기본적으로 식상운과 재성운은 일간에게 도움이 될 수 있고, 인성운을 가장 꺼리고 다음은 관성운을 꺼린다. 비겁운比劫運은 무난하거나 한신이 될 수 있다. 이 경우에도 식상이 재성으로 유통되는 경우에는 항상 바쁘게 생활하는 경우가 많고, 일간이 약하므로 건강관리나 체력관리를 하면서 열심히 노력하면 적절한 부富를 공유할 수 있다. 그러나 일간이 강하면서 재성이 용신이 되는 식신생재격食神生財格이나 상관생재격傷官生財格보다는 원국의 품격이 떨어진다. 여기서도 다시 한 번 주의할 것은 종아용식상격을 십격의 식상격食傷格과 혼동하지 않아야 한다. 식상격을 이룰 경우에는 일간이 강하면 재성이 용신이 되지만 일간이 약할 경우에는 비겁이나 인성이 용신이 되기 때문이다.

다음에는 종아격에 해당하는 종아용식상격의 조후調候를 알아보도록 하자. 甲이나 乙일간이 火의 식상이 많아서 종아용식상격이 될 경우에는 지지에서 월지를 포함하여 巳 午 未 남방南方 화방火方을 이루거나 寅 午 戌 삼합 화국火局을 이루면 화다목분火多木焚이 되어 조후가 필요하므로 水가 필요할 수 있다.

또한 火 土 종아용식상격의 경우에도 토다화회土多火晦가 될 수 있으므로 조후를 살피는 것이 필요하다. 水의 기운이 필요한 경우에는 습토濕土인 辰 土나 丑土의 식상이 도움이 될 수 있고, 丑土나 辰土의 한토寒土나 습토가 많아 火의 기운이 필요한 경우에는 조토燥土인 戌土나 未土가 될 때 도움이 될 수 있다. 즉 지지가 寅 午 戌이나 巳 午 未의 조토일 경우에는 水의 기운을 가진 습토에 해당하는 식상이 필요하고, 金 水 종아용식상격의 경우에는 申 子 辰 수국水局이나 亥 子 丑 수방水方일 경우에는 조후로서 조토나 火가 있어야 무난할 수 있다.

종아용식상격의 경우에는 식상이 많아서 일간이 약하므로 자녀가 많아서 어미가 힘이 빠지는 자왕세모子旺衰母의 형국이 될 수 있다. 그러므로 이 경우에는 비겁이 있어도 무난할 수 있다. 이러한 경우를 적천수滴天髓에서는 종아불론신강약從兒不論身强弱이라고 하여 종아의 경우에는 원국에 비겁이 있거나 비겁운이 와도 무난하다고 하였다. 종아용식상격의 원국을 보도록 하자.

```
시 일 월 년
戊 丁 戊 己
申 未 辰 未
```

• **坤命**(여). 종아격사주, 상관격.

```
6   5   4   3   2   1
甲  癸  壬  辛  庚  己
戌  酉  申  未  午  巳
```

- 용신用神 : 식상食傷 土
- 희신喜神 : 재성財星 金, 비겁火
- 기신忌神 : 인성印星 木
- 구신仇神 : 관성官星 水

일간 丁火는 밝고 따뜻한 성품으로 타인을 배려하는 마음을 지니고 있으며, 음화陰火이므로 비록 未土의 초기와 중기 지장간에 통근하였지만 강한 식상의 기운을 진정으로 종從하는 진종아격眞從兒格이 되었다. 식상 土운과 재성 金운은 발전과 결실의 시기가 될 수 있고, 비겁 火운도 무난할 수 있다. 전체적으로 대운의 흐름이 원국을 거역하지 않는 좋은 사주라고 할 수 있다. 일간은 신의를 중시하면서도 포근하고 다정다감하며 활발하고 활동적이다. 또한 火와 土의 특성이 뚜렷하므로 화술이 논리정연하고 사교성과 재능이 뛰어나다고 할 수 있다.

대만의 초창기 미녀인 어양魚揚의 사주이며 운로가 희신인 남서의 비겁과 재성에 해당하는 火 金으로 흘러 재물이 넉넉하고 활발한 활동을 하면서 여유로운 삶을 살았다고 할 수 있다. 그러나 결혼을 하였다면 식상혼잡이 되어 배우자와의 관계가 운의 흐름에 의해 순탄하지 못하여 처음의 인연과 함께하기가 어려울 수 있다. 종아용신격의 사주일 경우에는 비겁운도 무난한 것이 다른 종격사주와 다른 점이다. 위에서 설명한 것처럼 火 土와 木 火 金 水의 종아從兒는 조후調候도 살펴야 한다. 이 원국의 월지 辰土는 습토이므로 조후는 걱정하지 않아도 된다. 일반적으로 종아격의 사주에서는 재성이 원국에 없는데 재성운이 오지 않을 경우에는 열심히 활동은 하지만 노력한 만큼의 재물을 축적하기는 어려울 수 있다.

4) 재성財星이 많아 일간이 약弱할 경우

(1) **재중용비겁격**財重用比劫格 : 재중용비겁격은 월주가 재성격財星格을 이루고 원국에 재성이 많고 강하여 일간이 편약偏弱할 경우에는 비겁比劫을 우선 용신으로 삼는 것을 말한다. 재중용비겁격은 비겁을 취하여 재성에 해당하는 인·사·물을 얻는다는 의미의 득비이재격得比利財格과 유사하며, 일반적인 편약한 사주의 억부抑扶의 용신취용법이라고 할 수 있다. 즉 일간이 편약할 경우에는, 일간을 도와주거나 힘이 되는 비겁比劫과 인성印星을 희·용신으로 삼고, 일간을 극剋하는 관성이나 일간이 극하는 재성을 기·구신으로 삼는다. 식상은 한신으로 볼 수 있다.

기본적으로 일간을 도와주거나 힘이 되는 비겁운과 인성운이 오면 그 기간 동안에는 발전할 수 있고, 힘을 빼거나 극하는 관성운과 재성운이 오면 그 기간 동안에는 일이 뜻대로 풀리지 않을 수 있고 자신의 몸이 쇠약할 수 있다. 한신이 되는 식상운은 원국과의 合이나 沖을 살펴서 판단해야 한다.

재중용비겁격의 경우에는 재성이 많으면서 원국에 비겁과 인성이 약하여 일간이 편약하므로, 재다신약財多身弱이 될 수 있다. 이 경우에는 재성에 해당하는 인人·사事·물物로 인한 곤란을 많이 겪을 수 있다고 하여 무조건 나쁘다고 하는 경우가 많다. 그러나 이 경우에도 운의 흐름이 도울 경우에는 무난할 수 있고, 본인이 알고 노력하면 어느 정도의 재물을 모을 수 있다. 하지만 재물과 가정을 온전하게 유지하기 위해서는 남자의 경우에는 여자나 풍류風流 등에 무절제한 낭비를 특히 조심해야 하고, 여자의 경우에는 지나치게 재물에 대한 탐욕을 부리면 가정이나 직업이 온전하지 못할 수 있으며 남녀 모두 건강에 많은 신경을 써야한다. 재중용비겁격의 예를 보도록 하자.

시	일	월	년
丙	**丙**	丁	辛
申	辰	酉	酉

• 乾命(남, 양력). 1981년 10월. 대운 수 9, 재성격을 이루고 재성이 강하므로 재중용비겁격.

79	69	59	49	39	29	19	9
己	庚	辛	壬	癸	甲	乙	丙
丑	寅	卯	辰	巳	午	未	申

- 용신用神 : 비겁比劫 火
- 희신喜神 : 인성印星 木
- 한신閑神 : 식상食傷 土
- 기신忌神 : 관성官星 水
- 구신仇神 : 재성財星 金

일간 丙火는 기본적으로 자존심이 강하고 옳고 그름에 대한 판단이 명확하며, 자신의 의견을 당당하게 표출하되 때로는 직선적으로 감정을 표출할 수 있다. 재성격을 이룰 경우에는 기본적으로 일간이 강할 때 재성을 취할 수 있고, 일간이 약할 경우에는 인성이나 비겁의 도움이 필요하다. 일간이 강한 사주에서는 재성이 미약할 경우에는 식상의 도움이 있으면 더욱 상급의 사주가 될 수 있다고 하였다.

위의 원국은 일간 丙火가 酉월에 태어나고 지지에 재성 金이 많고 강하므로 일간이 편약한 사주가 되었다. 그러나 일간이 양陽중의 양인 丙火이므로 세력에 종하기를 싫어하고, 천간에 丙 丁의 火가 있으므로 기氣를 따라 가려고 한다. 그러므로 인성 木과 비겁 火의 도움이 반드시 필요하다. 이 경우에도 강한 월지를 충하는 인성 卯운은 비록 희신이지만 불리할 수 있다. 다행스럽게 대운 지지가 남동방의 火 木의 희·용신의 운으로 향하여 원국을 거역하지 않으므로 전반적으로 성공적인 삶을 살아갈 것이며 건강도 무난할 수 있다.

또한 부모나 형제의 정신적인 도움은 받을 수 있지만 물질적인 도움은 부족할 수 있고, 특히 부친의 성격은 완고하고 자존심이 강하다고 하니 그렇다고 하였다. 이 경우에는 결혼을 하면 배우자가 경제권을 가질 수 있다. 왜냐하면 재성이 강하기 때문이며, 동시에 배우자의 영향력이 강할 수 있다.

일간은 말을 논리정연하게 잘할 수 있으므로 화술을 이용한 직업이나 영업 등의 판매 계통이 무난할 수 있고, 다소 성격이 급하고 직선적이므로 통제력이나 절제력이 부족하고 고집이나 주장이 강할 수 있다. 그러므로 타인에 대한 포용력과 마음의 여유를 가지도록 노력하는 것이 도움이 될 수 있고, 틈틈이 교양서적을 읽거나 명상을 하는 것도 자신에게 큰 도움이 될 수 있다. 타고난 천성이 재성에 해당하는 인·사·물을 추구하므로 경영이나 회계 관련 업종의 직장도 무난할 수 있고, 재성 金과 관련된 금융 계통이나 자동차와 관련된 업종도 무난할 수 있다. 또한 자신이 직접 운영하는 소규모 자영업도 무난할 수 있고, 용신에 해당하는 火를 활용한 서비스 업종도 무난할 수 있다.

乙未 2대운인 2009년 己丑년 현재 선배가 운영하는 영업장에서 오토바이 판매와 정비 일을 하고 있으나 인성과 비겁에 해당하는 甲午 3대운의 기간 중에 자신의 사업을 시작할 수 있고 나름대로의 성과를 거둘 수 있다고 하였다. 甲午년에 자신의 가게를 차리면 돈을 벌 수 있다고 하였으며, 金의 타고난 적성을 살리는 것도 무난하다고 하였다. 결혼을 하면 부인의 의견을 따를 수 있고, 원국에 나타난 아버지는 진심으로 자신을 도와주려고 하지만 성품이 완고하고 강하여 자신과 의견 충돌이 많이 생길 수 있으며, 비위에 거슬리면 재물을 물려받기가 어려울 수도 있으므로 예의를 갖추고 언행을 조심하라고 하였다. 궁극적으로 아버지의 뜻을 따라 도움을 받는 것이 유리하므로 아버지의 재물을 물려받기 위해서 지나치게 자기주장을 내세우지 않는 것이 도움이 된다고 하였다. 원국의 인성이 약하므로 비겁을 용신으로 삼았지만 인성이 오히려 필요한 원국이라고 할 수 있다. 결혼을 하면 부모와 함께 생활하지 않는 것이 도움이 된다고 하니 자신도 그렇게 할 것이라고 하였다.

　(2) 재중용인격財重用印格 : 재성이 많고 강하여 편약한 사주가 될 경우에는 원국의 비겁을 우선으로 용신을 삼는 것이 유리하지만 비겁이 약하거나 없을 경우에는 일간에게 힘이 되는 인성을 용신으로 하는 경우를 재중용인격이라고 하였다. 재중용인격의 경우에는, 인성을 용신으로 삼고 비겁을 희신으로 삼을 수 있다. 이 경우에도 재중용비겁격財重用比劫格과 마찬가지로 일간의 힘을 빼고 용신을 克하는 재성財星은 기신이 되고, 기신을 돕고 일간의 힘을 빼는 식상은 구신이 될 수 있다. 때로는 도움이 될 수도 있고 흉할 수도 있는 한신은 일간을 克하지만 용신을 生하는 관성官星이 될 수 있다.

　기본적으로 용신운에 해당하는 인성운이나 희신운에 해당하는 비겁운이 오면 그 기간 동안에는 발복할 수 있고, 기·구신에 해당하는 재성운이나 식상운이 오면 그 기간 동안에는 재물의 손실이나 관재 또는 가정의 문제가 발생할 수 있다. 이 경우에도 식상운과 관성운은 원국과 合이나 沖의 관계를 살펴서 길흉을 판단해야 한다. 재중용인격이 되면 자신이 배우고 익힌 학문이나 지식을 바탕으로 직장생활을 하는 경우가 유리할 수 있고, 특히 일간이 金 水의 음간陰干일 경우에는 정확하고 지혜롭게 일을 처리할 수 있으므로 직장에서 상사로부터 인정을 받고 성공적으로 자신의 능력을 발휘하는 경우가 많다.

　재중용인격에서 인성이 월간에 있고 관성이 연주年柱에 있거나, 인성이 일지日支나 시주時柱에 있고 월간에 관성이 있을 경우에는 한신인 관성이 희신의 역할을 하여 관인상생官印相生 또는 살인상생殺印相生이 되어 좋은 원국이 될 수 있다. 즉 약한 인성을 관성이 도와주므로 원국이 훨씬 윤택하고 귀격이 되어 직장이나 관직에서 자신의 책임과 역할을 다할 수 있다.

　재중용인격의 용신에 해당하는 인성이 약할 때 기신에 해당하는 재성운이 올 경우에는, 그 시기에는 탐재괴인貪財壞印이 되어 인성의 육친에 해당하는 모친을 강제로 억압하거나 모친에게 돈을 요구할 수 있고, 때로는 인간미를 상실할 수 있으므로 대인관계를 할 때 여유로운 마음으로 지나친 욕심을 내지 않아야 한다. 이런 시기에는 학문이나 재능을 활용하여 안정적으로 직장생활을 할 사람이 돈에 욕심을 내어 자신의 재능을 살려 직장생활을 하지 않고 자영업이나 사업을 시작할 수 있고, 돈을 빌려 고통을 받거나 부모와 등을 질 수도 있으므로 조심해야 한다. 재중용인격의 예를 보도록 하자.

<table>
<tr><td>시</td><td>일</td><td>월</td><td>년</td></tr>
<tr><td>戊</td><td>辛</td><td>乙</td><td>戊</td></tr>
<tr><td>子</td><td>卯</td><td>卯</td><td>戌</td></tr>
</table>

• 坤命(양력). 1958년 3월. 대운 수 3, 편재격. 편약한 사주이므로 재중용인격.

73	63	53	43	33	23	13	3
丁	戊	己	庚	辛	壬	癸	甲
未	申	酉	戌	亥	子	丑	寅

• 용신用神 : 인성印星 土
• 희신喜神 : 비겁比劫 金
• 한신閑神 : 관성官星 火
• 기신忌神 : 재성財星 木
• 구신仇神 : 식상食傷 水

기본적으로 재성격이 될 경우에는 일간이 강할 때 재성이 제 역할을 다 할 수 있고 식상의 도움이 있으면 더욱 부귀한 사주가 될 수 있다고 하였다. 그러나 일간이 편약할 경우에는 역시 비겁이나 인성의 도움이 필요하므로 일간에게 도움이 되는 인성운이나 비겁운이 올 때 그 기간 동안 발복할 수 있다. 일간 辛金의 편재 乙木은 결혼한 여성의 경우에는 육친관계에서는 시어머니에 해당한다. 이 사주는 편재격을 이루고 편재가 강하므로 시어머니의 간섭이나 구속을 많이 받을 수 있는 형국이며, 이 경우에는 결혼을 하면 시부모와 떨어져 생활하는 것이 도움이 될 수 있다. 단 시아버지의 도움은 받을 수 있다.

壬子 3대운에는 결혼을 하여 아이를 출산한 후 시어머니로 인한 우울증과 신경과민으로 인해 고생을 많이 하였으며, 44세 庚戌 5대운 이후로 대운의 흐름이 좋아 자신의 노년은 평온할 수 있다. 즉 庚戌 5대운 이후로는 용신운과 희신운에 해당하는 인성과 비겁의 土와 金의 운이 함께하므로 재물을 축적하여 생활이 넉넉할 수 있다. 己酉 6대운은 간지가 모두 희·용신이므로 자신의 힘이 강하고 자존심과 추진력이 왕성하게 나타나므로 시어머니의 간섭을 이길 수 있다.

己酉 6대운의 2010년 庚寅년에는 천간으로는 金의 기운이 강해지고 대운과 일지가 卯酉 충이 되면서 원국의 卯戌 합을 깨뜨리며, 세운의 지지 寅과 일지의 卯는 자녀궁에 있는 식신 子水를 대단히 약하게 한다. 이 때 일간은 자녀의 일에 강하게 간섭할 수 있다. 이 시기는 일간 본인에게는 좋은 운이지만 겁재의 마음이 나타나고 지지의 정인 戌土가 재성 寅木의 극을 받아 정인다운 성품이 약해진다. 비약하여 말하면 자녀궁에 해당하는 시간時干의 정인 戌土는 시지의 자녀에 해당하는 子水와 명암합을 하고 있다. 이 경우에 천간의 戌土는 육친으로는 사위에 해당하므로 결혼한 딸의 이혼을 추진하였다. 이유는 본인의 생각에 사위가 돈도 벌지 못하고 무능력하다고 생각하기 때문에 일간이 나서서 이혼을 독려한다고 하였다.

상담을 하면서 혼인 당사자의 궁합을 보고 이혼을 결정하는 것이 모친이 아닌 두 사람의 인생을 위해 더욱 중요하므로 가급적이면 딸의 일에 간섭하지 않는 것이 오히려 딸에게 도움이 될 수 있다고 하였다. 己酉 6대운의 2011년 辛卯년에는 대운 지지와 세운 지지가 卯 酉 충을 하고 원국의 일지와 월지도 함께 충을 하므로 본인은 더욱 재물을 추구하는 마음이 강할 수 있고, 원국 지지의 木도 강하므로 자녀에 해당하는 子水는 더욱 약해진다. 강해진 일간은 자녀의 일에 더욱 지나치게 간섭하거나 얽어맬 수 있으므로 지나치게 참견을 하지 않는 것이 자녀에게 도움이 되고 무난할 수 있다고 간명을 하였다. 본인이 지나치게 나서면 딸과 사위의 관계는 시주時柱의 간지로 볼 때 자녀와 사위가 암합을 하여 무난하지만 본인으로 인해 딸은 이혼을 할 여지가 많다.

※ 탐재괴인貪財壞印 또는 탐재파인貪財破印이라는 용어는 일간의 재성이 많고 강하여 편약한 사주에서 인성이 용신일 때, 日干의 재성이 용신에 해당하는 인성印星의 인人 · 사事 · 물物을 극하거나 합을 하여 용신의 역할을 할 수 없게 만드는 것을 의미한다. 이 경우에는 인성에 해당하는 인 · 사 · 물이 불안정할 수 있다.

즉 일간이 재물에 대한 욕심이나, 남명의 경우에는 배우자로 인하여, 인성에 해당하는 육친인 모친이나 인 · 사 · 물을 등한시하거나 무시하여 일간 자신도 불리하게 되는 것을 의미한다. 예를 들면 재성이 강하여 편약한 甲木 일간인 남자가 己土의 배우자를 만나 배우자인 재성 土를 따라가므로 모친이나 인성 水에 해당하는 인 · 사 · 물은 역할을 할 수 없게 되는 것을 말한다. 다른 경우는 남자의 집안에 여자가 들어와서 일간이 여자에게 정신이 팔려 자신을 도와주고 힘이 되는 집안의 모친과도 사이가 멀어지고, 이로 인하여 인성에 해당하는 의衣 · 식食 · 주住가 불안정해지거나 학문이나 인간다운 도리를 도외시하게 되는 경우를 말한다.

(3) **종재용재격**從財用財格 : 기본적으로 종재용재격은 원국에 일간의 인성이나 비겁이 없거나 무력하면서 재성이 월주月柱와 일지日支에 있으면서 간지에 많거나, 지지가 월지를 포함하여 재성의 삼합국이나 방합국을 이루고 재성이 천간에 다수가 투출한 경우에 성립할 수 있다. 이 경우에는 종재격從財格과 동일하므로 강한 재성을 거역하지 않고 순응하여 재성에 종하면서 살아가는 것이 무난할 수 있다. 즉 자존심이나 고집을 부리기보다는 강한 재성의 인·사·물을 용신으로 삼아 순응하는 것이 유리한 경우를 종재용재격이라고 하였다. 종재용재격은 강한 **재성**을 **용신**으로 삼아 종하고, 용신을 도와주는 식상을 **희신**으로 삼을 수 있다.

용신인 재성에 종從하는 것을 방해하는 비겁은 기신이 될 수 있고, 기신을 도와주고 종하는 것을 방해하는 인성印星은 구신이 될 수 있다. 관성은 한신이나 기신이 될 수 있다. 특히 시주에 재성과 식상이 있을 경우에는 진종격이 되어 여유로운 삶을 살 수 있고, 관성이 연주에 있으면서 일간을 극하지 않을 경우에는 무난할 수 있지만 월간에서 일간을 沖할 경우에는 불리할 수 있다. 대운이나 세운에서 재성운과 식상운이 오면 그 기간 동안에는 자신의 일을 열심히 하여 원하는 결과를 얻을 수 있고, 비겁운이나 인성운이 오는 기간 동안에는 종하기를 거역하므로 불리할 수 있다. 왜냐하면 대운의 흐름에 의해 태약太弱하거나 편약偏弱한 사주로 변하여 종하기를 거부하고 자신의 생각이나 주관을 내세울 수 있기 때문이다. 그러나 이 경우에도 건강에는 도움이 될 수 있다. 관성운은 원국에 식상이 없을 경우에는 무난할 수 있고 식상이 있을 경우에는 한신의 작용을 하므로, 원국의 구성과 함께 살펴야 한다.

남명男命이 종재용재격일 경우에는 재성에 해당하는 배우자나 아버지의 권한과 힘이 강하므로 재성에 해당하는 인·사·물에 순응하면서 사는 것이 유리하고, 결혼을 하면 가정의 경제권을 배우자가 관리하는 것이 유리할 수 있다. 이 경우에는 부모의 재산을 물려받아 살아가거나, 배우자에 의지하여 살아가는 경우를 현실에서 종종 볼 수 있다.

여명女命의 경우에는 우선적으로 아버지의 의견을 따라가고, 스스로는 재성을 가장 큰 가치로 여기고 강하게 추구하며, 결혼 후에는 시어머니의 힘이 강하므로 시어머니의 의견을 거역하기보다는 따라가는 것이 유리할 수 있다. 또한 시어머니가 도움이 되지만 간섭이나 참견을 많이 받을 수 있고, 원국의 재성財星이 官星을 生하는 경우에는 자신이 남편과 시어머니의 괴롭힘을 받거나 순응하여 따라갈 수밖에 없을 수도 있다.

다양한 해석을 할 수 있지만 종재용재격이 되면 좋다고 하는 가장 큰 이유는 일간은 아버지에게 순종하여 부모의 재물을 물려받을 수 있고, 부모가 부자일 경우에는 자신도 특별한 노력을 하지 않아도 부자가 될 확률이 대단히 높기 때문이다. 부모가 가난하면 남명의 경우에는 재물이 많은 배우자를 따라가거나 데릴사위도 가능할 수 있고, 여명의 경우에는 자신의 자존심이나 주관을 버리고 재물이 많거나 고집이 센 시어머니에 복종하고 따라가면서 재물을 물려받아 여유롭게 살 수도 있다. 종재용재격의 예를 보도록 하자.

시 일 월 년
辛 丁 丁 辛
丑 酉 酉 巳

• 乾命(남). 지지가 巳 酉 丑 삼합 金국, 편재격이며 가종재격.

7	6	5	4	3	2	1
庚	辛	壬	癸	甲	乙	丙
寅	卯	辰	巳	午	未	申

• 용신用神 : 재성財星 金
• 희신喜神 : 식상食傷 土
• 기신忌神 : 비겁比劫 火
• 구신仇神 : 인성印星 木
• 한신閑神 : 관성官星 水
　(기신이 될 수 있다.)

　비록 지지에 일간의 뿌리인 巳火가 있지만 巳 酉 丑 삼합 金국이 되어 역할을 못하고 월간의 丁火 비견도 무력하다. 또한 일간이 음간이므로 비교적 세력을 종從하기가 수월하다. 그러므로 일간은 재성의 인·사·물을 추구하면서 살아가는 것이 무난한 종재용재격이 되었다. 일간丁火는 힘이 태약하므로 자신의 의지와 뜻대로 살기보다는 차라리 재성에 의지하여 살아가는 것이 무난하고, 오히려 인성이나 비겁에 해당하는 힘과 자존심이 강해지면 재성을 따르기가 힘들기 때문에 돌출 행동을 하거나 재성에 해당하는 인·사·물과 충돌할 수 있다. 이 경우에는 원국의 일주와 월주가 복음이 되어 자신이 재물을 취하기 어려울 수도 있다.

　초기 대운의 흐름이 인성과 비겁으로 흘러 불리할 수 있지만 편약한 사주로 변하여 성장기에는 부모의 도움으로 학문에 열중할 수 있다. 그러나 원국의 일주와 월주가 동일한 丁酉이므로 장년기까지는 항상 친구나 동료 또는 형제와 재물을 공유할 수밖에 없으므로 일간은 자존심이 다소 상할 수 있지만 따라가야 한다. 비록 기신이나 한신에 해당하는 관성과 비겁의 癸巳 4대운에서는 월간과 대운이 丁 癸 沖을 하여 비견을 무력하게 하고 지지가 巳火이지만 巳 酉 丑 삼합 金局을 이뤄 진종격이 되므로 재물이 넉넉하였다.

정관과 상관에 해당하는 壬辰 5대운에는 丁 壬 合을 하여 역시 비견을 무력하게 하고 원국과 대운의 지지가 辰 酉 합을 하여 재성 金이 되므로 두 대운의 기간 동안에는 무난한 삶을 살면서 재물을 비축할 수 있었다. 그러나 용신인 편재와 구신인 편인에 해당하는 辛卯 6대운중의 지지 卯의 인성운의 기간 동안에는 원국의 삼합국을 이루고 강한 재성 酉金과 沖을 하므로 木에 해당하는 신경 계통이나 간 계통의 질병을 조심해야 한다. 위의 원국처럼 가종재격의 경우에는 대운에서 강한 인성과 비겁운이 함께 오는 경우에는, 편약한 사주가 되므로 세운에서 인성운이나 비겁운이 온전하게 오는 경우에도 무난할 수 있다.

즉 정인과 비견에 해당하는 甲午 3대운에서는 세운의 흐름을 살펴서 판단해야 한다. 기본적으로 이 사주는 원국에서 충극沖剋이 없고 삼합 金국이 온전하면서 식신과 재성이 있으므로 평탄한 삶을 살 수 있는 좋은 명命을 타고 났다. 그러나 운의 흐름이 평탄하여 큰 뜻을 이루지는 못하고 일평생을 안락하게 살아가는 사람이라고 할 수 있다.

5) 관살官殺이 많아 일간이 약弱할 경우

(1) 살중용인격殺重用印格 : 관살이 많아서 일간이 편약할 경우에는 우선적으로 관살을 유통시키는 인성이 반드시 필요하므로 일차적으로 인성印星을 용신으로 삼는 것을 살중용인격이라고 하였다. 물론 정관正官도 많고 강하면 살殺의 작용을 하므로 역시 살중용인격의 방식으로 용신을 정할 수 있다.

살중용인격은 기본적으로 관살을 순화馴化시키고 약한 일간을 도와주는 인성을 용신으로 삼고, 기신인 관살에 대응할 수 있는 비겁을 희신으로 삼을 수 있다. 용신인 인성을 克하고 강한 관살을 生하는 재성은 구신이 되고, 일간의 힘을 빼면서 관살을 극하는 식상은 한신이지만 때로는 희신도 될 수 있다. 희·용신에 해당하는 인성운이나 비겁운이 오면 그 기간 동안에는 발복할 수 있고, 기·구신인 관성운이나 재성운이 오면 그 기간 동안에는 하는 일이나 가정이 불안정할 수 있고 직업의 변동이나 승진의 누락 또는 이직을 할 수 있으므로 각별히 주의해야한다.

　살중용인격의 경우에는 원국의 정관正官이 인성으로 유통되는 관인상생官印相生이 되거나 편관偏官이 인성으로 유통되는 살인상생殺印相生이 되면, 강한 책임감이나 사명감을 바탕으로 공직이나 군·검·경軍·檢·警 또는 기업체의 간부가 되는 경우가 많고 가정과 직장생활이 안정적이고 무난할 수 있다. 기본적으로 원국의 일주日柱나 희·용신을 대운과 세운에서 克 또는 沖을하거나 合을 하여 손상시키거나 무력하게 할 경우에는, 그 기간 동안에는 일간이나 충·극을 받는 십성의 인·사·물에 손상이 나타날 수 있고, 특히 일간의 손상이 뚜렷하게 나타날 수 있다. 이러한 시기에는 직장생활이나 가정생활을 할 때 항상 상호간의 의견 충돌을 조심해야 하고, 극단적인 행동이나 언행을 삼가고 이해하는 아량을 베푸는 것이 어려운 시기를 극복할 수 있는 방안이 될 수 있다. 더하여 건강관리에 소홀하지 않아야 한다. 살중용인격의 예를 살펴보도록 하자.

시 일 월 년
癸 <u>丙</u> 己 壬
巳 子 酉 寅

• 坤命(여, 양력). 1962년 10월. 대운 수 9, 편약한 사주. 정재격, 살중용인격.

79	69	59	49	39	29	19	9
辛	壬	癸	甲	乙	丙	丁	戊
丑	寅	卯	辰	巳	午	未	申

- 용신用神 : 인성印星 木
- 희신喜神 : 비겁比劫 火
- 한신閑神 : 식상食傷 土
- 기신忌神 : 관성官星 水
- 구신仇神 : 재성財星 金

연주에 일간 丙火의 편관 壬水와 편인 寅木이 있으나 일간과 멀리 떨어져 있고, 寅木은 월지 정재 酉金의 극을 받으면서 유통되지 않아 온전한 살인상생이 되지 못하여 용신이 조금 미약하다. 근본적으로는 원국이 오행을 구비하고 沖이나 克이 없으므로 운의 영향을 크게 받지 않는 좋은 사주라고 할 수 있고, 원만한 가정생활과 대인관계를 유지하면서 여유로운 삶을 살 수 있다. 또한 대운의 흐름이 火 木의 희·용신으로 흘러 상급의 사주라고 할 수 있고, 비록 여성이지만 일간이 丙火의 양간陽干이므로 활발하고 적극적인 성품을 지니고 있으며, 일지가 정관이므로 사회성이 뛰어나고 정숙한 사람이라고 할 수 있다. 일간 丙火는 대학을 졸업하고 직장생활을 시작하였으며, 형제간에는 서로 우의가 두텁고 정이 있지만 원국에서 힘이 약하고 멀리 있으므로 도움을 받기는 어려울 수 있다. 그러나 대운의 흐름이 좋아 서로 좋은 관계를 유지할 수 있다.

결혼을 하여 자녀를 두고 직장생활을 하면서 스스로 재물을 얻으면서 원만한 삶을 살아갈 수 있고, 특히 월주가 상관생재傷官生財가 되고 일지가 정관이므로 지극정성으로 자녀를 돌보면서 성실하게 가정 경제를 꾸려나갈 수 있다.

甲辰 5대운의 2010년 庚寅년에도 직장생활을 하면서 남편과 맞벌이를 하고 화목하게 살아가는 사람이다. 대운의 흐름이 비겁과 인성의 火 木의 운으로 흘러 부자는 아니지만 즐겁게 가정생활과 직장생활을 영위하는 여성이라고 간명하였다. 건강도 무난하며 자녀들도 사회성과 도덕성을 겸비하여 올바르게 성장할 수 있다.

癸卯 6대운과 壬寅 7대운에서는 대운의 간지가 관인상생이나 살인상생이 되면서 유통되므로 나이가 들어서도 무난할 수 있다. 그러나 辛丑 8대운은 불리할 수 있다. 위의 원국도 일간이 편약한 사주로 보고 억부용신법으로 인성과 비겁을 희·용신으로 삼을 수 있다. 또한 일간이 양간이고 편약하지만 상관의 未土 운이 세운에서 강하게 올 경우에는 배우자에게 불리할 수 있으므로 이 시기에는 배우자와의 관계를 원만하게 유지하려는 노력이 직장과 가정에 유리할 수 있다. 다만 일간을 극하고 용신을 충하는 壬申과 같은 시기에는 자신의 건강과 재물뿐만 아니라 배우자와의 관계를 특히 조심하는 것이 필요하다.

(2) **살중용비겁격**殺重用比劫格 : 살중용비겁격은 관살이 많아서 일간이 편약한 원국에서 인성이 없는 경우에 차선책으로 비견比肩이나 겁재劫財를 용신으로 삼는 것을 말한다. 특히 일간이 양간陽干일 때 월지가 칠살七殺이면서 간지에 겁재나 양인陽刃이 있을 경우에는 천간의 겁재나 지지의 양인을 용신으로 삼는다. 살중용비겁격은 살인상생이나 관인상생을 하는 살중용인격殺重用印格보다 품격이 떨어질 수 있지만, 원국에서 칠살七殺에 해당하는 편관과 양인 또는 겁재의 힘이 비슷할 경우에는 살인상정격殺刃相停格이 되므로 편관을 대적하기 위해 양인에 해당하는 겁재 즉 천간의 겁재가 용신이 되면 상급의 사주가 될 수 있다. 그러나 월지 양인이 용신일 때 대운

이나 세운에서 월지의 양인을 沖하는 경우에는 불리할 수 있다. 즉 용신을 沖하여 파괴하므로 일간이나 해당 십성의 인·사·물이 손상되거나 곤란한 일이 발생할 수 있다.

살중용비겁격은 **비겁**이 **용신**이 되고 비겁을 生하는 인성은 **희신**이 될 수 있다. 용신을 克하는 관성은 **기신**이 될 수 있고 기신인 관성을 生하고 희신인 인성을 克하는 재성은 **구신**이 될 수 있다. 이 경우에도 식상은 **한신**이 되지만 때로는 식상제살食傷制殺을 하면 **희신**이 될 수도 있다. 기본적으로 살중용인격과 마찬가지로 대운이나 세운에서 희·용신에 해당하는 비겁운과 인성운이 오면, 그 기간 동안에는 주변의 도움으로 가정이 화목할 수 있고 직장에서는 승진이나 급여 인상 등의 좋은 일이 발생할 수 있다.

기·구신에 해당하는 관성운과 재성운이 오면 그 기간 동안에는 건강이 나빠지거나 가정이 불안정할 수 있고 하던 일이 중단되거나 직장에서 강등이나 감봉 또는 퇴출 등의 불미스런 일이 발생할 수 있으므로 조심해야 한다. 식상운은 원국의 구성을 살펴 판단해야 한다. 살중용비겁격의 경우에는, 규모가 큰 사업이나 자영업을 하기보다는 공직이나 직장생활 또는 소규모의 자영업을 영위하는 편이 무난할 수 있고, 특히 군경이나 공직생활을 하는 것이 유리할 수 있다. 기본적으로 살중용겁격이나 살중용비격이 되는 경우에는 평범하게 직장생활이나 공무원 또는 소규모의 자영업 등을 하면서 지나치게 큰 욕심을 내지 말고, 가족 간의 행복을 추구하면서 자신의 직업이나 맡은 업무에 성실히 임하면서 자신만의 가치와 보람을 찾아 행복한 삶을 영위營爲하는 것이 무난할 수 있다. 사업을 하고 있을 경우에는 동업을 해도 무방하지만 동업이나 투자를 할 경우에도 정확하게 분배의 원칙을 정하고 역할이나 책임을 명확하게 한 후에 시작하는 것이 필요하다. 이 경우에도 재물에 대한 지나친 욕심을 내는 경우에는 서로 불리할 수 있고 분쟁이 자주 발생할 여지가 많다.

기본적으로 관살은 원국의 일간이 강하거나 관살을 감당할 수 있는 능력
이 있어야 고위직이나 임명직 또는 무관武官으로서의 큰 역할을 담당할 수
있다. 일간이 약하거나 관살을 감당할 수 없는 경우에는, 오히려 강한 관살
에 의하여 일간의 인·사·물이 손상되거나 피해를 볼 수 있다. 그러나 강
한 관살에 순응하여 종하는 경우에도 공직이나 기업에서 근무하면서 정의
롭게 살아갈 수 있으므로 무난할 수 있다. 역시 건강관리에 충실하면서 지
나친 고집이나 자존심을 내세우는 것은 도움이 되지 않는다. 살중용비겁격
의 명식을 살펴보도록 하자.

시	일	월	년
壬	<u>癸</u>	戊	己
戌	未	辰	亥

• 乾命(남, 음력). 1959년 3월 평달. 대운 수 8, 정관격. 관살이 많아 일간이 편약한 사주.
  살중용겁격.

78	68	58	48	38	28	18	8
庚	辛	壬	癸	甲	乙	丙	丁
申	酉	戌	亥	子	丑	寅	卯

● 용신用神 : 비겁比劫 水壬水
● 희신喜神 : 인성印星 金
● 기신忌神 : 관성官星 土
● 구신仇神 : 재성財星 火
● 한신閑神 : 식상食傷 木
  (희신의 작용을 할 수도 있다.)

원국에 정관과 편관이 많고 강하여 일간이 태약에 가까운 편약한 사주가
되었다. 이 경우에는 정관격으로 볼 수 있지만 정·편관이 혼잡하므로 격이
온전하지 못하다. 또한 인성 金을 용신으로 삼으면 좋겠지만 戌의 지장간에
있으면서 약하므로 겁재 壬水를 용신으로 삼고 관성 土의 기운을 감당해야
하며, 인성 金을 희신으로 삼지만 희·용신이 약하다. 다행스럽게 甲子 4대

운부터 상관과 비견이 오면서 상관제살을 하고 일간이 강해지므로 무난하고, 癸亥 5대운부터는 지지와 천간이 北 西의 비겁 水와 인성 金의 희·용신으로 흘러 운의 도움을 받을 수 있으므로 무난하다. 일간이 음이면서 관성이 강하므로 공직이나 직장생활에 충실히 임할 수 있다.

癸亥 5대운의 2010년 庚寅年에도 직장생활을 하면서 원만하게 살아가고 있다. 특히 기신을 돕는 재성 火가 천간에 투출하지 않고 지장간에 있으므로 다행이지만, 재성운이 올 경우에는 재성과 관련된 인·사·물이 손상될 수 있다. 왜냐하면 재성 火가 투출透出하면 관성 土를 더욱 강하게 하고 용신 水의 힘을 약하게 하기 때문이다. 그러므로 그 기간 동안에는 일간이 허약해지거나 병치레를 할 수 있고, 특히 水의 신체부위에 해당하는 신장이나 방광 계통의 질병이나 비뇨기 계통의 건강검진을 정기적으로 받아보는 것도 도움이 될 수 있고 항상 피를 맑게 유지하는 것이 필요하다.

원국에서 관성 土의 기운이 강하므로 일간은 기본적으로 지나치게 단맛의 음식은 피하고, 체력 단련의 방식으로 근력을 강화하는 운동과 병행하여 가벼운 조깅 등의 유산소 운동을 하는 것이 도움이 될 수 있으며, 당뇨를 예방하기 위해서라도 과다한 음주를 삼가야 한다. 癸亥 5대운의 2011년 辛卯년에는 亥 卯 未 木국을 이루어 식상이 강해지고 일지와 시지가 합을 하여 직장을 바꾸거나 이사를 하는 등 변동이나 변화가 나타날 수 있고, 변화를 주더라도 자신에게 유리하게 작용할 수 있다고 간명하였다. 사업을 하는 것보다는 직장이나 공직이 적성에 적합하므로 직장생활을 하는 것이 유리하다고 하였다.

(3) **살중용식상격**殺重用食傷格 : 살중용식상격은 월주가 관살격을 이루고 관살이 강할 때 인성이 없고 비겁이 있으면서 일간이 편약한 사주일 경우에는 원국의 식상을 용신으로 삼아 관살을 통제하는 것을 말한다. 이 경우

에는 식상으로 강한 관살을 억제하는 식상제살격食傷制殺格으로 볼 수 있고, 식신제살食神制殺과 상관제살傷官制殺로 나눌 수 있다. 또한 식상이 관살을 합하여 혼잡을 피하게 할 경우에는 합살유관合殺留官이나 합관유살合官留殺과 유사할 수 있다.

기본적으로 식상이 관살을 극하는 용신이 되기 위해서는 일간이 양간陽干이면서 강하거나 또는 어느 정도의 뿌리가 있어야 유리할 수 있다. 일간이 음간陰干이면서 관성이 많아서 편약할 경우에는 억부용신법에 의해 인성이나 비겁을 희·용신으로 활용할 수 있다. 식상제살을 하는 경우에도 원국의 구성을 전체적으로 살피고 운의 흐름을 살펴야 한다.

살중용식상격의 경우에는 관살을 제압하는 식상을 용신으로 삼고 비겁을 희신으로 삼을 수 있으며, 일간을 약화시키고 관성을 돕는 재성과 관성은 기·구신이 되고, 식상을 극하는 인성은 한신이 될 수 있다. 기본적으로 식상의 용신운과 비겁의 희신운이 오면 그 기간 동안에는 발복할 수 있고, 재성운과 관성운이 오면 그 기간 동안에는 하는 일이나 가정이 정체되거나 건강에 불리할 수 있다. 또한 용신에 해당하는 식상을 克하는 인성운의 경우에도 비겁과 인성이 간지干支로 함께 올 때는 도움이 될 수 있지만 인성운이 식상을 극하는 경우에는 용신이 파괴되므로 일간이 불리할 수 있다. 식상을 용신으로 활용할 경우에는 일간과 원국의 강약과 합충의 관계를 자세히 살펴서 판단해야 하는 어려움이 있다. 이 경우에도 우선적으로 정격으로 판단하고 지나치게 틀에 얽매이지 않는 것이 때로는 원국과 운을 분석하는데 도움이 될 수 있다. 살중용식상격의 경우에도 식상 용신이 파괴되면 일거리나 직장이 없어질 수 있으므로 운의 흐름을 잘 살피는 것이 중요하다. 원국의 예를 보도록 하자.

$$\begin{array}{cccc}
\text{시} & \text{일} & \text{월} & \text{년} \\
甲 & \underline{壬} & 戊 & 戊 \\
辰 & 辰 & 午 & 辰
\end{array}$$

• 乾命(남). 관살이 많아 태약 혹은 편약한 사주. 편관격, 살중용식신격

6	5	4	3	2	1
甲	癸	壬	辛	庚	己
子	亥	戌	酉	申	未

- 용신用神 : 식상食傷 木甲木
- 희신喜神 : 비겁比劫 水
- 기신忌神 : 관성官星 土
- 구신仇神 : 재성財星 火
- 한신閑神 : 인성印星 金(이 경우에는 천간의
  편인 庚金 운은 기신의 작용을 할 수 있고, 지지의
  金 운은 무난할 수 있다.)

일간 壬水는 양간이면서 辰土의 지장간 중기 癸水에 통근하여 태약하거나 또는 편약하지만 종하기를 싫어한다. 천간에 비겁이나 인성이 나타나지 않았으므로 지지 辰土의 여기에 통근한 시간의 식신 甲木을 용신으로 삼아 강한 편관 戊土를 제압하는 것이 도움이 될 수 있다. 甲木은 연지 일지 시지의 辰土 지장간 여기餘氣에 통근하여 뿌리가 있으며 간지에 인성 金이 없어 힘을 뺏기지 않는다. 인성에 해당하는 庚申 2대운과 辛酉 3대운까지는 학문에 매진하였으며, 비겁과 관성에 해당하는 壬戌 4대운에서는 큰 성과를 내지 못하고 정체되었다. 癸亥 5대운의 비겁 희신운에 이르러 용신인 식신 甲木을 생하고 일간은 뿌리를 얻어 강해지므로 용신과 일간이 모두 어울리니 관직에서 벼슬길이 탄탄하였다고 한다.

식신과 겁재에 해당하는 甲子 6대운의 甲운에는 고위직에 오르고, 子운에는 비록 희신운이지만 강하고 많은 3개의 편관 辰土와 子辰 반합을 하면서 희신의 작용을 망각하고 월지의 강한 정재 午와 충하여 재성도 무력하게 되었다. 즉 지지가 모두 충과 합으로 동動하고 또한 대운 천간의 甲木은

戊土의 편관을 극하므로 간지의 관성이 모두 무력하게 된 이 시기에 관직에서 물러났다고 한다. 庚申 2대운과 辛酉 3대운에서는 강한 인성운이 용신인 甲木을 극과 충을 하여 곤란함을 겪을 수 있지만 지지에서 유통되거나 합이 되고 또한 운한運限에 해당하지 않으므로 무난하게 학문에 전념할 수 있었다.

참고적으로 하나의 천간이나 지지가 대운과 세운을 비롯하여 월운에서 오는 3개의 천간이나 지지와 합이나 충이 되는 경우에는 변동과 변화가 심하거나 불리할 수 있고, 하나의 천간이나 지지가 운에 의해 4개가 합이나 충이 되면 일간의 신체에 위험이 발생할 수도 있다. 또한 3개의 동일한 천간이나 지지가 대운이나 세운에 의해 沖이나 合이 되는 경우에도 큰 변화나 변동이 생기거나 건강이 악화될 수 있고, 4개가 沖이 되는 경우에는 생명이 위험할 수도 있다. 그러므로 이러한 시기에는 하는 일이나 자신의 건강을 각별히 살펴야 하며, 특히 자신의 건강검진을 받아보는 것도 도움이 될 수 있다.

(4) 종살용관살격從殺用官殺格 : 종살용관살격은 원국에 일간의 비겁이나 인성이 없거나 무력하고 월주와 일지가 관살이면서 간지干支에 관살이 많을 경우와, 월지를 포함한 지지가 관살의 삼합이나 방합이 되고 천간에 관살이 투출할 경우에는 관살을 용신으로 삼고 관살의 인·사·물에 순응하여 살아가는 것이 도움이 되는 경우를 말한다. 살중용관살격殺重用官殺格은 종관살격從官殺格 즉 정관正官에 순응하여 종從하는 종관격從官格과 편관에 순응하여 종從하는 종살격從殺格의 용신취용법과 동일하다. 이 경우에는 관성을 용신으로 삼고, 재성을 희신으로 삼아 일간이 관살의 강한 힘에 순응하는 것이 유익한 경우를 말한다. 관성 용신을 극克하는 식상은 기신이 되고, 기신인 식상을 生하고 일간이 종하는 것을 방해하는 비겁은 구신이 될

수 있고 일간을 生하는 인성印星은 한신이 될 수 있다.

관성운과 재성운은 관성의 강한 기운을 거역하지 않기 때문에 그 기간 동안에는 기본적으로 직업이나 재물이 무난할 수 있고, 비겁운과 식상운이 오면 그 기간 동안에는 종하기를 꺼리므로 불리한 일이 발생할 수 있으며, 인성운도 강한 관성을 감당하기 어려워 한신이 될 수 있지만 이러한 경우에도 항상 원국의 구성과 개별 오행의 위치를 살펴서 길흉을 논해야한다. 종살용관살격의 경우에도 다른 종격과 마찬가지로 운의 영향을 많이 받으므로 운로運路를 살피는 것이 중요하다. 운로가 원국의 관살과 충극沖 克이 되는 경우에는 직장이나 가정 또는 건강과 관련한 어려움이나 위험이 발생할 수 있다.

역시 용신이나 일주를 沖하거나 克하는 경우에는 불리하고, 강한 오행을 沖克하면 약한 오행은 화禍를 당할 수 있으므로 이런 시기에는 세심한 건강관리가 필요하고, 겸손한 마음으로 주변의 동료나 형제들과 서로 협심하여 생활하는 것이 도움이 될 수 있다. 종살용관살격의 예를 보도록 하자.

시 일 월 년
乙 乙 辛 辛
酉 酉 丑 巳

・乾命(남). 종살용살격 또는 종살격. 편관으로 구성된 극약한 사주. 巳 酉 丑 金국.

6	5	4	3	2	1
乙	丙	丁	戊	己	庚
未	申	酉	戌	亥	子

● 용신用神 : 관성官星 金辛金
● 희신喜神 : 재성財星 土
● 한신閑神 : 인성印星 水
● 기신忌神 : 식상食傷 火
● 구신仇神 : 비겁比劫 木

일간 乙木의 기본성품은 끈기와 인내심이 강하고 강한 생명력을 지니고 있으며, 매사에 긍정적이면서도 강한 집념을 지니고 있다. 또한 乙木의 끈기와 인내심은 신금을 크게 두려워하지 않는다. 그러므로 관살에 종하며 살 수 있다. 위의 사주는 실질적으로 지장간을 포함하여 오행을 모두 갖추고 지지가 연지에서부터 시지까지 火 土 金으로 유통되고 巳 酉 丑 삼합 金국을 이루므로 편관에 해당하는 인·사·물에 의지하고 순응할 수 있다. 비록 일간이 乙 辛 충을 당하지만 무난할 수 있다.

丑월에 태어난 일간 乙木은 丑土 지장간의 여기 癸水가 뿌리가 될 수 있지만 巳 酉 丑 金局이 되어 일간의 힘이 되지 못하고, 巳火 상관도 합을 하여 본래의 작용을 하지 못하게 되었다. 그러나 巳火는 조후작용은 할 수 있다. 시간의 乙木은 지지 酉金으로 절각截脚되어 정신적인 힘과 위안은 될 수 있지만 실질적인 힘이 없으므로 진종살격이 되었다. 그러므로 관살의 인·사·물에 의지하여 살아갈 수 있다.

정재에 해당하는 戊戌 3대운은 희신에 해당하므로 벼슬길에 올라 한림원에 나아가고, 비겁과 관살에 해당하는 丁酉 丙申 대운에는 丁과 丙이 개두蓋頭하여 申과 酉의 운이 약화되었지만 역시 지지가 용신운이므로 벼슬길은 무난할 수 있었다. 비견과 편재에 해당하는 乙未 6대운에서 비견 乙이 천간에서 3개의 乙과 乙 辛 沖이 되고, 未土 지장간의 乙木 丁火가 기·구신이면서 월지와 丑 未 沖이 되어 강한 金局을 沖하였다. 그러므로 천간의 편관이 충이 되고, 지지의 강한 관성국이 무너지므로 관직을 그만 두었다고 한다.

※ 다시 한 번 숙지하자. 일간이 甲 丙 戊 庚 壬의 양간陽干일 경우에는 기氣에 순응하기를 좋아하므로 지장간에 작은 뿌리가 있거나 도움을 받을 경우에는 종從하는 것을 꺼리고, 乙 丁 己 辛 癸의 음간일 경우에는 세勢를 따르는 것을 좋아하므로 비록 지장간에 뿌리가 있고 도움이 있어도 강하지 않을 경우에는 종하는 것을 쉽게 받아들일 수 있다. 그러나 일간이 陰干일 경우에도 일간이 편강할 경우에는 從하지 않고 오히려 더욱 강하게 재성이나 관성을 추구할 수 있다. 또한 대운이나 세운의 희·용신과 기·구신을 원국에 대입하는 경우에도 천간天干은 天干끼리 합이나 충 또는 극을 비교하고, 지지地支는 地支끼리 합습이나 충沖 형刑 파破등을 비교하여 간명해야 한다. 그러므로 무조건 운의 흐름이 희·용신이면 좋고 기·구신이면 나쁘다고 하는 것은 기본적인 용신활용법에 불과하므로 계속 명리의 깊이와 폭을 넓혀보도록 하자.

6) 기타의 용신격국用神格局

(1) 용종세격用從勢格 : 용종세격은 일간이 극약極弱하거나 태약太弱하여 원국의 강한 세력에 순응하여 종하는 것을 의미하며, 종세격과 동일하다. 즉 용종세격 또는 종세격은 원국에 일간의 비겁이나 인성이 없거나 무력하면서 식食 재財 관官으로 구성된 사주일 경우에는 월지나 지지의 강한 식상이나 재성 또는 관성을 용신으로 삼고 그 세력을 따라 종하는 것을 의미한다. 원국에서 식상이나 재성 또는 관성에 해당하는 오행의 세력이 비슷할 경우에는 재성을 우선적으로 용신으로 삼을 수 있고, 이 경우에는 식, 재, 관의 오행이 서로 유통되므로 막힘이나 굴곡이 없는 삶을 영위할 수 있다. 財星이 용신이 될 경우에는 먼저 食傷을 희신으로 삼고, 식상이 없고 官星이 있을 경우에는 관성을 희신으로 삼을 수 있다. 일간의 힘이 되어 종하기를 거부하는 비겁을 기신으로 삼고 인성을 구신으로 삼을 수 있다.

용종세격의 경우에도 원국이 生의 관계로 유통되면서 지장간을 포함하여 오행을 구비하고 沖이나 克이 없는 청한 사주가 되면 상급의 사주가 될 수 있다. 기본적으로 비겁운이나 인성운이 올 경우에는 불리할 수 있고, 특히 비겁운이 오는 경우에는 직업이나 일의 변화가 발생할 수 있고 때로는 일이 중단될 수도 있다. 단 食傷이 용신일 경우에는 비겁운도 무난할 수 있다. 종격의 경우에도 원국에 없는 오행이 운에서 오는 경우에도 극이나 충을 받아 불리할 수 있으므로 항상 원국 전체와 대운과 일간의 관계를 종합하여 분석하는 것이 중요하다. 역시 용종세격의 경우에도 편고偏枯된 사주와 마찬가지로 운의 영향을 많이 받을 수 있다. 용종세격의 예를 보도록 하자.

시	일	월	년
丙	乙	辛	辛
戌	丑	丑	丑

- 坤命.1962년생. 대운 수 2. 편재 편관 상관으로 구성된 태약 혹은 편약한 사주. 丑 戌 형을 하고 있다. 용종세격으로 볼 수 있다.

72	62	52	42	32	22	12	2
己	戊	丁	丙	乙	甲	癸	壬
酉	申	未	午	巳	辰	卯	寅

- 용신用神 : 재성財星 土
- 희신喜神 : 식상食傷 火
- 한신閑神 : 관성官星 金
- 기신忌神 : 비겁比劫 木
- 구신仇神 : 인성印星 水

일간 乙木은 기본적으로 강인한 생명력과 인내심을 지니고 있으며, 어질고 선하면서 신의를 중시하는 성품이다. 또한 지장간을 포함하여 오행을 구비하고 있다. 乙木은 간지에 뿌리가 없고 엄동설한의 얼어붙은 丑월에 태어났지만 시간時干에 丙火가 있으므로 조후가 되었고, 재성에 해당하는 육친인 부친의 힘이 강하다. 그러나 근본적으로 일간은 얼어붙은 땅에서 생존하는 끈질긴 넝쿨나무와 같은 형상이며 자녀궁인 시주時柱에 상관 丙火가 있다. 이 사주의 경우에는 재성 土와 편관 辛金이 강하므로 중 ·장년의 시기까지는 강한 재성 土와 관성 金의 세력을 따라 종하는 형국이다. 그러나 甲辰 3대운까지의 흐름을 보면 인성과 비겁의 운이 강하므로 이 시기에는 종從하기보다는 오히려 일간이 편약하게 되어 세운의 흐름으로 길흉을 판단하는 것이 도움이 될 수 있다. 즉 壬寅 癸卯 대운의 시기에는 천간이 관인상생官印相生하여 부모의 도움으로 학문이나 기예技藝 등의 재능을 연마할 수 있고, 끈질긴 인내심과 의지를 소유하고 있으므로 학문에 열중하여 대학을 우수하게 졸업할 수 있었다.

甲辰 3대운의 辰운에는 비록 재성의 세력을 따라가지만 지지가 모두 충沖과 형刑이 되고 나아가 파破까지 되므로 많은 길흉의 변화와 변동을 겪는 시기라고 할 수 있다. 이 때 결혼을 하고, 결혼을 한 후에는 지속적으로 강한 편관의 냉혹하고 정이 없는 남편에게 얽매여 사는 형국이다. 비견과 상관의 乙巳 4대운부터는 식상 火의 운으로 흘러 자신의 일을 하면서 강한 기운에 종하면서 살아갈 수 있다. 즉 乙巳 丙午 丁未 대운의 시기에는 식상의 남방 火운으로 흘러 관성에 해당하는 배우자보다는 자녀를 중시하고 본인이 스스로 사회활동을 하면서 재물을 모으는 시기가 될 수 있다.

본인의 사주에 나타난 辛金 배우자를 보면 자존심과 고집이 대단히 강하면서 木 火에 해당하는 양의 기운이 없는 차갑고 냉혹한 사람이라고 할 수 있고, 편인의 성품을 지니고 있다. 그러므로 배우자는 편인의 학문이나 인·사·물을 추구할 수 있고, 타인의 도움을 원하는 소심한 성격이면서도 고집이 세고 위엄이나 자존심을 내세우는 성품이라고 할 수 있다. 또한 일간은 월주와 연주가 복음伏吟이 되므로 배우자나 윗사람으로 인한 고통을 많이 받을 수 있다. 하지만 일간은 배우자에 의존하는 경향이 강하므로 남편으로 인한 마음고생을 많이 하지만 그저 바라만 보고 헤어지지 못하고 따라가는 형상이다. 辛金의 남편은 자체 편인인 丑土를 지니고 있으므로 외국어나 특별한 재주가 있는 사람이라고 할 수 있고 실제로 배우자는 외국어 번역의 일을 한다고 한다.

특히 비견과 상관의 乙巳 4대운의 시기부터는 천간으로는 乙 辛 충이 되어 남편은 바깥에서 다른 여자와 살다시피 하여 자신은 딸과 둘이서 살아가는 상황이었다. 희신에 해당하는 식상 丙午 5대운의 2010년 庚寅년에도 상관이 강하게 되어 남편과 함께하기가 어려울 수 있다. 이 시기에 남편은 또 다른 여인을 만나 본인은 거의 별거와 다름없는 생활을 하였다. 그러나 본인은 남편을 따를 수밖에 없는 마음이므로 남편과 헤어지지 못하고 본인 스스로 돈을 벌면서 남편으로부터는 약간의 도움을 받으면서 딸과 함께 생활하고 있다.

오직 일간의 타고난 적성이며 희·용신인 火와 土를 활용한 부동산 다세대 임대업을 하면서 생활비를 충당하고, 하나 뿐인 여식과 함께 지낸다. 그러나 정재와 정관에 해당하는 戊申 대운의 戊의 시기와, 己酉 대운의 己의 시기에는 재물이 늘어나고 가정이 안정적일 것이라고 간명하였더니 한 번 웃고 말았다.

"다 늙어서 좋으면 뭐하냐!"고 하면서 "젊었을 때 남편하고 좋아야지 기껏 젊었을 때 병든 남편 뒷바라지나 실컷 해주니까 나아서는 다른 여자와 만나서 놀고 원 참!" 하고 한 숨을 쉬었다. 건강도 좋은 편은 아니었으며 미모도 평범하고 체구도 크지 않았다. 아마도 일간이 월간과 극충이 되어 남편의 덕이 없고, 土가 많아서 피부도 고운 편은 아니었다. 원국의 시간에 상관 火가 있어서 여식이 큰 도움이 될 수 있고, 젊은 시절에는 재성 土가 있으면서 대운이 식상의 火로 흘러 말이나 소리로 자신을 위로할 수 있으므로 노래를 좋아하고 악기를 다루는 것을 좋아하였다고 한다. 때로는 속이 타는지 담배를 즐기는 편이었다. 2010년 庚寅년에 간명하였던 분이다. 마음으로 늘 즐겁고 행복하기를 기원한다.

(2) 합화오행 용신격合化五行用神格 : 합화오행 용신격은 합화격合化格 또는 합화기격合化氣格의 용신用神을 찾는 방법과 동일하다. 합화격 또는 합화기격의 용신을 찾을 경우에도 다른 격국의 용신을 찾는 경우와 마찬가지로 우선 정격으로 보고 원국을 분석한 후에 합화를 살펴야 한다. 왜냐하면 合만 하고 化하지 않는 경우도 있고, 원국이 종격과 합화격이 함께 이루어질 수도 있기 때문이다. 역시 일간이 甲 丙 戊 庚 壬의 양간일 경우에는 자신의 기운을 버리고 다른 오행의 기운으로 변하는 것을 싫어하며, 특별한 경우를 제외하고는 합화를 기피할 수 있다.

합화용신격을 이룰 경우에는, 합화한 화신 오행을 용신으로 삼고 化神 오행을 돕는 인성을 희신으로 삼을 수 있다. 화신 오행이 克하는 재성이나 화신 오행을 克하는 관성은 기·구신이 될 수 있고, 식상食傷은 한신이 될 수 있다. 한신인 식상의 경우에는 화신 오행이 왕旺할 경우에는 희신의 작용을 할 수 있다. 운의 흐름도 化한 오행의 비겁운이나 화한 오행을 生하는 인성운이 오면 그 기간 동안에는 발복할 수 있고, 화한 오행이 克하는 재성운이나 화한 오행을 克하는 관성운이 오면 그 기간 동안에는 일간과 해당 오행의 인·사·물이 손상될 수 있다. 왜냐하면 강한 오행이나 용신이 克을 받으면 불리하기 때문이다. 합화격의 경우에도 월지의 조후調候를 살펴서 한난조습寒暖燥濕을 조절할 수 있는 오행이 희·용신이 될 경우에는 더욱 좋은 사주가 될 수 있다.

합화격을 판단할 때 合만 하고 化하지 않는 경우의 예를 보도록 하자. 일간이 己土이면서 지지가 亥 卯 未 木局이나 寅 卯 辰 木 方局이 될 경우에는 천간과 甲 己 合을 하지만 합화격이 성립하지 않고 오히려 종관격이 될 여지가 많다. 즉 종관격이 될 경우에는 일간이 己土인 여자의 경우에는 木

局을 따라가므로 여자가 남자를 따라가는 처종부화妻從夫化가 될 수 있다. 일간이 甲木 양간인 남자일 경우에는 원국에 土가 많으면서 己土와 합을 하여 재성을 따라가면 마음에서 우러나와 진심으로 따라가지 못하고 억지로 남자가 여자를 따라가야 하므로 가부종처화假夫從妻化가 될 수 있다. 다른 합화와 종격의 경우에도 동일하게 유추할 수 있다. 그러나 지나치게 격이나 용어에 얽매일 필요는 없다.

비록 원국은 변화무쌍하지만 우주 대자연의 법칙을 알고 명리의 개념과 원리를 파악하면 일관된 간명의 방법을 찾을 수 있다. 알면 알수록 더욱 명리의 깊이를 더하고 심신을 단련할 수 있다. 산을 오르면서 중간에 멈추는 사람이 정상에 갈 수는 없다. 동양사상의 진수眞髓인 명리를 공부하면서 자신의 성공적인 삶에 도움이 되는 정신적인 안정과 육체적인 건강을 회복하고, 나이와 상관없이 계속해서 미래의 희망과 꿈을 만들면서 자연과 인생을 즐길 수 있는 것은 무엇과도 바꿀 수 없는 소중한 자신의 자산이 될 수 있다. 또한 나이가 들면 들수록 숙성과 지혜의 결실을 맺어 주변 사람이나 가족들에게 조언이나 도움을 베풀 수 있고, 공존하면서 존경과 사랑을 받을 수 있다. 나아가 세상과 자신에게 감사하고 사랑하면서 즐겁게 살아갈 수 있다. 합화격의 예를 보도록 하자.

시	일	월	년
戊	己	甲	丁
辰	酉	辰	未

• 乾命(남). 甲 己 합화 土격으로 화토격化土格. 진화토격.

6	5	4	3	2	1	
戊	己	庚	辛	壬	癸	● 용신用神 : 화신인 비겁比劫 土
戌	亥	子	丑	寅	卯	● 희신喜神 : 화신의 인성印星 火

- 한신閑神 : 화신의 식상食傷 金
- 기신忌神 : 화신의 관성官星 木
- 구신仇神 : 화신의 재성財星 水

이 사주의 경우에도 지장간을 포함하여 기본적으로 오행을 구비하고 일간이 강한 사주라고 할 수 있다. 그러나 이 사주가 합화격이 되는 이유를 살펴보도록 하자. 억부용신법으로 판단할 경우에는 일간 己土는 태왕한 사주가 되므로 오직 비겁 土의 기운으로 살아가면서 식상의 酉金을 희신으로 활용할 수 있다. 그러나 辰 酉 합을 하여 일간을 도울 의사가 없고, 일간의 정관인 甲木도 지지 辰의 여기餘氣 乙木과 未의 중기中氣 乙木에 통근하여 용신으로 무난할 수 있지만 지지가 辰 酉 합을 하므로 뿌리가 약해지고 인성 水의 도움을 받지 못하므로 무력할 수 있다. 또한 일간의 인성이면서 화신의 인성인 丁火가 화신인 土를 생하므로 종왕격이 될 수도 있지만 정관 甲木이 있으므로 종왕격도 성립할 수 없다. 이와 같이 정격이나 종격으로 분석하기 어려운 사주는 합화격의 용신을 살펴야 한다.

일간 己土의 비겁이 강한 태왕한 사주이지만 합화가 되어 土격이 성립하므로 합화격으로 간주하고 간명을 하였다. 甲 己 합을 하고 월지에 辰土가 있으면서 천간에 戊土가 투간透干하였으므로 合化 土格이 성립되면서 土 용신의 기운이 대단히 강하다. 이 경우에는 합화한 土의 기운으로 살아가는 것이 무난할 수 있다. 일지 식상 酉金이 한신이지만 화신 土가 강하므로 희신의 역할을 할 수 있다. 그러므로 대운의 흐름이 火 土 金의 희·용신으로 흐르면 좋을 수 있다. 그러나 東北의 木 水의 기忌·구仇신神 운으로 흘러 평범한 인생을 살았다고 한다. 아무튼 자주 볼 수 있는 원국은 아니지만 어떤 원국도 직접 용신을 찾아 간명할 수 있는 능력을 길러 자신감을 가지는 것이 필요하다.

(3) 합관유살격合官留殺格 또는 합살유관격合殺留官格 : 합관유살격이나 합살유관격은 일간이 편강하면서 원국에 정관과 편관이 함께 간지에 투출하면 정관이나 편관 둘 중의 하나를 간지에서 합하여 작용을 못하게 할 경우에는 혼잡을 피하고 청하게 되어 무난한 사주가 되는 것을 의미한다. 이 경우에도 운에 의해 다시 혼잡이 될 수도 있으므로 운의 흐름을 살펴야 한다.

합관유살격은 정관과 편관이 함께 천간이나 지지에 투출하였을 경우에 정관을 슴하는 오행이 간지에 있거나 운에서 올 경우에는 편관만 작용하여 안정적인 사주가 될 수 있는 것을 의미한다. 합살유관격은 정관과 편관이 함께 천간이나 지지에 투출하였을 경우에 편관을 슴하는 오행이 간지에 있거나 운에서 올 경우에는 정관만 작용하므로 역시 혼란을 제거하여 안정적인 사주가 되는 것을 의미한다. 혼잡한 관성중의 하나를 식상이 합하는 경우에는 혼잡을 피할 수 있고, 운의 흐름이 도울 경우에는 명예와 귀貴를 함께 누릴 수 있다.

기본적으로 합관유살이나 합살유관이 되어 성격成格이 되고 일간이 편강할 경우에는 관성을 용신으로 삼고, 재성을 희신으로 삼을 수 있다. 비겁이나 인성은 기·구신이 되고, 식상은 한신이 될 수 있다. 이 경우에는 재성운이나 관성운이 올 때 발복할 수 있고, 비겁운이나 인성운이 올 경우에는 불리할 수 있다. 식상운은 한신이지만 원국에서 혼잡을 제거할 경우에는 희신의 작용을 할 수 있다. 물론 官殺이 혼잡할 경우에도 일간이 편왕偏旺할 경우에는 직업이나 직장의 이동이나 변동은 있지만 유지될 수 있다. 그러나 운에 의한 직업이나 가정의 변화가 생길 수 있으므로 중심을 잡고 정도正道를 행하면서 한 직장이나 일에 초지일관하는 마음자세가 중요하다.

일간이 약할 경우에는 천간에 관살이 있으면서 지지에 관살이 많고 강하면 운의 영향을 많이 받을 수 있고, 관살혼잡의 병폐病廢가 쉽게 발생할 수 있다.

특히 일간이 편약할 경우에는 합관유살이나 합살유관이 되어 성격成格이 되더라도 비겁을 용신으로 삼고 인성을 희신으로 삼을 수 있으며, 관성은 기신이 되고 재성財星은 구신이 될 수 있다. 단 식상은 한신이지만 합관유살이나 합살유관하여 탁한 원국이 청하게 될 경우에는 희신의 역할을 할 수 있다. 이 경우에는 비겁운과 인성운이 올 경우에는 그 기간 동안에는 발복할 수 있고, 관성운과 재성운이 올 경우에는 그 기간 동안에는 불리하고, 식상운은 원국의 흐름을 살펴 길흉을 논해야 한다. 식상운이 관살의 혼잡을 제거할 경우에는 그 기간 동안에는 가정이나 직업에 전념하면서 원만한 생활을 할 수 있고 발복할 수 있다. 합관유살격이나 합살유관격은 정격사주로 판단해도 무난할 수 있지만 원국에 관살혼잡을 막아주는 오행이 있으면서 운의 흐름이 좋을 경우에는 더욱 상급의 사주가 될 수 있는 것을 말한다.

```
시 일 월 년
壬 丙 癸 戊
辰 午 亥 申
```

- 乾命(남). 편약한 사주, 정관과 편관이 함께 있으며 편관격이 온전하다.
  이 경우에 합관유살격이 되었다.

```
7   6   5   4   3   2   1
庚   己   戊   丁   丙   乙   甲
午   巳   辰   卯   寅   丑   子
```

- 용신用神 : 비겁比劫 火
- 희신喜神 : 인성印星 木
- 한신閑神 : 식상食傷 土
- 기신忌神 : 관성官星 水
- 구신仇神 : 재성財星 金

천간에 壬水와 癸水의 정·편관이 투출하고 지장간에도 壬水와 癸水가 있으므로 관살혼잡이라고 할 수 있고, 일간이 일지 午火 양인겁재과 통근하고 있지만 겨울인 亥月에 태어나 편약하다. 일지에 午火가 있으므로 조후가 이루어졌고, 월간의 정관 癸水와 시간의 편관 壬水가 함께 투출하고 편관 壬水는 시지의 辰土 중기인 水의 고庫에 통근하고 월지 亥水의 정기에 통근하여 강하다. 또한 월간의 癸水도 월지 亥水의 정기에 통근하여 정관과 편관이 모두 강하다. 그러나 연간의 식신 戊土가 정관 癸水와 戊 癸 합을 하여 火로 변하지 않고 단지 합주合住하고 있으므로 관살혼잡이 나타나지 않게 되었다. 그러므로 이 사주는 관살혼잡이 아니라 편관이 홀로 청淸하게 되었고, 식신 戊土는 한신이지만 희신의 작용을 하고 있다. 합주나 합거合去 또는 합화合化는 원래 오행의 작용을 약화시키거나 무력하게 할 수 있다.

 비록 일간이 편약하지만 대운의 운로가 희 · 용신인 인성과 비겁의 木火로 흘러 일간에게 힘을 실어주므로 왕을 보좌하는 벼슬을 하였다고 한다. 무엇보다도 대운의 흐름이 가장 큰 도움이 되었다고 볼 수 있다. 이 경우에도 지장간을 포함하여 기본적으로 오행을 구비하고 있으므로 대운의 흐름이 크게 불리하지 않으면 무난한 삶을 살 수 있다.

 (4) 관살혼잡용인격官殺混雜用印格 : 위에서 언급한 합관유살이나 합살유관과 마찬가지로, 원국에 정관과 편관이 천간과 지지에 함께 있으면서 일간이 편약할 때, 원국에 인성이 있을 경우에는 인성을 용신으로 삼아 유통되면 상급의 사주가 되는 것을 관살혼잡용인격이라고 하였다. 일간이 편약한 여자의 경우에도 관살혼잡이 되어도 인성으로 유통되면 자신의 재능을 활용하여 직업이나 남편 또는 가정을 훌륭하게 이끌어가는 현모양처가 될 수 있다.

 관인상생官印相生이나 살인상생殺印相生이 될 경우에는 인성을 용신으로 삼고, 비겁을 희신으로 삼을 수 있다. 인성 용신을 剋하는 재성은 기신이 되고, 일간을 剋하는 관성은 구신이 되며, 식상은 한신이 될 수 있다. 역시 인성운이나 비겁운이 오면 그 기간 동안에는 발전할 수 있고, 관살운이나 재성운이 오는 경우에는 약한 일간은 더욱 힘이 빠져 어려움에 처하거나 불리할 수 있다. 식상운은 비록 한신이지만 원국 전체를 보고 길흉을 판단해야 한다. 또한 일간이 편약하고 관살이 혼잡할 경우에는, 식상이 합살이나 합관하여 관성이 청하고 원국에 일간의 힘을 모耗하는 재성이 없으면서 인성이 용신이 되어 관성을 유통시키면 관인상생이나 살인상생의 작용을 할 수 있으므로 무난할 수 있다.

　관살이 혼잡하고 편약할 경우에는 관성이 인성으로 유통되어 관인상생 또는 살인상생이 되는 경우와, 식상이 합살合殺이나 합관하여 관성이 청하고 원국에 일간의 힘을 모耗하는 재성이 없으면서 인성이 용신이 되면 무난할 수 있다.

　일간이 편강할 경우에는 식상이 합살이나 합관하여 관살혼잡을 제거하여 식상제살食傷制殺이 되어 관성이 청하면, 운의 흐름이 일간을 도울 경우에는 문관이나 무관에 해당하는 높은 직위의 공직에 오르거나 기업에서 연구개발 분야 등의 임원이나 고위직이 될 수 있다. 이 경우에는 식상이 용신이 되고 재성은 희신이 될 수 있으며, 관성은 한신이 되고, 비겁과 인성은 기·구신이 될 수 있다. 이 경우에도 운에 의해 다시 혼잡이 발생할 수 있으므로 운의 영향을 많이 받을 수 있다.

　여명女命의 경우에 관살이 혼잡하면 남자관계가 원만하지 못하고 배우자와 해로偕老하기 어려울 수 있다. 특히 연주나 월주에 관살이 많을 경우에는 결혼을 32~36세 이후에 하여 혼잡을 피할 수도 있고, 반대로 일찍 결혼을 하여 한 번 정도 실패를 해도 재혼이 가능할 수 있다. 물론 인성이나 식상의 도움을 받을 경우에는 지혜롭게 처신하거나 인덕을 쌓아서 가정과 사회생활을 원만하게 조화를 이루어 행복하게 살아갈 수 있다. 관살혼잡용인격의 예를 살펴보도록 하자.

```
시 일 월 년
辛 壬 己 戊
亥 申 未 午
```

• 乾命(남). 관성이 강한 편약한 사주, 정관격이면서 정 · 편관이 함께 있다.

```
6    5    4    3    2    1
乙    甲    癸    壬    辛    庚
丑    子    亥    戌    酉    申
```

- 용신用神 : 인성印星 金
- 희신喜神 : 비겁比劫 水
- 한신閑神 : 식상食傷 木
- 기신忌神 : 재성財星 火
- 구신仇神 : 관성官星 土

하계夏季인 未월에 태어난 일간 壬水는 월령을 득하지 못하였으나 일지에 申金 편인이 자리하고 시지에 비견 亥水가 자리하여 크게 약하지 않은 편약한 사주라고 할 수 있다. 역시 지장간을 포함하여 오행을 구비하고 지지가 火 生 土 生 金 生 水로 유통되면서 沖克이 없으므로 기본적으로 운의 영향을 크게 받지 않는 사주라고 할 수 있다. 월주가 정관격을 이루고 천간에 편관과 정관이 함께 투출하여 혼잡하고, 정관과 편관이 지지의 午와 未에 통근하여 관살이 강하다. 다행히 일지의 편인 申金은 편관 未土의 기운을 설洩하고 일간 壬水를 生하는 용신의 역할을 온전하게 할 수 있다. 일간은 일지의 편인 申金과 시간의 辛金의 생을 받으면서 시지에 비견 亥水의 뿌리를 가지고 있으므로 관살을 감당할 수 있다.

인성에 해당하는 庚申 1대운과 辛卯 2대운의 유 · 소년과 청년기에 용신인 金운으로 흘러 관인상생官印相生이 되므로 학문에 충실하여 젊은 나이에 공직의 길로 나갔으며, 특히 편인의 특성인 문장력과 재능이 뛰어났다고 한다. 운로가 金 水의 희 · 용신으로 흘러 고관의 벼슬을 하였다. 이 경우에는 굳이 관살혼잡으로 생각하지 말고 일간의 강약에 따른 억부용신법으로 일간의 희·용신을 찾아서 간명을 할 수도 있다.

(5) 제살태과용재격制殺太過用財格 : 제살태과용재격은 원국에 관성을 억제하는 식상이 강해 관성이 약할 경우에는 재성을 용신으로 삼는 것을 말한다. 기본적으로 원국이 제살태과할 경우에는 일간이 양간이면서 강할 경우에 무난할 수 있다. 일간이 편강한 제살태과격의 경우에는, 재성을 용신으로 삼는 재자약살격財滋弱殺格과 유사하다. 이 경우에도 우선적으로 正格으로 보고 희·용신을 판단해도 무난하므로 용어는 용어일 뿐이다.

기본적으로 일간이 편강하면서 식상이 강할 경우에는, 재성을 용신으로 삼아 식상의 힘을 설洩하고 관살을 생조生助할 때 발복할 수 있다. 그러므로 재성이 용신이 되고 관성은 희신이 되며, 인성과 비겁은 기·구신이 되고 식상은 한신이 될 수 있다. 이 경우에는 재성운이나 관성운이 올 때 그 기간 동안에는 발복할 수 있고, 비겁운이나 인성운이 오면 그 기간 동안에는 불리할 수 있다. 식상운은 한신이 되므로 원국의 구성을 살핀 후에 판단해야 한다.

일간이 편약하면서 제살태과할 경우에는 일간을 도와주고 강한 식상을 克하는 인성을 용신으로 삼아 관성을 보호할 수 있으면 무난할 수 있다. 이 경우에는 인성운이 올 때 유리할 수 있지만, 간지干支로 인성운과 관성운이 함께 올 경우에 더욱 발복할 수 있다. 식상운이 오는 경우에는 약한 일간은 더욱 힘이 빠져 어려움에 처할 수 있고, 식상이 관성을 극하므로 그 기간 동안에는 관직이나 직장을 잃어버릴 수 있다. 즉 지나치게 약한 관성이 식상의 극을 받을 경우에는 재성의 도움을 받지 못하면 관성이 역할을 할 수 없으므로 관성에 해당하는 십성의 인·사·물이 손상될 수 있다. 여명의 경우에는 이 시기에 남편과 불화하거나 헤어질 수도 있다. 비겁운은 일간을 강하게 하므로 도움이 될 수 있지만 식상을 강하게 하고 관성을 더욱 약하게 할 수 있으므로 법이나 사회규범을 지키고 유의하면 무난할 수 있다. 특히 관성운이 올 경우에도 일간이 피곤하거나 고통을 받을 수 있다. 일간이 편약한 제살태과의 경우에는 운의 영향을 많이 받을 수 있으므로 원국을 자세히 살펴 간명을 하는 것이 필요하다.

　관성과 관련된 부분은 용신을 판단하기가 상당히 어려운 경우가 많으므로 다양한 경우를 설명하였다. 약 100년 전만 해도 출세나 재물을 모으는 유일한 방법은 오직 관직에 나가서 녹봉祿俸으로 논밭이나 토지를 받아 부富나 권력을 획득하는 것이었다. 그러므로 관직이 일생을 가족과 함께 편안하게 보낼 수 있는 유일한 방법이라고 해도 과언이 아니었으며, 관직을 얻는 것이 출세와 부를 획득하는 방법이므로 오직 관성을 제일로 생각할 수밖에 없었다.

　그러나 오늘날에는 다양한 공직과 직업이 존재하고 많은 기업도 존재하므로, 단지 벼슬을 하는 것이 유일한 생계生計의 방법이면서 성공의 열쇠라고만 볼 수 없다. 머리가 좀 아프겠지만 제살태과격의 예를 보도록 하자.

시 일 월 년
壬 <u>丙</u> 丙 壬
辰 午 午 辰

• **乾命**(남). 편강사주, 양인격(또는 겁재격). 제살태과.

6	5	4	3	2	1
壬	辛	庚	己	戊	丁
子	亥	戌	酉	申	未

- 용신用神 : 관성官星 水壬水
- 희신喜神 : 재성財星 金
- 한신閑神 : 식상食傷 土
- 기신忌神 : 인성印星 木
- 구신仇神 : 비겁比劫 火

일간 丙火는 월주와 일주가 모두 火로 구성된 편왕한 사주이면서 재성이 없고 양인이 강하므로 편관 壬水를 용신으로 삼았다. 火의 기운이 강하므로 일간은 성급하고 다혈질일 수 있으며, 옳고 그름이 명확할 수 있다. 특히 월지와 일지의 양인이 강하므로 항상 자신의 생각이나 주장을 옳다고 생각하여 강하게 주장하고 예의를 중시하지만 성격이 편고偏枯할 수 있다. 또한 월주와 일주가 복음伏吟이 되어 있다.

이 경우에도 식신 辰土가 편관 壬水를 극하고 있지만 壬水가 辰의 고庫에 통근하고 있으므로 다행이다. 일간 丙火가 월지와 일지의 양인陽刃 午에 통근하고 편왕하므로 편관 壬水를 용신으로 삼을 수밖에 없다. 그러나 편관 壬水는 지지에서 식신 辰土에 의해 절각截脚되어 힘이 약하면서 재성 金의 도움도 받지 못한다. 식상과 재성에 해당하는 己酉 3대운의 酉의 시기에 지지의 재성이 강해지면서 식신 辰과 辰 酉 合을 하고 편관 壬水를 도우므로 관직에 나설 수 있게 되었고, 庚戌 4대운의 庚대운 기간에는 승진을 할 수 있었다. 그러나 庚戌 4대운의 지지 戌土의 시기에는 조토燥土이면서 용신 壬水의 뿌리인 辰을 辰 戌 沖하여 戌土의 기운만 강해지고, 양인과 午 戌 합을 한다.

庚戌 4대운 중의 戊辰년에는 세운과 대운의 지지가 辰 戌 충을 하고 대운과 원국이 역시 辰 戌 충을 하여 土의 기운이 대단히 강해지므로 庚金이 제 역할을 하기 어렵게 되었다. 또한 세운에서 천간 戊土가 다시 용신인 천간의 壬水를 강하게 극하므로 용신이 간지로 모두 克과 沖을 당하여 사망하였다고 한다. 참고적으로 용신이 간지로 모두 극과 충을 당하는 운은 대부분의 경우에 크게 불리할 수 있고, 한 개의 오행이 3번씩 충을 당하는 경우에도 건강에 위험이 따를 수 있다. 이런 시기에는 건강검진을 정기적으로 받는 것이 도움이 될 수 있다.

⑹ 기타 잡격雜格 : 이밖에도 다양한 잡격雜格들이 있다. 예를 들면 암합격暗合格, 암충격暗沖格, 축요사격丑遙巳格, 비천녹마격飛天祿馬格, 공귀격拱貴格, 공록격拱祿格, 일덕격日德格, 일귀격日貴格, 복덕격福德格, 현무당권격玄武當權格, 구진득위격勾陳得位格 등등 40여 가지가 넘는다. 그러나 이런 부분은 참고로 활용하고, 위에서 언급한 용신을 찾는 방법과 원국 오행에 해당하는 십성의 생生 극克 비比 화化와 합合 충沖 형刑 해害 등을 살펴서 간명을 하면 신뢰도가 높은 분석을 할 수 있다.

기타의 격국이나 잡격에 대하여 관심이 많은 분들은 별도로 서적을 구입하여 참고하는 것도 도움이 될 수 있다. 여기서는 언급하지 않도록 한다. 왜냐하면 관성을 오직 중요한 판단기준으로 삼는 과거의 논리에서 탈피하여 시대에 맞는 명리공부가 필요하기 때문이다. 또한 오늘날에는 관직 외에도 수많은 직업군이 있고, 인성과 식상에 해당하는 학문이나 기술 또는 과학의 분야에서도 큰 업적을 남길 수 있으며, 개개인의 타고난 십성에 해당하는 재능과 적성을 살려 얼마든지 성공과 부귀를 누릴 수 있으므로 명리의 확장성이 요구되기 때문이다.

세계화와 정보 공유화의 복잡다단한 현대사회를 살아가는데 필요한 자신의 주관이나 자신감과 추진력을 대표하는 비겁比劫이나, 학문이나 재능과 지식을 의미하는 인성이나, 활동력이나 기술과 투자 등을 대표하는 식상이나, 재화를 대표하는 재성이나, 공직이나 회사의 별을 나타내는 관성 등이 모두 복합적으로 작용하여 자신의 행복과 성공을 추구할 수 있기 때문에 오행과 십성의 상호 연관성과 합리적인 조화에 의한 다양한 판단을 하는 것이 더 중요하다.

특히 현대사회는 열심히 노력하여 학문이나 기술 또는 재능을 개발하지 않고, 단지 운이 좋거나 타고난 명이 좋아서 벼슬이나 공직에 갈 수 있는 시대는 아니다. 설령 부모의 유산이나 도움으로 부를 얻거나, 기업의 높은 지위에 오르게 되더라도 진정한 개인의 행복이나 참된 성공의 기쁨과 성취감을 향유하기는 어려울 수 있다.

오직 이른 시기에 자신의 적성과 능력을 발견하여 개발하고 숙련시켜, 시기와 환경에 맞게 개개인이 창조적이고 도전적인 일을 지속적으로 할 수 있을 때 진정한 자아실현과 성공의 달콤한 열매를 맛볼 수 있다. 물론 부모님이 학문이나 재능 개발의 뒷받침이 될 수 있는 물질적인 도움을 주거나, 자신의 재능이나 적성에 맞는 일이나 직업을 안정적으로 유지할 수 있게 도움을 줄 경우에는 그렇지 못한 경우보다 성공의 확률이 더 높은 것은 부인할 수 없는 사실이다. 또한 부모의 도움을 받지 못하는 사람보다는 도움을 받을 수 있는 사람이 더 나은 조건으로 사회생활을 출발할 수 있는 것도 현실이다. 그러므로 주변 사람의 도움이나 환경도 매우 중요하다.

그렇지만 사회가 다양화되고 직업의 종류도 다양하므로 자신의 적성과 기운을 더욱 세밀하고 정밀하게 분석하여 개개인이 원하고 즐겁게 할 수 있는 직업이나 일 또는 동료나 배우자를 선택하여 함께 매진하면 성공할 수 있고, 동시에 자신의 삶을 사랑하고 존중하면서 인생을 긍정적으로 즐기면서 가족이나 주변 사람과 함께 기쁨을 누릴 수 있다. 지성지도至誠至道의 마음으로 성실하게 노력하는 자는 명리를 몰라도 반드시 자신이 원하는 작은 소망은 이룰 수 있다.

※ 위에서 언급한 용신을 찾는 방법들은 명리를 공부하는데 많은 도움이 될 수 있다. 용신을 찾은 후에는 용신의 유력有力과 무력無力, 십성 상호간의 유정有情과 무정無情, 유통流通관계를 살펴 원국과 운의 흐름에서 빈부귀천의 고저를 더욱 정밀하게 분석할 수 있다. 한 걸음 한 걸음 나아가면서 명리의 대가大家가 되어보자.